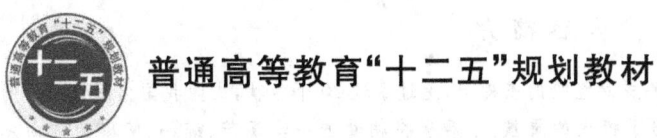

普通高等教育"十二五"规划教材

担保理论与实务

主编 程翔 房燕

北京邮电大学出版社
www.buptpress.com

内 容 简 介

中国担保业在学习和结合美日担保业务成熟经验的基础上，走过了近20个春秋，成为我国信用体系中的重要组成部分，为解决中小企业融资难做出了极大的贡献，今后也将朝着进一步规范、统一、健康的方向发展。本教材融最新担保理论，信用担保制度、法规、操作流程、实务与案例为一体，用科学的理论、丰富的例证、简明的结构、创新的思维、精练的论述、系统的归纳，将信用担保理论与实务予以学科化。该书填补了目前担保领域缺乏集理论与实务案例为一体的专业用书的空白，适用于普通高等院校、高等职业教育院校的相关经济金融专业学生，同时也可以作为担保行业从业人员的专业入门读物。

图书在版编目(CIP)数据

担保理论与实务 / 程翔，房燕主编. --北京：北京邮电大学出版社，2014.8(2024.1重印)
ISBN 978-7-5635-3904-8

Ⅰ. ①担… Ⅱ. ①程… ②房… Ⅲ. ①担保贷款—研究—中国 Ⅳ. ①F832.4

中国版本图书馆CIP数据核字(2014)第076540号

书　　　　名：	担保理论与实务
著作责任者：	程　翔　房　燕　主编
责 任 编 辑：	马晓仟
出 版 发 行：	北京邮电大学出版社
社　　　址：	北京市海淀区西土城路10号(邮编：100876)
发　 行　 部：	电话：010-62282185　传真：010-62283578
E-mail：	publish@bupt.edu.cn
经　　　销：	各地新华书店
印　　　刷：	北京虎彩文化传播有限公司
开　　　本：	787 mm×1 092 mm　1/16
印　　　张：	16.75
字　　　数：	435千字
版　　　次：	2014年8月第1版　2024年1月第5次印刷

ISBN 978-7-5635-3904-8　　　　　　　　　　　　　　　定　价：33.50元

· 如有印装质量问题，请与北京邮电大学出版社发行部联系 ·

前　言

近十几年来，伴随着世界经济格局的重大变迁，我国的经济发展、金融市场开放、金融体系改革使我国的金融体系发生了巨大的变化，也使金融学教育面临前所未有的挑战。北京联合大学金融学专业于2010年成为教育部高等学校第六批特色专业建设点，其在探索新形势下金融学教育教学目标、课程体系、教学内容与手段等方面走在了全国的前列，获得广泛的专业认同并享有较高的社会声誉。《担保理论与实务》是金融学专业的模块课程，具有鲜明的中小企业金融服务方向特色，同时顺应了近二十年来我国担保业飞速发展对专业人才培养的需要。作者历时两年在积累大量教学实践素材和经验的基础上编撰完成《担保理论与实务》教材，本书的内容和体例有以下几方面的特点。

1. 体系架构清晰，内容翔实。 本书依次讲述信用担保、信用担保机构、信用担保体系、信用担保业务操作、风险管理、业务产品和创新以及担保法律制度等内容，注重各章节内容的相互衔接和逻辑关系，强化专业基础。

2. 立意新颖，体例独特。 编写体例上增设"案例讨论"、"延展阅读"等项目，用大量鲜活的案例资料丰富和延伸了理论阐述，同时反映了当前信用担保领域理论、法律和业务信息的最新变化，使教学内容紧跟行业发展的步伐。

3. 配合担保业发展，满足市场需求。 本书在北京市信用担保业协会的指导下，对多家担保公司进行了调研，该书填补了信用担保领域缺乏集理论与实务案例为一体的高等院校教材的空白，适用于普通高等院校、高等职业教育院校。同时也可以作为担保行业从业人员的专业入门读物。

本书由程翔、房燕主编，杨泽云、陈岩、刘乃瑜参编。其中程翔提出本书的基本框架、拟定大纲，编写第一章的第一、二、三、五节以及第五章；房燕编写第二章并负责全书的审阅；杨泽云承担了第三章、第四章的编写工作；陈岩编写第六章，刘乃瑜编写了第一章的第四节。在本书的编写过程中，参考了国内外大量的相关教材、著作、文献以及案例，在此对这些作者表示衷心的感谢！由于本书作者水平有限，内容疏漏及不足在所难免，恳请广大读者批评指正！

在本书的筹划过程中得到了北京联合大学校领导的关怀和大力支持，北京联合大学教务处、管理学院同仁对本书提出了宝贵建议，北京邮电大学出版社的编辑为本书的出版给予了鼎力帮助并付出了辛勤的劳动，在此一并表示由衷的感谢！

编　者

目 录

第一章 信用、担保与信用担保概述 … 1

第一节 信用与信用体系 … 2
一、信用的内涵 … 2
二、信用的类型 … 5
三、信用体系 … 6
四、信用在市场经济中的作用 … 8
五、当代信用学说 … 9

第二节 担保 … 11
一、担保的起源 … 11
二、担保的内涵 … 12
三、担保的种类 … 15
四、担保的分类 … 20

第三节 信用担保 … 23
一、信用担保的内涵 … 23
二、信用担保经济学理论解释 … 24
三、信用担保的特殊性 … 28
四、信用担保的基本原则 … 29
五、信用担保的功能 … 29
六、信用担保的作用 … 30

第四节 信用担保风险的特征与种类 … 31
一、信用担保风险的来源 … 32
二、信用担保风险的种类 … 33
三、信用担保风险的特征 … 35

第五节 中小企业信用担保 … 38
一、中小企业的界定 … 38
二、中小企业的地位和作用 … 39
三、中小企业融资困难 … 41
四、信用担保对中小企业融资的作用 … 42

第二章 信用担保机构 ………………………………………………… 47

第一节 信用担保机构的产生与类型 ……………………………… 48
一、信用担保机构概述 ……………………………………………… 48
二、担保机制比较 …………………………………………………… 52
三、担保机构类型 …………………………………………………… 54

第二节 担保机构的组织结构与运行机制 ………………………… 55
一、担保机构的组织结构 …………………………………………… 55
二、担保机构的运行机制 …………………………………………… 61
三、中国担保机构运营管理机制 …………………………………… 64

第三节 担保机构的经营管理 ……………………………………… 68
一、担保机构的资金管理 …………………………………………… 69
二、担保机构能力 …………………………………………………… 71
三、担保内外风险管理(再担保) …………………………………… 74
四、担保机构的持续经营水平 ……………………………………… 86

第三章 信用担保体系 ………………………………………………… 93

第一节 世界部分国家和地区的信用担保体系 …………………… 94
一、日本信用担保体系 ……………………………………………… 94
二、美国信用担保体系 ……………………………………………… 96
三、韩国信用担保体系 ……………………………………………… 98
四、中国台湾地区信用担保体系 ………………………………… 102
五、各国或地区中小企业信用担保体系的经验与启示 ………… 104

第二节 我国的信用担保体系 …………………………………… 105
一、我国信用担保的起步与发展 ………………………………… 106
二、我国担保业政策法律法规的发展 …………………………… 106
三、我国信用担保体系的发展现状 ……………………………… 107
四、我国中小企业信用担保体系存在的问题 …………………… 108

第四章 信用担保业务流程与操作 ………………………………… 111

第一节 信用担保的一般流程 …………………………………… 112
第二节 项目受理与信息调查 …………………………………… 113
一、项目受理 ……………………………………………………… 114
二、信息调查 ……………………………………………………… 129

第三节 项目评估与决策 ………………………………………… 131
一、担保项目评估的基本内容及步骤 …………………………… 132
二、担保项目评估的分类和基本模式 …………………………… 133
三、担保项目资信评估 …………………………………………… 135

四、建设项目评估 …………………………………………………………… 146
　　五、反担保措施评估 ………………………………………………………… 148
　　六、项目决策 ………………………………………………………………… 150
　第四节　项目实施与管理 ………………………………………………………… 151
　　一、设置反担保措施 ………………………………………………………… 151
　　二、收取担保费用，签署担保合同 ………………………………………… 152
　　三、担保项目的保后管理 …………………………………………………… 154
　第五节　不良项目的处置 ………………………………………………………… 155
　　一、担保项目的终止 ………………………………………………………… 155
　　二、担保项目的代偿 ………………………………………………………… 155
　　三、对代偿项目的追偿 ……………………………………………………… 157
　　四、担保业务损失及处理 …………………………………………………… 158

第五章　信用担保产品与创新 ………………………………………………………… 165
　第一节　信用担保产品开发 ……………………………………………………… 166
　　一、信用担保品种设计理念 ………………………………………………… 166
　　二、信用担保产品开发原则 ………………………………………………… 167
　　三、信用担保产品分类 ……………………………………………………… 168
　第二节　信用担保的基本业务品种 ……………………………………………… 168
　　一、银行贷款担保 …………………………………………………………… 168
　　二、贸易融资担保 …………………………………………………………… 171
　　三、工程担保 ………………………………………………………………… 173
　　四、诉讼资产保全担保 ……………………………………………………… 178
　　五、忠诚担保 ………………………………………………………………… 180
　第三节　信用担保机制创新 ……………………………………………………… 183
　　一、共同担保机制与模式创新 ……………………………………………… 183
　　二、再担保机制与模式创新 ………………………………………………… 186
　第四节　信用担保产品创新 ……………………………………………………… 191
　　一、担保在应收账款质押中的应用 ………………………………………… 191
　　二、担保在保理融资中的应用 ……………………………………………… 194
　　三、担保在供应链金融中的应用 …………………………………………… 196
　　四、担保在项目链金融中的应用 …………………………………………… 198
　　五、担保在产业经营集群融资中的应用 …………………………………… 199
　　六、担保在融资租赁中的应用 ……………………………………………… 202
　　七、担保在集合融资中的应用 ……………………………………………… 204
　　八、担保在股权质押中的应用 ……………………………………………… 207
　　九、担保在特种权利质押中的应用 ………………………………………… 209

第六章　担保物权法律制度 ... 214

第一节　担保法律关系及其效力 ... 215
一、法律关系的基本概念 ... 215
二、担保法律关系的特征 ... 216
三、担保合同的效力与责任承担 ... 218

第二节　担保的分类和方式 ... 221
一、担保的分类 ... 221
二、担保的方式 ... 224

第三节　担保物权的法律规范体系 ... 226
一、担保物权的含义和特征 ... 226
二、担保物权的法律规范体系 ... 228
三、担保物权的担保范围 ... 230
四、担保物权的实现和消灭 ... 232

第四节　担保法律中应注意的几个问题 ... 234
一、抵押和抵押权的相关法律问题 ... 234
二、质押和质押权的相关法律问题 ... 237
三、一般保证与连带保证的相关法律问题 ... 239

第五节　担保操作实务及风险防范 ... 242
一、房地产抵押 ... 242
二、股权质押 ... 244
三、应收账款质押 ... 249

参考文献 ... 257

第一章

信用、担保与信用担保概述

学习目标：
- 了解信用、担保的起源与发展
- 掌握信用、担保、信用担保的含义
- 把握当代信用学说的流派和观点
- 理解担保的种类
- 熟悉信用担保的特殊性和基本原则
- 掌握信用担保的风险的种类与特征
- 了解我国中小企业信用担保的现状

第一节 信用与信用体系

信用问题是中国经济体制改革和金融体制改革过程中极为关注的问题,它是现代市场经济的基础,由信用引发的资金运动是现代经济中资金运动的基本形式,可以说,在现代市场经济中,任何经济交易行为,任何原因引起的资金流动,必然都是以信用为其前提条件。没有信用就没有现代经济,可以说现代经济本质上就是信用经济,没有信用就没有资金的流动,因此,现代资金运动本质上就是信用资金运动。

一、信用的内涵

什么是信用?这是个既简单而又复杂的问题,站在不同的立场,从不同的角度可以有不同的内涵界定。在语言学上,信用具有信任、诚信、信誉等含义,在一些文章中也常常把诚信、信誉和信用替代使用。英文信用为"credit",《现代高级英汉双解辞典》中对它的解释有十几种,主要含义有相信、信任、信托等。社会学家通常把信用界定为信任、资信、诚信。所谓"以诚信为本",就含有做人要讲信用的意思。《辞海》在谈到信用内涵时,给出了三层含义:一是"信任使用";二是"遵守诺言,实践成约,从而取得别人对他的信任";三是以偿还为条件的价值运动的特殊形式,多产生于货币借贷和商品交易的赊销或预付之中,其主要形式包括国家信用、银行信用、商业信用和消费信用。从经济学和金融学的角度探讨,通常把信用界定为以偿还和付息为基本特征的借贷行动,由此引起的资金运动则为信用资金运动。

作为道德范畴的信用是一种广义的信用概念,它是一切社会活动和经济活动的基础。任何交易活动的主体都是人,无论是法人还是自然人,人和人之间只有互相信任,才会发生交往,才会有经济的往来。要获得信任,就要有信任的记录、信任的表现,这就是资信或诚信。就经济活动而言,一切经济往来,各种交易活动都是以信用为前提,因此,可以这样说,现代经济就是信用经济。如果把企业的信用程度用货币来量化,则是通过评估来确定的无形资产的价值。当然,无形资产的价值在很大程度上要取决于市场占有率,而市场占有率无疑与企业或产品的信用程度紧密相关。难以想象,一个资信很差的企业或产品会拥有很高的市场占有率,会有非常值钱的无形资产。

狭义的信用是以偿还为条件的价值运动的特殊形式,属于经济范畴,多产生于货币借贷和商品交易的赊销或预付当中,其主要形式包括国家信用、银行信用、商业信用和消费者信用。对于狭义的信用,也可以理解为能力,即一种建立在信任基础上的,不用立即付款就可获取资金、物资、服务的能力;或是一种接受信用的一方向授予信用的一方在特定时间内所作的付款或还款承诺的兑现能力(也包括对各类经济合同的履约能力)。

上述定义虽在形式和侧重点上不同,但对于信用的经济解释的内涵是一样的,其均指出信用是在二元或多元主体之间,以某种经济生活需要为目的,建立在诚实守信基础上的心理承诺与约期实践相结合的意志和能力。这种能力以受益者在其应允的时间期限内为所获得的资金、物资、服务而偿还的承诺为条件,且这个期限必须得到授信方的认可。在这个交易的过程中天生就蕴含一定的风险——客户信用风险。在商品交换和货币流通存在的条件下,债权人以有条件的让渡形式贷出货币或赊销商品,债务人则按约定的日期和金额偿还贷款和货款,并支付利息。

由此可见,经济学上的信用是以社会、心理上的信用为基础的,即授信人以对受信人所做还款承诺和能力有没有信心为基础,从而决定是否授信。故可以从以下几个方面来理解信用的内涵:首先,信用是一种建立在信任基础上的能力,不用立即付款就可以获取资金、物资、劳务。其次,信用反映为一种借贷活动,是以偿还为条件的价值运动的特殊形式。在商品交换和货币流通的条件下,债权人以有条件的让渡形式贷出货币或赊销商品,债务人则按约定的日期偿还贷款或货款并支付利息。最后,信用以授信人对于受信人所做还款承诺和能力有没有信心为基础,决定是否同意产生授信人到受信人经济价值的转移,其中定义有明确的时间因素。

(一)信用的基本要素

信用作为一种经济行为,必然会产生具有法律与经济双重意义的各种基本要素。它们包括以下几方面。

1. 信用主体

信用作为特定的经济交易行为,要有行为的主体,即行为双方当事人,其中转移资产、服务的一方为授信人,而接受的一方则为受信人。授信人通过授信取得一定的权利,即在一定时间内向受信人收回一定量货币和其他资产与服务的权利,而受信人则有偿还的义务。在有关商品或货币的信用交易过程中,信用主体常常既是授信人又是受信人;而在信用贷款中,授信人和受信人则是分离的、不统一的。

2. 信用客体

信用作为一种经济交易行为,必定有作为交易的对象,即信用客体。这种被交易的对象就是授信方的资产,它既可以是有形的(如以商品或货币形式存在),也可以是无形的(如以服务形式存在)。没有这种信用客体,就不会产生经济交易,因而也不会有信用行为的发生。

3. 信用内容

授信人以自身的资产为依据授予对方信用,受信人则以自身的承诺为保证取得信用,因此,在信用交易行为发生的过程中,授信人取得一种权利(债权),受信人承担一种义务(债务),没有权利与义务的关系也就无所谓信用,所以,具有权利和义务关系是信用的内容,是信用的基本要素之一。

4. 信用流通的工具

信用双方的权利和义务关系,需要表现在一定的载体上(如商业票据、股票、债券等),这种载体被称为信用流通工具。信用流通工具是信用关系的载体,没有载体,信用关系无所依附。作为载体的信用流通工具,一般具有如下几个主要特征。

(1)返还性

商业票据和债券等信用工具,一般都载明债务的偿还期限,债权人或授信人可以按信用工具上所记载的偿还期限按时收回其债权金额。

(2)可转让性

可转让性即流动性,是指信用工具可以在金融市场上买卖。对于信用工具的所有者来说,可以随时将持有的信用工具卖出而获得现金,收回其投放在信用工具上的资金。

(3) 收益性

信用工具能定期或不定期为其持有者带来收益。

5. 时间间隔

信用行为与其他交易行为的最大不同就在于，它是在一定的时间间隔下进行的，没有时间间隔，信用就没有栖身之地。

（二）信用的基本特征

1. 金融属性

信用的金融属性包括收益性和风险性两个方面。

(1) 收益性

信用活动可以带来收益，获得收益是信用活动的目的。收益既可以是定期的也可以是非定期的；并且收益是双向的，既是对授信方的也是对受信方的。信用活动带来的收益有三种：一种为固定收益，是授信方按事先规定好的利息率获得的收益，如债券和存单在到期时，授信方即可领取约定利息。固定收益在一定程度上就是名义收益，是信用工具票面收益与本金的比例。另一种是即期收益，又叫当期收益，就是按市场价格出卖时所获得的收益，如债券买卖价格之差即为一种即期收益。还有一种是实际收益，指名义收益或当期收益扣除因物价变动而引起的货币购买力下降后的真实收益。在现实生活中，实际收益并不真实存在，而必须通过再计算，投资者接触到的是固定收益和即期收益。

(2) 风险性

为了获得收益提供信用，同时必须承担风险。信用是一种借贷行为，受信方只是取得了资金在一定时期内的使用权，信用到期后受信方要按照承诺还本付息。由于授信在前，收回本金和获得利息收入在后，期间需要一定的时间间隔，不确定事件可能在此期间发生，因此，借贷活动必然存在风险。授信方不仅要考虑能否获得利息收入，还要对本金能否收回的风险进行评估。

2. 文化属性

信用所体现的是人类社会的一种价值观念。诚实守信的人在社会活动中会受到推崇和信任，背信弃义者将会被社会所遗弃。当整个社会都推崇信用并且人们在社会活动中都严格按照承诺行事时，社会的信用环境将会得到改善和优化。信用是一种文化，不同的民族（或者国家或地区）对信用有不同的理解，因而不同民族（国家或地区）的信用文化就会存在差异。中国的信用文化有其固有的特点：借贷行为的发生是相关主体在特定的环境下被迫做出的选择。即使在日常生活中，中华文化也讲究禁欲节俭、量入为出。这一方面与西方文化差别较大，在西方国家，透支、超前消费已经成为普遍现象。"诚实守信"是人类普遍追求的美德，但是不同的文化对信用的理解有不同的认识。西方文化观念中的信用文化已经影响并开始改变我国的信用文化，比如现在的贷款购房以及信用卡业务，这些过去在西方国家兴起的信用结算方式已经在我国普遍应用并呈上升趋势。

3. 社会属性

首先，社会心理层面是信用的社会属性的一种重要体现。信用是以信任为前提和基础的。信用关系的产生是建立在相关主体相互信任的基础上的，当授信方对受信方做出评估，认为受信方是完全可靠的或者风险在可接受的范围内时，授信方就会有安全感，信用关系的建立会变得相对顺畅和容易。因此，信用体现的是一种特殊的社会心理现象。其次，信用还体现为一种社会关系。信用既是个体行为又是发生在信用关系建立的双方之间的社会关系的体现。许多建立信用关系的相关主体的身份是在不断变换的,在某一信用关系中可能是授信方,而在另一信用关系中可能会是受信方。比如银行在接受存款时是以受信方的角度与客户建立信用关系的,而当银行向企业提供贷款时,其角色就转换为授信方了。随着社会经济的快速发展,信用所体现的社会关系也越来越复杂。在现实生活中,信用关系已经深入到社会生活的各个层面,现代市场经济已经被错综复杂的信用关系编织的巨大社会关系网所覆盖。信用的社会性对经济发展和社会生活的影响越来越大。在现代社会中,人们的信用观念已经发生巨大变化,对信用的理解也在不断深化,并且这种变化越来越多地体现在经济发展和社会生活之中。信用已经成为一种非常重要的社会关系。

二、信用的类型

信用的种类很多,根据发出信用的主体和表现形式不同可分为商业信用、银行信用、国家信用、消费信用以及其他信用等。信用形式是信用关系和信用活动表现出来的具体形式。现代信用形式趋于多样化,主要有以下几种。

(一)商业信用

商业信用的定义有狭义与广义之分。狭义的商业信用是指企业之间以赊销商品和预付货款等形式提供的信用。具体表现形式有赊销商品、委托代销、分期付款、预付定金、按工程进度预付工程款、延期付款等。广义的商业信用,除了包括狭义的商业信用外,还包括企业之间以票据和担保形式提供的信用。

商业信用有如下特点。

(1)商业信用是在以盈利为目的的经营者之间进行的互相提供的直接信用。

(2)商业信用的规模和数量有一定限制。是经营者之间对现有的商品和资本进行再分配,不是获得新的补充资本。商业信用的最高界限不得超过全社会经营者现有的资本总量。

(3)商业信用容易形成社会债务链。在经营者有方向地提供信用的过程中,形成了连环债务关系,其中一环出现问题,很容易引起整个链条资金流动不足,出现三角债问题,严重的会影响社会稳定,引发社会信用危机。

(4)商业信用具有一定的分散性,且期限较短。经营者根据自己的经营情况随时可以发生信用关系,信用行为零散。

(二)银行信用

银行和各类金融机构以货币形式或自身的信誉向社会各界提供的信用。具体表现形式有向企业发放贷款、向消费者发放消费者贷款,以及一些中间表外业务如担保,开具信用证等。银行信用具有以下特点。

(1)银行信用是以货币形态或自身的信誉提供的间接信用,调动了社会各界闲置资金,并为社会各界提供信用。不受方向制约,不受数量限制,范围广、规模大、期限长。

(2)信用性强,具有广泛的接受性。一般来说,银行是信誉最好的机构,它的很多债务凭证具有最广泛的接受性,这种债务凭证被视为货币充当流通手段和支付工具。

(3)信用的发生集中统一,可控性强。社会资金以银行为中心集散,易于统计、控制和管理。以银行为中介,中断债务链,在促进经济的同时,稳定经济发展,因此,银行信用受到世界各国的重视以及商业活动的推崇,成为当今世界最主要的信用形式之一。

(三)国家信用

国家信用是国家以债务人身份,借助于债券等信用工具向社会各界筹集资金的一种方式。具体表现形式有发行国债、国库券和地方政府债券。国家信用有以下主要特点。

(1) 目的单一,旨在借款,是调剂政府收支不平衡的手段,是弥补财政赤字的重要手段。一般来说,政府支出超过收入可以用三种手段来调节:增税、举债和发行货币。增税立法程序复杂,易引起社会不满;增发货币易导致通货膨胀;以证券形式发行债券是比较好的手段。

(2) 用途单一,旨在公益事业建设,如修建基础设施,发展教育和医疗事业,为经济发展创造良好的社会环境与条件。

(3) 国家信用是调节经济的重要手段。很多国家和地区,通过在金融市场上买进和卖出政府发行的各种证券,调节了货币供给,影响金融市场资金供求关系,从而调节社会经济活动。

(四)消费信用

消费信用是指经营者或金融机构向社会消费者提供的信用。一般表现为赊销、分期付款、延期付款、消费信贷等。消费信用有以下主要特点。

(1) 扩大需求,提高消费,刺激经济发展,缓和消费者有限的购买力同不断提高的物质需求的矛盾,同时也扩大了内需,增加就业。

(2) 消费信用是有利的促销手段,可开拓消费市场,促进商品流通。

(3) 给经济增加了不稳定因素,容易造成需求膨胀。在经济繁荣时,信用高涨,商品销售量大增;萧条时,信用萎缩,商品销售更加困难,经济更加恶化。同时,受到经济不景气的影响,原来的受信者可能面临债务危机,从而导致违约风险增大,信用市场进一步恶化。

(五)其他信用

(1) 民间信用:社会公众之间以货币形式提供的信用。主要存在形式有直接货币借贷,通过中介获得借贷资金,以实物做抵押获得资金的"典当"等。民间信用的主要特点是:信用的目的既为生产,又为生活;期限较短,规模有限;自发性和分散性较强;风险性较大;利率较高。民间信用存在的基础是商品经济的发展和社会贫富不均,以及金融市场与其他信用形式不发达。民间信用是对商业信用和银行信用的补充。

(2) 国际信用:即国际信贷,是国内信用在地域范围上的拓展和延伸。主要形式有国际商业信用、国际银行间与金融机构间信用、国际政府信用等。

(3) 证券投资信用:是指经营者以发行证券的形式,向社会筹集资金的一种信用方式。这种信用的主要表现形式为生产销售性企业、商业金融机构向社会发行债券、股票和股票配股。从信用实质上看,证券投资信用与政府信用相同,只是筹资者不同。前者是企业,后者是国家,但参与者都是法人和自然人。因此,如果政府信用是一种独立的信用形式,那么证券投资信用也可以被视为一种独立的信用形式。

三、信用体系

(一)信用体系的含义

信用体系又称为社会信用体系,有广义和狭义两种理解。广义的信用体系是指包括信用记录、信用征集、信用调查、信用评价、信用担保以及信用意识、信用法律制度、信用管理在内的完整的系统。狭义的信用体系是指以独立中介机构为主体,在法律范围内通过征集、分析个人或企业等信用主体的信用资料、信息,为客户提供当事人信用状况证明和担保等社会化系统。

(二) 信用体系的要素

一个完整的信用体系是由一系列必不可少的部分或要素构成。这些部分或要素相互分工、相互协作,共同守护市场经济的信用圣地,促进社会信用体系的完善和发展,制约和惩罚失信行为,从而保障社会秩序和市场经济的正常运行。

1. 从纵向延伸的角度

从纵向延伸的角度看社会信用体系能够正常运转,必须包括以下要素:信用管理行业和信用法律体系。

(1) 信用管理行业

信用管理行业是社会信用体系的"硬件",它拥有覆盖市场参与主体的信用信息数据库和训练有素的信用管理人员,为市场参与者提供各种信用信息产品和服务。广义的信用管理行业包括以下几个分支:企业资信调查、消费者个人信用调查、资产调查和评估、市场调查、资信评级、商账追收、信用保险、国际保理、信用管理咨询、电话查证票据。

(2) 信用法律法规

信用法律法规是社会信用体系的"软件",它为信用管理行业的商业行为提供"游戏规则"。

2. 从横向分割的角度

从横向分割的角度看社会信用体系是由公共信用、企业信用和个人信用相互融合而成。

(1) 公共信用体系

公共信用体系就是政府信用体系。从社会信用体系的全局来看,公共信用体系是影响社会全局的信用体系。建立公众对政府的信任是建立企业和个人信用的前提条件。公共信用体系的作用在于规范政府的行政行为和经济行为,避免政府朝令夕改、倒债等失信行为,提高政府行政和司法的公信力。

(2) 企业信用体系

企业是市场经济活动的主体,所以企业信用体系是社会信用体系的重要组成部分。企业信用体系的作用在于约束企业的失信行为,督促企业在市场上进行公平竞争。企业信用体系的关键环节是企业信用数据库,它动态地记录了企业在经济交往中的信用信息。

(3) 个人信用体系

个人是社会的基本单位,也是信用的提供者和接受者,因此个人信用体系也是社会信用体系的必不可少的组成部分。从某种意义上说,个人信用体系也是社会信用体系的核心。它至少从两个方面对社会信用体系发挥作用:首先,它为授信者的个人授信提供信用信息;其次,它弥补了公共信用体系和企业信用体系的疏漏。个人信用体系的关键环节是个人信用数据库,数据库的信息采集与营运模式和企业数据库基本相同,不同的是个人信用信息采集和查询受到更多的法律保护。

其中公共信用是社会信用的基石,政府要以身作则,提高自身的公信力,在推动社会信用体系建设时才能发挥其主导作用;个人信用是社会信用的核心,个人的诚信行为直接影响整个社会诚信的质量,规范个人的诚信行为,不断增强个人的诚信意识,是对其他方面诚信建设的有力保障;而企业信用是社会信用的关键,具有较强的活力及影响力。

四、信用在市场经济中的作用

（一）信用是市场经济的基础

计划经济时期，经济主体之间的有效联系主要依靠政府的行政权威、各经济主体的政治热情和觉悟，市场平等主义交易意义上的信用制度和信用体系是基本不存在的。在由计划经济向市场经济过渡过程中，计划指令的作用逐渐弱化，信用的功能越来越重要。由于信用意识和信用制度、信用体系建设的滞后，引发了一定程度上的信用危机，造成了经济运行成本的浪费，降低了全社会经济运行效率，阻碍了市场经济的健康发展。信用是一种资源，是市场经济条件下生产力和生产关系的重要内容。信用经济是市场经济发展到一定程度的高级形态，市场经济从无序到有序的发展过程就是信用经济的形成过程。信用制度和社会化信用体系保证了竞争规则的有效执行，避免和减少了交易中无效成本的发生。以信用管理为手段，可以从微观上改善市场经济主体的经营状况，从宏观上可以扩大供给、拉动需求。如果没有信用制度、信用体系，就不会形成有序竞争的市场经济体制，就会丧失市场经济的基础。

（二）信用对市场经济交易主体的作用

信用对市场经济交易主体的微观作用主要体现在促销和融资两个方面。

（1）全球经济由卖方市场转变为买方市场已是大势所趋，信用工具的使用有利于提高企业产品竞争力。如果拘泥于现金、现汇交易，买方因缺少即时支付能力或缺少更为优惠的支付方式就难以与卖方达成交易。在欧美尤其是欧洲国家之间贸易的结算方式，传统的信用证方式已由保付代理所取代，且占欧洲国家间贸易总额的80%。

（2）由于信用方式的采用，延缓了支付时间，为企业和个人提供了融资便利。信用经济条件下对债务人支付能力的考察，与传统经济形态不同，它主要不是基于现有支付能力，而主要是基于债务人创造未来财富的能力，它能使债务人提前消费未来可以获得的物质财富，适应现代社会快节奏、信息化的要求。

（三）信用对宏观经济的作用

经济增长是现代各国政府头等重要的常规工作，没有足够的经济增长率，就无法缓解与日俱增的就业压力，就难以维护社会的稳定，难以实现政府的施政目标。拉动经济增长的主要动力来自投资、贸易、消费的增长。各国经验表明，信用工具在贸易、消费领域，在拉动经济增长、扩大就业等方面具有重要作用，随着金融工具、投资工具的创新，信用在投资领域也发挥着重要作用。

不过，应当认识到信用绝不是凭空产生的，归根结底信用取决于社会物质财富的增长，取决于人们创造未来财富能力的增长。信用方式的采用必须以经济的平衡稳定发展、合理的经济结构为基础。否则，信用就成为空中楼阁、无源之水。在不具备基础条件时，盲目扩大信用方式的使用范围和程度，可能产生银根松弛、通货膨胀、寅吃卯粮等不良后果。例如，近年来个人消费贷款迅猛攀升，住宅按揭贷款、汽车消费贷款中有相当比例不严格执行有关规章制度，在没有严格保障措施的情况下，片面扩大对消费者的优惠，隐藏着巨大的金融风险，对此，应保持足够的警惕性。另外，信用必须以完善的法律和制度规则作保障，必须在全社会树立牢固的信用意识,才能使信用工具发挥正面作用。

五、当代信用学说

西方政治经济学在关于信用的本质和作用上有两种相对立的学派,一是信用媒介理论,二是信用创造理论。信用媒介理论认为银行的功能在于为信用的提供做媒介。银行必须在收受存款的基础上,才能放款于人,故银行的受信业务优于其授信业务,并决定着授信业务。信用创造理论则完全相反,它认为银行的功能在于为社会创造信用。银行能超过其所收存款以放款于人,且能先行放款,借以造出存款。故银行的授信业务优于其受信业务,并决定着受信业务。

(一) 信用媒介学说

1. 亚当·斯密的学说

亚当·斯密认为银行信用的形式有两种:一是票据贴现,也称作"现金账户"的账簿信用。它的信用形式是借款人可以随时分期付款,有20～30镑就可以还一次,银行方面就从每次收款的日期起,至全数偿清的日期止,计算每次收受数额的利益。而在全部金额中,扣除利息的数目。票据贴现是英国原有的信用形式,账簿信用是一种新发明出来的信用形式。前者是一种对商品的信用,后者则是对人的信用,两者都是短期信用,都属于商业金融而不是产业金融。

亚当·斯密认为以票据贴现形式所提供的银行信用,实际代替并节约了商人所必须保有的流通货币资本的一部分。以账簿信用所提供的银行信用,可以为资本借贷表现为准备金的流通货币资本的一部分,流通货币资本通过账簿信用得到节约后,资本家可以将节约的部分移用至营业的扩大,从而多得利润;若是产业家,便可用于增加生产资本,扩大生产过程,从而增大剩余价值。

2. 李嘉图的学说

李嘉图认为信用是将资本从一人转让于他人,以其有效利用的手段。所以信用不过起着媒介现有资本的作用,并非如信用创造论那样,认为信用能创造新的资本。李嘉图除阐述了信用节约流通费用的作用外,还第一次发现信用的另一个重要作用,即信用促进了资本的再分配,从而促进了利润率的平均化。他认为一个人有权选择自己资本的流向时,他自然会把资本用到最有利的行业,所有使用资本的人都希望放弃不利的行业,转向有利的行业。这种追求具有一种强烈的趋势,使大家的利润率都平均化。在一切富裕国家内,都有一些有钱的阶级,他们不从事任何生产活动,只用货币来为票据贴现,或者把资金贷给社会上更有企业家精神的人,然后依靠利息来生活。这样使用的资本形成巨大的流动资本。一个制造业者不会把他的经营范围限制在其所拥有的资本上,而是会使用这种流动资本。衰退行业的资本家会选择不再向银行家借钱,新兴行业的资本家会借更多的钱。因此,资本便由这一行业转向另一行业,而无须让制造业者中断自己惯常经营的行业。

3. 约翰·穆勒的学说

约翰·穆勒认为信用的含义包括:信用并非具有不可思议的力量,不能从无中创造出有来,不能创造资本;信用不过为他人使用资本的许可,它不能使生产资料增加,不过使其从一人转移到另一人;信用构成贷款人对于其所贷出资本的要求权,此要求权可以用于从他人获得另一笔资本;信用能对现有的资本进行再分配,使一国的资本能转移到生产的用途,并得到更有效的利用;因而相应地增加了一国的财富。

约翰·穆勒认为信用虽然不是生产力,但却是一种购买力。有信用的人用之以购买商品,即创造了同样多的商品需求,从而恰与用现金做同样的购买相同,使物价有同样昂贵的趋势。

约翰·穆勒在阐述信用与商业危机的关系时说,商业危机只不过是投机过多的结果。它并非由于物价的渐次低落所引起,而是由于特别高的物价急剧跌落而产生。其产生的直接原因是信用的收缩,不是商品供给的减少。他认为价格的急剧跌落,必然发生大批破产而促成商业危机。而大批破产的发生,必发生于对一般人的支付能力不信任的时候。由于这种不信任,不但使银行除提出极苛刻的条件外,一概拒绝提供新信用而且还尽可能地将过去所提供的一切信用一律加以收回。对于信用的这样收缩,就会促成大批破产的发生,而爆发商业危机。

(二) 信用创造学说

1. 约翰·劳的学说

约翰·劳认为货币就是财富,增加货币就可通过公众就业的增加、资源的开发和工商业的发展而使国家富裕。但货币无须是金银货币,而以用土地、公债、股票等为保证所发行的纸币为最好;因纸币既具有稳定的价值,又是便利的交换媒介,所以是一种理想货币。纸币是银行的一种信用,银行通过信用的供应,就能提供丰富的货币,给经济界带来最初的推动;依靠这种推动,就可使经济繁荣,国家富裕。所以就可以说,信用就是货币,是财富,是资本;银行供应信用就是创造货币,创造财富,并创造资本。这就是约翰·劳的理论体系,其说法虽然简陋,但却已包含信用创造学说的基本命题,所以是信用创造学说的先驱者。

2. 麦克鲁德的学说

麦克鲁德认为信用就是财富,就是货币,就是资本,这与约翰·劳的理论相同,但是约翰·劳只论及发行银行券的信用创造方式,而麦克鲁德则特别着重与创设转账存款的信用创造方式。

麦克鲁德认为信用就是财富,其所持有的理由是:信用是一种权利,这种权利和其他财富一样,具有交换性或购买力,所以也就是财富。麦克鲁德认为信用就是货币,是因为既然货币也是一种信用(一般等价物),所以信用无论就其性质、效果与其他诸点而言,都与同量的货币相等,信用的创造就是货币的增加,在信用货币之间并没有区别。只是信用具有单一的价值,而货币则有多数的价值或一般价值;信用只具有特殊的不确定价值(因债务人可能破产或死亡),而货币则有持久的价值;信用只为对某人的要求权,而货币则为对一般商品的要求权。麦克鲁德认为信用就是资本,而且还是生产资本。他说,资本是用于增值的经济量,任何经济量均可以作为资本。他认为银行创造的货币要求权即为信用,具有可以交换的性质,故也为一种经济量;同时,由于它是以追求利润为目的而被创造的,所以它也是一种资本。他认为产生利润的方法有二:一是通过生产物数量的实际增加;二是通过商业或交换,即利润可于生产或流通过程中取得。他认为信用与货币相同,两者都可以用这两种方法获利,所以两者都是资本。各种流通信用与货币有同样的效用,两者都可用于流通已经存在的商品,并促进新商品的形成。所以信用与货币,可以在同样的方法下和同一的意义上用作生产资本。

3. 韩的学说

韩在麦克鲁德的基础上,进一步发展信用创造学说。但与麦克鲁德不同,他不是简单地将信用与资本等同,却认为信用能形成资本。对于信用与资本的关系,他从两方面进行考察:一是银行提供信用后,企业家将从事何种商品的生产;二是银行提供信用后,企业家将采取何种方式进行生产。关于第一个问题,他认为信用对于所生产商品的种类有重要的影响。假如提供信用不取利息,则受信者便可生产其售价只够劳动耗费的商品,于是一切生产期较长的资本商品皆被生产。相反,假如提供信用需要收取费用,则受信者便只能生产其售价不但能够弥补劳动耗费,而且可以支持利息的商品,这样便只有出产期较短的消费品被生产,资本商品却少有人问津。关于第二个问题,韩将生产划分为直接生产和迂回(资本化生产)。他认为银行提供信用后,企业家即采取迂回生产的方法以致资本形成,否则将采取直接生产的方法,以致资本不能形成。他还认为由于利息低,估计可以获利的企业,在得到银行所提供的信用即新购买力后,必将用以购买原料及中间产品,从而刺激此类物资的价格上涨,而使其生产者竞相扩大其生产。这样也使资本商品的生产旺盛而使其在商品总量中所占比例增长,不仅如此,商品的总量也将因信用的扩张而显著增加。

信用媒介学说和信用创造学说为现代信用学的发展奠定了理论基础,其中的一些思想,如信用与物价、信用与商业危机、信用与利率、信用与商品创造以及信用的限度等在今天看来仍然具有参考价值。但是由于学者们所处的时代与现在有很大的不同,而且其本身思想上的局限性,导致他们的理论有较大缺陷。

第二节 担 保

担保在东西方文明早期即已出现,早期的担保行为发生于简单的商品交换、战争和国际政治活动中。那时的担保行为大多不为法律所调整,但这种原始的担保行为反映了担保的本质属性。担保即是指保障债权实现的方式。根据各国现行法律,担保方式可有保证、抵押、质押、留置、定金等。

一、担保的起源

当人类社会生产力的发展推动社会生产分成农业和手工业两大部分时,便产生了一些直接以交换为目的的商品生产活动,商品生产者通过商品交换活动来实现其商品的价值追求,由此便产生了简单的债权债务关系,犹如孪生兄弟,担保现象也随之产生。担保作为经济活动中保证债权实现的一项重要民事法律制度,在商品交换活动的社会不同程度地发挥作用。

经济活动中的担保行为在古罗马时代就已经发展得相当成熟。人类历史上第一个商品生产者世界性法律——《罗马法》,第一次以法律形式对担保现象做出了较为系统、完善的规定。为了担保债的履行,古罗马设有各种办法,如为保证给付能按约发生设有违约金契约、定金和副债权人,针对债务人发生无力清偿,设有连带保证,以及如出现欺诈担保责任可撤销,等等。

《法国民法典》是以《罗马法》为基础制定的第一部资本主义成文民法典,以其为先导,近代资本主义国家的民商法均对担保制度作了规定。现代意义上的专业担保机构最早于1840年出现在瑞士,距今已有160多年的历史。20世纪以来,信用担保主要发展和成熟于美国。在20世纪三四十年代,现代信用担保业获得了较快发展。当时的世界经济危机,使西方国家经济制度经历了一场重要变革,自由资本主义发展为国家垄断资本主义。为了重整国民经济,西方各国制订了一系列的经济复兴计划,创建政策性信用担保制度成为这些国家经济复兴计划的重要内容。第二次世界大战后,政策性信用担保制度不仅在西方国家,而且在亚洲、拉丁美洲等许多国家和地区有了进一步的发展,成为政府调节资源分配、维持社会公正、推动经济发展和促进对外贸易的重要经济杠杆。与此同时,商业性担保机构也在不断调整的过程中找到了适合自身发展的领域。

信用担保业务及担保机构的产生,从根本上说是市场和政府政策共同作用的结果,是市场经济条件下各种交易活动对信用和社会性风险管理的客观要求,与一个国家或地区的市场化程度、市场秩序等环境因素有密不可分的关系。在市场配置资源有"缺陷"的领域,政府可以通过对信用担保机构的政策引导和财力支持来加以弥补和调节。

随着社会对信用需求的不断增加,各国的信用担保领域越来越广泛,担保品种也不断增加和创新;除贷款担保外,相继出现了工程招投标担保、履约担保、纳税担保、银行结算担保、雇员忠诚担保,等等。现代专业信用担保机构的出现,既反映了市场经济条件下各种交易活动对信用和风险管理的客观要求,同时也反映了由于市场配置资源能力的不足,需由政府加以弥补的一面。这一点对于建立有中国特色的信用担保体系具有重要的参考价值。

二、担保的内涵

(一) 担保的概念

狭义的担保,是指法律为确保特定的债权人能够实现其债权,以第三人的信用保证(一般应以债务人的特定财产、权益或其他第三人保证作为反担保措施)来保障并约束债务人履行债务的经济法律制度。

广义的担保,一般发生在特定的经济行为或民事活动中,如被担保人到期不履行承诺,一般由担保人或担保标的物代为被担保人先行或予以处置来履行承诺;刑事诉讼法上的担保则是为取保候审、保外就医等提供一定的保证;还有一种比较特殊的担保是移民担保;在我们的现实生活中,还有一种是对某个人人格上的担保。这种担保绝大多数是口头性质的,它的意义只是表明担保人对被担保人的一种信任和赞赏,有的只是担保人对被担保人的一种监督,但这种担保对双方的行为还具有一定的约束力。担保一般有口头担保和书面担保,但只有书面担保才具有真正意义的法律效力。

一般而言,所谓"担保"是指在商品(劳务)交易或金融活动中,债权人或授信人为了降低违约风险、减少资金损失,由第三人为其债务人或受信人提供履约保证或承担相关责任的经济民事行为。债权人与债务人及其第三人签订担保协议后,当债务人由于各种原因而违反合同时,债权人可以通过执行担保约定来确保债权的安全性。此后,保证人享有追索债务人因代偿派生的求偿权益,来确保保证实施后衍生补偿权的实现并避免损失。担保业务活动的领域十分广泛,从范围上看,担保涉及金融融资、商品交易、信用交易、劳动服务等领域;从担保品种看,担保包括银行授信担保、租赁担保、工程项目担保、海关担保、来料加工或补偿贸易担保、纳税担保等。其中,通过担保授信是各国(或地区)商业银行补偿和转移授信风险或对"信用风险缓释"的最重要方式和有效途径。

(二) 担保的特性

担保具有平等性、自愿性（选择性）、从属性（附属性）、保障性、补充性五项基本特征。具体表现为：第一，担保关系中当事人地位平等，即担保法律关系中的权利义务是双方平等协商的结果；第二，我国合同法中设立了担保制度，但并未规定当事人必须设立担保；第三，担保之债是从债，被担保之债是主债，主债无效或消灭，从债也随之无效或消灭；第四，保障合同的履行是担保最根本的特征；第五，担保权利人行使担保权利以主债务已届清偿期且债务未得到履行为前提，保证人对担保权利人享有先诉抗辩权。

担保是一种经济工具，但其属性与投资、证券、期货、租赁、基金等经济工具的属性是不同的。这主要表现在以下几个方面。

1. 信用差

不同主体间存在着信用差，这便产生了对信用担保的需求。一般认为，之所以需要第三方担保是由于债权人和债务人之间存在信息不对称，因第三方提供担保而支出的成本小于债权人自己了解或证明的成本。专业担保不但可以起到信用判断、证明的作用，而且更重要的是通过第三方担保提升债务人一方的信用等级，并承担保障债权实现的义务和责任。因此，专业担保比起信用评级、法律公证等信用证明形式对债权的保障更为直接、有效。只要信用差存在，对政策性或商业性专业担保的需求就一定存在。

2. 或然性

第三方提供担保之后并不必然承担担保责任，并不一定要支付责任金额或代为履行。只有当被担保人不履行或不能履行担保责任时，担保人才可能实际承担担保责任。

3. 人格化

担保具有显著的人格化社会关系的特征。这一特征既反映在担保所产生的经济关系、法律关系之中，也体现在专业担保所形成的社会关系之中。这是因为担保关系，不仅是财产关系、法律关系，更基础的是信用关系、人格关系，甚至是人身关系。这主要是指：提供担保是担保人对被担保人信用和人格品质的认可；在信用关系上被担保人依附于担保人；专业担保机构有对担保申请人进行道德、社会关系、财产、经营管理能力审查、评估、评价的权利和义务；担保人对被担保人的财产和经营管理活动有监督权，被担保人有按照担保人的正当要求处置财产和进行经营管理的义务。担保不仅仅是经济问题或法律问题，不仅仅是信息、信用的问题，而是更深一层次的利害、信任的关系，它的根本是一种人格化的社会关系。除担保以外，没有任何一项经济工具可以对人有如此全面和深入的干预。

（三）担保与保险的区别

担保与保险都是处理风险的经济工具，两者既有联系，又有本质区别，为进一步加深对担保功能和特殊性的理解，下面我们对担保与保险的关系进行比较分析。由于担保、保险各自具有众多的不同的种类，而各种类具有各自不同的特点，难以一一对应分解。主要以商业保险与担保的关系为分析对象。这里的担保，既可以是政策性担保，也可以是商业性担保。这里讲的担保，超越政策性担保、商业性担保不同的价值取向，而归结为担保的一般特点。这里讲的保险，主要是商业保险中财产保险、人寿保险。政策性保险就保险的特点而言不具有代表性。因此，这里比较分析的是担保和商业保险。

1. 担保与保险的功能不同

担保的首要功能是保障债权的实现，促进资金融通和商品流通；保险的功能是当发生保险合同约定的损失时投保人能获得赔偿。担保促进资金融通和商品流通的保障功能是第一位的，当债务人不能履行债务时担保人按照约定履行债务或承担责任的补偿功能是第二位的。

2. 担保与保险运营机理不同

（1）担保承担责任的载体一般是担保人自身的财产。保险是在互助共济原则下，由众多投保人共同分摊风险损失，承担补偿责任的载体主要是由投保人交纳保费而形成的保险基金。担保基金即使是会员集资组成的，也只是具备特定资格和条件成员资金的集合，具有封闭性的特点，而保险基金的构成具有开放性的特点。

（2）对担保机构来说提供担保的前提一般是确认没有损失的风险，因此，如果担保机构发生代偿，是项目判断上的失误和经营上的损失；保险的前提则是肯定损失风险的存在，因此，如果保险机构发生赔付（只要不超过测算的比例）完全是经营之中的正常情形。

（3）保险是按大数法则运营的，一般地说，担保不能同保险一样按大数法则开展业务。所谓大数法则，是指同一现象或行为重复无数次，便产生了某一常数，这个常数就是某个特定现象出现的概率，当抛掷硬币时，正、反两面出现的概率，随着抛掷次数的增多基本相等，当抛掷次数趋于无限时，概率就为50%，这就是大数法则。一个设计没有失误的保险品种，其赔付金额总是在保险基金或者保费收入范围之内的。保险公司尽可能多地推销出保险单就可盈利。担保机构提供担保的数量是有限定的，只能以其自身财力和分散风险的能力为限，并且，赔付金额往往要超过保费收入。因此，担保不能适用大数法则。

（4）从责任确定来看，保险遵循近因原则，只有近因才是保险所要考虑的唯一原因，而同时排除了远因。"近因"是指直接造成事件发生的关键因素，"远因"指的是那些虽然对事故的发生起了一定作用，但并非起主导作用的原因。近因原则是确定保险赔偿责任的一项基本原则，只有当承保风险损失发生是近因的时候，保险人才会负赔偿责任，保险人可通过免责条款将各种"远因"产生损失的情况排除掉，大大减少了承担赔付责任的概率，使其能够经营下去，发展起来。因此，我国《保险法》规定免责条款是保险合同的必备条款。担保是一般只要发生了损失后果，不论其产生损失的事实出于何种原因一般都要履行担保责任。担保人享有的抗辩权的范围一般限于担保人、债权人、债务人三方之间权利义务关系方面法定的可以不履行或延迟履行的情况，并不包括引起损失结果的其他因素。

从这个角度上看，简而言之，保险保在原因，担保保在结果。

3. 担保与保险的法律关系不同

（1）担保法律关系具有从属性，担保合同按我国《担保法》规定是主合同的从合同，而保险合同是独立的法律关系。

（2）担保法律关系具有限制性，担保人是被担保人的潜在的债权人和财产所有者，担保人对被担保人的财产权有加以限制的权利，由此派生出，担保人对被担保人生产经营活动有监督权，而保险人对投保人的财产权一般没有限制的权利，其对经营活动更没有监督权。

（3）法律关系的基本原则不同。保险以诚信最大化为原则，担保合同遵循民法上的一般的诚实信用原则。保险以诚信最大化为原则，失信风险由投保人承担，具体表现为，投保人违反最大诚信原则，未履行告知义务可以导致保险合同无效或部分无效，保险人可以解除或部分解除保险合同。担保以一般诚实信用为原则，失信风险由担保人承担，即担保人一般不能因被担保人的过错、一般的不诚信行为而解除担保合同，除非有被担保人与债权人双方串通，骗取担保人提供保证等法律明文规定的情形。

（4）担保与保险的社会关系特点不同

担保既是担保人对被担保人履约能力的证明，也是对其信誉品质的承认和保证，是一种显著的人格化的社会关系。担保人与被担保人一般有着比较密切和直接的关联，或者要对被担保人的品质、能力进行几乎全方位的考察、评价。保险则是一种相对比较单纯的经济关系，保险只是要求被保险人具有一般的诚信品质，保险人与被保险人不必具有比较密切和直接的关联，也不需要对被保险人的品质、能力进行全方位的考察、评价。当然，当发生保险事故出现理赔可能时，保险人有时会对被保险人、保险事故进行深入考察、评价。这部分工作，其一是在提供保险之后进行的，其二对保险整体业务而言所占比例是较小的，因而，担保是具有显著人格化特征的社会经济工具，而保险不具有显著人格化特征。

4. 担保与保险处理的风险不同

担保处理的风险是与债权、债务相关的一切风险，既包括主观因素产生的风险，又包括客观因素产生的风险。保险处理的风险并不是产生损害结果的一切风险而是保险合同规定的风险情况，一般是客观风险的一部分。

需要指出的是，担保与保险也有混同在一起的情况，如出口信用保险。究其实，出口信用保险是一种政策性保险，是信用担保的特殊形式，它并不按保险原则来运营。有些国家将其纳入保险范畴，但也有些国家和世界银行多边担保机构则将其纳入担保范畴。同时，也确有按大数法则运作的担保品种，如雇员忠诚担保，但因其符合人格化担保这一本质特征，因此，仍应归属为担保品种。产生这种情况的原因是因为对担保、保险关系的理论研究不够，各国管理当局按照各自的理解把从本质上并不属于担保或保险的业务纳入相应的管理范畴。从实践方面看，特定的经济体制、法律制度，甚至影响国家经济不同力量对比的差异和传统的差异对这种情况的形成也是有重要影响的。在国际交流中，一些在担保、保险制度方面后进的国家在吸收、借鉴先进国家担保、保险制度时，一般也沿用了一些本来并不严谨的提法，进而形成了一些习惯性的提法。这种混同并不足以否定担保与保险在基本面上的差别。

三、担保的种类

担保方式就是《担保法》规定的用以担保债权实现的方式，我国民法上的担保方式主要有保证担保、抵押担保、质押担保、留置担保和定金担保和其他担保方式。

（一）保证担保

保证为一种人的担保，是指债的当事人以外的第三人作为保证人和债权人约定，当债务人不履行债务时，保证人按约定履行债务或者承担责任的担保方式。我国1981年颁布的《经济合同法》第十五条规定有保证担保；1993年经修订后，规定："经济合同当事人一方要求保证的，可由保证人担保。被保证的当事人不履行合同的，按照担保约定由保证人履行或承担连带责任。"《民法通则》第八十九条第一款规定：按照当事人的约定，可以采用保证方式担保债务的履行，"保证人向债权人保证债务人履行债务，债务人不履行的，按照约定由保证人履行或者承担连带责任；保证人履行债务后，有权向债务人追偿。"《担保法》第六条规定，保证"是指保证人和债权人约定，当债务人不履行债务时，保证人按照约定履行债务或者承担责任的行为。"并对保证担保的适用予以较为全面的规定。

我国民法上的保证担保,依其担保的效力可以分为一般保证和连带保证。除保证合同当事人另有约定外,保证担保为连带保证。当事人可以在保证合同中约定一般保证,债务人不能履行债务的,由保证人承担保证责任。除法律另有规定或当事人另有意思表示外,一般保证的保证人在主合同纠纷不经审判或者仲裁,并就债务人财产依法强制执行仍不能履行债务前,对债权人可以拒绝承担保证责任。当事人在保证合同中可以约定保证人与债务人对债务承担连带清偿责任而成立的连带保证;连带保证的债务人在主合同规定的债务履行期届满没有履行债务的,债权人可以要求债务人履行债务,还可以要求保证人在其保证范围内承担保证责任。

(二) 抵押担保

抵押是一种物的担保方式。是指债务人或者第三人不转移对不动产、不动产权利、动产的占有,而依照一定的方式将该财产作为债权的担保。我国《民法通则》第八十九条第二款规定:"债务人或者第三人可以提供一定的财产作为抵押物。债务人不履行债务的,债权人有权依照法律的规定以抵押物折价或者以变卖抵押物的价款优先得到偿还。"《担保法》第三十三条规定:"本法所称抵押,是指债务人或者第三人不转移对本法第三十四条所列财产的占有,将该财产作为债权的担保。债务人不履行债务时,债权人有权依照本法规定以该财产折价或者以拍卖、变卖该财产的价款优先受偿。"

依照我国《民法通则》的规定,抵押担保并不能适用于任何种类的财产,仅有下列财产可以适用抵押担保:①抵押人所有的房屋和其他地上定着物;②抵押人所有的机器、交通运输工具和其他财产;③抵押人依法有权处分的国有土地使用权、房屋和其他地上定着物;④抵押人依法有权处分的国有的机器设备、交通运输工具和其他财产;⑤抵押人依法承包并经发包主同意抵押的荒山、荒沟、荒丘、荒滩等荒地的土地使用权;⑥依法可以抵押的其他财产。

依照抵押担保的标的的不同,抵押担保可以分为不动产抵押、动产抵押、权利抵押、企业财产集合抵押。我国《海商法》规定的船舶抵押和《民用航空法》规定的民用航空器抵押,为特别法的动产抵押,应当与《担保法》规定的动产抵押相区别。

(三) 质押担保

质押为一种物的担保。债务人或者第三人将动产移交债权人占有,并以占有的形式作为债权受偿的担保。我国《民法通则》没有规定质押担保,质押担保原属于抵押担保的范畴,但是,质押担保和抵押担保毕竟不同,尤其是其公示方法不同,抵押担保不转移抵押物的占有,而质押担保必须转移质押物的占有,质押应当独立于抵押而单独规定。《担保法》第六十三条第一款规定:"本法所称动产质押,是指债务人或者第三人将其动产移交债权人占有,将该动产作为债权的担保。债务人不履行债务时,债权人有权依照本法规定以该动产折价或者拍卖、变卖该动产的价款优先受偿。"

我国《担保法》以质押标的的不同,将质押区别为动产质押和权利质押,较全面地规定了质押担保制度。权利质押,是指以出质人享有的财产权利为标的而设定的质押。因质押的财产的性质不同,权利质押一般可以分为债权质押、证券质押和知识产权质押。

(四) 留置担保

留置担保为民法规定的一种确保债务履行的标的物的担保方法,当债权人占有债务人的财产时,若债务人尚未履行债务,债权人可以拒绝债务人返还物之占有的请求,并继续占有债务人的财产,以迫使债务人履行债务。

我国《民法通则》第八十九条第四款规定:"按照合同约定一方占有对方的财产,对方不按照合同给付应付款项超过约定期限的,占有人有权留置该财产,依照法律的规定以留置财产折价或者以变卖该财产的价款优先得到偿还。"《担保法》第八十二条规定:"因保管合同、运输合同、加工承揽合同发生的债权,债权人按照合同约定占有债务人的动产,债务人不按照合同约定的期限履行债务的,债权人有权依照本法规定留置该项财产,以该项财产折价或者以拍卖、变卖该财产的价款优先受偿;法律规定可以留置的其他合同,债权人享有同样的权利。"

我国《合同法》还具体规定有承揽人留置权、承运人留置权、保管人留置权和行纪人留置权。《合同法》第二百六十四条规定:"定作人未向承揽人支付报酬或者材料费等价款的,承揽人对完成的工作成果享有留置权,但当事人另有约定的除外。"本法第三百一十五条规定:"托运人或者收货人不支付运费、保管费以及其他运输费用的,承运人对相应的运输货物享有留置权,但当事人另有约定的除外。"第三百八十条规定:"寄存人未按照约定支付保管费以及其他费用的,保管人对保管物享有留置权,但当事人另有约定的除外。"第四百二十二条规定:"行纪人完成或者部分完成委托事务的,委托人应当向其支付相应的报酬。委托人逾期不支付报酬的,行纪人对委托物享有留置权,但当事人另有约定的除外。"

我国《信托法》规定有信托财产留置权。《信托法》第五十七条规定:"信托终止后,受托人依照本法规定行使请求给付报酬、从信托财产中获得补偿的权利时,可以留置信托财产或者对信托财产的权利归属人提出请求。"

《海商法》规定有船舶留置权,即债权人以船舶为标的而享有的留置权,又被称为船舶占有留置权。造船人、修船人在合同另一方未履行合同时,可以留置所占有的船舶,以保证造船费用或者修船费用得以偿还。船舶留置权分为造船人留置权和修船人留置权。

留置担保产生债权人的留置权。依照我国担保法的规定,留置担保只能适用于动产;债权人依照合同占有的债务人的不动产,在债务人不履行合同约定的债务时,不得依照担保法的规定留置该不动产以迫使债务人履行债务。

(五)定金担保

定金为金钱担保方式。为担保合同债权的受偿,而由一方当事人向对方当事人预先交付一定数额的金钱。定金担保为双向担保,给付定金的当事人和接受定金的当事人,依照定金合同均享受定金担保利益。

我国十分重视定金担保制度建设。1981年颁布的《经济合同法》明文规定:"定金为担保经济合同履行的方式。"1986年通过的《民法通则》第八十九条第三款规定:"当事人一方在法律规定的范围内可以向对方给付定金,债务人履行债务后,定金应当抵作价款或者收回;给付定金的一方不履行债务的,无权要求返还定金;接受定金的一方不履行债务的,应当双倍返还定金。"《担保法》第八十九条规定:"当事人可以约定一方向对方给付定金作为债权的担保。债务人履行债务后,定金应当抵作价款或者收回。给付定金的一方不履行约定的债务的,无权要求返还定金;收受定金的一方不履行约定的债务的,应当双倍返还定金。"

我国《担保法》较为全面地规定了定金担保方式。但是,我国《民法通则》上的定金担保与我们日常所称的"押金"、"保证金"等不同。"押金"可能为一种"物"的担保方式,本质上属于前述质押担保的范畴;也可能为定金担保。当事人使用不同于"定金"的"称谓"所约定的金钱担保,是否具有定金担保的性质,应当依照当事人的意思予以判断,即当事人具有设定定金担保的意思,则成立定金担保;否则,不成立定金担保。最高人民法院《关于适用〈中华人民共和国担保法〉若干问题的解释》第一百一十八条规定:"当事人交付留置金、担保金、保证金、订约金、押金或者定金等,但没有约定定金性质的,当事人主张定金权利的,人民法院不予支持。"

(六)保险担保

保险担保为一种人的担保。保险公司依照其与债权人或者债务人之间的约定,向债权人或债务人收取保险费,在债务人不能履行债务时,由保险公司依照保险合同的约定向债权人(被保险人)承担损害赔偿责任的保险,为保险担保。依照保险担保,保险公司对被担保的债权人(被保险人)应当承担保险给付责任时,仅以其全部财产向债权人(被保险人)承担保险给付责任,被担保的债权人(被保险人)只能请求保险公司给付保险赔偿金,而不得直接支配保险公司的财产。故,保险担保为人的担保。

保险担保的一般形式为保证保险和信用保险。我国《保险法》第九十一条规定,保险公司的业务范围包括财产保险和人身保险业务,而财产保险业务有财产损失保险、责任保险、信用保险等保险业务。因此,保险公司在保险监督管理机构核准的业务范围内,可以从事保证保险和信用保险等具有担保债权实现功能的保险业务。

(七)其他担保

我国《民法通则》较为全面地规定了抵押、质押、留置、保证、定金等担保方式。但是在上述担保方式之外,我国民法和司法实务还承认其他一些类型的担保方式,如优先权、典权、所有权保留等担保方式。

1. 优先权

优先权是法律上基于特殊政策性考虑而赋予某些特种债权或其他权利的一种特殊效力,以保障该项权利能够较之普通债权而优先实现。优先权并非单独存在的一类权利,而仅是对某些权利的法律效力的加强,其性质仍未完全脱离其所强化的权利本身的性质。被法律赋予优先受偿效力的特种债权虽具有物权的某些效力特点,但其与抵押权、质权等典型担保物权在立法目的、特性、成立要件、基本规则等方面有重大差别,不宜相提并论。鉴于优先权既不同于普通债权,也与典型担保物权的特性不完全相同,因此可将其定位为准担保物权。

目前中国民法尚未建立统一的优先权制度,对特殊社会关系的保护是通过特别法中的零散规定来规范的。如《民事诉讼法》第二百零四条、《企业破产法》第三十四、第三十七条的规定。从这些规定来看,只是规定了几种权利受偿的先后次序,而没有从一项权利的角度进行界定,还没有算是完整意义上的优先权制度。《海商法》第二十一条是中国立法上有关优先权制度最明确、最系统的规定。应当注意的是,中国民事立法并没有建立系统的优先权制度,但却有优先受偿权的概念。有学者认为两者是同一概念,并无区别。但是通过分析两者的内涵就可以发现两者之间有着明显的区别。优先受偿权在中国担保法中是指担保特权人基于担保物权的优先清偿效力而享有的就担保物的价值优先受偿其债权的效力。而优先权是基于法律的规定对特定债权优先于一般债权人受偿的权利,优先受偿权的内涵远较优先权丰富。

2. 典权

典权是中国一项古老的传统制度,以其特有的便民功能存植于中国千百年。所谓典权,是指占有、使用、收益他人不动产的一种物权。占有他人不动产而享有使用收益权利的一方,为典权人;收取典价而将自己的不动产交给典权人占有、使用、收益的一方,为出典人;作为典权客体的不动产,称为典物;典价为典权人对他人不动产占有、使用、收益而付出的对价。典权是一种物权。典权在历史上存在着以人身为对象的典权,如典妻雇子、典雇男女等。在中国大陆地区,承认以房屋作为典权标的物。典权是中国传统的特有法律制度。

(1) 典权的基本模式。典权的基本模式为:出典人,即不动产的所有人,将典物转移给典权人;典权人在取得典物的时候,向出典人支付典价;典价通常为典物出卖价格的50%～80%;典权人在取得典物之后,可以对其行使占有、使用、收益等权利。典权可以通过回赎、找贴、绝卖等行为而消灭。

(2) 获取方式。典权的取得,有两种方式:一种为基于法律行为取得,包括以典权的设定取得和以典权的让与取得。依设定取得典权是指双方当事人达成设定典权的协议而成立典权;依让与取得典权是指典权人将典权让与他人,该他人因此让与行为而取得典权。典权取得的另一种方式为基于其他事实的取得,主要为基于继承而取得典权。

(3) 典期。典权的期限,又称典期,是阻止出典人回赎典物的期限。中国的司法实践中,典权的最长期限为三十年。超过三十年的,应缩为三十年。在典期内,出典人不得回赎;在典期届满后,出典人行使回赎权,则典权归于消灭。典权的期限有约定和未约定两种。约定期限即当事人自行约定典期,在此期限内典权人不得回赎。典权的约定期限不宜过长或过短,一般规定最长为三十年,超过三十年的,缩短为三十年;约定期限不满十五年的,不得附有到期不赎即做绝卖的条款。未约定期限则出典人可以随时行使回赎权依原典价回赎典物。但未约定期限并非无期限,自出典三十年后不回赎的则为绝卖,即典权人取得典物的所有权。

(4) 效力。典权的效力,主要涉及典权当事人双方的权利和义务。典权人的权利包括以下几种。①占有、使用、收益。②转典权,即在典权存续期间,无禁止转典约定下,典权人有权不经出典人同意将典物以不高于原典价、不超过原典期的条件出典于他人。③出租权。④转让权。⑤抵押设定权。典权人就其所取得典权,有权设定抵押权,以担保债权。在中国,对于典权能否抵押,存在着不同的认识。本书认为,典权作为一种有价值的权利,与其他有价值的权利一样,可以设定抵押。对于此种情况,本书将在后面着重论述。⑥优先购买权。⑦重建修缮权。⑧费用求偿权。出典人的权利包括以下几种。①典物所有权。②抵押设定权。典权人对典物享有所有权,方可对典物再行设定权利。③回赎权。

3. 所有权保留

所有权保留是指在移转财产所有权的商品交易中,根据法律的规定或者当事人的约定,财产所有人移转标的物的占有于对方当事人,但仍保留其对该财产的所有权,待对方当事人支付一部分或全部价款或完成特定条件时,该财产的所有权才发生移转的一种法律制度。

《民法通则》第七十二条规定:"按照合同或者其他合法方式取得财产的,财产所有权从财产交付时起转移,法律另有规定或者当事人另有约定的除外。"允许合同当事人就所有权的移转意愿自治,奠定了所有权保留制度的基础。《最高人民法院关于贯彻执行〈中华人民共和国民法通则〉若干问题的意见(试行)》第八十四条规定:"财产已经交付,但当事人约定财产所有权转移附条件的,在所附条件成就时,财产所有权方为转移。"这为将所有权保留的性质视为所有权的附条件移转理论提供了法律依据。《合同法》第一百三十四条明文规定了所有权保留制度,完成了所有权保留制度的框架结构。根据上述所引法律条文,可以说我国确立了所有权保留制度,但在具体内容上,如所有权保留的设定与公示、所有权保留的类型、所有权保留的对内对外效力、所有权保留的实行、所有权保留的消灭、出卖人取回权、买受人期待权等法律上并无规定,只能依赖于学理探讨。

四、担保的分类

担保的种类可以从不同的角度,依据不同的标准进行划分。人们常见的立法分类,主要是依据担保权利的性质和适用范围的大小进行的,如将具有物权性质的担保方式分为优先权、抵押权、质权和留置权几种,归入担保物权中;将具有债权性质的担保方式分为保证、定金两种,归入债权中;对同种类型的担保方式按其适用范围和适用条件的不同,分为普通担保和特殊担保,普通担保在民法典中加以规定,特殊担保则由民事特别法加以调整。上述立法分类方法对于揭示担保方式的效力和适用条件无疑是有积极作用的,但它并没有完全揭示不同担保方式的功能和特点。为了便于人们在实践中对复杂的担保方式准确加以运用,理论上依照不同的标准、从不同的角度对各种担保方式加以分类比较成为一项必不可少的工作。

(一)法定担保和约定担保

这是以担保的设定是否基于当事人的意思为标准进行的分类。法定担保是指基于法律的规定在特定财产上当然发生的担保。民法上的留置权、法定抵押权和法定债权质权、海商法上的优先权、破产法上的优先权等均属法定担保性质。约定担保是指基于当事人的意思,以契约的方式设立的担保,民法上的保证担保、定金担保、约定抵押权、约定质权和各类物上担保等均属约定担保范畴。

区分法定担保和约定担保的意义。①两者的设定条件不同。法定担保的设定是基于法律的直接规定,只要具备法定条件,担保即存在于特定财产之上,无须当事人事先约定;而约定担保则是基于当事人的意思,以当事人之间订立担保合同为成立条件,没有担保合同,约定担保无从产生。②两者的功能不完全相同。法定担保以维护交易上的公平为目的,带有社会政策之浓厚色彩,其作用仅在于保全主债权;而约定担保大多带有媒介融资的作用(定金担保和各类物上担保除外),因而又称为融资性担保。

(二)本担保和反担保

这是以担保设定的目的不同为标准进行的分类。本担保是指以保障主债权的实现为目的设定的担保。各国民商事立法一般均是从本担保的角度来规范担保制度的。反担保是相对于本担保而言的,它是指在本担保设定后,为了保障担保人在承担担保责任后,其对被担保人的追偿权得以实现而设定的担保。我国《担保法》第四条规定:"第三人为债务人向债权人提供担保时,可以要求债务人提供反担保。"严格说来,反担保与本担保并不存在质的差异。且在担保的成立条件、担保的形式、担保的效力等方面基本适用关于本担保的规定,因此,各国立法对反担保问题均未明文规定。我国立法考虑到在外贸实践中,反担保的运用较为普遍,而国内经济活动中的担保大多又为无偿担保,担保人只承担风险,而无益可图,因而出现担保难的局面。为了使担保方式在国内经济活动中得到更广泛的运用,消除担保人的后顾之忧,在立法上首次明文规定了反担保制度。

反担保与本担保相比,具有如下几方面特征:①反担保设定的目的与本担保不同,它是为了保障担保人对被担保人例行追偿权的实现而设定的,因而是反担保的对象的担保人对被担保人的追偿权,而非主债权;②反担保从属于本担保而存在,因而担保不成立,反担保也不成立,本担保无效,反担保也无效;③反担保制度适用范围不如本担保广泛。虽然我国《担保法》第四条规定:"反担保适用本法担保的规定。"但由于反担保制度只适用于第三人为主债提供担保的情况,因此在主债务人以自己的财产或金钱为自己的债务提供本担保时,是不会发生反担保问题的;从担保的形式上看,由于留置担保和定金担保其担保人与主债务人均为同一人,因而不发生反担保问题。而保证担保、抵押担保、质押担保只有在保证人、抵押人、出质人均为主债务人之外的第三人时,才会发生反担保问题。

(三) 人的担保和物的担保

这是依担保标的的不同为标准所作的分类。所谓人的担保,是指以债务人以为的第三人的信用为标的而设定的担保。在民法上,最典型的人的担保为保证担保。所谓物的担保,指以特定财产为标的而设定的担保。民法上物的担保分为典型担保和非典型担保两大类。前者如抵押权、质权、留置权等,后者如让与担保、保留所有权等。

区分人的担保与物的担保的意义在于以下几方面。①性质不同。人的担保由于并不涉及当事人的特定财产,而只是当事人之间产生债权债务关系,因此,性质上属于质权范畴;而物的担保由于设定在特定财产之上,性质上属于物权范围。②主体不同。人的担保的设定只能以债务人以外的第三人的信用为标的,债务人不能充当保证人;而物的担保的设定只要求标的为特定财产,至于是债务人提供的担保财产,还是第三人提供的财产,在所不问。因此,主债务人也可成为担保人。③担保的标的不同。人的担保的标的是担保人的信用,而信用的基础是担保人的一般责任财产;而物的担保的标的必须是担保人的特定财产。④权利设定的公示方法不同。人的担保性质上属债权,无对抗第三人的效力,因而为主债权提供保证,无须登记或进行其他公示;而物的担保性质上属物权,依照物权公示原则,物权的设定、变动或消灭必须进行必要的公示,否则无对抗第三人的效力。因此各类物的担保均要求以登记或交付占有为成立或生效要件。⑤效力不同。人的担保性质上属债权,主债权人对担保人的财产并无优先受偿权;而物的担保性质上属物权,主债权人对担保物享有优先受偿权。⑥作用不同。人的担保无须公示,因此,设定手续简便快捷,但由于保证人的信用是建立在保证人的一般责任财产之上的,而一般财产又极具变动性,因而其担保力不强;物的担保设定手续烦琐,但由于是以特定财产为标的的,当债权人的债权届期未受清偿时,便可直接从特定财产中受偿,因而其较为安全可靠。两者各有优点和不足,究竟选择何种担保方式,应根据具体情况而定。

(四) 典型担保和非典型担保

以担保制度是否为民法典所明文规定为标准,可分为典型担保和非典型担保。凡民法典明文规定的担保均为典型担保,如抵押、质权、保证、定金等;而非典型担保则是指社会交易实践中自发产生,而为判例、学说所承认的担保制度,如让与担保、所有权保留、代理受领、制定账户、抵销等。

区分典型担保与非典型担保的意义在于以下几个方面。①典型担保的性质非常明确,要么为物权(如抵押、质权),要么为债权(如保证、定金);而非典型担保性质则往往介于物权和债权之间,因而兼具物权和债权的效力。②设定条件不同。典型担保的设定条件往往由立法加以明确规定,非典型担保的设定条件往往由当事人以契约的方式加以约定。

(五)普通法上的担保与特别法上的担保

大陆法国家调整民商事法律关系在立法体例上有所谓"民商分立"和"民商合一"的区别。在民商合一的国家,担保制度的基本形式是在民法典中加以规定的,对于某些适用范围窄、适用条件特殊的担保形式,往往以特别法的形式加以规定,如各国均将抵押、质权、保证、定金等基本担保形式在民法典中规定,而将财团抵押、保留所有权买卖等在特别法中加以规定。前者便称为普通法上的担保,后者则称为特别法上的担保。不仅如此,在这些国家,由于没有商法典,海商法、票据法、破产法等均以民事特别法形式而存在,上述法律中规定的船舶优先权、船舶抵押权、票据保证、破产优先权等也属特别法上的担保。在民商分立的国家,虽然有商法典的存在,但理论和实践均认为,商法是民法的特别法,具有优先适用的效力。因而商法典中规定的各种担保形式性质上仍属特别法上的担保。

区别普通法上的担保与特别法上的担保,其意义在于以下几个方面。①适用范围不同。普通法上的担保具有普遍适用性,而特别法上的担保只适用于特定的领域。②适用条件不同。普通法上的担保与特别法上的担保,其设立、变更、消灭应适用各自法律和法规规定的条件,若特别法上对某种担保方式的适用作了特别规定的,应当适用特别法上的规定。我国《担保法》第九十五条就规定:"海商法等法律对担保有特别规定,依照其规定。"在特别法对某种担保方式的规定较为严格的情况下,应当依照普通法的原则和立法精神来处理。

(六)国内担保和国际担保

这是依担保关系诸要素中是否有涉外因素所作的分类。所谓国际担保是指担保法律关系中主体、客体或内容具有涉外因素的担保,如担保主体一方或双方为外国人;担保物位于国外;担保关系双方的权利义务具有涉外因素等。所谓国内担保则是指担保关系的主体、客体和内容均不具有涉外因素。

划分国内担保和国际担保的法律意义。第一,适用法律不同。一国的国内担保的设定、变更或消灭,只适用本国法的规定;而国际担保因具有涉外因素,因而在法律适用问题上较为复杂。依照我国《民法通则》第一百四十二、第一百四十四、第一百四十五条和第一百五十条的规定,以及最高人民法院关于《贯彻执行〈民法通则〉若干问题的意见》的司法解释,在处理国际担保问题时,应遵循下列原则。①我国缔结或参加的国际条约与我国国内法规不一致时,适用有关国际条约的规定,但我国声明保留的条款除外;没有相关国际条约可适用的,也可以适用国际惯例。但无论是国际条约还是国际惯例的适用,均以不损害我国的社会公共利益为前提。②在没有相关国际条约和国际惯例可适用时,国际担保按其性质的不同,动产担保物权适用担保人居住地的法律;不动产担保物权适用不动产所在地法;债权担保首先适用当事人事先选择的准据法;在当事人未作选择时,适用与担保合同有最密切联系国家的法律。第二,担保方式的选择不同。虽然从理论上讲,一国民商法中规定的担保方式在国际担保中均可适用,但由于各国民商法对担保方式的性质和种类规定不同,若当事人设定的担保方式在另一方国家的法律中没有规定或虽有规定但对其性质的认定存在差异,则会直接影响该担保方式的效力。同时,选择担保物权方式时,担保权的实现往往涉及在另一国境内对担保财产的执行问题,不仅程序较为复杂,而且涉及该国的公共利益,因此,在国际担保中一般较少采用物权担保方式,而广泛采用保证担保方式。

第三节 信用担保

一、信用担保的内涵

信用担保是指债务人在向银行融通资金过程中,根据合同约定,由第三人以保证的方式为债务人提供担保,在债务人不能依约履行债务时,由担保机构承担合同约定的偿还责任,从而保障银行债权实现的一种金融支持方式。信用担保的本质是保障和提升价值实现的人格化的社会物质关系。信用担保属于第三方担保,其基本功能是保障债权实现,促进资金融通和其他生产要素的流通。

信用担保的概念包含三个要点。

(一) 信用担保是担保人以自己的信用担保

信用担保,关键词是信用,而信用是人的行为,是人格的表现。所以说信用担保是人格化的担保,是以人的信用实施的担保,是人对债的保证。这里讲的人既包含法人,也包含自然人。自然人也有信用担保的能力,所以信用担保并不是专指专业担保人的行为。但是本书后续章节所介绍的信用担保则多围绕专业的担保机构。

信用担保不是人的主观愿望决定的,也不是物质财富多少决定的,它是由人的信用能力决定的。能够成为保证人的人一般是有资产的人、有收入来源的人、有债必还的人,所以"铺保"、"保人"一般是有一定物质来源和受人尊敬的人。担保成为专业之后,也并没让专业担保机构一夜之间成为信用担保机构。考察国内外的担保机构,在创业初期一般都不可能以真正的人的担保出现,都有一个让市场识其信用的过程,即便知道它有很多物质财富,但对其在发生了债之后能不能尽心诚意地偿还,也需要过程的审视。至今,国内仍有许多担保机构并没有成为真正意义上的信用担保机构,承接担保的同时,还必须垫付保证金,担保规模仍限于资本金额之内。这说明信用还不足以成为担保之本。

(二) 信用担保行为的实现过程是市场机制、规律、交易规则作用的结果

物的抵(质)押之所以实现担保行为,其根本原因在于担保人的担保物质价值与债权人的被担保的物质价值相当,或双方认为相当。这一过程人们看到的是债权人与债务人之间的资产转移,并没有实际看到担保人与债权人的资产转移。但是透过表象,会感受到担保人抵押物已经成为债权人的或有资产,债权人感觉是安全的,而担保人增加了风险。简单审视不难判断,是市场机制决定了这一过程。

人的担保当然也不可能背离市场规则。只有债权人认同担保人的交换价值才可能成为市场,那么债权人是如何审视信用担保人的呢?如何才能形成信用担保市场呢?债权人追求的目标是收益与安全,收益多少是其主观决定的,而安全的不确定性不是主观能决定的。需要担保人目的是转嫁交易不确定性风险,而绝不是与担保人分享收益。所以寻求担保人的主要标

准和首要条件是保证其债权收益安全实现。

对人担保能力的判断如果仍然以物担保的标准、条件衡量，人担保就成为不可能。债权人与人担保的价值平衡主要取决于两个方面：一是偿债能力，二是偿债意愿。偿债能力标准是价值的平衡与对称，偿债意愿是心理认同的平衡与对称。偿债价值平衡的基础当然是物资产，但是只限于物的价值，又称为物担保，人的作用在于创造出与债权人价值相当的价值。这种价值产生于控制资产流动和风险的能力，能够始终保持与所有债权人价值的平衡。例如，一个保人，为十个债权人的十份资产担保，其实他只有一份资产，为什么十个债权人都认同他的担保，根本的原因是认同他对债务人风险的判断和控制能力，即使产生最大风险，损失也能控制在一份资产之内，这就是将风险概率控制在与债权人担保价值平衡的范围之内。控制风险概率产生的担保价值，正是信用的价值，正是信用资产的价值与债权人权益的价值相当，才产生了担保市场。

（三）信用担保本质是信用资产的运用

信用资产具有一切资产的共同特征，具有使用价值、交换价值。信用担保是运用信用资产的一种方式，本质上是信用资产使用价值和交换价值的运用。信用资产是财富，是金融资产。财富的特质在交换性，财富的构成包括物与权利。

物就是实际资源，罗马法将一切具有经济价值的财产都综合为"物"和"权利"，物包括了有形之物和无形之物，可以是自然资源、物力资源和人力资源。自然资源和物力资源为有形之物，是实物资产；人力资源包含的体力、智力、精神力量属无形之物，是无形资产，既包括品质、信用、智慧，也包括专利、版权、商标、专有技术等知识产权。财富构成中的权利特指各种金融资产包括的权利，金融资产是各式权益凭证，是"权利"存在的形式或载体。金融资产形成于货币借贷、证券交易、衍生交易以及信托、租赁、抵押、担保等活动之中。所以"权利"包括债权、股份、期权、抵押权、担保权等各类他物权形式。总财富的构成包括物（即实物与无形资产）和权利（即金融资产）两个部分。

担保机构必须有物的资产为基础，实物资产与无形资产既表达了所有权，也表达出衍生的金融资产的价值，即承担债务的能力和偿债的品质愿望。一个担保机构只有实物是不充分的，其保证能力只能与实物价值量一比一。只有衍生的权利产生才能表达出其实物资产保证能力。但是信用担保机构如果没有或缺乏实物资产，又难以衍生出金融资产，衍生的金融资产是所有权分割转让的产物。实物资产与金融资产共同构成了担保机构的财富。这正是担保机构得以生存与发展的基础和条件。担保机构经营的是金融资产，进行的是金融活动。

二、信用担保经济学理论解释

在现代市场经济中，信用交易占据了支配地位，而且这种信用交易大部分是高度非人格化的。这样，信用问题就成为决定社会经济活动能否顺畅进行的关键所在。而信用体系的建设和信用理念的培育也必将成为社会经济发展中的一个核心问题。现代市场经济之所以会发生信用问题，症结有两个：第一是授信人和受信人之间的信息不对称；第二是随之而来的奖惩不兼容。因此，为了使得社会经济生活中有较高的守信度和履约率，就要设法弱化信息的不对称性。同时，使失信者受到惩罚，或者使守信者得到损害补偿。与此相适应，必须做出恰当的制度安排来加以落实。于是在市场经济的发展过程中出现了两种最重要的第三方信用服务：一个是资信调查(征信)和信用评级;另一个则是信用担保问题。后者是本节所要论述和研究的核心内容。

(一) 风险转嫁理论与信用担保

风险转嫁理论源于风险存在的客观性,属于风险管理的理论范畴,它主要是关于经济主体在存在风险的情况下,通过一定的方式将风险合理转嫁出去的方法论。所谓风险转嫁,是指某个经济主体的债权人为了规避风险损失,有意识地将损失或与损失关联的或然结果转嫁给其他经济主体(保证人或债务人)承载的路径与方式。在经济活动(尤其是投资、信贷活动)中,由于经济主体受到各种主、客观等不确定性因素的影响,常常面临各种风险和或有损失。例如,商业银行在信贷业务活动中,由于受到宏观经济政策、国际环境、自然力影响、借款人经营状况、偿债意愿以及其自身信贷经营管理水平、人员素质等各种错综复杂因素的影响,使其信贷或交易债权不可避免地面临着无法预料的风险,以致发生资金损失。因此,经济主体(债权人)为了最大限度地控制和减少经济活动过程中的债权风险,必然要寻求各种风险管理及化解的有效途径。

风险转嫁作为一种缓释、分解、规避和处置风险的有效方法,可以通过以下途径来实现。一是将存有风险的财产或活动转移给他人;二是将风险及损失的有关财务后果转嫁出去。将存在风险的有关活动转移出去与规避风险密切相关,也可以说是规避风险的一种特殊形式。但二者之间也有区别,即规避风险是停止或放弃某些计划和活动,如放弃某项投资、拒绝授信等。这样,风险既不会存在也不会产生。而转嫁风险并没有消除风险,即风险及其引起损失的活动依然存在,只是风险在不同经济主体之间发生了位移,对整个经济系统而言,损失的后果依然存在。转嫁风险与损失控制也有区别,损失控制旨在采取积极防御与抢救措施,以减少损失出现的可能性或损失的程度;而转嫁风险只不过是将损失或有后果转移给他人承担。

转嫁风险可分为控制型非保险转嫁、财务型非保险转嫁和保险三种形式。控制型非保险转嫁与财务型非保险转嫁的区别在于:首先,前者所转移的是损失的法律责任,即通过合同或契约消除或减少转让人或受让人的损失责任和对第三者的损失责任,而后者则是转让损失的财务负担,即转让人通过合同或契约寻求外来资金补偿其确实存在的损失;其次,前者将财产或经济活动连同损失责任都转让给受让人,而后者则只转移损失,不转移财产或经济活动本身。

可见,财务型转嫁风险是通过抵、质押及保护的形式实现的。由于保证是将风险损失所引起的赔偿责任,通过合同条款从合同的一方转移给另一方,不及抵、质押方式直接,但因风险转让人的债权获得了债务人和保证人的双重信任保证,增加了债权受偿的机会。因此,保证方式受到了业界的普遍青睐。也正因为保证是建立在信用基础上的经济行为,各国风险管理者特别是金融机构尤为重视保证人的资信等级与经济实力。对于那些无资产或权益设定抵、质押,且信用等级很低的投资或受信对象,银行等金融机构更期望有专门提供保证业务的机构充当保证人,为其提供稳健的担保式授信服务。

从风险转嫁理论与信用担保的具体实践来看,银行作为借款企业的债权人,通过与信用担保机构签订保证合同,将其承担的债务人可能无法偿还借款的损失风险转嫁给信用担保机构,即信用担保机构在借款人无法偿还到期债务时承担赔偿责任。因此,银行的损失风险通过向信用担保机构的风险转嫁而减少到最低限度。

而信用担保机构的风险转嫁工具是设立反担保,签订反担保合同,设立抵、质押物权或其他第三人担保。当信用担保机构代位赔偿后,银行债权转化为信用担保机构的追偿权,可以通过处置抵、质押物或求偿其他第三人担保的责任来获得债权担保范围内的经济补偿。一般而言,银行的风险转嫁功效优于信用担保机构风险转嫁的实际效果。

(二)信息不对称理论与信用担保

根据古典经济学理论,在信息对称、完全竞争、生产要素自由流动的完善市场条件下,信贷市场的价格杠杆——利率会调节信贷资金的供给和需求,使得竞争性的信贷市场产生均衡,或称瓦尔拉斯(Walars)均衡。同时,信贷市场均衡使得信贷资源达到帕累托(Pareto)最优状态,使得金融资本配置最有效率。但是,这种完美的假设在现实世界是很难实现的,即使存在也只是偶然的特例,而现实中的普遍现象是信息不对称情况无时不在或无处不在。在企业融通资金的过程中,资本供求双方的信息配置更多的是处于一种非对称状态。而信息不对称是指交易双方的一方拥有相关的信息而另一方却没有这些信息,一方比另一方拥有的相关信息更多,从而对信息劣势者的决策造成极为不利的影响。

在金融市场上,借款者一般比贷款者更清楚投资或经营项目成功的概率和偿还条件及可能度。由于信息的不对称,融资活动中客观上就存在着各种各样的风险。表现在风险信息的非对称、双方努力履约程度信息的非对称以及决策信息的非对称,从而发生逆向选择和道德风险,导致资源配置扭曲,金融交易渠道受阻,以致降低金融市场的配置效率。

理论分析表明,通过建立信用担保机构并发挥其职能,可以完善市场信用机制,修正市场的信息不对称状态。信用担保作为连接企业和银行的信用桥梁,起到信用传递的功能与作用。银行对借款企业能否履约缺乏足够的信息,但它对信用担保机构的履约能力是放心的;而信用担保机构之所以敢于对借款企业履约给予担保,是基于其对借款企业的履约能力有属地化优势地透彻了解或政策扶持的职能导向约束、支撑力。银行与信用担保机构之间信息基本是对称的,而信用担保机构与借款企业之间信息也是比较对称的。于是信用担保机构成为交易双方的一座信用桥梁。通过这种信息传递,使得资金融通和其他市场交易行为得以顺畅地进行。

(三)金融交易理论与信用担保

金融交易的本质在于使金融资产能够从盈余部门流入短缺部门。在这个过程中,不但交易过程本身应当是有效率的,而且交易制度还应具有使金融资产流向那些更有效率、增值能力更强的经济部门中去的特殊功效。

应该说,信用是整个金融交易活动的基础,也是金融制度维护与保障的核心内容之一。金融制度必须具有维护、强化和拓展社会信用体系的功能,以保证金融交易的顺利进行,从而实现金融交易在资源配置和社会经济发展中的内在作用。如果把金融交易看作人类交易行为的一种特殊形式,从交易的经济学角度进行研究就会发现,金融交易能够顺利而有效地进行,需要具备相应的规则、惯例和组织安排所构成的金融制度、规范和机构体系等来作为保障。信用担保正是基于金融制度体系中的功能需求而存在,而专业的担保机构则作为相应的组织安排而生根、开花并结果。

首先,通过建立中介机构行使信用担保的职能,有利于解决金融交易中信用不足而产生的金融阻塞问题。中小企业由于生产、经营的规模所限,难以提供充裕和苛刻条件约束下的抵、质押标的物。除了极少数高科技企业外,大量中小企业也都与资本市场的直接融资无缘。这样,信用担保方式作为信用担保机构与银行等债权人的约定,以保证的方式为其提供担保融资或进行其他交易行为就成为必要和可能。当被担保人不能按合同约定履行债务时,由担保人进行代偿,承担债务人的责任或履行债务,这是一种信誉保证和资产责任结合在一起的金融中介服务行为。其次,信用担保实质上发挥了类似于抵、质押担保的外延内伸作用。在资金需求者抵、质押物不充分、缺乏信用记录的情况下,通过第三方的介入,弥补信用不足并增强信用等级,化解信用和交易风险,实现资金融通。再次,信用担保的信用增强功能不仅能够提升债务人的资信质量,起到风险隔离和屏蔽的防火墙作用,而且在信息披露、监管、经营指导等方面也能更好地满足债权人和债务人的共同要求。最后,信用担保作为一种金融中介延长了金融交易中的信用链条,是社会评价和传递信用的金融制度中重要组成部分,也是降低金融风险、活跃金融市场的重要杠杆和工具。

(四)市场经济中资金配置、效率发挥与信用担保

在市场经济条件下,市场和政府作为两种资源配置方式,各自配置的领域和作用对象是不同的。市场是一种有效率的运行机制,但其资源配置功能并不是万能的,市场机制具有本身所固有的缺陷,经济学称为"市场失灵"和"市场缺陷"。正是"市场失灵"和"市场缺陷"为政府介入或干预中小企业和其他多元经济的资金配置提供了必要和合理的依据。

1. 市场失灵、缺陷与政府行为

市场失灵是与市场效率相对应的,即市场在资源配置的某些方面(如信贷资金配置上)是操作固化、局部趋利或缺乏效率的。主要表现在以下三方面。一是垄断式的趋向。市场效率是以完全自由竞争为前提的,而现实的市场并不具备这种充分条件。在某一行业(如大企业)产量达到相对高的水平之后,就会出现规模收益递增和成本递减的趋势,这时就会形成垄断。垄断者可通过限制产量,集中资金,抬高价格并使价格高于边际成本,获得额外利润,从而使整个市场丧失效率。为了限制资源垄断,政府必须加以干预并实行公共管制,即由政府规定价格或收益率,或建立公共生产,从效率或社会福利角度规定价格。在资金配置方面,政府通过注资的方式设立信用担保机构,使中小企业能稳定地获取必要的经营周转资金。二是因信息不对称衍生的不作为倾向。这已在前文作了专门论述,在此不再重复。三是外部效应。完全竞争市场要求成本与效率内在化,产品生产者要负担全部成本,收益也全部归其所有,外部效应说明的是厂商从事某项经济活动对他人带来利润或损失的现象,当出现正向的外部效应时,生产者得不到应有的效率补偿;当出现负向的外部效应时,受损者又得不到损失补偿,因而市场竞争不可能形成理想的效率配置。当出现外部效应时,政府就有必要介入和干预市场。比如在融资市场上,在融资供给量既定的条件下,大企业所占份额多了,中小企业的份额就会相对减少,其发展就会受到损害。这种相对于中小企业的资金配置过程中所发生的负外部效应必然导致资金配置效率的低下,从而可能造成失业率较高、税收减少、经济波动等问题;这就是由于市场失灵而导致的市场缺陷。因此,从整个宏观层面来说,政府以直接注资或税式支出的方式组建或扶持信用担保机构,对中小企业融资给予扶持,有助于解决资金配置过程中的市场失灵和市场缺陷问题,使中小企业获得良性发展。中小企业发展了,就会有利于缓解就业压力,增加税收,保持经济的稳定增长,这种外部效应是十分明显的。

2. 信用担保产品特征与资金配置

在市场经济条件下,当存在市场失灵和市场缺陷时,政府必须介入和干预市场。其手段主要有行政法律手段、组织公共生产、财政手段和金融手段等,这些手段的实施是由政府提供其公共产品或某些混合产品而得以实现的。所谓公共产品是相对于私人产品而言的,指由以政

府为代表的公共部门供给来满足社会公共需要的商品和服务,具有非竞争性和非排他性。混合产品是指兼具公共产品与私人产品特征的产品,可分为两类:一类混合产品具有非竞争性但具有排他性;另一类混合产品具有不充分的非竞争性和排他性,即具有外部效益性。信用担保产品属于具有外部效应的混合产品,它具有以下特征:收益与风险的不对称,信用担保是以较低的收益承担较高的风险,或以固定的收益承担不确定的风险。风险的不可保证性和难以转嫁性,使信用担保集中了授信银行的信贷风险和受保企业的经营风险、信用风险。在风险分散机制尚不健全的条件下,信用担保产品事实上成为承担风险的最终产品,其风险的不可保证性和难以转嫁性是显而易见的。

从信贷融资均衡配置要求出发,通过专业担保机构给中小企业和各类经济群体提供担保,目的在于使信贷资源实现新的市场均衡,即希望通过融资的信用担保实现其融资市场从非均衡向均衡转变,为中小企业向大企业的提升或"跳跃式"成长提供助动作用,从而进一步推动整个社会经济的协调发展。而信用担保的主要服务对象是有发展前景尤其是科技型、特色型、出口创汇型、支柱产业配套型及社区服务型等中小微型企业群、各类经济体与个人经营者。其目的在于通过优化资金配置,改善融资、投资环境,增强生产经营能力,促进可持续发展;同时也有利于创造就业岗位,增加国民收入,加速科技成果的转化,转变经济增长方式。

三、信用担保的特殊性

(一) 专业性

(1) 专业担保在国际上已有100多年的历史,专业担保能够提供几百种担保业务,它的业务范围之广是非专业担保完全不能相比的。现代担保业是适应市场经济条件下社会对信用的客观需求而逐渐产生发展起来的。为不断满足客户对信用的多种需求,担保品种已由最初的贷款担保扩大到目前的招标担保、履约担保、资产证券化担保等在内的多品种担保。

(2) 专业担保在风险防范、分散、化解,在项目评审、监督控制手段,在专业机构协作等方面也具有自身的特点和优势。无论何种类型的担保机构,为了确保自身的稳健运行,都有比较健全的风险防范和化解机制。

(3) 专业化人才。会计事务所、律师事务所等对从业资格、资质均有严格要求。专业担保从业人员从其专业性上看同样需要如同会计师、律师那样的行业性的资格、资质标准。但专业担保目前还没有国际通行或全国统一的从业资格标准。这主要是由于专业担保不同类型的业务、机构对人员资格、资质要求差别较大,专业担保技术性很强而从业人数不多,在我国专业担保的发展还仅处于初级阶段。随着专业担保的发展,对从业人员提出明确的资格、资质要求将是必然的。

(二) 法律调整规范的特殊要求

一般企业法人或自然人的非专业担保是一种民事行为,属于民法调整的范畴,我国《担保法》的调整对象是属于民事行为的担保行为。专业担保活动中的担保人、被担保人、债务人之间的担保合同关系应由《担保法》调整。专业担保尤其是政策性担保直接或间接服务于政府的经济职能,其组织设立、业务安排、高级人员任免、监督检查、财政扶持等应由经济行政法来调整。虽然现在担保业务操作方面有些是依据《担保法》运行的,但从整体和行业的观点来看,把属于民法范畴的《担保法》作为判断政策性专业担保应如何发展的主要法律依据,其实并不符合该类机构经济行为特征的客观要求。由国家制定专门属于经济行政法范畴的法律法规,是十分必要和现实的。

(三) 社会性、政策关联性

由于专业担保具有经济杠杆的功能,许多国家政府和地方政府通过专业担保实现一定的政策目标。这样使专业担保与政府政策密切相关,信用担保成为落实政府政策的工具。专业担保具有社会性、政策关联性。非专业担保仅仅出于经济活动平等主体之间的利害关系,是当事人之间自己的事情。例如,非专业担保的担保人完全可以自愿放弃作为担保人的权利,而专业担保的担保人在一般情况下不可以放弃作为担保人的权利。

四、信用担保的基本原则

(一) 区别对待原则

信用担保机构良莠不齐,在资本实力、风险控制、经营业绩和商业信誉等方面存在较大的差别。因此,并不是每个担保机构都可以参与保全担保。各高级人民法院应当结合各地的实际情况,对担保机构参与保全担保的条件进行限定,排除实力弱小的机构进入司法担保业务领域。

(二) 适度与审慎原则

信用担保与实物资产担保相比,法院不易审查和控制,风险较大。因此,我们认为,对于保全担保而言,信用担保的运用目前还不宜普遍化。另外,人民法院在审查信用担保的过程中,一方面要谨慎;另一方面如果情况允许,应当尽可能听取对方当事人的意见,尤其是在解除保全的案件中。

(三) 核准备案原则

信用担保机构在各级法院开展司法担保业务,应当经各高院审核同意并经统一备案。各高院出台有关规定后,符合条件并有意开展司法担保业务的机构应持有有关文件向高院申请核准并备案。备案制有利于统一管理,建立灵活的进入退出机制,也减轻中、基层法院的审核压力。

五、信用担保的功能

信用担保是金融交易过程中的内生需求,信用担保机构则是专业从事信用担保工作的金融中介组织。信用担保机构应当具有以下几个方面的基本功能。

(一) 节约功能

节约功能即降低金融交易中的交易费用特别是内生交易费用的功能。专业化是信用担保机构的重要特征,信用担保机构是为促进不同专业化经济主体之间的金融交易行为而产生的,而它自身也必须走专业化道路来获得"专业化经济"的益处。专业化的中介机构在交易对象的搜集、信息的获取和处理、专业人才的运用、培训和专门技术的研究与开发等方面都可以取得明显的专业化经济和规模经济。

(二) 配置功能

金融交易的过程是金融资源配置的过程,合理的金融制度有利于金融资源的优化配置。金融制度的配置功能往往是金融制度总体功能的集中体现,直接反映着金融制度的效率状况。担保机构搜寻担保对象并向其提供信用担保的过程就是引导金融资源配置的过程,担保机构优化金融资源配置的功能是与节约功能紧密相连的。担保机构通过专业化的信息搜集与处理更容易准确找到"最有希望的企业或自然人"作为担保对象,通过提供信用担保的方式建立信用链条,使金融交易的渠道畅通。担保机构不仅仅是弥补金融交易过程中的信用不足,更重要的是要使这些信用达到有利于金融资源的优化配置,从而最终带来社会经济绩效的改进。

(三) 稳定功能

金融制度同其他经济制度一样注重和谐与稳定问题。这里所说的信用担保机构的稳定功能,是指必须有效克服和削弱担保机构本身可能存在对金融交易造成的不稳定影响。依循这一思路并结合我国的实际情况来看,信用担保机构的建立与发展必须注重以下两个方面的问题:第一,在金融交易中,信用担保机构事实上扮演了风险承担者的角色,而风险的减少或消除则直接增加了资金供求双方机会主义行为的可能性;第二,防范担保机构自身的道德风险问题。

六、信用担保的作用

(一) 有利于全社会的信用体系建设

金融是现代经济的核心,信用是金融业的生命。金融业的信用建设是全社会信用体系建设的重要组成部分。担保业是金融业的延伸,在担保业发展信用担保,以经济生活的最敏感区域作为切入点,可以直接使企业或个人提高信用观念,关注和重视自身的信用建设。

(二) 有利于信用信息的资源共享

信息的资源共享是体现社会进步的一个重要方面。当前,在社会经济生活中信用缺失的一个重要原因就是由信用信息的不对称而引起的,市场的交易双方或几方由于相互之间信息的闭塞造成交易成本的提高和交易的失败,或由于信息的虚假而使交易一方蒙受巨额损失。金融产品的交易过程中同样存在此类问题。推广信用担保,使正确的、同一的信用信息被金融机构、担保机构和贷款企业共同分析、研究和享用,可以避免交易几方出于各自的目的而通过不同的渠道和不同的方法获得的信息的偏差,可以使大家在同一个比较科学的信用信息前提下,做出科学的决策。发展信用担保,金融部门和担保机构都可以充分共享信用信息资源,不必为此付出更多的信息成本。

(三) 有利于促进信用评价机构的发展和评价水平的提高

社会信用体系的建设,信用评价机构是重要一环,评价机构处于交易过程中的独立地位,不受交易几方的利益制约和其他部门的影响,它运用科学的评价分析系统,对企业的信用状况做出客观的、全面的、科学的评估。毋庸讳言,相对于经济发展速度而言,我国信用评价业的发展是滞后的。正因如此,在经济生活的各个方面,包括在融资和融资担保领域,都应该大力促进信用评价业的发展。金融机构和担保机构在选择客户和决策担保时,可以充分考虑评价机构的评价结果。对金融机构和担保机构而言，可以不必为搜集企业的信息而花费更多的成本。对企业而言，可以用确实可以证明其实力的信用能力取得担保资格。对评价机构而言，虽然它不必为此承担采用其出具的评价报告而引起的法律后果，但它要为自己的评价水平而承担自身的生存风险，这种潜在的风险性促使评价机构必须不断地完善和提高评价体系的科学性和评价水平。

（四）有利于担保机构的业务拓展

担保机构现有的反担保模式基本上是以物化资产或有价证券或有关使用权证作抵押。反担保物的价值额度要求也比较高，有的甚至是数倍于担保额度。由此带来的是一系列烦琐的手续和审批程序，如物化资产的价值确认（资产评估）、权证的确认、有关部门的审批（如土地使用权抵押、房产所有权抵押）等。这既提高了融资的综合成本，又延长了融资时间。这些现象严重制约了担保机构的业务拓展，致使很多企业由于此因而对担保融资退避三舍，从而寻求其他融资方式。而信用担保方式则能在较短的时间内、较低的融资成本状况下完成融资任务。

第四节　信用担保风险的特征与种类

保障债权的实现是担保的基本功能，信用担保即是担保人以自身信用为债务人提供担保。信用担保有广义与狭义之分，本节讨论的信用担保主要是指后者，即由专业担保机构面向社会提供的一种制度化的保证，其运行机制是以担保机构为中介，将担保机构自身信用与企业信用捆绑，进而提高银行对融资企业的信用评级，促使银行与企业之间融资关系的形成。信用担保的这一信用增级功能的有效发挥取决于担保机构承担担保风险的资金、资产数额和其专业的风险管理能力、技术和经验。信用担保机构是国际公认的高风险行业，对于目前我国以中小企业信用担保机构为主体，以中小企业的融资担保为主导的担保业而言，风险压力更甚。担保业自身的不成熟和不确定性，加之担保机构所面临的市场环境和制度环境的不完善，更是加剧了担保机构的经营风险，直接威胁到部分担保机构的生存和发展。

信用担保风险是由信用活动过程中的不确定性造成的，其本质仍是信用风险。具体而言，信用担保风险是指担保机构在信用担保业务的实际运作过程中，由于不确定性和信息不对称等内外多重因素而遭受损失的可能性及可能损失的大小。信用担保机构经营的是风险，提供的是信用服务，通过其专业化运作，信用担保机构将"银行—中小企业"之间的信贷关系转化成"银行—信用担保机构—中小企业"之间的信用保证关系，有助于缓解非对称信息下我国中小企业融资难的问题。

由于在商业银行、信用担保机构、中小企业三方交易的信用链条中，涉及两个信用环节，信用担保业务也就包含了两个信用环节的风险，即中小企业信用风险、信用担保机构自身的信用风险。中小企业信用风险也称代偿风险，是信用担保机构所面临的最主要、最直接的风险，一般体现为信用担保机构的项目风险，如抵押物风险、质押物风险、第三方信用风险等。信用担保机构自身的信用风险也称破产风险或流动性风险，是信用担保机构发生代偿业务时，因没有足够流动资金造成的信用支付风险，一般体现为信用担保机构的整体风险。可见，对担保机构面临的或潜在的信用风险做出识别，并加以有效防范、控制和化解，是担保机构顺利开展信用担保业务的关键所在。

一、信用担保风险的来源

就风险涉及的环节和相关主体来分析,信用担保风险主要来源于受保企业、协作银行、担保机构自身、外部政策和经营环境等方面。

1. 来源于受保企业的风险

即受保企业作为债务人缺乏还款能力或履约意愿低而导致的违约风险。产生违约风险的主要原因包括:受保企业治理结构存在缺陷,实际控制人或核心管理层的经营管理及创新能力不足,组织结构和员工管理缺乏稳定性;技术设备落后,研发能力不足,产品和服务缺乏市场竞争力;财务管理不规范,信息披露不完善,缺乏成本与现金流量的规范管理;受保企业信用等级较低,管理层缺乏诚信意识,信息不对称引发逆向选择和道德风险,如有些债务人通过提供虚假信息、隐瞒真实情况等手段骗取担保机构信用和套取银行贷款,或者在取得银行贷款后,改变贷款合同、担保合同规定的贷款使用方向,变相加大贷款风险和担保风险,或者在具备还款能力的条件下拖欠银行债务,人为造成担保机构代偿等。

2. 来源于协作银行的风险

协作银行与担保机构因银保关系的权责不对称所引发的风险表现在:在担保风险的分担上,协作银行只要求权利而不愿意承担义务,即要求担保机构承担100%的风险;在保证方式的选择上,协作银行坚持有利于己的连带责任保证方式而不愿甚至拒绝采用一般保证方式,致使担保机构处于被动地位。协作银行对贷款对象的选择是否合理,贷款操作是否规范,也直接影响到信用担保风险的范围与程度大小。如果协作银行出于转嫁贷款风险的动机而放松贷款条件或企业资信调查、贷款审查与审批等要求,导致信用等级很低的中小企业进入信贷序列;或者协作银行将贷款安全性完全寄托在信用保证上,而不如实履行信用担保关系中的义务与责任;或者信贷人员责任心不强,随意放贷,甚至与企业相互串通,提供虚假信息骗取担保,以贷谋私、违规操作,则势必给担保机构留下巨大的风险隐患。

3. 来源于担保机构自身的风险

即由于信用担保机构经营管理、内控制度、操作规程的不完善,以及担保从业人员的业务素质、职业道德的缺失所引发的风险。信用担保机构的核心竞争力取决于自身的担保能力和风险管理能力,即其资本实力,以及对信用担保风险的低成本防范、控制和化解能力。如果信用担保机构自身资产质量不佳、现金支付能力不足,或担保从业人员对担保对象判断不准,担保条件把握不严,甚至违规操作,营私舞弊,搞所谓"人情担保"、"关系担保"等;或者由于内控机制和风险监管不善,抵(质)押物设置不合理或价值严重贬值,或保证反担保人履行义务时,清偿能力不足、清偿意愿差等,都会造成担保机构较大的资产损失,影响担保机构的持续经营。

4. 来源于外部政策和经营环境的风险

即由于政策环境、信用环境、法律环境、经济周期等外部环境因素的变化所导致的信用担保风险。如政府对中小企业支持政策的不稳定、担保业法律规范和法律保障的不完善,中小企业服务体系建设的滞后,宏观经济环境和经济周期的波动,社会信用环境、法律意识和信用责任意识不佳等,都可能强化或放大信用担保机构面临的或潜在的风险概率及可能损失。

综上所述,信用担保风险来源于内外部、主客观等多重因素。其中,来自中小企业的违约风险最为普遍,也是信用担保机构风险防范的重点;来自贷款银行的风险可以通过加强银保协作等方式降低;来自担保机构自身的风险,则应当从健全信用担保机构的内控机制、治理结构,完善风险评审与监控措施,提高信用担保机构的资产质量和对信贷风险的防范与化解能力入手。

二、信用担保风险的种类

信用担保风险种类繁多,按照不同的标准,可以有不同的分类。

1. 按风险表现形式不同,可分为信用风险、经营性风险、流动性风险、业务操作和项目管理风险、法律风险等

信用风险又称违约风险或代偿风险,是指被保企业或获得信用担保的债务人在债务到期时无力或不愿按照合同按时履约,担保机构代为清偿造成损失的风险。信用风险是信用担保机构面临的最主要和最直接的风险,它主要取决于债务人的履约能力和履约意愿,缺乏偿债能力和偿债意愿都可能导致代偿风险。如债务人经营不善,但以虚假报表、隐瞒事实等不正当方式骗取担保,或债务人缺乏诚信,有偿还能力却恶意拖欠银行债务,都可能导致担保机构代偿。由于反担保措施的设置,虽然担保企业发生代偿时并不一定意味着最终损失的发生,但代偿业务会导致担保机构的现金流出。一旦现金流出较多且无法及时收回,或者代偿金额巨大,超出了担保机构正常的现金支付能力,担保机构的可持续经营就会受到挑战。

经营性风险是指担保机构由于内部治理结构和内控机制不完善,经营或投资战略失误,风险管理技术和手段欠缺,宏观经济环境波动等主客观因素而导致损失的风险。经营风险是信用担保机构面临的主要风险之一。担保机构以自身管理的担保资金或有效资产作为开展信用担保的经济支撑,这部分资金或资产的安全性和流动性即是担保机构维持信用的基础,如果担保机构由于经营不善或投资失误等原因导致担保资金或资产的损失,势必降低担保机构的信用水平和担保能力。信用担保机构在经营其金融资产,如投资或买卖动产不动产时,还面临着金融市场行情变化等市场风险造成的损失,利率、汇率波动也会对担保机构和被保企业的经营收益和财务成本产生影响。

流动性风险是指信用担保机构发生代偿时,即时支付的流动资金不足以满足支付需要,使担保机构丧失清偿能力而造成的信用支付风险。流动性风险是担保机构面临的主要经营风险之一。作为一种获取现金或现金等价物的能力,保持良好的流动性,将业务量控制在一定范围,以实现流动性与盈利性的平衡,是信用担保机构的基本经营原则。如果同一时期信用担保机构担保总金额过大,反担保资产又难以变现,一旦发生代偿而担保机构流动资金不足,就可能引发流动性风险,导致担保机构对外资信水平下降,严重影响其担保能力和自身信誉,甚至成为担保机构破产倒闭的直接原因。

业务操作和项目管理风险是指信用担保机构因内部业务操作和项目管理不善而引起的风险。担保业务运作一般包括项目评审、反担保措施的设置和落实、项目评审和决策、合同起草和签订、在保项目动态跟踪和管理、代偿后项目的追偿等,无论哪个环节管理不善或采取措施不到位,无论是评估不充分、操作不规范还是决策不科学,都有可能给担保项目带来风险损失。如没有明确规定每笔担保业务的风险控制流程、单个企业的担保额度及担保放大倍数、代偿率的大小等,就容易出现无序操作现象。再如从业人员业务、经验不足,对担保对象判断不准,对担保条件把握不严,或在担保过程中以权谋私、违规操作,搞"人情担保",甚至与相关人员串通作案,撕毁合同,恶意贪污、侵占、挪用担保资金等,都会人为增加信用担保的风险概率和可能损失。

法律风险是指由于信用担保的立法相对滞后,社会信用环境和执法环境不佳,致使信用担保缺乏必要的法律约束和保障,贷款保证或贷款抵押效力不足所导致的法律追偿风险。信用担保业务涉及保证合同、委托保证合同、反担保抵押或反担保质押合同等多项法律合同,每项合同的公平性、合法性和严密性,都关系到信用担保的风险损失大小;信用担保机构与债务人和债权人之间也都可能存在法律风险,如债权人强加给担保机构不公平、不合理的代偿要求,也会增加担保机构的风险。所以,担保法律体系的适时完善是维护信用担保机构权益的基本保障。由于我国信用担保业起步较晚,国内担保法律制度不完善,尚未形成统一的担保管理政策体系,信用担保业的发展也尚无专门的法律法规来规范,与担保机构经营有关的反担保、再担保。担保物权公示制度不完整、不配套,在抵押品受偿、债权回收等方面难以得到有效保障,已出台的《担保法》又较为注重保护债权方利益而忽视担保方利益,使我国信用担保业务面临较大的法律风险。

2. 按风险的可控程度不同,可分为系统性风险和非系统性风险

系统性风险又称不可分散风险,是指发生在宏观层面的,由担保机构外部无法回避的不可控因素,如自然灾害、政局动荡、宏观政策变化、经济周期性波动,社会信用环境和法律环境等引起的,对担保业造成整体影响和冲击的风险。系统性风险涉及面广,担保机构依靠自身力量难以消除和防范,事先也无法采取针对性措施予以规避或化解。担保机构面临的系统性风险主要包括:①政治经济剧烈动荡;②受保企业遭受自然灾害,丧失生产能力;③行业景气受经济周期和政策变化的影响下行。

非系统性风险又称可分散风险,是指发生在微观层面,由一些与特定公司或行业相关,而与整体政治经济环境和其他影响所有金融变量无关的因素所引起的风险。非系统性风险包括担保机构面临的营性风险、流动性风险、业务操作和项目管理风险等,主要源于担保机构内部的管理制度和治理结构不健全,从业人员风险意识淡薄等。非系统性风险可以事先预测和规避,也可以通过分散、转嫁而有效化解。担保机构面临的主要非系统性风险包括:①企业信用风险;②新生产线建设失败、延期投产、新产品不适销对路、更新产品更新换代风险;③应收账款回笼风险;④短贷长投带来的现金流断裂风险;⑤以新贷偿还旧贷带来的连锁反应风险;⑥贷款到期后,企业正常经营性现金流难以支撑还款需要的风险;⑦无法查清的企业或有负债、法律纠纷、其他隐患带来的风险;⑧抵押物、反担保物贬值或无法处置的风险;⑨其他尚不确定的可能导致企业不能按时还贷的风险。

3. 按风险的性质不同,可分为静态风险和动态风险

静态风险是指由于自然力的不规则变化或由于人的错误判断与行为失误导致的可能造成损失的风险。即由于地震、洪水、飓风等自然灾害,交通事故、火灾、工业伤害等意外事故等,使债务人财产遭受严重损失,无力按期清偿债务,迫使担保机构代偿所带来的可能损失。从发生的后果来看,静态风险多属于纯粹风险,一般不可回避,即静态风险一旦发生,对于个体和社会都是纯粹损失,而不会因此获得意外收益,故风险承担者在静态风险面前处于被动地位。不过,静态风险的可能损失对个体来说尽管是不确定的,但对整体而言却表现为一个相对确定的数值,可以通过大数定律加以估量和预测。静态风险具有可保性,是保险型风险管理的对象。

动态风险是指由于人类需求的改变、制度的改进和政治、经济、社会、科技等环境的变迁所导致的风险。消费者偏好改变、生产技术的改进、国家政策变动、罢工、暴动、通货膨胀、汇率风险、人口等要素增长等,均属于动态风险。从发生的后果来看,动态风险多属于投机风险[1],也可属于纯粹风险。动态风险在很大程度上受到社会经济和市场环境等因素的制约,其造成的后果难以估量,只能通过详尽的信用分析,采用有针对性的风险管理方法加以防范和化解。在信用担保业务中,尽管在担保决策前围绕债务人的资信情况进行了信息收集和财务分析,但

---

[1] 既可能产生收益又可能造成损失,对于一部分个体可能有损失,但对另一部分个体则可能获利,从社会整体来看不一定受损。纯粹风险与投机风险有时相互交织,这时进行风险分析,就必须根据风险因素的形成和风险事故的发生过程进行逻辑分析和判断,以准确认定风险的性质。

债务人经营情况、技术水平、市场供求关系的变化等还是很难加以推算。动态风险不具有可保性，是经营管理型风险管理的对象。

三、信用担保风险的特征

信用担保业是一个专业性较强的高风险行业，把握信用担保业从业机构所面临的信用担保风险的基本特征，有助于担保机构对信用风险的正确识别、有效控制与适时化解。

1. 风险的多样性与渗透性

信用担保风险不仅是指直接的风险，也包括间接和潜在的风险。由于信用担保涉及被保企业、协作银行、担保机构等多个主体和多个环节，使得信用担保风险呈现出多样化特征。首先，信用担保风险是与债务人的经营风险和债权人的信贷管理风险联系在一起的，债务人经营风险引发的债务违约往往是信用担保风险的最主要原因，担保机构内部操作风险、银行管理风险、反担保物处置风险等也是信贷担保风险的重要来源。如被保企业无力或不愿偿还债务而形成的代偿风险、担保机构没有足够现金满足代偿需要而形成的流动性风险、代偿后反担保人无法履行清偿义务而形成的第三方信用风险、抵押物或质押物设置不合理，通过诉讼执行仍不能足额补偿代偿损失的风险、担保合同条款中对担保人的不公平条款和不适合代偿内容而引起的担保人地位不公平风险等。同时，信用担保风险与银行信贷风险、财政风险相互渗透，尤其是以政策性担保为主的担保机构与财政、银行捆在一起，形成利害与共、风雨同舟的关系。信用担保风险的控制和处置不当，还可能与外汇风险相互转化[1]。

2. 风险的特殊性与可追偿性

信用担保风险的特殊性体现在与一般保险业客观的可预期风险相比，信用担保风险具有很强的不确定性。一般保险业务可以通过运用统计学方法较精确地计算出风险损失概率，并确定一定的保险费率来弥补经营成本和风险损失。信用担保业务则不同，由于担保项目的金额、期限各异，反担保措施的落实千差万别，致使担保项目的离散性较大，大数原则难以适用，担保费率无法精确计算。所以，对担保项目更多的是采用个案分析法，结合担保项目和被保企业的实际设计担保方案并确定费率，以将每笔担保业务的风险控制在担保机构可接受的范围内。信用担保风险的可追偿性是指担保机构发生代偿后，可以要求被保企业或第三方偿还债务。担保机构为被保企业提供信用担保承担着很大风险，虽然通过加强风险管理和严格担保业务审查程序，可以对风险进行防范并在一定程度上降低风险，但并不能完全避免风险，一旦风险"兑现"，担保机构自身资产必然遭受损失。不过，担保机构享有向被保企业追偿债务的权利，一旦被保企业有能力偿还债务，担保机构可以采用包括法律手段在内的各种方式追偿债务，挽回担保损失。

3. 风险与收益的不对称性

信用担保风险的不对称性体现为担保收益与担保损失的不对等，即担保损失大于担保收益。一般而言，经济活动中风险与收益具有对称性和正相关性，即高风险伴随高收益，但信用担保机构的市场与功能定位却决定了其风险与收益的不对称性。由于信用担保机构尤其是政策性信用担保机构的主要服务对象为经营管理缺乏规范、信息披露不够透明、经营性和财务性风险较高的中小企业，相对于银行的直贷营销而言，信用担保机构面临的风险概率及可能损失要大得多，收益率却要低得多。因为一则担保费率很难按照保险大数法则设计收费标准，二则

---

[1] 如人民币汇率政策调整或出口退税管理政策变化，会给两头在外的进出口贸易份额较大的外向型企业带来很大的不确定性，从而给为这类企业提供担保服务的机构带来很大的信用担保风险。

现行对中小企业的扶持政策也限制了信用担保机构采用市场化的收费标准弥补其面临的较大风险带来的损失（现行的担保收费制度要求担保费率不能高于同期贷款基准利率的50%），加之目前中小企业的现状也难以接受市场化的收费标准等，客观上造成了信用担保的收益与风险的不对称。由于信用担保尤其是政策性担保的外部性收益难以真正体现，一般而言，信用担保的最大收益就是担保费收入，而最大损失则可能是担保机构应得的担保费用与担保额之和。

4. 风险规避与控制的被动性

从法律角度而言，担保债权从属于主债权，具有依附性，信用担保风险的规避表现滞后的特点。因为主债权人在合同履行过程中，对合同的提前解除，以及是否选择代偿、何时代偿、代偿多少具有选择权，而担保机构作为保证方，在合同履行过程中即使发现债务人存在经营财务方面的重大危机，或商业信用丧失等，也只能与主债权人协调，而不能单方面自行提前中止或解除合同。除非出现债务人破产清算及主债权人未申报债权等情形，担保机构不能在担保代偿前对债务人行使预先追偿权。由于担保业务处于金融活动的末端，难以再寻找下游的转嫁方，信用担保产品事实上成为承担风险的最终产品。即使有再担保机构，也很难摆脱风险第一当事人的实际责任。当然，作为高风险贷款担保的集中地，担保机构还是可以对信用担保风险予以一定程度的过程控制，如要求被保企业符合担保标准，对被保企业的资信状况和偿债能力进行评审，并强化风险监控措施，向被保企业收缴风险担保金，采取强制反担保措施等来强化风险的防范与化解。不过，我国担保机构大多以中小企业的融资性担保业务为主，而中小企业不确定性因素众多，反担保措施设置和落实困难，以易变现的合法资产提供抵押不易，加之担保机构自身信息质量和风险管理能力所限，要有效防范和规避风险存在很大困难。

阅读材料

风险管理概述

风险管理又名危机管理，最早起源于美国。在20世纪30年代经济大萧条时代，美国许多大中型企业开始在企业内部设立保险管理部门，借助保险手段应对经营风险和经济危机。20世纪50年代，随着科学管理技术与经验的累积，风险管理一词正式形成，风险管理发展成为一门独立学科。20世纪70年代，世界多国掀起风险管理热潮，英、美、法、德、日等国先后建立起全国和地区性的风险管理协会。1983年，各国专家学者云集在纽约召开风险和保险管理协会年会，讨论并通过了《101条风险管理准则》，风险管理由此进入到一个新的发展阶段。1986年，欧洲11国共同成立欧洲风险研究会，推动了风险管理研究的国际交流。1986年，在新加坡召开的风险管理国际学术讨论会，使风险管理由环大西洋地区继续延展至亚洲太平洋沿岸，开始了西方风险管理的理念与实践在中国的拓展。

1. 风险的内涵与风险管理的含义

由于对风险的理解程度或对风险的研究角度不同，目前学术界对风险的内涵各有界定。基于风险的普遍性、客观性、损失性和不确定性的特点，风险的核心内涵可归纳为未来不利结果发生的不确定性或可能损失的不确定性，即在各种不确定性因素的作用下，行为主体在一定时间内遭受损失的可能性，以及可能损失的大小。概而言之，风险是以损失发生的风险概率和可能损失的数量大小两个指标来衡量的。风险管理就是权衡降低风险的成本与收益，并根据权衡方案采取相应措施，以将风险概率和风险损失减至最低的管理过程。具体来讲，风险管理是指行为主体为提高其风险防范和化解能力,借鉴相关的风险管理理论与控制技术,采取相应的风险管理方法,依循一定的风险管理程序,将不确定的风险概率及可能损失以最低的成本最小化的过程。

在风险管理中,损失是指非故意的、非预期的经济价值的减少。降低不确定的风险概率及可能损失,作为风险管理的基本目标,其影响因素有四点。一是信息管理制度。信息的采集、整理、集成、分析,有助于真实信息的全方位把握,是风险控制的基础要素。二是风险防控技术。即借助专家制度、多元回归分析、数理统计模型、模糊分析等,掌握风险识别的理念、路径和方法,把握风险监控的重点、难点及各种不确定性。三是风险化解机制。即通过风险的转移、分散和自留自补机制,降低风险发生及损失的概率。四是风险管理专业团队。人的品质决定了机构的品质,具备良好公信力、专业技能和丰富经验的合格专业团队是实现风险管理目标的关键。

2. 风险管理的理论基础与研究方法

风险管理主要分为经营管理型和保险型两类。经营管理型风险管理的理论基础是企业全部风险说。该学说以英德为代表,将企业面临的全部风险,包括静态风险(多属于纯粹风险)和动态风险(多属于投机风险)设定为风险管理的对象,认为风险管理的目标既要使纯粹风险的损失降至最小,又要使投机风险的收益达到最大。保险型风险管理的理论基础是纯粹风险说。该学说以美国为代表,将威胁企业的静态风险作为风险管理的对象,将风险的转嫁与保险密切联系,通过自保或保险的权衡,选择以最小成本获得最大保障的风险管理决策方案。

风险管理的研究方法主要有定性和定量两类。定性分析方法是通过发放问卷、人员访谈、实地调查、小组讨论、专家咨询等方式,对影响风险概率及可能损失的大小或程度的诸因素做出排序等逻辑判断的过程。定量分析方法一般采用系统论方法,将影响风险概率及可能损失的大小或程度的诸因素抽象成理论模型,运用概率论和数理统计等数学工具,定量计算出最优的风险管理方案。

3. 风险管理的基本程序

风险管理的目的是为了提高行为主体对风险的防范和化解能力,它可以通过识别与评估风险,并采取步骤使风险降至可接受范围的过程控制来实现。一般而言,风险管理的基本程序主要有风险预防、风险识别、风险估测、风险评估、风险控制、绩效评价六大环节[1]。

(1) 风险预防

风险预防是指在风险发生之前,通过采取各种预防措施,消除或减少可能引发损失的各种因素,以减小风险概率及可能损失的发生。风险预防主要借助风险内控机制的完善、风险管理文化建设、加强有力的组织保障措施来实现。

(2) 风险识别

风险识别是在风险发生之前,通过感知和分析等方法,对行为主体面临的或潜在的各类风险,无论是静态的或动态的、内部或与外部关联的加以判断、归类和鉴定的过程。风险识别主要借助信息的收集和分析,初步判断风险的可能来源、风险的影响因素、风险概率的大小及可能损失的程度。

(3) 风险评估

风险评估是在风险识别的基础上,运用概率论和数理统计,以及其他分析方法和评价指标

---

[1] 2004年9月29日美国虚假财务报告委员会下属的发起人委员会(COSO)发布《企业风险管理综合框架》,指出风险管理的八个相互关联的组成要素:(1)内部环境,(2)目标设定,(3)事件识别,(4)评估风险,(5)应对风险,(6)控制活动,(7)信息与沟通,(8)监控,成为全世界广泛接受的进行风险管理的指导性标准。

体系,对所收集的各种信息,结合多种因素进行系统的估算衡量,确定风险存在或发生的概率,以及可能损失的范围与程度,并估计总体风险损失的大小,为风险管理决策和进一步采取风险控制措施提供依据。

(4) 风险控制

风险控制是行为主体根据风险评估的结果,选择适宜的风险管理措施,编制可行的风险监控方案,来降低风险发生的概率,缩小风险损失的范围或程度的一种制度设计。风险发生后,通过寻求各种内外部风险补偿机制来化解风险,力求以最低的成本将风险损失控制在可接受的限度内。

(5) 绩效评价

绩效评价是对风险管理措施和方案的实施效果进行跟踪、分析和评估,通过比较与预期目标的契合程度,来评判风险管理的可行性、有效性和收益性,以保证以最小的风险管理成本取得最大的安全保障的效果。

4. 风险管理的意义

有效的风险管理,可以使行为主体了解其所面临的或潜在的风险来源与风险类别,从而及时采取措施降低风险发生的概率,避免和缩小可能的风险损失;或者当风险事故实际发生时,能够及时得到风险补偿,从而降低其财务费用和现金流的波动,提高生产经营的效益,维护生产经营的稳定。

有效的风险管理,可以增强行为主体风险识别、控制和化解能力,并通过明确风险偏好和风险容忍度,平衡成长、风险及收益之间的关系,使其风险偏好与总体发展战略相一致,从而提升行为主体的声誉、经营透明度和规范化管理水平。

有效的风险管理,可以丰富风险管理技术手段,降低风险处理的社会成本,增进整个社会的经济效益,使整个社会的经济资源得到有效利用。

第五节 中小企业信用担保

中小企业的大量涌现和发展已经成为促进劳动力转移,增加财政税收,推动技术创新,促进出口以及拉动经济稳定增长的重要力量。然而,长期以来中小企业所获得的金融资源与其在经济和社会发展中的地位作用极不相称。中小企业融资难问题在理论界早已形成一致的看法,在此背景下,中小企业信用担保应运而生,通过中小企业信用担保机构的介入,可提升中小企业信用级别,分担交易风险,弥补其抵押物品不足、缺乏信用记录等造成的融资堵塞。

一、中小企业的界定

中小企业是活跃在国民经济中的一支重要力量,它以灵活的经营方式和顽强的生命力在各国的经济发展中不断成长并发挥着极其重要的作用。20世纪90年代以来,中小企业的发展受到我国各界的普遍关注和认同。对中小企业的定性,从概念看,凡是生产经营规模较小的经营单位可统称为中小企业。如美国《中小企业条例》中关于中小企业的定义是:凡是独立所有和经营,并在某一领域不占支配地位的企业均为中小型企业。英国博尔顿委员会认为,小企业在相关市场中一般占有较小部分,单个企业对产品价格、数量或所处的环境,具有很小的影响力或根本就没有影响力。但这样说,并不排除一些专业产品和服务市场,如一些高、新、特、专产品和服务市场,由于市场需求量小,其产品或服务可能完全或大部分是由一个或几个中小企业提供。我国《中小企业促进法》中指出,中小企业是指在中国境内依法设立的有利于满足社会需要、增加就业、符合国家产业政策、生产规模属中小型的各种所有制和形式的企业。

综上所述,中小企业是一个相对概念,一般指在本行业与大企业相比生产规模较小的企业。中小企业的划分标准,受历史条件和经济发展水平不同的影响,各个国家或地区的标准也不一致。一般以生产规模的大小作区分,用数量和质的指标来界定。数量指标是利用企业的资本金额、销售额、雇用人数等指标中的一个或几个作为划分大、中、小企业的标准;质的指标主要是指从遵循经营学的角度,能反映企业经营本质特征的指标。例如,企业是否具有独立性以及所有权和经营权是否一体等。质的指标划分,将许多达到数量指标的大企业分支机构排除在中小企业范畴之外。各国对中小企业的划分标准不一,欧盟使用的衡量标准为:从雇员人数看,50人以下为小型企业,50~200人为中型企业;从资产额看,25万欧元以下为小型企业,25万~100万欧元为中型企业;从营业额看,500万欧元以下为小型企业,500万~2 000万欧元为中型企业。美国和日本按行业来划分,美国制造业和批发业中,平均500人以下,零售业和服务业中3年平均营业额350万美元以下划为中小企业;日本制造业和矿业从业人员在300人以下,资本金在1亿日元以下,零售业和服务业中50人以下和1 000万日元以下者为中小企业。

我国中小企业的划分随国内经济发展的变化,经过了多次修改,1988年和1992年分别公布了《大中小型工业企业划分标准》,2003年,当时的国家经济贸易委员会等四部门根据当年出台的《中小企业促进法》,联合公布了《中小企业标准暂行规定》,新规定除了由企业职工人数、销售额、资产总额等划分外,还结合行业特点,与世界主要国家的通行做法对接,既符合我国实际,又便于操作。按照《中小企业标准暂行规定》,我国现行中小企业划分标准分工业、建筑、批发和零售、交通运输、邮政业和住宿、餐饮等行业,其职工人数、销售额和资产总额等有明确要求。

二、中小企业的地位和作用

在现代经济中,无论是发达国家还是发展中国家,中小企业都是国民经济的重要组成部分,它们在国民经济增长中发挥着不可缺少的作用。由于中小企业在经营方式、经营机制上独具特性,所以它们在国民经济中的作用是大企业无法替代的。也就是说,中小企业在经济社会中有其独立存在的价值。

(一)中小企业是中国经济增长的重要推动力

改革开放后,中国大地上中小企业(主要是非国有中小企业)如雨后春笋般涌现,尽管这些中小企业在开始阶段往往技术设备落后,但它们在不断竞争和优胜劣汰中,逐渐形成了一批优势企业和大企业,这些产生于中小企业的优势大中企业日益成为经济增长的主要力量。尤其是在一个地区一大批从事同一行业的优势企业形成了地区块状经济和集群效应,如中国灯具之乡、中国袜业之乡等。这些中小企业及其形成的块状集群经济已成为地方经济的主体力量。从中国地方经济发展状况看,哪些地方中小企业发展好、发展快,哪些地方的经济增长就快。同时由于中小企业是地方经济增长的主要力量,所以,中小企业自然成为地方财政收入乃至国家财政收入的重要来源。随着中小企业的发展壮大,中小企业为政府创造的税收收入在政府财政收入中占的比例越来越大。

（二）中小企业是创造就业机会的主体

中小企业对社会就业的贡献明显高于大企业。单个大型企业虽然容纳的就业人员多，但其单位资本吸纳的就业人员少。因为大型企业多为资本密集型企业，在生产中机械设备可替代大量的人工。即便在大型企业规模扩大的过程中也是资本增加量大而就业人员增加量小。中小企业则不同，从传统的中小企业看，大部分中小企业为劳动密集型企业，其单位投入吸纳的就业人员较多。相关数据显示，在中国大型企业创造一个就业岗位需要投入资本22万元，中型企业创造一个就业岗位需投入12万元，小型企业创造一个就业岗位只需投入8万元。加之中小企业数量大，因而大量的中小企业为社会提供了60%以上的就业机会。国外的情况与此相同，Birch(1979)在研究美国就业状况变动时发现，1969—1979年，少于20人的小企业为社会提供的新就业机会占全部新增就业机会的66%。中国改革开放30年来，中小企业蓬勃发展，统计显示，目前中国中小企业已经超过1100万家，个体工商户超过3400万个。在过去十年中，70%以上的工业新增产值和75%的城镇就业机会是由中小企业创造的。在传统的中小企业向管理密集型和知识密集型转变后，数量众多的中小企业仍然是创造就业机会的主要渠道。

（三）中小企业是制度创新的生力军

中国的中小企业主要包括计划经济时代有所发展的集体所有制中小企业和改革开放以来蓬勃发展的乡镇中小企业和民营中小企业。在近年间，中小企业尤指规模小、处于创业阶段和成长阶段的民营企业。这些企业经营机制灵活，跟随市场、洞察市场的能力强，尽管有些企业在起步阶段技术含量不高，但它们具有很强的向高科技领域转化的热情。由于盘子小、经营机制灵活，引入优胜劣汰机制比较彻底，在市场变化中转向快、适应性强，具有很强的生命力，它们的发展，不仅有经济增长方面的贡献，更有机制创新、体制变革方面的贡献。传统体制是阻碍中国企业发展的重要因素。多年计划经济在大企业中形成的组织机构模式、管理模式和营运模式都使大型国有企业在短时期内难以较好适应市场经济的要求。中小企业在这方面却独具优势，因为一方面新建的民营中小企业没有历史包袱，在新形势下可自主地按照市场经济的要求确立新型的组织结构、经营模式，在起步之初在管理和经营上就形成了和国际市场经济的接轨。这种制度创新为中国市场经济注入了活力，使之成为在中国建立市场经济体制的微观基础。另一方面，原有的集体和乡镇中小企业在进入市场后失去了原来的行政依靠，必须凭借自身的力量在市场中谋生存，主动地谋求制度创新，以适应市场的需求。尽管这种改革仍是痛苦的，但与大企业相比，它们的改革震动小、涉及面窄、历时短、成功率高。我国中小企业在市场中的发展、壮大，为传统体制变革提供了突破口和试验田，通过其中的多方面探索，推动了全面的改革和机制转变、制度创新。

（四）中小企业是技术创新的活跃因素和重要主体

首先，中小企业有很强的技术创新意识。从手工业到大机器生产，市场经济中技术创新始终是利润产生的源泉。大企业由于本身在市场上具有一定程度的垄断地位，商品销售较顺畅，同时大企业技术创新引起的投入和转移成本较高，所以，他们往往在市场上更追求稳定而不是技术创新。中小企业没有规模和垄断优势，他们最好的赚取利润的途径就是实行技术创新。所以，中小企业技术创新意识很强。其次，在知识经济时代，中小企业的风险投资成为高科技成果和促使高科技成果产业化的重要途径。中小企业科技创新的热情会促使尚停留在大学或科研所实验室的科技成果及时转化为生产力。中小企业是技术创新的主体在国外的经济考察中比较明显。美国学者的研究表明：在传统行业如办公设备、制药、工业机械等行业中，大型企业创新成果较多，但在先进的、技术进步较快的行业如电子计算机、自动控制仪器、塑料制品等行业，中小企业的创新具有绝对优势。

（五）中小企业是民间投资的重要载体

一国市场经济实力的大小主要不在于政府投资的多少，而在于民间投资的能力和数量。只有民间投资能力增强、投资范围扩大、投资数量增加，国民经济才从根本上具有增长的实力。因为民间资本分散，难以迅速形成大规模的企业，所以民间投资在初始阶段均为中小企业，鼓励民间投资就要鼓励民间投资的载体——中小企业的充分发展。

（六）中小企业是扩大国际贸易的推动器

在世界范围内，中小企业出口在国际贸易中所占份额比一般人们想象得大，中国更是如此。中国出口商品主要是手工制品、农副产品和轻工业产品。这些产品的生产和加工者主要为中小企业，目前已占据我国外贸进出口总额的60%。中小企业的发展和壮大直接关系着扩大中国的对外贸易总量，增强中国的出口创汇能力，是不可忽视的国际贸易推动器。

三、中小企业融资困难

我国的宏观经济发展受到了新的挑战：受国际经济形势的影响，国内工业经济的运行出现一些新情况、新变化。目前，节能减排形势严峻，部分行业产能过剩和过度竞争加剧。国际市场需求不振，加上综合成本上升、人民币持续升值等影响，出口面临较多困难。受融资环境趋紧、用工成本上升、利率汇率调整、能源原材料价格高位波动、要素供应紧张等多重因素挤压，一些企业困难加大，下游企业经营困难，小型企业融资问题较为突出。同时，支持中小企业发展的体制机制和政策环境还不完善，中小企业抗风险能力不强，生产经营困难加大。中小企业融资难的原因主要集中在以下几个方面。

（一）中小企业业绩不理想，信用不高是企业贷款的最大障碍

大多数中小企业管理经验不足，基础薄弱，普遍缺乏规范的公司治理结构，财务制度不健全，透明度较低，逃废银行债务的情况比较严重，造成中小企业信用等级普遍偏低。另外，中小企业较高的倒闭率也成为恶化其信用记录的重要原因。中小企业规模小，起步创业时期资金少，投资项目要么产品单一、工艺简单、产品科技含量低、附加值小，要么正处于科技成果产业化的初期，获利能力差不能给企业积累提供足够的资金，倒闭的概率很高。据有关部门估计，我国有近30%的中小企业在2年内消失，60%的在4~5年内消失。国外的情况大致相同，在美国中小企业中，约有68%的中小企业在第一个五年内倒闭，19%的可存活6~10年，只有13%的寿命超过10年。如此高倒闭率成为银行"惜贷"的重要因素。

（二）企业内源融资不足，不能满足中小企业自身发展需要

调查表明，我国中小企业规模小、固定资产比例低，流动资产占比大，经营中抗击市场风险的能力低于大型企业。一旦市场风险增加，中小企业的存货和应收账款占用资金较多，流动资金紧张。对于中小企业的资产规模来说，发展所需的资金需求是很难靠内部融资解决的，而我

国银行业对中小企业贷款一般要求抵押和担保、对动产质押不普遍,中小企业在融资需求的满足方面始终处于劣势。企业经营经常面临巨大的考验。

(三) 直接融资渠道不畅

对中小企业而言,直接融资包括以下几个方面。第一,风险投资——我国目前资本市场尚处于相对初级阶段,风险资本资源属于匮乏阶段;同时,风险投资金融机构的风险管理能力以及中小企业的信用水平都比较低,风险投资的运作存在较大的问题。而在资本市场发达的国家,风险投资是中小企业尤其是科技型中小企业初期发展资金的重要来源。第二,中小板对绝大多数的中小企业来说,其融资门槛还是很高,主板市场大多数中小企业更是望尘莫及。目前,创业板只能满足部分高科技企业和规模较大的民营企业的要求。第三,我国场外股权交易市场不规范,缺乏监管,融资功能不强。第四,发行债券这种直接融资方式,主要被上市公司和国有大型企业垄断。我国公司债市场规模本来就很小,中小企业想分"一杯羹"更是困难;并且中小企业自身资信水平低,发行公司债券难度较大。

(四) 间接融资主要是从银行贷款困难

作为一个间接金融为主的国家,我国的银行系统对中小企业支持明显不足。由于中小企业信用水平低,经营风险大,融资规模小、频率高,造成银行信贷交易成本、信息成本居高不下。中小企业与商业银行之间的信息不对称导致的逆向选择和道德风险问题更加严重。因此信贷配给现象在我国中小企业贷款中普遍存在。尤其是大银行,对中小企业有规模歧视和所有制歧视。同时,国有商业银行改革过程中贷款审批权的上收、银行内部代理层级多导致信贷程序复杂、抵押品严格。中小企业贷款的时效性和可得性降低,中小企业贷款越发困难。同时,因为我国利率市场化程度不高,商业银行贷款给中小企业得不到相应的风险补偿。

(五) 针对中小企业融资的信用担保体制不完善

在国外,由中小金融机构来为中小企业提供关系型融资是一个解决中小企业融资难的普遍做法,我国在这方面的发展还比较落后。目前面向中小企业的信用担保的发展难以满足广大中小企业提升信用能力的需要;政府出资设立的信用担保机构通常仅在筹建之初得到一次性资金支持,缺乏后续的补偿机制,而且财政资金有限且具有一定导向性;商业担保受所有制限制,只能独立承担担保风险,无法与协作银行形成风险共担机制,且保费偏高,中小企业很难承受。这使得担保资金的放大功能和担保机构的信用能力均受到较大影响。

四、信用担保对中小企业融资的作用

中小企业信用担保指中小企业信用担保机构与债权人约定以保证的方式为债权人提供担保,当被担保人不能按合同约定履行债务时,由担保人进行代偿,承担债务人的责任或者履行债务的制度安排。它是一种保证行为,同时也是一种信誉证明和资产责任结合在一起的金融中介行为,可以排除中小企业向金融机构融资时担保品不足的障碍,补充中小企业信用的不足,分散金融机构对中小企业融资的风险。

中小企业信用担保的主要受益者是中小企业,发展信用担保业,建立完善的信用担保制度,在解决我国中小企业融资难问题中具有十分重要的作用。

(一)降低信息不对称所引起的风险

信用担保的一个重要作用就是克服信贷交易中的信息障碍,以达到社会资源优化配置的目的。信用担保机构通过信用担保方式将信息不对称引起的风险全部或部分转移到自己身上,并能够通过专业化经营来识别或降低这类风险。信用担保机构加入银企之间的交易后,虽然银行对中小企业能否履约缺乏足够的信心,但它和担保企业之间的信息是对称的,对保证人的履约能力是完全放心的;而担保人通过对受保企业资金状况、经营情况、履约能力的调查,同意为其提供担保,担保机构和受保企业之间的信息也是对称的。它所出售的正是信用资源,而中小企业为了获取银行贷款,需要购买这种资源。于是保证人成为交易双方的一种信用桥梁,使得市场交易得以进行。同时,信用担保机构通过长期与当地中小企业的合作,对地方中小企业经营状况的了解程度逐渐加深,可有效解决担保机构与中小企业之间的信息不对称问题。

(二)提升中小企业信用等级和融资能力

由于先天不足的原因,中小企业普遍存在着信用等级不高的问题。这使得银行在发放贷款时对中小企业的资格条件和抵押担保条件特别严格,限制对中小企业的贷款;同时,信用等级低制约了中小企业潜在资金需求向有效资金需求的转化,使其资金需求停留在较低水平上,融资规模难以扩大。开展贷款的信用担保能为中小企业贷款起到"保驾护航"的作用,起着放大和传递企业信用资源的作用,这有利于增强中小企业融资能力,提高中小企业的信用等级,改善中小企业融资环境,增强银行对中小企业的信心。

(三)有利于贯彻政府的产业政策

信用担保对象的选择是有条件的,它并非对所有中小企业实施担保,只有符合当地产业政策、产品有市场前途、能带来一定社会经济效益的中小企业才予以扶持。尽管政府在实施信用担保这一政策的过程中可能要承担一定的财政资金损失,但是,由于信用担保具有杠杆作用,可以帮助一大批中小企业摆脱困境,走上持续发展的轨道,贯彻当地产业政策、产业规划,会带来巨大的经济效益和社会效益。开展信用担保业务较好地体现了政府对中小企业的政策导向。组建以财政出资为主的信用担保机构,可以为符合政府扶持导向的产业而又有发展前景的中小企业提供融资担保,有利于实现政府政策的产业导向。由于信用担保具有信用扩张的杠杆作用,能将有限的政府出资放大 5~10 倍,起到吸引银行资金流向更多中小企业的作用,帮助大批中小企业走上持续发展的轨道,创造大量就业机会,这将带来巨大的经济效益和社会效益。

(四)间接拉动经济增长

担保机构的功能之一便是促进投资的增长,而投资是拉动经济增长的重要因素。一部分中小企业,由于其规模、效益和财务状况等方面原因,银行无法按正常程序对其贷款,正是担保机构担保使得它们可以从银行得到贷款,因此,这部分投资可以看作是由于担保机构的存在而增长的。

总之,目前我国中小企业在发展过程中遇到的最大困难之一就是融资难,而担保可以很好地缓解中小企业融资困境。因此,可以认为信用担保制度作为联系银行中小企业的桥梁和纽带,必将成为解决我国中小企业融资问题的突破口。

本章讨论案例

创新"担保联合体"融资模式 支持中小企业发展

中小企业在加快经济发展,提高经济增长效率,解决就业等方面发挥着重要作用,但中小企业普遍存在融资难问题,政府急、银行急、企业急。国家开发银行(以下简称国开行)天津分行本着"增强国力、改善民生"的办行宗旨,以社会责任为己任,调整贷款投向,加大力度支持中小企业,并不断探索创新,通过担保联合体模式成功助推天津静海县中小企业发展,并逐步将该模式复制到其他区县,扶植更多中小企业发展壮大。

规划先行组建"担保联合体"

天津市担保机构发展较快,但在注册资本、团队建设、历史业绩、制度建设、经验积累、风控能力等方面差距较大,难以满足银行对担保机构的需要。天津静海县中小企业具有很大的发展潜力,但是由于土地、报表等方面的缺陷与不规范,也难以直接满足银行贷款的要求。针对这些问题,国开行天津分行为尽快打开静海中小企业贷款难的局面,创新"担保联合体"融资模式,将业务开展较成熟的天津金财担保有限公司与处于成长阶段的天津广盛源担保公司整合在一起,组建担保联合体。

天津广盛源担保公司的实际控制人在静海县范围内经营金属加工行业多年,对行业内的企业有较深入的了解,由广盛源担保来负责推荐候选企业可以在一定程度上解决金融机构和外地担保公司缺乏客户资源以及与客户间信息不对称的问题。同时该区域范围的目标客户多为金属加工企业,其提供的反担保物多为专用机器设备,因此广盛源担保可以在处置反担保物时发挥其协调优势。天津金财担保有限公司开展担保业务时间较长,具有丰富的担保经验和较强的风险评估能力、反担保方式构建能力。在广盛源担保推荐客户的条件下,金财担保负责对其推荐的客户进行经营、财务、反担保物等方面的核查,筛选其中符合条件的企业。

通过这两家担保公司的组建,不仅将零散的担保资源汇总、整合在一起,更通过价值发现和价值提升,实现1+1>2的实际效果。两家担保公司结合起来,共同提供连带责任担保,不仅起到了汇总担保资源的效果,更重要的是这种担保机制有利于发挥两家担保公司各自的比较优势,更有效地解决了客户开发、调查、反担保资源构建、反担保物处置通道设计等问题,同时也为国开行天津分行信贷资产的安全提供了较为有力的保障。

深入探索,完善运作方式

在选定担保公司后,两家担保公司与国开行天津分行签订了《支持县域经济及中小企业发展贷款合作协议》,规定了两担保公司同时向国开行天津分行债权提供全额连带责任保证担保,并发挥各自在项目开发、风险评估、反担保方式设计、反担保物处置等环节上的优势。由广盛源担保负责推荐静海县范围内符合条件的借款企业,由金财担保和广盛源担保开展联合调查,如其中任何一方需要更加深入地了解客户情况时,另一方保证无条件地协助与配合。调查结束后,由两担保公司分别出具公司担保客户初审调查报告,再由金财担保下属子公司负责财务核查,并出具客户财务核查估值报告,作为客户风险评审的重要依据。随后,由金财担保和广盛源担保联合召开风险审议会议,并以担保意向函的形式提供给国开行天津分行。双方分别组织对融资客户进行各自的内部风险评审,并由广盛源担保将其内部风险评审的结果意见和相关文件提供给金财担保,由金财担保进行整体风险评估。在双方确认承保意向后,具体签订融资担保项目协议书,明确地规范融资担保项目的立项、实施、验收以及相应的项目管理和监督机制的有关事项。双方同时以融资担保联合体的名义向国开行天津分行出具融资担保意向书,经国开行天津分行审议同意后,最终与担保公司签订担保合同。

国开行天津分行针对创新模式的特点,设计完善、缜密的审查流程,具体考虑到业务操作中的每一个细节,在批量开展业务的同时,也做到了把控风险,保证资金安全。

政府支持,复制成功模式

该种模式的创新,成功解决了静海县部分中小企业融资难问题,静海县政府高度重视并大力支持国开行天津分行针对中小企业的创新做法,在该模式推进过程中,政府决定为两家担保公司提供再担保,政府的增信为该种模式的发展壮大,为更多中小企业提供资金支持奠定了坚实的基础。

截至 2012 年年底,在该种运作模式下,国开行天津分行已与静海县的 5 个中小企业签订了借款合同,累计发放贷款 4 500 万元。在担保联合体的推动下,天津广盛源担保有限公司已逐步成长,规模不断扩大,担保能力不断增强,至今已独立开展担保业务,业务主要覆盖静海县。国开行天津分行通过在一个区县的成功实践,将该种模式由实验阶段发展到了推广阶段。近期,天津金财担保有限公司又与北辰区的惠辰担保有限公司合作,再次组成担保联合体,短时间内已支持了 3 户中小企业,累计发放贷款 6 000 万元。

国开行天津分行将继续探索创新模式,为改善中小企业融资环境,推动天津市民营经济发展,改善就业起到先锋先导和开拓者的作用,实现金融普惠的社会责任。

问题讨论

1. 在解决当地中小企业融资难方面,天津国开行和担保机构的做法是什么?
2. 静海县政府在担保共同体方面做了哪些工作?
3. 你认为这种做法是否有推广价值,为什么?

复习思考题

1. 如何理解信用,信用的基本要素有哪些?
2. 担保的特性是什么,它与保险的区别体现在哪些方面?
3. 什么是信用担保,信用担保的基本原则是什么?
4. 信用担保的功能有哪些?

延展阅读

1. 国务院办公厅关于金融支持小微企业发展的实施意见 http://www.bjdbxh.org.cn/news/ZCFG/2014/116/14116172012343144DC53G52B224464.html.

2. 孙建国,贾瑞.民国时期债券信用担保初探[J].史学月刊,2013(7).

3. 贾康,中小企业担保课题组.中小企业信用担保情况与财政政策的匹配[J].改革,2012(3).

4. 梅强,杨娅媛.我国中小企业贷款信用担保平台建设的研究[J].科技管理研究,2012(15).

 **本章的主要网络链接**

1. http://www.cbrc.gov.cn/chinese/home/jsp/index.jsp　中国银行业监督管理委员会
2. http://www.pbc.gov.cn　中国人民银行
3. http://www.cncga.org/　中国担保协会
4. http://www.bjdbxh.org.cn/　北京信用担保协会

第二章

信用担保机构

> 学习目标：
> ➢ 了解信用担保机构的产生与发展趋势
> ➢ 理解担保机构的组织结构、类型与特点
> ➢ 掌握担保机构的运行机制
> ➢ 掌握担保机构的资金运行与管理模式

第一节 信用担保机构的产生与类型

一、信用担保机构概述

信用担保是社会信用学的一个重要范畴和领域。信用担保又称信用保证,包含了信用和担保两层含义。"信用"是指一种建立在授信人对受信人偿付承诺的信任基础上,使后者无须支付现金就可以获取商品、服务或提前获取资金融通的能力表现。可见,信用是履行承诺的能力和可信任的程度。"担保"是指担保人和债权人约定,当债务人不履行债务或承担相应责任时,由担保人按照约定履行债务或承担责任的行为。因此,信用担保是担保人以自身的信用基础为条件,为债务人向债权人提供保证并确保债权实现的民事法律制度。信用担保体现了担保人是以自身的"信用"为债务人提供担保,因此是一种人格化或称拟人化式的担保,这是与其物权或权力抵押、质押担保形式的本质区别。

一方面,信用担保属于特殊的信用中介服务,具有金融性和中介性的双重属性。按照《中国经济大百科全书》的解释,"金融"既包括货币资金与信用的融通,又包括货币资金与信用的授受。担保正是担保人将自身的信用,授予信用不足的交易一方,而促使其交易的完成。另一方面,信用担保又具有传递信息、促成交易双方成交,并通过提供此项服务而收取佣金(即保费)的中介服务性质。但与一般中介服务不同的是,信用担保还具有提升交易一方信用的信用增级作用。信用担保机构是为中小、微型企业群各类经济组织和个人的信贷或交易风险提供担保。

各类企业在其正常经营和发展过程中,时常会遇到资金需求的"瓶颈"或制约。尤其是我国的中小、微型企业户数占企业总户数的98.5%,职工人数占70%,资产总额占50%,创造的最终产品和服务的价值占GDP的50%,提供了75%的城镇就业岗位。然而,融资困难严重制约着中小、微型企业的进一步发展。根据国际金融公司的调查,中小、微型企业发展资金绝大部分来源于留存收益和股东投资,借贷或债券等外援性融资不到20%。国内贷款授信的70%以上投向了大中型企业,而中小、微型企业所获得的债务资本比例极低。而且,在内源融资、股权融资、债权融资等诸多的具体融资方式中,银行贷款授信是一种风险小、成本较低的融资方式。所以当企业遇到资金困境时,首先想到的就是债权融资中的银行贷款融资方式。但银行贷款时对企业信用评审和风险控制是有着极其严格限定要求的,一般商业银行出于谨慎而规避风险,即使对市场前景很好的企业也很难提供贷款授信支持,其中一个主要原因就在于多数中小、微型企业难以提供符合银行信贷要求的贷款担保条件。信用担保模式可以分化风险并联动提升申请借款企业的信用标准,使银行的信用风险得到缓释,并成为各类企业可以有效使用的一种融资方式。但是,利用信道担保进行融资,企业也必须达到担保公司要求的信用评审、反担保措施等设定条件。所以,熟悉担保公司的业务程序、工作流程、反担保措施等设定条件,可以更好地运用信用担保方式为企业的融资提供技术支撑和运行轨道。

（一）信用担保机构的产生与发展

为解决中小、微型企业融资难这一世界性问题，各国政府特别是经济发达国家的政府都将中小企业信用担保作为一项扶持中小企业发展的重大社会经济政策。世界上大多数国家和地区已经或正在建立专门的担保基金。正规的担保基金的历史可以追溯到19世纪，比利时的一家担保基金成立于1848年，目前仍然从事着担保业务。经过若干年的运作，许多国家和地区的信用担保法律、法规、运作模式日臻完善，在扶持本国或本地区中小企业发展、保障政府有关政策目标的实施等方面发挥着重要作用。表2-1所示为世界各地小型、微型企业贷款担保机构的分布情况。

表2-1 小型、微型企业贷款担保机构在世界不同地区的分布状况

	经济合作与发展组织及其类似地区	中欧和东欧	前苏联	中东	拉丁美洲	加勒比	亚洲	非洲	总数
目前有担保基金的国家和地区	23 85%	7 64%	2 13.5%	3 18%	15 71%	5 50%	11 36%	19 42%	85 48%
没有担保基金的国家和地区	1 4%	1 9%	2 13.5%	2 12%	2 10%	1 10%	2 6%	3 7%	14 8%
不能确定的国家	2 7%	3 27%	11 73%	12 70%	4 19%	4 40%	18 58%	22 49%	76 43%
担保基金已停止的国家和地区	1 4%	0 0%	0 0%	0 0%	0 0%	0 0%	0 0%	1 2%	2 1%
国家和地区总数	27	11	15	17	21	10	31	45	177
担保基金总数	32	12	2	3	37	6	22	32	146

资料来源：国际劳工局《小型/微型企业担保基金操作指南》，经济科学出版社2002年中文版。表中某些国家或地区拥有一个以上担保基金。以上所列出的百分比代表所涉及的国家和地区数与该区域国家和地区总数的百分比。

1997年英国的一家评审调查机构GB&P公司对146个国家和地区的中小企业信用担保机构进行了调查和分析。该公司根据调查分析结果，出版了两卷本的关于为中小企业贷款进行担保的情况报告，其中评出11个最佳机构。在前5个最佳机构中有4个出自亚洲，如表2-2所示。

表2-2 世界最佳担保机构排名

国家或地区	承保数额	承保金额/百万美元	成立日期	名称
日本	1 491 154	136 918	1937	信用保证协会及全国信用保证协会联合会
中国台湾地区	114 294	7 033	1974	中小企业信用担保基金
韩国	69 521	7 392	1976	信用担保基金
美国	53 592	7 800	1953	中小企业管理局（SBA）
马来西亚	17 510	742	1972	马来西亚信用担保公司
加拿大	13 092	363	1961	小企业借款管理局（SBLAA）

续表

国家或地区	承保数额	承保金额/百万美元	成立日期	名称
意大利	8 827	1 449	1964	互助担保计划(MGS)
英国	7 484	420	1981	贷款担保制度(LCS)
法国	7 456	2 987	1982	法国小企业投资担保公司
德国	6 612	1 383	1954	德国信贷担保银行

资料来源：Credit Guarantee Schemes for Small Business Lending—A Global Perspective, volume I&II, 由 Graham Bannock & Partners LTD 1997 年出版。

（二）担保机构的基本特点

1. 担保的政策性目标

专业信用担保具有经济杠杆的属性，当其为政府利用时，就可以为政府实现一定的政策意图提供有效的服务。中小企业信用担保的政策性目标正是这种杠杆作用的集中体现，其主要表现在三个方面：一是政府的担保计划规定了担保对象的规模和性质，被担保企业要符合政府规定的中小企业标准；二是明确重点支持那些没有足够抵押品，又有发展潜力的中小企业；三是担保计划规定了担保重点，主要有促进扩大就业、支持中小企业出口和技术升级，以及补充季节性流动资金和支持环保等。

世界上许多国家和地区的专业信用担保机构都是政府为了实现特定的政策目的设立的。如日本的中小企业信用保证协会和为之提供再保险配套服务的中小企业信用保险公库、韩国的担保基金组织、美国联邦政府的小企业局，以及我国香港特别行政区政府的信用保险局、我国台湾地区的中小企业信用保证基金等，都是为支持中小企业发展而设立的；奥地利财政担保工主要为工业转型和改组服务，并负责运作政府设立的东西方投资基金；英国出口信用保证局则是为支持本国资本、技术和商品输出而设立的。

日本政府的中小企业信用保证计划与政府的产业政策配合，主要以每个时期的政府产业政策为依据，重点为符合产业政策的项目提供担保，日本全国信用保证协会现阶段的任务就是，从资金筹集方面积极支持富于灵活性和创造性的中小企业，为此，于1999年创立了面向风险企业和创业者的保证制度，于2000年开办了对中小企业者发行公司债券的担保业务。在奥地利，政策性担保机构主要从两个方面对中小企业进行扶持：一是在某些中小企业生存的领域采取保护措施，维护合理竞争；二是扶持新兴产业。此外，各国和地区还有一些特殊的担保扶持计划，如美国的担保扶持计划特别为一些特殊群体，如妇女、残疾人、退伍军人、少数民族、贫困地区办企业提供担保。

中小企业信用担保资金有政府全额拨款，也有政府与金融机构和社会团体等共同出资。如美国的中小企业信贷保证计划的资金是由联邦政府直接出资，国会预算拨款。奥地利的两大全国性担保公司中，奥地利财政担保公司由政府出资，并完全以联邦财政作为后盾；勃格斯担保银行的担保准备金也完全由政府注入。日本的中小企业信用保险公库以中央政府的财政拨款作为资本金，地方性信用担保协会的资金一部分由中小企业金融公库、地方政府、公司社团和金融机构捐助；另一部分是借入资金，主要是信用保险公库和地方财政以低息借给保证协会。

政策性担保机构在性质上，一般为准政府机构、不以盈利为目的的公司、基金法人或者国有控股公司,政府最终承担风险责任。美国联邦政府的小企业贷款担保计划,由联邦小企业管理局负责执行和管理。英国、加拿大也有类似的准政府机构。日本则是通过全国信用保证协会联合会协调,全国52个都道府县独立开展业务。奥地利成立有专门的全国性和地方性信用担保机构。韩国以信用保证基金的组织形式开展担保业务。

另外,也有国家将特定的担保业务委托给私人商业信用保证机构,如德国的海尔梅斯信用保险公司受政府委托,代表联邦政府独家受理出口担保业务;荷兰政府授权由国外控股的荷兰信用保险公司(NCM),对荷兰政府规定的保险和担保品种在一定数额内代表政府自行决定是否再保险和再担保。

2. 担保体系的不同结构

政策性担保以政府的政策为导向,以政府财政为后盾,其管理体制主要有三种类型:一是分散型,即地方政府各自设立信用担保机构,中央政府设立担保再保险机构;二是集中型,即由中央政府设立的担保机构对各地分支机构实行统一领导、统一管理;三是委托代理型,即由政府委托商业性机构代理政策性担保业务,通过代理机构自身的业务渠道和网点开展业务。

美国实行的是一级担保机构制度,各地设立分支机构;在奥地利除联邦政府出资建立的全国性担保机构外,各州还成立独立的区域担保机构,并在联邦财政部的政策指导下开展业务;日本设有中央保证金库,覆盖全国的52个信用保证协会依法独立开展业务,中央政府的信用保险公库为地方信用保证协会提供再担保,再担保比率为70%~80%;韩国信用保证基金除总会外,在7个州设立区域业务促进部,下辖近80个基金分会。

3. 担保资金的补充方式

美国、日本、奥地利、韩国等国政府有固定的财政拨款来补充中小企业信用保证资金,一般是政府每年根据中小企业信用保证计划和上年发生赔付情况实行预算拨款,担保赔付金主要用担保基金、保费收入、利息收入等支付。也有国家和地区政府视担保机构业务运作情况不定期地给予资金补充。

4. 担保风险的分散和规避

(1) 只进行比例担保。各类中小企业信用担保机构都设计了一套分散和规避风险的机制,在担保机构、银行和企业之间分散风险。主要做法是规定担保比例。担保机构不承包全额担保,而是根据贷款规模和期限进行一定比例的担保,由担保机构和银行共担风险。美国的小企业信贷保证计划的担保金额一般不超过贷款的75%~80%;日本信用保证协会的担保金额不超过贷款额的70%~80%;奥地利财政担保公司最高只承担贷款总额85%的风险。

(2) 政府和某些金融机构为担保公司提供再担保。在奥地利,联邦政府对勃格斯担保银行的担保项目进行100%的再担保,而奥地利州政府则通过其设立的一个风险基金,对州担保银行的担保项目担保额的50%提供再担保;日本的信用保证协会在发生项目代偿后,可以从中小企业综合事业团领取保险金,保险金为代偿额的70%~80%。

(3) 对企业实行风险约束。美国的信贷保证计划要求主要股东和经理人提供个人财产抵押。许多国家的民法多被担保人发生违约规定了十分严厉的惩罚条款,而个人不良信用记录将对被担保人产生深远的影响。

(4) 明确、规范的管理制度。美国小企业管理局、奥地利财政担保公司、韩国信用保证基金等每年都要向国会或财政部提交有关中小企业信贷保证计划执行情况的报告,国会举行听证会,审查预算和计划执行情况。政府主管部门依据有关法规对担保机构的内部管理、项目审批和担保程序均作了严格规定。

5. 担保机构与信贷机构的关系

（1）担保机构与贷款银行建立合作关系。商业银行申请参与担保计划，担保机构审查批准，双方签订有关合同。担保机构根据贷款机构的业绩，采取不同的审批方式。美国为提高效率，把贷款机构分为三类，各类的审批程序和担保金额不同。

（2）金融机构自愿参与担保计划。美国大部分银行和非银行金融机构参与了联邦政府的中小企业信贷计划；日本的都市银行、地方银行、长期信贷银行、信托银行、互助银行和保险公司都参与了信用保证体系。

6. 担保机构的其他职能

担保机构除进行贷款担保外，还开展融资咨询、贷款项目监控以及其他中介业务，为企业提供经营咨询服务等。美国中小企业信贷保证计划的执行机构下设"退休精力服务队"，为中小企业经营管理提供咨询；日本信用保证协会通过200家为其服务的公立试验机构的工程技术股份，为中小企业的产品、技术可行性研究和试验提供具体指导。

7. 担保机构的法律保证和规范

由于政策性信用担保与传统意义上的一般商业担保有着明显区别，不少国家和地区都为政策性担保机构制定了专门的法律加以规范。奥地利财政担保公司按照联邦政府颁布的《担保法》《担保准则》《开展贷款担保的一般性商务条件》开展担保业务；美国的《中小企业法》和《中小企业投资法》对信贷担保计划的对象、用途、担保金额和保费标准等都有明确规定；日本的《中小企业信用保证协会法》和《中小企业信用保险公库法》，明确了中小企业信用保险公库和担保协会的职能和作用，以及担保的规则，等等。

8. 政策性担保机构对民间金融机构的促进作用

首先，政策性担保可以引导民间金融机构为中小企业贷款。这在以民间金融机构为金融主体的市场经济发达国家显得尤为重要。其次，政策性担保机构为民间担保机构提供再担保，调动了其担保机构为中小企业提供融资担保的积极性，使得信用担保在贯彻政府宏观政策意图中的融资杠杆功能得以充分发挥。

担保作用的衡量。信用担保的引入给中小企业发展中的融资问题的解决提供了便利。在一定意义上，中小企业融资担保的地位取决于它担保的融资总量，但若从融资总量上评估信用担保在中小企业获得银行融资贷款方面的作用，会发现信用担保的作用又相当有限。这是因为担保计划一般是用来扶持那些从正常渠道不能获得贷款，又有发展前景或暂时困难的企业而并非面向所有的中小企业。然而，信用担保毕竟为中小企业提供了一种融资方法和渠道，这是信用担保作用的关键所在，它在中小企业贷款中起到了"催化剂"和"助推器"的作用。从中小企业信用担保制度建设比较完善的国家和地区的情况看，信用担保只是中小企业融资服务体系中的一种服务工具、一种必要的补充手段。实际上，不同类型、不同性质的企业，以及处在不同发展阶段、不同规模的企业，其所需要的融资方式是不同的。

二、担保机制比较

在许多国家和地区，各级中小企业信用担保机构所需的启动资金以及年度运营成本的补充均由政府提供。有些政策性担保机构既能提供担保也提供贷款，但大多数只提供担保。这些担保机构一般是通过商业银行进行运作，并避免重复银行的职能，包括项目评估和项目监管等。这些机构只需要较少的员工，主要任务是设计方案，选择参与合作的金融机构，制定担保项目资格标准;通过中心项目管理办公室,进行数据库管理,对金融机构的业务进行跟踪监控;研究总结担保机制的作用和运行中存在的问题。一些国家的中小企业保证机制比较如表2-3所示。

表2-3 部分国家中小企业信用保证机制比较

	英国 SFLGS	法国 SOFARIS	德国 Buergschafts-Banken	美国 SBA7(a)	加拿大 SBLA
担保比例(%)	新开办企业:70%;超过2年经营的企业:85%	新开办企业:65%;已开办企业:50%	80%	80%	85%
最高金额	新开办企业:120万人民币;超过2年经营的企业:300万元人民币	630万元人民币	580万元人民币	580万元人民币	150万元人民币
担保收费	可变利率贷款为每年1.5%;固定利率贷款为每年0.5%	每年0.6%	每年0.5%~1.0%的费用和0.75%的安排费	每年0.5%的费用和2.0%~3.8%的安排费	每年1.25%的费用和2%的安排费
利率	由贷款人确定	由贷款人确定	由贷款人确定	优惠利率,最多上浮4.75%	优惠利率,最多上浮3%
最长期限	10年	15年	15年	流动资金7年,设备、房地产25年	10年
目标企业	缺少抵押而不能获得贷款的中小企业	大多数中小企业	所有中小企业	大多数企业都可以,对少数企业有特殊要求	大多数中小企业(年业务量不超过2600万元人民币)
其他条件	不接受个人担保	最低债务股本比例要求		个人担保可被接受,每一行业有业务量限制	流动资金不适用。项目成本中最多90%来自SBLA的贷款
每年新提供的担保数量/个	1 500 (1998年)	25 000 (1996年)	6 850 (1996年)	43 400 (1997年)	30 800 (1997年)
违约率	25%	1.5%	9%	6%	7.5%

资料来源:2001中国担保论坛,中国经济出版社2002年3月版。

三、担保机构类型

随着我国担保机构全体的不断壮大,各种类别的担保机构不断涌现。按照分类依据不同,主要分为以下几类。

(1) 按机构法律形式分为企业、事业、社团法人的担保机构。根据1999年国家经济贸易委员会发布的《关于建立中小企业信用担保体系试点的指导意见》(国经贸〔1999〕540号)(以下简称《指导意见》),担保机构组建时可按照自身需求和基本条件选择企业法人、事业法人、社团法人等法律形式,与此相对应,担保机构一般以"公司"、"中心"名称出现,其中采取公司形式的,按资本构成又可分为独资、合伙、股份性质的担保机构。

(2) 按担保服务对象分为从事中小企业信用担保、个人信用担保和综合业务的担保机构。从我国目前担保机构业务开展情况来看,为中小企业提供银行贷款担保的机构占较大比例。个人信用担保目前占有一定份额,以经营汽车销售、信用卡、住房消费信用担保为主要业务。从事综合业务的担保机构除了兼顾以上两者担保业务外,同时有投资功能,个别机构还将担保与保险、典当、融资租赁以及财务公司的部分业务结合起来,成为综合性公司。

(3) 按市场定位分为政策性担保、商业性担保、互助性担保机构,这是我国担保机构主要的分类方式。我国担保体系目前基本形成"一体两翼四层"的构架,即以政策性担保机构为"主体",商业性担保机构和互助性担保机构为"两翼"。政策性担保机构是财政性资金为实施国家政策配套服务而设置的担保机构,它以国家或地方产业发展政策为引导,以解决中小企业融资担保难为目标,实行市场化运作,不以盈利为主要目的,同时在税收方面享受优惠政策,保费收取严格执行国家标准。政策性担保机构一般采取公司制形式。2001年财政部发布的《中小企业融资担保机构管理暂行办法》(财金〔2001〕77号)指出,鼓励政府出资或政府与其他出资人共同出资的担保机构采取公司形式,目前难以采用公司形式的担保机构,应按照要求逐步规范,在条件成熟时改组为公司。商业性和互助性担保机构主要由民间资本发起组建,所不同的是商业性担保机构完全采取商业性经营方式,以追求利润最大化为目标;互助性担保机构一般实行会员合伙出资的互助形式,以解决会员短期融资担保需求为目的。

(4) 按机构层次分为国家、省、市、县级担保机构,形成了我国担保体系的四个机构层次。目前,我国担保机构中省、市一级的占较大比例,县一级担保机构较少,暂不设立国家一级担保机构。根据《中小企业促进法》的要求,县一级担保机构将是未来几年我国担保体系完善的重点。

(5) 按担保对象分为一般担保(原担保)与再担保机构。一般担保机构是以中小企业或个人为服务对象,再担保以担保机构为服务对象。《指导意见》规定再担保以省为单位组建,开展一般再担保和强制再担保业务。在一般担保中,还可以根据风险承担比例不同,再细分为联保、共保、分保等种类。

以上分类基本概括了目前我国所有担保机构,已为担保业所认可。但这只是一个大致的分类,在实际工作中还需要根据机构具体情况加以界定。政策性担保机构可以按照出资单位的级别来确定,但是商业性担保机构的层次划分就比较复杂,可以按照机构注册地级别划分,还可以按照业务区域划分。随着担保机构所有制形式、股权性质、经营方式、经营范围等的变化,将演变出更多类别。

第二节　担保机构的组织结构与运行机制

一、担保机构的组织结构

财政部于2001年发布的《中小企业融资担保机构风险管理暂行办法》第三条规定："设立担保机构需要依照法律及有关规定办理注册。担保机构注册后方可开展业务。"第四条规定："担保机构应建立完善的法人治理结构和内部组织结构。鼓励担保机构采取公司形式。目前难以采用公司形式的担保机构，应按照上述要求逐步规范，在条件成熟时改组为公司。"现阶段我国担保机构主要有三种组织形式，即企业法人、事业法人和社团法人。根据《中小企业融资担保机构风险管理暂行办法》的有关规定，事业法人和社团法人的形式将逐渐过渡为企业法人的形式。在此，着重介绍作为企业的担保机构的组织结构。

（一）担保机构组织的基本模式

组织结构是企业的基本框架机构，是企业运营的基础。担保机构的管理者必须加强对企业组织的规范管理、科学设计、及时调整。在组织结构的具体设立上，应参考、依据组织基本模式，充分考虑影响担保机构组织结构设立的个性化因素。担保机构的组织模式有很多，不同的担保机构会根据自身规模和业务状况选择不同的模式，目前国内担保机构主要有五种基本的组织模式。

1. 直线制

直线制是一种最简单的集权式组织结构形式，其领导关系垂直系统建立，不设专门的职能机构，自上而下形同垂直。直线制结构简单，指挥系统清晰、统一，且内部协调容易，管理效率较高。但缺乏专业化的管理分工，经营管理事务依赖于少数管理者。因此，直线制的使用范围仅为有限，只适用于那些规模较小或业务活动简单、稳定的企业。小型担保机构可以采取这一组织模式。

2. 直线职能制

直线职能制是一种以直线制结构为基础，在经理领导下设置相应的职能部门，实行经理统一指挥和职能部门参谋、指导相结合的组织结构形式。直线职能制是一种集权和分权相结合的组织结构形式，它在保留直线制统一指挥优点的基础上，引入了管理工作专业化的做法。因此，这种模式既能保证统一指挥，又可以发挥职能管理部分的参谋指导作用。弥补决策人员在专业管理知识和能力方面的不足，协助决策人员进行决策。所以，这种模式不失为一种有助于提高管理效率的组织形式，在现代企业中适用范围比较广泛。较小型或中型担保机构可采取这一组织模式。

3. 事业部制

事业部制也称分权结构，是一种在直线职能制基础上演变而成的现代企业组织结构形式。事业部制机构遵循"集中决策，分散经营"的总体原则，实行集中决策指导下的分散经营，按产品、地区和顾客等标准将企业划分为若干相对独立的经营单位,分别组成事业部。各事业部在经营管理方面拥有较大的自主权,实行独立核算、自负盈亏,并可根据经营需要设置相应的职能部门。总公司主要负责研究和制定重大方针、政策,掌握投资、重要人员任免、价格幅度和经营监督等方面的大权,并通过利润指标对事业部实行控制。

事业部制结构的优点是权力下放,有利于最高管理层摆脱日常行政事务,集中精力于外部环境的研究,制定长远的全局性的发展战略规划,使其成为强有力的决策中心;各事业部可集中力量从事某一方面的经营活动,实现高度专业化,整个企业可以容纳若干经营特点有很大差别的事业部,形成大型联合企业。主要缺点是容易造成组织机构重叠,管理人员膨胀现象;各事业部独立性强,考虑问题时容易忽略企业整体利益。因此,事业部制结构适合那些经营规模大、生产经营业务多样化、市场环境差异大、要求较强适应性的企业采用。规模较大、业务类型多的担保机构可选事业部制结构。

4. 矩阵制

矩阵制结构由横纵两个管理系列组成,一个是职能部门系列,另一个是为完成某一临时任务而组建的项目小组系列,纵横两个系列交叉,即构成矩阵。该模式最大特点在于具有双道命令系统,小组成员既要服从小组负责人的指挥,又要受原所在部门的领导,这样就突破了一个员工只受一个直接上级领导的传统管理原则。其优点是较好地解决组织结构相对稳定和管理任务多变之间的矛盾,使一些临时性的、跨部门性工作的执行变得不再困难,为企业综合管理和专业管理的结合提供了有效的组织结构形式。其缺点是组织关系比较复杂,一旦小组与部分发生矛盾,小组成员的工作就会左右为难。这一模式较适合业务处于发展阶段、业务类型和业务规模尚不够稳定的担保机构。

5. 子公司和分公司

子公司是指受集团公司或母公司控制,但在法律上独立的法人企业。子公司不是母公司本身的一个组成部分或分支机构,因为它有自己的公司名称和管理机构,有独立的法人财产并以此承担有限责任,可以以自己的名义从事各种业务活动和民事诉讼活动。在母公司和子公司的关系上,母公司通过股权对子公司的经营方向和主要负责人的任免等进行控制。子公司有全资、控股和参股等几种形式,母公司以出资额为限对子公司承担责任。

分公司(营业部)是总公司的分支机构或附属机构,在业务、资金、人事等方面受总公司管辖,在法律上和经济上均无独立性,不是独立的法人企业,没有独立的章程和董事会,其全部资产是总公司资产的一部分。分公司(营业部)可以在总公司的授权下,独立经营,独立核算。总公司对子公司(营业部)承担全部责任。

从组织结构看,子公司和分公司集中在母(总)公司的周围,构成企业集团的紧密层组织。它们的功能是组织生产经营活动,成为利润中心;其所属单位则以提高质量、降低成本、发展品种为主要职能,成为成本中心。一个企业如果没有子公司和分公司,就不能成为企业集团,只能是一个松散的联合体或大企业。因此,子公司和分公司的形式适用于企业集团和集团公司等企业组织。

担保机构设立子公司和分公司(营业部)一般出于建立业务体系的需要。主要从两个方面考虑,一是建立纵向业务体系,如建立资信评估(评级)、信息咨询、投资顾问等子公司;二是建立地区性业务网络,如与某一地区的机构合作,建立开展该地区担保业务的子公司或分公司。

以上是最常见的几种企业组织模式,公司制专业担保机构的组织结构也不外乎以上几种模式。在设计担保机构的组织结构时,要充分考虑自身的实际状况,要对企业的规模、宗旨、组织理念及其他相关因素有全面的了解和把握,这样才能确保组织结构设立科学、合理,符合实际。

(二) 影响担保机构组织结构设立的主要因素

影响和制约担保机构组织结构设立的因素主要有行业特点、经营宗旨与经营战略、业务特点、管理体制、企业规模和环境等多方面的因素。

1. 行业特点

首先,专业担保机构的主营业务为信用担保,业务性质属于金融服务范畴,其业务涉及金融、保险、投资、法律、财务、管理等多个学科,属于技术密集和智力密集的行业,担保业务工作中各部门及各类业务人员,既需要责任清楚,分工明确,又需要高度的协调与合作;其次,担保是一个高风险的行业,风险控制既是业务体系中的重要环节,又贯穿于整个业务体系之中;再有,目前担保行业在我国还是一个很不成熟的行业,并且市场需求很大,业务种类和操作技术都在不断创新和发展,开拓业务和规范业务也是担保机构面临的重要工作。这些担保行业的基本特点,对担保机构组织结构的设立具有重要的影响。

2. 经营宗旨与经营战略

担保机构的经营宗旨是其经济活动的目标。经营宗旨一旦确定,就成为企业一切经济活动的指南。经营战略是实现其经营宗旨的主要路线和指导思想,它决定企业的业务结构、竞争形式和发展方向,企业需要根据经营战略对人财物、技术、管理等资源进行相应配置。典型的企业总体战略包括:进入新领域战略、一体化战略和多元化战略。企业竞争战略包括:成本领先战略、差别化战略和重点集中战略等。担保机构经营宗旨的确定要考虑地区定位、行业定位、客户定位、业务类型定位等。经营战略与组织结构必须与经营宗旨相一致,并为实现其宗旨服务。

3. 业务特点

担保机构的主营业务为信用担保,其突出特点表现为:高风险低收益,风险与收益不对等。因此,不断开拓业务并扩大业务规模,提高担保业务、资金运作业务及投资业务的收入,降低代偿风险,控制营业成本,实现担保机构的持续经营和稳定发展,是担保机构运行中的重要任务。而合理的机构设置是担保机构建立具有有效的业务操作能力和高水平风险控制能力的业务体系的基础。因此,担保机构组织结构的设置要充分考虑以下几点:业务开拓、市场开发与风险控制一致性,工作效率与审慎原则的一致性,业务部门之间的分工、配合与制约的一致性,经济效益与社会效益的一致性等。

4. 管理体制

担保机构的成立背景、管理体制等,对担保机构的组织结构设立也有一定的影响。由于受多种因素的影响,有些机构仍然延续机关的管理方式,采用以行政手段为主的管理体制。这可能带来工作效率低、风险控制能力差、营业成本高、市场适应能力差等弊端。担保机构的组织结构设计必须面向市场,提高管理效率。

5. 机构规模

机构规模是制约组织结构的一个重要因素。组织结构的规模和复杂性是随着企业规模的扩大而相应增长的。担保机构的组织结构要与其规模相适应,规模较小的机构,一般采用简单的结构。

6. 外部环境

企业面临的环境特点,对组织结构中职能的划分和组织结构的稳定性有较大影响。担保业面临的环境主要可归结为:国内经济处于持续发展时期;各类担保业务有较大的市场需求;国家对担保业有一系列的政策支持;法律环境基本建立但仍需不断完善;社会信用体系长期缺失,正在建立但仍然很不完善,担保机构与企业信息不对称现象严重;与贷款人相比,担保机构处于明显的弱势地位;担保机构面对的市场以国内市场为主,地区性担保机构的市场以本地区为主等。宏观经济环境直接影响担保机构的生存与发展,这些因素在机构设置时应予以充分考虑。

(三)担保组织设立的原则

1. 担保企业组织机构的设立必须为实现企业的战略任务和经营目标服务

企业的任务、目标是企业组织设计的"出发点"和"落脚点"。企业的组织机制和机构是一种手段,而企业任务、目标则是采取这种手段的目的,二者是行为和目的之间的关系。贯彻这一原则,就是要求企业机构岗位的设置避免"因人设事",而要"因事设人",其机构设置和资源配置都要服从并服务于公司的经营宗旨和战略目标。

2. 机构设置精干高效

企业的组织结构,在完成任务目标的前提下,应当力求做到机构最精干、人员最少、管理效率最高。现代管理与小规模的经验管理不同,小规模经验管理依靠增加劳动力的数量和提高劳动强度来增加效益,而现代企业管理主要依靠先进的科学技术、合理的分工与协作。如果企业的机构臃肿、人浮于事,不仅增加企业的运营成本,降低经济效益,更重要的是容易造成办事效率低下,程序复杂,降低企业的经营和管理效率。担保行业作为智力密集行业,更应该遵循精干、高效的原则,合理配置内部资源,发挥经营优势。

3. 要体现整体协调性

分工协作是现代企业发展的客观要求,担保机构管理工作量大,专业性强,更需要设置不同的专业部门,才能把管理工作做得更深更细,提高管理效率。但是,分工过细也会带来一些问题。因此专业分工不是越细越好,而应有个度,衡量的标准就是有利于提高工作效率。同时,基于风险管理的要求,相关业务部门之间不但要有分工、合作,还要有必要的业务制约。随着专业分工的推进,各管理部门之间容易在管理目标、价值观念、工作导向等方面产生差异,必须在组织结构设计中极其重视部门之间的协作配合,建立有效的分工、合作、制约机制,加强横向协调,有利于企业整体任务和目标的实现。

4. 保证组织运转效率

企业管理体制和机构的设置,应该保证经营管理者的集中统一,这是现代企业经营发展的客观要求。一是实行首脑负责制。企业中的每一个管理层次都必须确定一个总负责,并实行全权指挥,以避免多头指挥和无人负责的现象。二是正职领导副职。企业组织内的正职同副职的关系,不是共同分工负责的关系,而是上下级的领导关系,由正职确定副职分工管理的范围并授予必要的权责。三是实行垂直管理制。企业的管理人员分为直线指挥人员和参谋职能人员两类,直线指挥人员可以向下级发号施令,而参谋职能人员是同级直线人员的参谋和助手,没有对下级的指挥命令权,对下级只能实行业务指导和监督,以此保证指挥的有效性。

5. 集权与分权相结合

集权与分权是辩证统一的,在企业的经营管理中,既要有一定的权力集中,又要有一定的权力分散。担保机构内部专业分工明显,在企业高层应集中必要的权力,对经营活动实行集中统一的领导和管理,才能有效地贯彻企业整体经营战略和经营目标,合理利用企业人力、物力、财力资源,提高企业的经济效益。同时,担保机构的管理者又必须把一部分管理权限分散到下级组织,使下级单位能够根据实际情况特别是市场变化迅速正确做出决策,调动下级部门和人员的积极性,有利于高层领导摆脱日常事务,集中精力处理重大经营问题。

6. 责、权、利相结合

担保企业组织结构要做到责任同权力相符,一是要建立岗位责任制。明确规定每一个管理层次、管理岗位、管理人员的责任和权力,形成良好的管理秩序。二是赋予管理人员的责任和权力要相匹配。有多大的责任,就应当赋予多大的权力,避免出现有责无权或权力过小、有权无则或权力过大等不当情形。三是责任制度的贯彻必须同相应的经济利益结合起来。实行经济责任制度、考核制度和奖惩制度,调动管理人员尽则用权的积极性和主动性。

7. 稳定性与适应性相结合

担保企业的组织结构必须要有一定的稳定性,既要有相对稳定的组织结构、权责关系和规章制度,以保证企业管理层能按部就班地正常运转。同时,企业组织结构又必须有一定的适应性,在市场经济条件下,担保企业的外部环境和内部条件会经常发生变化,这要求企业组织有良好的适应能力,能及时而有效地做出相应的改变,进行适应性调整,以适应内外环境的变化。组织结构的稳定性和适应性是对立统一的,稳定性是基础,应当在保持稳定性的基础上,进一步加强和提高组织结构的适应性。

(四)担保机构组织结构的设立

在国外,担保机构可以是专业的担保公司,更多的则是保险公司专门从事担保业务的一个部门或子公司。比如在美国,在金融监管方面,保证担保业被各州保险部视作财险类的一种业务,联邦政府对于承保联邦型的担保公司虽有特别的监管,但监管标准也基本上套用各种财险指标,担保公司的总体组织结构与保险公司大致相同。

在我国,担保业是一个独立的、新兴的行业,国家在审批、监管等方面都有别于保险机构。近年来,国内担保机构迅速发展,各个类型的担保机构不断涌现。在机构性质上有企业法人、社团法人,还有事业法人。在投资主体上,有政府和政府部门投资的,有以政府投资为主的,还有以民营资本为主。不同类型、性质的担保机构,其设立的背景、宗旨和目标不同,在机构的设置上、职能划分上等方面会有很大的差异。在此主要介绍公司制担保机构的组织形式。

信用担保机构的主要业务和产品是信用担保,有的兼营投资、中介服务等其他形式。在组织结构上,专业担保机构无论采取哪种组织结构模式,都应该设置一些基本的组织功能。例如,担保业务经营、项目评估、担保品种开发、投资管理、业务风险管理、行政管理、财务管理、人力资源管理等。要具备这些基本功能,担保机构就应设置相应的部门。机构规模比较大的,有些功能可以细分,建成更细化的部门;机构规模较小的,有些功能可以合并设置部门。担保机构的基本业务功能和管理功能按照运营程序,经过科学合理的组合,便形成了公司的组织结构。以下列举一些担保机构的组织结构规范,如图2-1、图2-2、图2-3所示。

以上各部门职能划分基本如下。

(1)担保业务部。负责受理担保项目,运作担保业务,制定业务管理规范和操作流程,负责业务统计与分析以及业务档案管理。

（2）风险管理部。负责担保业务的全面风险管理以及项目逾期、代偿资金的催收和追缴，经营、管理和处置风险资产，获取相关法律支持。

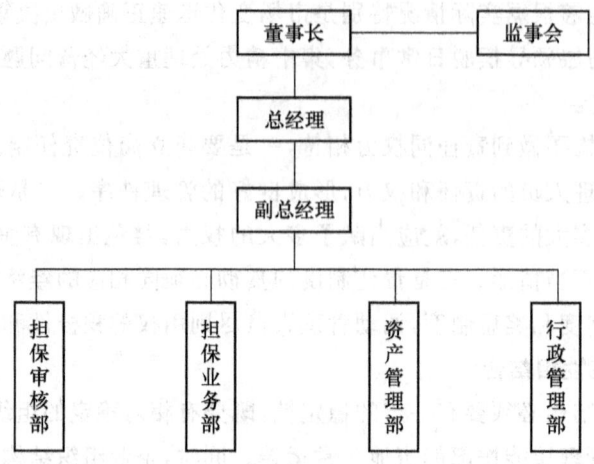

图 2-1 小规模担保机构组织结构范例

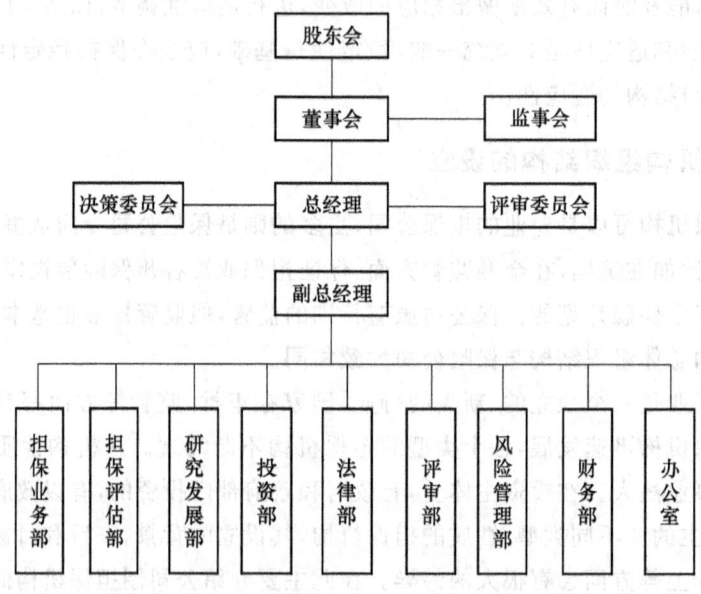

图 2-2 中等规模担保机构组织结构范例

（3）研究发展部。负责宏观、行业的经济运行分析，担保业务相关政策研究，公司发展战略、担保市场和客户分析，新品种研发。

（4）投资部。负责投资业务资金运用策略及方案设计，投资市场及产品开发、实施，投资项目日常管理和收益催收。

（5）担保评估部。负责担保项目、投资项目、反担保业务的资信评估与信用调查，相关管理规范的制定。

（6）财务部。负责公司业务活动及日常支出的财务会计处理、报表编制与财务分析。

（7）办公室。负责公司各部门协调与任务督促，负责文秘、人事、党务、群团、接待、后勤等事务。

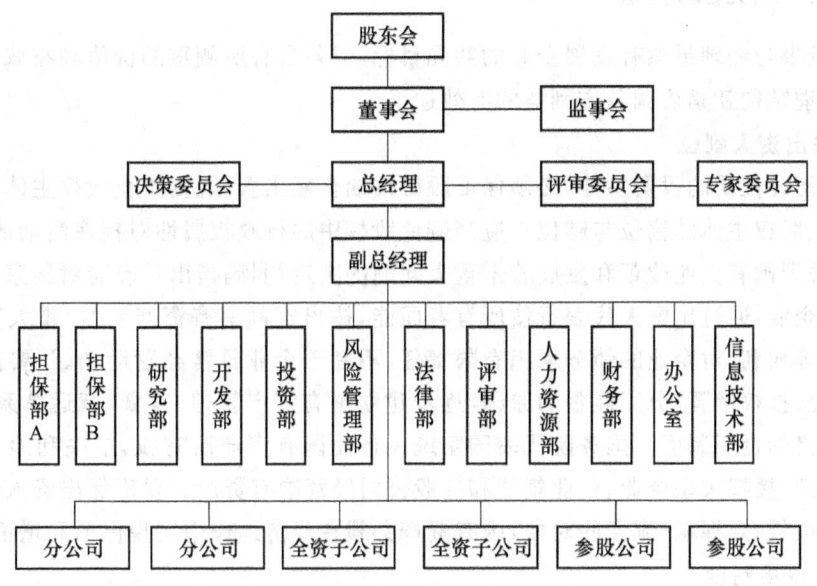

图 2-3 较大规模担保机构组织结构范例

二、担保机构的运行机制

担保机构运行机制,是指在人类社会有规律的运动中,影响这种运动的各因素的结构、功能及其相互关系,以及这些因素产生影响、发挥功能的作用过程和作用原理及其运行方式。

(一)担保机构的法人治理结构

公司制是现代企业制度的有效组织形式,而法人治理结构则是公司制度的核心。它是指明确划分股东、董事会、监事会和经理层各自的责任、权力并形成相互分权制衡体系的一系列规章制度安排的总称。在现代公司制度下,企业是这样形成并运作的:首先由不同的投资人按照合同的约定将资产投入拟设立的担保机构,在得到投资并办理手续后成立,投资人失去了对各自财产的直接支配权而成为担保机构的股东。接着,成立由各股东代表组成的董事会来接手管理股东的投资即法人财产。但是董事会又不可能有精力操办企业的具体担保业务,于是就将日常经营管理权让渡给经理层。这样,就形成了股东、董事和经理层三个利害关系主体。同时,设立监事会监督公司运行。如图2-4所示。

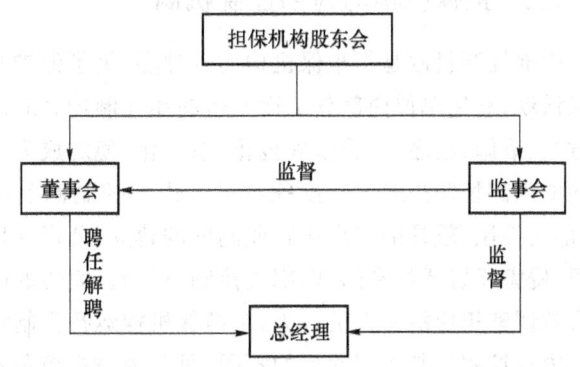

图 2-4 担保机构的法人治理结构

(二) 各方利益的协调

股东、董事与经理虽然有发展企业的共同目标,但各自有所侧重的价值利益取向。行之有效的法人治理结构就是协调各方利益的有效途径。

1. 确保出资人到位

无论是何种性质的投资主体,必须保证股份按期全额出资,既要防止股权主体的虚位与脱位,也要防止股权主体的错位与越位。应当避免股权中的行政权属性对担保活动的不当干预。《中共中央关于国有企业改革和发展若干重大问题的决定》明确指出:"政府对国家出资兴办和拥有股份的企业,通过出资人代表行使所有者职能,按出资额享有资产受益、重大决策和选择经营管理者等权利,对企业的债务承担有限责任,不甘于企业日常经营活动。""要按照国家所有、分级管理、授权经营、分工监督的原则,逐步建立国有资产管理、监督、营运体系和机制,建立与健全严格的责任制度。国务院代表国家统一行使国有资产所有权,中央和地方政府分级管理国有资产,授权大型企业、企业集团和控股公司经营国有资产。要确保出资人到位。"国有资产不再是被侵吞、挥霍、流失的对象,国有资产必须在经济运作中实现保值和增值。

2. 健全董事制度

董事会是公司治理结构的核心,它对经理层做出的决定进行管理,监督公司的内部控制和财务管理系统,决定公司的主要战略和政策。董事会素质的高低与担保机构的稳健发展是呈对应关系的,具有高素质董事会的企业能创造出好的业绩。当前,健全董事会职能的关键是设立独立董事制度,这对于改变"内部人控制"的现状有着积极的现实意义。

3. 完善人力资源激励机制

任何一项改革如果没有利益主体的支撑是不可能取得成功的,企业的发展固然离不开创新与技术,但归根结底是人力资源起着决定性的作用。市场经济是效益经济,由于经营者和人力资本的价值观不统一,需要通过一种制度安排使两者在相对公平、兼顾效率的前提下,充分体现经营者人力资本的价值。因此,着眼于增量和未来,对经营者特别是高层管理人员、担保业务骨干和突出贡献的员工实施期权计划是完善法人治理结构可选择的激励机制。

(三) 担保机构的内部控制机制

内部控制机制是指担保机构的管理层,为了保护其资产的安全、完整,协调经济行为,控制担保活动,利用单位内部分工而产生的相互制约、相互联系的关系,形成一系列具有控制职能的方法、措施、程序,并予以规范化、系统化,使之成为一个严密的、较为完整的控制体系。担保机构的内部控制是通过制度完善的。内部控制制度是防止"内部人控制"的有效措施。所谓"内部人控制"就是随着现代企业制度的建立,公司管理层和政府公职人员借助权力,利用公司资源,侵害投资者权利的"内部人控制"行为。完善的内部控制制度是法人治理的有效手段,可以有效调整担保机构人员行为,是担保机构运行机制的必要保障。

内部控制按其控制的目的不同,可分为财务监督和管理控制。财务监督是指与保护财产物资的安全性、会计信息的真实性和完整性以及财务活动合法性有关的控制;管理控制是指与保证经营方针、决策的贯彻执行,促进担保经营活动经济性、效率性、效果性以及经营目标的实现有关的控制。财务监督与管理控制并不是相互排斥、互不相容的,有些控制措施既可以用于财务监督,也可以用于管理控制。

1. 内部控制制度的主要内容

担保机构的内部控制制度大致可以分为综合管理制度、人事劳资管理制度、资产财务管理制度、风险管理制度等四大类。

(1) 综合管理制度。综合管理制度是担保机构内勤、后勤管理制度的总称。它主要包括文秘、档案、车辆、住房等方面的日常管理制度。

(2) 人事劳资管理制度。人事劳资管理制度是担保机构人员使用、管理与待遇等制度的总称。它主要包括员工招聘录用、岗位职责、学习培训、考勤休假与分配制度等内容。

(3) 资产财务管理制度。资产财务管理制度是指担保机构在资产购置、财务会计处理方面的制度。主要内容有固定资产、低值易耗品购置、差旅费、会计核算、财务管理等方面的制度。

(4) 风险管理制度。风险管理制度是担保机构最为重要的制度,是指担保机构为了保证担保业务正常运作的一系列制度的总称。它主要有担保业务操作、业务接待、项目分配、合同管理、业务台账、风险控制、代偿及追缴等制度。

2. 内部控制制度的重点

担保机构内部控制制度的重点应当在组织结构及职责分工、授权批准、会计记录、资产保护、职工素质、预算管理和报告制度等重要环节建立。

(1) 组织结构控制。建立和完善内部控制制度,首先要从本机构的组织结构开始,要明确相关的管理职能和报告关系,为每个组织单位内部划分责任权限。

(2) 授权批准控制。授权批准是指机构在处理经济活动的过程中必须经授权批准。机构每一层的管理人员既是对上级管理人员授权的客体,又是对下级管理人员授权的主体。

(3) 会计记录控制。会计记录控制的要求是保证会计信息反映及时、完整、准确、合法。担保机构要建立会计人员岗位责任制,对会计人员进行科学的分工,使之形成相互分离和制约的关系,同时按期报送会计报表。

(4) 资产保护控制。资产保护控制主要包括接近控制、盘点控制。广义上说,资产保护控制,可以包括对实物的采购、保管、发货及销售各个环节进行控制。

(5) 职工素质控制。职工素质控制包括机构在招聘、使用、培养、奖惩等方面对职工素质进行控制。招聘是保证单位职工应有素质的重要环节。人事部门和用人部门应共同对应聘人员的素质、水平、能力等有关情况进行全面的测试、调查、试用,以确保受聘人员能够适应工作要求。

(6) 预算控制。预算控制是内部控制的一个重要方面。预算控制的内容可以涵盖机构经营活动的全过程,包括筹资、融资、投资、担保头寸管理、风险准备金提留等诸多方面,也可以就某些方面实行预算控制。

(7) 风险控制。担保机构所面临的风险按形成的原因一般可分为担保业务风险和财务风险两大类。

担保业务风险是指因担保活动给企业资产带来的不确定性。担保业务风险来源于被保企业的产品的市场风险、所在行业风险、政策风险、经营风险、汇率风险等。财务风险又称筹资风险,是指由于过度担保或举债而给企业带来的不确定性。过度担保是指担保资本金放大倍数过大,而举债是公司融资成本超越了负担能力。对财务风险的控制,一方面要求合理控制资本金放大倍数,另一方面是要保证有一个合理的资本结构。维持适当的负债水平,既要充分利用举债经营这一手段获取财务杠杆的收益,提高自有资金盈利能力,同时也要注意防止过度举债而引起的财务风险的加大,避免陷入财务困境。

3. 内部控制的检查和评价

内部控制的检查与评价是通过内部稽核审计来完成的。内部稽核审计在某种程度上可以理解为对内部控制的控制。通常可按照以下程序和步骤进行。

(1) 被审计单位内部控制的标准。内部审计将根据标准对被审计单位的内部控制的现状进行检查和判断。

(2) 检查、判断被审计担保机构内部控制的健全情况,在分析被审计担保机构控制缺陷及潜在影响的基础上,即可对其内部控制的健全性做出评价。

(3) 测试被审计担保机构内部控制的有效性。内部审计应当科学地选定具有代表性的测试样本,借以正确判断被审计担保机构内部控制的质量状况。

(4) 写出内部控制检查与评价的最终报告。内部审计人员在其最终报告中,提出若干具体调查结论、意见、评价和建议,供管理层采纳,同时送交被审计担保机构的管理人员以改进内部控制。

三、中国担保机构运营管理机制

(一) 组建模式、机构设置与资金来源

从我国 20 多年的担保实践来看,我国担保机构的组建、机构设置模式与资金来源,主要有以下三种模式。

第一种模式:社会化组建、市场公开操作,即纯粹商业式担保模式。这种模式是以企业、社会、个人出资为主组建担保机构,并实行现代法人治理结构。其优点在于产权明晰,职责明确,市场化运作,经营效率高,以盈利为目的。同时具有兼营投资、资金流转等其他业务的主要特征。如联合创业集团有限公司、中青联合投资担保有限公司、大连长江信用担保有限公司、北京百利原投资担保有限公司、大连嘉盈投资担保有限公司、广东中盈盛达担保投资股份有限公司、银汇投资担保有限公司、金太阳国际投资担保有限公司、辽宁葆盛投资担保有限公司、世银联控股集团有限公司等。

第二种模式:政府组建、政府直接操作,机构设置类似于准事业单位属性。这种模式是以政府财政预算拨款组建信用担保机构,其优点是资金来源有保证,以政府信用为后盾。但这种由政府部门直接操控的担保行为有时往往会偏离市场经济的优化特征,而代之以浓厚的行政寻租色彩,排斥市场内在机制和要素,有悖于政企分开的改革与运营原则。例如,浙江省舟山市政府全额出资组建的舟山市信用担保公司,董事长由市委秘书长兼任,总经理由市财政局局长兼任,担保业务完全由政府直接操作,结果在成立不到一年时间里就被套牢1.2亿元。不但丧失了继续经营的能力,还导致了国有资本的流失。这种模式以各地方政府直接出资组建的信用担保公司为主流,如成都市中小企业信用担保有限责任公司、深圳市中小企业信用担保中心有限公司、大连市企业信用担保有限公司、齐齐哈尔市担保公司、无锡市联合中小企业担保有限责任公司、长春市中小企业信用担保有限公司、苏州国发中小企业担保投资有限公司等。

第三种模式:混合组建、市场公开操作模式。这种模式是以政府参股或国有控股的企业法人作为出资人,同时吸收市场其他投资主体而共同组建信用担保机构,具有独立法人资格。其优点是既能发挥政府资金的"乘数效应",又能充分利用市场机制的自发调节作用,更好地配置

社会资源。既能避免政府的直接过度干预,抑制某些政府工作人员的寻租行为,又能实现担保机构责、权、利的高度统一,使国家与地方产业政策的贯彻建立在市场行为的基础之上。更加有效地发挥了担保机构的金额杠杆作用,使更多的中小、微型企业受益,并确保其具有可持续发展的内在动力和机能。这种模式较为典型的如中国经济技术投资担保有限公司、中国中科智担保集团股份有限公司、北京首创投资担保有限公司、北京中关村科技担保有限公司、广东银达担保投资集团有限公司、中国华大经济担保有限公司、山东银联担保有限公司。

(二)担保机构运营机制与管理内涵

1. 担保对象

担保的对象符合国家产业政策,关系国计民生、有活跃市场、有发展前景、有利于技术进步与创新的各类中小、微型企业,部分机构也从事对大型项目和大型企业关联业务的担保业务。

2. 担保机构的主要业务种类与经营指导原则

其业务种类主要包括对中小、微型企业的短期贷款担保授信、中长期贷款担保授信、融资租赁担保、签发银行承兑汇票担保、商业承兑汇票贴现担保、开具信用证以及企业经济合同的担保业务等,少数商业担保公司也从事投资或资金"过桥"业务。虽然各地的担保机构在业务种类上有所不同,但都坚持了以下三个经营指导原则。第一,支持发展与防范风险相结合的原则。各地的担保机构都肩负着扶持本地中小、微型企业发展的使命,但资金安全仍然是担保机构的首要问题,在保证资金安全的前提下应做到尽可能地支持中小、微型企业。第二,坚持政府扶持与市场化操作相结合的原则。各地担保机构基本上都采取商业化的运作方式,逐步形成了"财政性基金支持、扶持性政策支撑、市场化经营运作"的运营模式。第三,开展担保与提高信用相结合的原则。担保是以信用为媒介的商业活动,所以信用环境对担保业的可持续发展起着至关重要的作用。各地担保机构在开展担保业务的同时也就如何帮助提供企业的信用能力,防范违约率都做了许多有益的探索。

3. 担保业务的管控程序与内容

第一,体现在担保与反担保程序方面。全国各地各类担保机构设置的担保程序基本相同,即由债务人提出担保申请,担保机构予以资信评估与担保审核。在债权人与债务人签订贷款合同的同时,由担保机构与债权人签订保证从合同。担保机构与债务人签订反担保合同,债务人按约定支付担保费。贷款主合同不能履约时,由担保机构按约定代偿后,担保机构再实施追偿。第二,表现在担保资金的管理及保费比例方面。担保机构货币形态的担保资金原则上应存入协作银行。同时,担保机构按照反担保协议要求,应将申请受信企业交纳的风险保证金缴存于协作银行的专门账户。担保机构的担保收费标准一般控制在同期银行贷款利率的50%以内,一般可控制在1.5%~3.5%之间。而纯粹商业性担保机构的收费标准一般收取其上限值域,借以补偿或有风险损失。

(三)风险控制、监督机制与责任分担

第一,担保风险的事前控制主要通过控制担保放大倍数、资信评估、企业按规定比例交纳担保保证金、项目审核与反担保等措施来得以实现。一般通过控制代偿率等日常监督与强制反担保措施的动态监控以及经营效果跟踪实现事中控制,最终通过及时有效的追偿制度保证实现事后的强有力控制。第二,各级政府都比较重视对各类信用担保机构的监督管理,以防范其担保衍生的风险。各地一般均设立了金融发展局(金融办)、担保行业协会,或由金融发展局

等牵头会同财政、人民银行、工商行政管理等部门组成的信用担保监管委员会,负责对辖区内信用担保、再担保机构以及担保运营的监督管理工作。第三,按照风险分散的原则并借鉴国外的理论与实践,担保机构应该对银行贷款授信等只进行部分担保。担保责任分担比例由担保机构和协作银行共同协商确定,并以此构建债权人与担保机构之间的共担风险与责任分担机制。但在目前商业银行处于强势、担保机构处于弱势的不对等条件下,这种做法难以奏效。事实上商业银行与担保共同承担风险的原则目前也只能是流于形式的提法而已。

而从担保机构与再担保机构二者的关系来看,截至2010年年底全国已设立了15家再担保机构,如东北中小企业信用再担保股份有限公司、北京中小企业信用再担保公司、陕西省再担保公司等,具体的业务范围和大面积推广应用还有待于继续完善。应该说,担保机构承担主要风险,再担保机构分担部分风险,具体责任比例由信用担保机构和再担保机构商议约定,借此实现担保机构与再担保机构之间共同承担风险的初衷。

(四) 中国担保体系现存的主要问题

1. 从政治经济理论层面来考察,我国信用担保体系目前存在着结构、经营和功能上的三个问题

结构性问题是纯粹性商业担保处于绝对领衔地位,而政府的财政性担保份额相对弱化,互助型的担保也一直未能予以零的突破,不能充分体现三位一体与互为补充的结构性功能。经营性缺陷主要体现为资金补偿机制、风险分散机制、担保品种和担保人力资源四大功能和要素方面的缺失。功能性缺陷与结构性和经营性缺陷有着密切关系,结构性缺陷形成了宏观意义上的功能性缺陷,经营性缺陷则构成了微观意义上的功能性缺陷。即功能性缺陷既包括了宏观层面上的考察,又包括了微观层面上的考察。

担保体系的结构性和经营性缺陷最终都会体现在功能性缺陷上。结构性问题带来的功能性缺陷集中体现在宏观层面。过去,我国国有大中型企业因为可以直接利用国家信用而将银行贷款这种外源性融资蜕变为内源性的融资。随着我国市场经济体制的建立和发展,我国已逐渐纠正了这种错误,把国有大中型企业的贷款融资与其资产信用挂钩。如果现在又把政府信用过多地用在中小、微型企业上,相当于走向另一个极端。这将与允许国有大中型企业过度地利用国家信用一样,造成政府财政负担加重,政府风险放大,市场管理风险功能弱化,忽略了市场本身具有管理和分散风险的卓越功能。

经营性制度缺陷带来的功能性制度缺陷主要体现在微观层面。现存的经营性制度缺陷限制了担保授信的市场需求,加剧了贷款担保的道德风险和逆向选择,从而影响了现有担保体系的绩效和可持续发展。结构性缺陷带来了微观上的许多弊端,过多福利式的担保将会诱发中小、微型企业的投机寻利,增加了其道德失范风险,更容易使中小、微型企业加重对政府温床的完全依赖性。尤其是在我国很多企业的约束机制尚未真正形成的时候,这一问题更加容易滋生。

2. 从担保机构和中小、微型企业的双向角度解读

(1) 担保机构资金规模普遍较小,很难充分发挥作用。担保本金规模较小将派生出许多关联问题。一是担保机构抗风险能力差。某些担保机构由于担保基金规模过小而代偿能力缺失,一旦出现数笔逾期代偿,就可能导致其破产清算。历史上曾有数家担保机构由于无法足额代偿而被迫关门。二是限于基金规模的"瓶颈",担保授信的规模和放大效应很难适应各类企业生产经营的正常需要。目前对担保机构的机关都有一定的额度限制,如单笔担保金额不能超过注册资本的10%。例如,某市一家担保机构运行至今,除一家化工厂获得200万元保证贷款以外,其他企业都只能获得50万元以下的保证贷款授信,有数家企业因其授信规模不能满足其生产经营需要而退出担保。某些企业由于经营运转周期长,与担保授信的时间约束条件不相匹配而退出担保。三是企业通过担保机构融资,除了要偿还银行本息外,还要交纳一定比例的担保费,有的还要交纳10%~20%的保证金,再加上其他评估、审计等相关费用,对大多数中小、微型企业而言,通过担保机构融资,其融资成本已超出了申请企业的承受底线。同时,由于基金规模较小而导致一些担保机构业务品种单一,担保营销渠道狭窄,更是使中小、微型企业与担保机构的协同愿望变得南辕北辙。四是担保的扩张功能未得以体现。某些担保机构的承保额同其净资产相比均值1:1式的平行操作,甚至有的承保额低于其资金规模,未能达到机构设立的初衷并起到资金的杠杆放大作用,更无法实现整个社会的信用整合与扩张功能。

(2) 缺乏有效的担保风险管理机制。担保风险管理机制包括担保风险预警机制、内控机制和补偿转移机制等。在担保风险预警机制方面,担保机构目前普遍缺乏一套科学而完整的风险识别与评估体系。对受保企业的资信调查主要借助于简单的财务报告或形式上的查询、监管、复核等手段,缺乏系统、完善与准确的判别基准与模型度量。在内控机制方面,许多担保机构还没有真正建立起严格的操作规程和管理制度,有些担保机构在业务程序上缺乏明确的岗位权责分工制度。从保前调查、审查、审批到保中监管和保后结项的各个操作环节,既没有对应岗位设置,也没有相应专司人员,全部操作只集中在几个人身上,缺乏透明度和相互制衡。有的担保机构虽然建立了监事会,但只是流于形式而起不到应有的监督作用。在风险补偿转移机制方面,目前提取各类风险准备金的比率不足以涵盖作为信用担保这一特殊行业的或有风险损失域,缺乏数理统计、案例合成、精算推理等方面的科学支撑。同时各地也没有形成统一、稳定和规范的担保基金补偿制度与财税特殊支持政策。更能有效分散和转移担保风险的再担保机制构建,目前正处于缓慢的推进过程中。

(3) 中小、微型企业经营者信用意识普遍淡薄,致使社会信息严重失真并导致信用生态环境持续恶化。担保机构由于缺乏足够而准确的基础信息资料,很难正确评价和判断中小、微型企业的信用状况。一些企业和个人经济行为的基础信用资料不规范、不完整或不真实,一个企业可能有几套报表并根据需要而分别呈报给税务机关、商业银行和担保公司。部分企业或业主还存在着赖账、拖账现象,致使"三角债"或逃避金融债务成为社会信用环境持续恶化的本源并呈现多米诺骨牌效应。

3. 从我国商业银行经营管理的内在价值取向分析

目前担保机构提供的授信业务与商业银行自身直接开展的业务总量相比,其所占比重一般为1/3左右,历史资料显示约占38%。各商业银行对担保机构提供的授信业务不愿意承担任何风险或责任,二者处于完全不对等的地位,彻底背离了"平等互利、风险共担"的合作原则,更不利于协作银行与担保机构良好关系的建立与可持续发展。协作银行出于自身利益和信贷安全性考虑,要求担保机构对其贷款授信提供全额担保。具体表现在以下几方面。一是商业银行在具体业务操作时,要求担保机构一律承担无限连带责任并全额担保,或附带限定要求申请受信企业必须提供充分的抵、质押反担保标的物等。二是表现为商业银行自身的积极性并不高,有些商业银行对小额贷款或微贷款业务缺乏热情,情愿"抓大放小",这在很大程度上限制了担保公司作为支持中小、微型企业发展其主导业务的有效开展。有的商业银行则对担保机构的实力持质疑态度,不愿配合担保机构开展各类担保业务,拒绝承认其担保责任。三是担保贷款利率普遍偏高,在已有担保的情况下,一般对中小、微型企业的贷款利率均上浮20%~

30%,这大大增加了中小、微型企业的融资成本和经营负担。

4. 从政府的职能作用层面研究

(1) 存在着一定程度的行政干预或寻租现象。个别信用担保机构的资金完全来源于地方政府的财政拨款,该类担保机构理应肩负落实政府产业政策的崇高使命,但其担保机构的管理层基本由政府机构委派,这种状况将直接诱发不同程度的行政干预或寻租现象。其表现主要是政府部门相关或有关领导无视担保业务方向、约束条件和审核标准等,进行指令性"人情担保"。在具体监管方面,也存在着假借"监管"之名而行"干预寻租"之实,同时也存在着部分担保机构的监委会对担保机构放任自流的现象。总之,目前许多政府性担保机构的运作距"财政性资金、法人化管理、市场化运作"的要求还有待于加强或改进。

(2) 部分地方政府认为担保机构服务的对象是商业银行不愿意介入、资信程度低且还款能力差的中小、微型企业。而担保机构为这些群体提供担保时风险大、收益低,因此不愿意投入资金建立此类机构。有的地方政府虽积极支持,但受财力或经济发展水平的约束,也只闻其声不见其果。

5. 从金融服务的生态环境论证

(1) 对中小、微型企业的整个公共服务体系建设滞后,远远不能适应我国中小、微型企业发展的迫切需要。公共服务体系具体包括:人才服务、市场服务、技术服务、融资担保服务、信息咨询服务等一系列内容,而融资担保服务是其服务体系中的一种重要形式。中小、微型企业先天素质较差,需要政府或全社会通过公共服务平台体系来为其提供全方位服务,并扶持其健康成长。特别是在项目诊断、风险评估、多渠道融资等方面,服务体系能为其提供合理的选择,进而能够有效地降低中小、微型企业和担保机构因判断失误而造成的风险损失。与此同时,全方位帮助中小、微型企业健康成长也能为担保机构培育良好的客户群体。

(2) 与担保业务相关的法规体系建设尚不完全配套。主要表现在以下三个方面。第一,目前我国除《中华人民共和国担保法》和《融资性担保公司管理暂行办法》以外,没有专门的法律、法规为担保机构提供严谨的法律保障或支撑。而《担保法》主要侧重于保护债权人利益,对保证人的权益保护不够充分。同时,规定担保的范围较宽,包括债权、利息、违约金、损害赔偿金和实现贷款债权的费用,还要求保证人承担连带责任。第二,担保业务的开展与部分法律条款有所冲突。如《公司法》第六十条规定,公司法人不得以公司资产为本公司的股东或其他个人债务人的贷款融资进行担保。但如果不能为股东或关联人提供担保,大量实际存在的连锁企业、关联企业或经营者、家族式依存的经营活动等多元融资活动必将会受到限制。担保机构的业务纵深与外延拓展也遇到了前所未有的"瓶颈"制约。第三,担保行业作为一个新兴的高风险行业,其风险准备金的提取比率是否体现了谨慎性原则和风险抵补充分性原则,或者说是否以涵盖其风险损失的概率或有风险损失额,还有待专家学者予以验证或探索。

第三节 担保机构的经营管理

目前我国大部分中小信用担保机构都面临资本金不足、财务能力有限的问题,发展初期的担保公司更是如此。如何运作和管理有限的资金也是担保公司可持续发展的重要工作。

一、担保机构的资金管理

担保机构业务的核心在于运作和管理好担保资金,具体的资金运作模式,取决于不同的机构组织形式及注资方式。

(一)担保资金运作和管理的基本模式

一般来说,担保机构资金运作可选择的基本模式主要有以下四种。①社会化组建,市场化运作。即以企业、个人等社会资金出资为主的市场化手段组建担保机构,具有独立法人、产权明晰、权责分明、商业化运作、以盈利为目标等特征。②政府组建,政策性运作。即以政府拨款组建担保机构,其特点是担保机构附属于政府相关职能部门,担保对象或担保项目由政府相关部门审查批准,突出政策主导作用而弱化市场机制作用。③政府组建,市场化运作。即政府出资为主,市场筹资为辅组建担保机构,具有独立法人资格,突出国家产业政策导向,按市场规律运作,但不以盈利为主要目标而坚持保本微利的经营原则。④混合组建,市场化运作。即以政府和其他商业性担保公司作为主要的共同出资人,同时吸收其他市场主体投资组建担保机构,具有商业担保与信用担保的双重特征,实行合作经营,先由政府依据政策标准和市场原则推荐担保对象,然后由商业担保公司按商业化要求进行担保。

上述四种模式各有利弊。第一种模式完全按市场机制运作,易于提高效率,但由于经营风险相对大,容易影响投资者的积极性,难以形成规模效应。第二种模式虽有政府财力做基础,但实质上将信用担保的经济行为变成了政府行为,与市场经济条件下政府职能转变的要求有所冲突。第三、四种模式既体现了政府财力的支撑作用与其组织协调功能,又能较好地发挥市场在配置社会资源中的基础性作用,既能使担保机构实现责权利的有机统一,较好地解决出资人与代理人问题,又能使国家产业政策的贯彻建立在市场行为的基础上,有效地发挥担保机构的功能作用。

(二)我国担保机构资金运作的主要模式

根据担保机构组织形式及资金来源的不同,我国现行的担保体系大体上可分为商业性担保、政策性担保和互助信用担保三类,其资金运作和管理模式也相应地分为以下三种。

1. 政策性担保模式

政策性担保是政府间接支持中小企业发展的扶持机构,依靠其高度信用优势为中小企业提供信用担保,从而使更多的金融机构向中小企业发放贷款。这类担保机构主要以地方政府主管部门与财政、银行等部门共同组建,担保资金和业务管理均以地方政府财政拨款为主,不以盈利为主要目的,实行市场化公开运作,接受政府机构的监督。我国借助政策性担保体系,可以筛选符合国家产业政策的中小企业进行担保,将扶持意愿直接作用于服务对象,以达到调整产业结构、优化产业分布和资源配置的目的。

2. 商业性担保模式

商业性担保主要以民间投资为主体,由各类经济实体组建,一些地方政府也会出资。商业性担保机构以盈利为主要目的,实行商业化运作,兼营投资等其他商业业务。商业性担保主要适用于有一定发展规模且有一定盈利能力的中小企业担保机构,其市场定位是具有商业价值的群体。商业担保机构往往依据利润最大化的目标制定经营策略和设计业务产品,并以中小企业的需求为经营方向,业务开展多元化,经营方式灵活多样,能有效地满足企业不同的融资需求。由于商业性担保以民间资本为主,实行市场化的经营模式,存在较低担保风险,担保费率一般要比政策性机构高,具有一定盈利能力的中小企业可以承受较高的担保费率,这样就可以使担保市场的资源得到合理配置。

3. 互助担保模式

互助担保主要是中小企业为化解自身融资难而自发组建的担保模式。互助担保机构以独立法人、自我出资、自我服务、自担风险为基本特征,且不以盈利为目的。从我国发展初期的情况看,该类担保机构主要是由地方工商联、企业协会及各类实体经济等自发组建,担保资金以会员企业出资为主要来源,部分地方政府也会给予一定资助。互助担保主要适用于同质聚集性中小企业,在特定区域发挥集群融资优势。为防范风险,在担保前,会员都要与担保公司签订反担保协议,以自己相应可变现的资产作抵押,企业在贷款时还要以土地或房屋等来抵押,并且规定会员之间互相担保。因此,互助担保可以为企业融资提供便捷、灵活的担保,解决集群内中小企业融资难问题。

(三) 国内担保资金运作的典型案例

以下介绍我国几种典型的担保资金运作及管理方式。

1. 财政建立共同基金、委托专业机构管理

上海市采取各级财政出资建立财政预算安排的共同担保基金,集中委托专业机构管理的模式。上海市中小企业担保基金由市、区(县)两级财政共同出资组建,并采取以下管理和运行机制。一是委托专业担保机构管理共同基金。市财政局委托某专业担保公司管理和运作共同基金。二是建立出资人之间的利益和风险分摊机制。担保基金的决策以该专业担保公司为主,区县政府具有担保项目的推荐权和否决权,担保公司最终决定是否担保。三是市财政局与担保公司签订委托管理协议。四是规范担保审批程序,减少政府部门的行政干预。五是与有关银行建立贷款担保协作网络,与辖区内相关银行建立贷款担保合作关系,联合开展授权贷款担保和专项贷款担保。

2. 互助基金委托专业机构代理担保的方式

2001年,深圳市建立了两个企业互助担保基金,担保对象是互助基金的会员企业。互助担保基金委托民营专业担保公司代理担保,实现了互助担保基金与商业担保机构的结合。具体有以下资金管理机制。一是实行理事会管理制度。建立了专门负责管理互助基金的理事会,并制定了一套比较规范的管理办法和约束机制。二是委托专业担保公司代理担保。互助基金理事会委托某专业担保公司代理担保。基金理事会为决策者,担保公司主要提供担保专业服务。三是建立承担担保的利益和风险分担机制。担保公司只收取担保费的1/3,其余2/3担保费收入归互助基金。风险分担原则是,当发生代偿时,先由互助基金代偿,不足部分由该专业担保公司代偿。

3. 分层次再担保的方式

安徽省中小企业信用担保中心以再担保业务为主,除了自己直接从事少量担保业务以外,还有选择性地与地市一级担保机构签订再担保协议。再担保的条件是,当地市担保机构出现破产时,债务清偿后仍不足以补偿贷款银行的部分由省担保中心代偿。再担保收费为被担保机构在保期内全部应收保费的5%~10%,其中50%返还给被担保机构,另外50%用于建立再担保体系。

4. 担保和投资混合经营的方式

当前有不少地区的担保机构集投资和担保业务于一体，主要有三种形式：一种是同时开展担保和投资业务；二是在进行担保时，有股权要求；三是担保公司成立专门的部门或分支机构开展投资业务，以保证担保基金保值增值。

二、担保机构能力

担保能力是指担保机构能够对外提供担保的最高额度，也就是担保机构对担保风险的总体承受能力。一般工商企业的担保能力不会高于其净资产额，但专业担保机构则不同，其资产的运作和管理与一般企业有很大的区别。专业担保机构除了资产的安全性、流动性要大大好于一般企业外，其对担保风险的专业控制技术和管理能力更是一般企业所不具备的。

（一）担保能力与担保放大比例的关系

担保放大比例（也称担保放大倍数）是担保机构所提供的担保额与其承担担保风险的担保资金或资产的比例。担保放大比例越高，说明担保机构的成效越大，为社会的贡献越多；与此同时，担保放大比例越高，意味着担保机构所承担的风险就越大，需要担保机构具备更高的风险控制技术和风险管理能力。

我国担保机构的担保放大比例一般是在担保机构成立之初就由政府监管机构规定好的。不同担保机构的情况不尽相同，每个担保机构最大担保放大比例的确定应该有严格的科学依据，随意过高或过低地确定担保放大比例，都会对担保机构的经营和发展带来不利的影响。一个合理的担保放大比例应该是与担保机构的担保能力相对应的，担保能力越大，担保的放大比例也就越大。担保机构的担保能力不是一个简单的常数，而是随着担保机构各方面因素的变化而变化的。

（二）决定担保机构担保能力的因素

决定担保机构担保能力的因素很多，本书以一般性的中小企业融资担保机构为例，影响其担保能力的主要因素有以下几个方面。

1. 承担担保风险的资金量或资产量

担保机构承担担保风险的方式一般有两种，第一种是基金型，担保风险完全由担保基金承担，担保机构只是基金的管理者，不直接承担担保责任。第二种是公司型，担保风险直接由担保公司的资产来承担。不管哪种方式，关键是确定用以承担担保风险的担保资金或资产数额。基金型的担保机构承担担保风险的资金量是很容易确定的，但公司型的担保机构一般须扣除其正常运转所需资金或资产量后才能确定用于承担担保风险的资金或资产数额。道理很简单，如果担保机构自身都无法正常运转，也就不可能再为别人提供担保了。担保资金或资产的多少直接关系到担保机构担保能力的大小，担保机构的担保能力与其资金量或资产量成正比。

2. 担保成功率

担保成功率的高低直接决定了担保机构的担保能力，担保成功率越高，担保机构的担保能力就越大。这是因为担保机构拥有专业的风险控制技术和风险管理经验，其所做担保业务的成功率大大高于社会上的一般企业。因此专业担保机构的担保额度能够超过其担保基金或净资产的数额、甚至放大倍数，而一般企业只能以其净资产为最高限额向银行提供担保。对于新成立的担保机构因没有历史数据的积累，其担保成功率一般是无法确定的，要取得一个比较有说服力的担保成功率数据，担保机构至少需要经过3~5年的经营期。此外，担保项目的数量及品种也应该具备统计学意义，数目过少、客户集中度过高等情况可能会导致担保成功率的计算不够准确。

3. 担保机构最终承担担保责任的比例

为了提高担保项目的成功率，担保机构应努力做到比例担保。对于一些大型的担保项目，担保机构之间可以实行"利益共享、风险共担"的"比例分保"办法。实行比例担保或比例分保后，担保机构的担保能力可以根据其最终承担担保责任的比例相应放大。担保机构承担的担保责任比例越小，其担保能力就越大。

4. 担保机构的资产质量

随着时间的推移和经营管理等方面的原因，担保机构不可避免地会发生担保代偿和担保基金的损失，从而形成未收回的代偿余额和不良资产，这些资产是不可能用来承担担保责任的。确定担保机构的担保能力时应该把未收回的代偿余额和不良资产扣除掉，否则就会虚增其担保能力。

（三）最大担保能力和最大担保放大比例的计算方法

计算最大担保能力的一个重要前提是要根据历史数据计算出担保机构的担保成功率。以下分别是计算担保成功率、最大担保能力以及最大担保放大比例的公式。

$$担保成功率 = \frac{累计已解除担保额 - 累计担保损失额}{累计已解除担保额} \times 10\%$$

$$最大担保能力 = \frac{承担担保责任的资金或资产 - (代偿余额 + 不良资产额)}{(1 - 担保成功率) \times 担保责任比例}$$

$$最大担保放大比例（倍数） = \frac{最大担保能力}{承担担保责任的资金或资产}$$

需要注意的是，对于仅有注册资本金而没有管理担保基金的公司型担保机构，为了维持正常的经营，不可能也不应该把全部资金或资产都用于担保责任。所以计算一个担保机构的担保能力时，首先要确定该担保机构能够用于承担担保责任的资金或资产数额。计算担保放大比例只能把担保能力与用于承担担保责任的资金或资产相比，而不能与担保机构全部的资金或资产相比。

【例】ABC担保公司成立于1999年1月，注册资本金2亿元，管理用于承担担保责任的担保基金3亿元。担保公司成立时与银行达成了承担贷款本金80%担保责任的协议。截至2002年12月，ABC担保公司累计提供担保贷款35亿元，共发生担保代偿1.5亿元，目前尚未解除的担保余额为20亿元，已收回代偿5 000万元，代偿余额为1亿元。另外，ABC担保公司还有2 000万元的担保基金投资款已长期不能回收。假设该担保机构的担保费收入和担保基金运作收益全部作为经营费用，不增加担保基金数额。请计算2002年年底ABC担保公司实际的担保能力和最大担保放大倍数。

计算步骤如下。

（1）计算出2002年12月ABC担保公司已解除担保额。

已解除担保额 = 35 - 20 = 15亿元

（2）计算出截至2002年12月ABC担保公司的担保成功率。

$$担保成功率 = \frac{15-1}{15} \times 100\% = 93.33\%$$

（3）计算 2002 年年底 ABC 担保公司的最大担保能力。

$$最大担保能力 = \frac{3-(1+0.2)}{(1-93.33\%) \times 80\%} = 33.73 \text{ 亿元}$$

（4）计算 ABC 担保公司的最大担保放大比例。

$$最大担保放大比例 = \frac{33.73}{3} \approx 11$$

即从理论上说，ABC 担保公司的最大担保余额可以达到其担保基金规模的 11 倍。需要强调的是，最大担保放大比例或最大担保倍数是一个动态值，而不是一个固定值。比较科学的做法是每年测算一次。

（四）担保机构营销与管理

1. 担保机构营销服务的机制

担保授信作为融资服务的金融产品或业务本身具有多样性，担保机构需要通过对员工的挑选、培训和激励等措施不断改善其服务的内在和外在特征。对员工的培训、激励、人文管理等内部营销措施，是担保机构可持续发展并使员工能够更好地为客户服务的动力源泉。外部营销和内部营销整合起来就是担保机构的"大营销观"，目的是要促使担保机构的所有员工都着眼于营销目标。即所谓的三线激励机制——"二线为一线，一线为客户，全机构为社会"。如图 2-5 所示。

营销服务的三角模型揭示了担保授信营销水平取决于服务技术能力、产品多元性、效能化的外在支撑，以及员工的敬业态度。

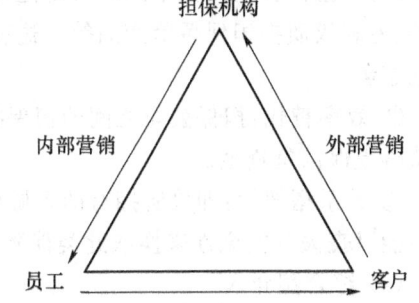

图 2-5 担保机构的营销服务三线激励机制

2. 担保营销的成本领先、差异化和目标聚集三种基本营销竞争战略

麦克尔·波特提出了成本领先、差异化和目标聚集三种基本营销竞争战略。金融服务产品等于技术要素加内部有效机制，担保营销的竞争绝非只是金融服务产品本身的竞争。曾几何时，担保公司一窝蜂"垒大户"、"太阳天给人送雨伞"，即把担保授信业务集中于大客户或所谓的优质户，造成了各家担保公司业务的同质化和萎缩化趋势。一是优质客户标准同质化；二是基础金融服务产品同质化；三是盈利模式同质化；四是求大弃小的归一化。这些致使担保公司的营销渠道和收益来源日益萎缩。面对这种情况，担保公司就要适度调整客户需求群体与业务结构，推陈出新、努力开发出新产品。

3. 担保机构营销客户的类型与方式

（1）原生态客户

原生态客户是指从来没有在银行等金融企业融过资，也没有其他融资渠道的中小或微型企业。这些企业的数量十分庞大，统计资料显示，在浙江省工商部门登记的中小、微型企业中有 88% 属于原生态客户。挖掘、培育原生态客户，对担保公司有两个显而易见的益处。一方面，表现为业务的高盈利性，担保公司对中小、微型企业有较强的议价能力，从而能够获取较高的综合业务收益。另一方面,体现为与客户关系的持久性,担保公司通过独家介入并给予及时的帮助,可以培养客户的忠诚度。这些客户鉴于该担保公司曾经雪中送炭而在做大做强以后,即使其担保授信额已经不能满足客户的全部信贷需求,仍能够与之保持良好的合作关系,维系其各类担保融资业务。挖掘原生态客户并不是无的放矢,担保公司开发新市场,推广新业务都会带来一批新客户,同时要践行"客户选择往下走,授信水平往上行"的服务与经营理念。

(2) 补充型介入

对于规模较大的企业或者优质大中型客户,一家担保机构难以提供或满足其全部担保授信的需求,这时第二家担保公司参与进来就起到了补充作用。一般可以通过"联合分保"的方式介入。由于不同担保公司的担保授信政策有所差异,担保公司的政策调整也会致使对同一客户的授信份额此消彼长。

(3) 替代型介入

一些担保机构基于扩展业务和扩大市场占有率的需要,会力图以更优惠、更宽松的条件挤掉其他担保公司的担保授信份额。替代介入导致最为激烈的担保业同业竞争,其替代方式可以分为以下几种。

① 特色经营替代:由于担保公司的发展战略不同,有的担保公司主打票据签发担保授信产品,有的担保公司则侧重国际贸易担保授信产品,而有的担保公司则力推股权质押、收益权质押、专利权质押担保授信产品等。这就能够赢得用自身特色产品替代其他同业弱项产品的有利态势。

② 效率替代:担保公司之间的担保授信作业流程存在着很大差异,客户更灵活、更有效率地获得担保信贷资金。

③ 关系型替代:即以所拥有的人脉资源或关联体来开发潜在客户群。担保公司在其经营中不能以丧失其安全性来换取此类伴随着风险的虚拟利益。

(4) 综合型介入

某些担保机构目前是按照业务类型来设置其经营部门的,如公司业务部、国际业务部、票据业务部、个人业务部等。这种设置不是以客户需求为导向的组织结构,其缺陷是同一客户资源不能实现共享。如果担保公司能够提供产品组合式营销,即向客户提供"一揽子"综合担保授信服务,就能够更好、更全面地满足客户的诸多融资需求。担保公司自身也实现了"组合营销、综合介入、整体收益"的经营目标。

(5) 创造型介入

当客户资金充裕时,担保机构以补充型、替代型、综合型等方式介入的空间都不大,因为这三种方式的终极结果都是瓜分现有份额。与其向已经外溢的池子继续注水,还不如新挖一个池子。这就是担保公司发现或创造客户的动因和营销创新点。如果客户的缺口型信贷需求出现了饱和,担保机构就要从扩大消费型、理财型或供应链担保融资需求等方面来寻求机会。此外,担保机构应注重实施细分市场策略,这样会提升担保机构在专项领域的专业化服务能力,并开辟新的担保授信市场空间。

三、担保内外风险管理(再担保)

担保业是世界公认的高风险行业,建立完善风险管理体系是担保业持续、稳健发展的必然要求和关键所在。

(一)担保风险的概念和特征

1. 担保风险的概念

担保风险是信用风险的一种具体表现形式,是指信用担保机构在担保业务运作过程中,由于决策信息的不充分和相关的各种主客观因素的不确定性,而使担保机构在实际担保业务的运作过程中遭受损失的可能性。担保机构经营的是风险,提供的服务是信用,在商业银行、信用担保机构、中小企业三方交易的信用链条中,设计两个信用环节,包含了两个信用环节的信用风险,即中小企业信用风险和信用担保机构自身的信用风险。中小企业信用风险也称代偿风险,包括抵押物风险、质押物风险以及第三方信用风险,这通常体现为信用担保机构的项目风险,是信用担保机构所面临的最主要也是最直接的风险;担保机构自身的信用风险也称破产风险或流动性风险,是指信用担保机构发生代偿时,因没有足够的流动资金来满足代偿造成的信用支付风险,体现为信用担保机构的整体风险,需要通过机构的整体风险评价与控制确保担保机构具备平衡模式,给予商业银行债权足够的经济保护,建立良好的信誉。

2. 担保风险的基本特征

(1) 担保风险具有双重性。所谓双重性,一方面指信用担保风险来自于企业和银行;另一方面是指信用担保机构在进行信用担保的时候,承担着双重的"逆向选择"和"道德风险"。首先双重风险来自于企业,企业如果不能按期偿还银行的贷款,则担保机构就要替其偿还,这是担保机构要面临的主要风险。其次双重风险还来自于银行。担保机构为企业提供信用担保,银行没有贷款风险,或贷款风险很小,所以非常愿意向企业贷款,甚至希望尽可能多提供贷款。因此,银行很可能向企业倾斜,降低贷款标准,其结果有可能使一些不具备担保条件的企业获得信用担保,加大了担保机构的信用担保风险。

双重"逆向选择"主要表现在,在金融交易中,信用担保机构事实上扮演了风险承担者的角色,而风险的减少或消除则直接增加了资金供求双方机会主义行为的可能性。为效益好、发展潜力大的企业担保的风险小,但这类企业很少要求担保;相反,效益差、前景不容乐观的企业却更有动力去争取担保,而且越是风险大的需求者越会隐瞒自己的信息。同时由于信用担保机构承担了大部分甚至全部贷款的连带清偿责任,银行贷前的企业经营状况调查和资信审查标准就会降低,担保机构由此承担了双重"逆向选择"。

双重的"道德风险"主要表现在,企业获得所需资金后,由于由担保机构担保,还款压力和努力程度会降低;银行相应的监管积极性和监管力度也会降低,担保机构同样承担了双重的"道德风险"。

(2) 担保风险具有渗透性。一方面,信用担保风险与银行信贷风险、财政风险相互渗透。我国财政、信贷是国民收入分配与再分配的主要渠道,而财政、信贷的分配主体是国家机关和国有商业银行,这种分配体制把以政策性担保为主的担保机构与财政、银行捆在一起,形成利害与共、风雨同舟的关系。另一方面,信用担保风险与外汇风险可以相互转化,不仅直接存在于为借入外债、境外租赁、进出口贸易提供的信用担保,而且,由于外汇背后实质上是人民币,外汇收入要通过人民币贷款支持出口创汇、引进外资、借入外债需要人民币配套资金,只要运行中稍有障碍,债务人不能实现创汇,或创汇不创利,都会造成外债不能如期还本付息,使担保风险转化为外汇风险。

(3) 担保风险转化为外汇风险。信用担保风险的特殊性体现在其发生机制与一般保险业所经营的客观的、可预期的风险又有很大区别,其发生具有很强的主观性与不确定性。保险业务可以通过统计学的方法,比较精确地计算出风险损失的概率,从而确定保费率以弥补风险损失及经营成本,进而获得利润。信用担保业务不同,由于担保项目的金额、期限各异,反担保措施的落实程度千差万别,担保项目的离散性很大,无法精确计算担保费率,大数原则无法或短期内难以适用。正因为如此,对担保项目应更多地运用个案分析方法,结合担保项目和企业的实际设计担保方案,将每笔担保业务的风险控制在担保机构可接受的范围内。

(4) 担保风险具有可控性。可控性是指信用担保风险是可以采取措施进行控制的。信用担保风险的可控性主要表现在以下四个方面。①条件控制。担保机构可以严格要求被担保企业应具备一定的条件,并按照担保标准进行审查。具备规定的条件,给予信用担保,否则不予担保。②评审控制。信用担保机构评审要从专业角度出发审核融资企业的贷款申请、资信情况、经营状况和偿债能力等,进而做出是否给予其提供信用担保的建议,做出最终是否给企业融资提供担保的决策。③监督控制。通过对担保机构、银行及企业的监督控制来防范信用担保风险。④强制控制。即对企业采取强制收缴风险担保金、强制反担保等措施来控制风险。但是从另一个角度来看,信用担保风险的可控性相对较低。从中小企业本身状况来看,信用担保是为中小企业的经营风险提供担保。一般情况下,找担保机构担保往往是家底薄(负债率高)、效益差、缺乏后劲、银行认为风险较大的中小企业,可见担保公司是高风险贷款担保的集中地。要防范和规避风险是一件不容易的事,因为预测和评价的准确性不仅受制于担保公司的信息质量和素质,更重要的是这些中小企业的不确定性因素实在太多,难以全面、准确预料。另外,实际上这些中小企业不会有其他企业为其提供反担保,也没有易变现的合法资产提供抵押。因此,担保机构要想有效地防范和规避风险,是非常困难的。

(5) 担保风险具有追偿性。追偿性是指担保机构代替企业偿还债务后,可以要求企业或担保方还债。担保机构为企业提供信用担保,承担着巨大的担保风险。虽然通过建章建制和加强管理可以对风险进行防范,在一定程度上降低风险,但仍不可能完全避免风险,一旦出现风险,担保机构自身资产损失是必然的。资产损失包括正常损失和非正常损失两类。正常损失是指给具备被担保条件的企业信用担保所承担的连带责任;非正常损失是指给不具备担保条件的企业信用担保所承担的连带责任。正常损失是担保机构应当承担的,但担保机构同时享有向被担保企业追偿责任的权利。一旦被担保企业有能力偿还债务,担保机构就可以采用包括法律手段在内的适当手段追偿债务,挽回担保损失。

(6) 担保风险具有不对称性。信用担保风险的不对称性体现在担保收益和担保损失的不对等,呈现担保损失大于担保收益的基本特征。信用担保机构一般都是政策性担保机构,其面向的服务对象是风险较大的中小企业,而由于政策扶持的性质又限制它不能采用完全市场化的收费标准来弥补较大风险带来的损失,并且中小企业的现状也难以接受完全市场化的收费标准,一般来说,担保收益最大就是担保额的3%~4%,而担保的最大损失则可能是应该得到的担保费用与担保额之和,可见担保收益和损失是不对称的。

(二) 担保风险的来源与分类

1. 信用担保风险的来源

从信用担保风险涉及的相关主体来分析,风险主要来源于中小企业、政府部门、贷款银行及担保机构自身。

(1) 中小企业的风险,是指受保险业违约所引起的风险。这种违约风险的大小可能与中小企业整体存在的问题有关,也可能与单个受保企业的状况有关。具体而言,中小企业存在的下列问题融资诱发违约风险产生。

① 经营者素质和竞争力风险。我国大多数中小企业的经营者文化层次不高,企业管理人才缺乏,且大多数实行家族式管理,缺乏长远规划和扩展能力。经营者素质高低在很大程度上决定了企业市场竞争力的大小,低素质的中小企业难以在品牌竞争的环境中取胜,其所面临的竞争力风险与经营风险明显增大。

② 中小企业自身的信用风险。信用等级高低是衡量中小企业信用状况和整体信用水平高低的重要标志。我国目前绝大部分中小企业信用等级较低,其中相当一部分中小企业根本达不到商业银行认可的信用等级,社会信用环境较差和中小企业信用水平低的现实,显然会给信用担保机构带来潜在危险。

③ 中小企业缺乏技术创新的风险。技术创新对中小企业的生存至关重要,然而,中小企业科技人员缺乏,生产技术和装备落后,技术创新和产品开发能力弱。由此带来的结果是中小企业技术含量低,缺乏市场竞争能力,即使具有某方面的技术,也往往由于后劲不足而无法形成长远的技术优势,技术风险也比其他类型企业更突出。

④ "逆向选择"与"道德风险"。信息经济学认为,在经济运行的交易中,信息不对称就会引起逆向选择和道德问题,这在信用担保活动中也是存在的。一方面,受保企业由于得到了来自担保机构的保证,其所做出的经营决策及自身行为即便是引起损失,也不必完全担负责任,还可能得到补偿,这便促使其倾向于做出更大的决策,以获得更大的收益;同时,为了得到更多的贷款和信用担保的支持,受保企业还可通过提供虚假信息或者隐瞒真实情况的手段来骗取贷款和担保;或者在取得贷款以后,改变贷款合同与担保合同规定的贷款使用的方向,使贷款风险增大,进而使担保风险增大。另一方面,由于中小企业财务管理不规范,财务权往往掌握在企业法人手中,其财务状况和现金流量的不确定性因素较多,无论是贷款人还是信用担保机构都不容易把握。担保过程中信息的不对称性,更是增大了信用担保机构的风险。

(2) 来自政府部门的风险

政府部门给信用机构带来的风险主要来自政府不适当干预与对中小企业政策的不稳定性两个方面。

① 政府部门的不适当干预。信用担保业作为新生事物,由于其在促进中小企业发展中的重要作用,普遍受到各级政府的重视。从目前情况来看,全国各地信用担保机构从组建到运作,无一不体现着政府行为。受体制性因素的惯性影响,各级政府经常会以出资人身份,以发展地方经济和促进社会安定为理由,以形成命令指定担保等各种形式和途径直接干预信用担保机构的担保活动。

② 政府对中小企业政策的不稳定和不连贯。要使信用担保机构发挥出应有的作用,又离不开政府的各项政策支持,特别是财力上的支持。而这种财力支持力度的大小在很大程度上取决于政府对中小企业政策的稳定性。近几年来,不少地方政府积极支持中小企业信用担保机构的组建工作,并根据本地的财力状况,给担保机构注入了必要的启动资金,成为目前信用担保机构的最大资金来源渠道,为确保担保机构的正常运作打下了良好的基础。但是,若宏观经济环境发生变化,政府对中小企业的政策也可能会发生改变,或者直接减少对信用担保机构的资金投入,影响信用担保机构运作的稳定性和连续性。

(3) 来自信用担保机构本身的风险

信用担保机构由于经营管理水平、内控制度、操作规程及从业人员政治、业务素质等方面的不完善性,都可能引起担保风险。这主要包括以下两种风险。

①广义的操作风险。该风险是指信用担保机构是否有能力在保本微利的前提下提供担保服务的风险,这种能力由担保机构的担保能力与其控制运作成本和运作风险的能力组成。

②狭义的操作风险。该风险是指由于操作环节中的失误所引起的风险。这种风险来源于以下两个方面：一是从业人员对担保业务不熟练或经验不足,造成操作不当,或对担保对象判断不准,担保条件把握不严,或违规操作造成担保金损失;二是从业人员政治素质差,在担保业务过程中营私舞弊,违规操作甚至搞所谓"人情担保"、"关系担保"等而导致担保资金损失。

(4) 来自贷款银行的风险

贷款银行对贷款对象选择是否准确,贷款操作是否规范,也直接影响着信用担保资金的安全性。如果贷款银行出于转嫁贷款风险的动机而有意放松贷款条件,或放松对企业的资信调查、贷款审查与审批,使本来不应获得贷款支持的中小企业进入信贷序列,势必给信用担保机构留下巨大的潜在风险隐患。同样,如果贷款银行将贷款安全性寄托在信用保证上,不如实履行信用担保关系中的义务与责任,信贷人员责任心不强,随意放贷,或者以贷谋私,违规操作,甚至银行与企业相互串通,提供虚假信息,共同骗取担保,则担保机构同样会遭受巨大风险。贷款银行与担保机构在银保关系中权利与义务不对称引起的风险主要表现在以下几个方面：一是在担保风险的分担上,协作银行往往只要求权利而不愿意承担义务,即要求担保机构承担100％的风险;二是在保证方式的选择上,协作银行往往是坚持有利于己的连带责任保证方式而不愿意甚至拒绝采用一般保证方式,担保机构则处于被动地位。

(5) 来自不完善的法制制度、中小企业服务体系的风险

由于缺乏基本的法律制度保障,中小企业生存与发展的稳定性较差,内部风险也较大。更为突出的问题是,信用担保机构作为促进中小企业发展的信用中介组织,其设立程序、法人地位以及运作方式等一系列问题都缺乏基本的法律规范和法律保障,实际操作起来十分困难。尽管我国已颁布实施了《担保法》,为信用担保机构的运作提供了基本的法律依据,但由于信用担保机构属于专业担保的范畴,对于其运作过程中涉及的担保行为、当事人及其法律行为活动,现行《担保法》中的部分条款规定过于笼统,不适应专业担保业务活动的需要。各国经验表明,中小企业信用担保机构与中小企业服务体系是相辅相成、相互促进的,没有社会中介服务体系的支撑,中小企业难以健康发展,信用担保机构也就难以实现良性运作。

综上所述,担保机构的风险来源比较广泛,有外部原因也有内部原因,其中外部原因不可控制,内部原因可以控制。在上述风险中,来自中小企业的贷款风险是最大的,也是非常普遍的,信用担保机构应当是防范风险的重点。来自政府部门和银行的风险可以通过加强公共关系等来降低;来自担保机构自身的原因,应当从自身组织机构健全、内部管理制度、监督激励措施等方面入手,特别是对担保项目的风险评审更是担保机构值得研究的问题。

2. 担保风险的分类

担保风险可以按照各种形式进行分类,按风险的表现形式有信用风险、经营风险、流动性风险、操作风险、市场风险、道德风险、法律风险等;按风险的可控程度,可以分为系统性风险和非系统性风险;按风险的性质,可以分为静态风险和动态风险。

(1) 按风险的表现形式分类

①信用风险。又称违约风险,是指交易对手未能履行约定中的义务而造成经济损失的风险,即受信人不能履行还本付息的责任而使授信人的预期收益与实际发生偏离的可能性,它是金融风险的主要类型。信用风险是信用担保机构面临的最主要和最直接的风险。

②经营风险。经营风险是由于信用担保机构经营战略失误,内部治理结构不完善,缺乏

严格健全的规章制度，业务操作流程不规范，对受保企业监督不够而引发的风险。经营风险是信用担保机构存在的主要风险之一。主要来源于两个方面：一是中小企业的经营风险和信用风险；二是信用担保机构本身的运作风险，如投资或买卖动产、不动产时因货币市场、资本市场、产权市场、期货期权市场等行情变化引起的投资风险，因利率、汇率波动影响担保机构经营成本和收益的变动。

③ 流动性风险。流动性风险是指信用担保机构发生代偿时因流动资金不足而导致的信用支付风险。流动性即为一种获取现金或现金等价物的能力。保持流动性对于金融机构来说至关重要。特别是对于信用担保机构，流动性风险可能是担保机构破产的直接原因，保持良好的流动性是信用担保机构的基本经营原则。但也并不是说流动性越高越好，流动性越高往往盈利能力越低，因此，要保持流动性与盈利性的平衡才是根本。担保机构需要根据市场环境、被担保企业信用等级、自身的担保能力等因素，将业务量控制在一定范围内。如果同一时期担保总金额过大，反担保资产难以变现，那么一旦发生代偿，担保机构流动资金不足将会导致对外资信水平下降，严重影响其担保能力。

④ 操作风险。由于自身管理不善，也会存在担保操作的风险。这种操作风险主要来自两个方面。一是缺少健全的担保机构内部管理制度，对每笔担保业务的风险控制、单个企业的担保额度及担保放大倍数、代偿率的大小等问题没有进行明确规定，容易出现无序操作现象。二是部分从业人员对担保业务不熟或经验不足，对担保对象判断不准、对担保条件把握不严，人为地给信用风险的产生提供了可能；还有少数从业人员在担保过程中违规操作，搞"人情担保"，有的甚至恶意贪污、侵占、挪用担保资金，使担保机构蒙受损失。这一点从目前社会环境来看，只能依靠从业人员的敬业负责精神来克服。

⑤ 市场风险。市场风险主要指利率风险和汇率风险。我国信用担保机构的担保对象一般是中小企业，平均注册资本较低，公司的金融资产相对较少，所以承担的汇率风险较小。而利率的波动可能直接导致信用担保机构资产价值的变化，因此，相对来说利率风险更为重要。

⑥ 道德风险。有偿还能力而不履行偿还义务，称为道德风险。道德风险分为外部道德风险和内部道德风险两种。外部道德风险主要表现为债务人法律意识淡薄，以虚假报表、隐瞒事实等不正当方式骗取担保机构的担保，或者是摘取人缺乏诚信，恶意拖欠银行债务而导致担保机构代偿等。内部道德风险主要是担保机构内部员工责任心不强、收受贿赂、以权谋私等行为所导致的风险。此外，道德风险还包括相关人或单位之间的相互串通作案，任意撕毁合同，恶意掩饰偿还能力，从而为个人或单位牟利。分析道德风险的最有效的方法是核查融资人以往的信用记录，这是判断其能否按时还款的重要因素，其中还应包括企业负责人个人的信用状况。

⑦ 法律风险。担保机构的建立发展仅有几年的历史，相应的法律还很不完善，具体表现在：第一，尚未形成国家统一的、全面的针对担保行业的宏观管理政策体系；第二，国内尚无专门的法律、法规规范用以支撑信用担保行业；第三，担保机构的法律地位不够明确；第四，《担保法》注重保护债权方利益而忽视担保方利益。在实际操作中，由于信用担保的立法相对滞后，执法环境也存在一定的问题，从而使信用担保缺乏必要的法律保障和约束，贷款保证效力不足导致法律追索风险，贷款抵押效力不足导致法律追偿风险。

(2) 按风险的可控程度分类

① 系统性风险。即市场风险，是指由政治、经济、社会以及国家宏观政策变动等外部因素引起的，对担保行业形成整体影响和冲击的风险。系统性风险发生在宏观层面，无法回避，不

能通过担保机构努力来分散、抵消或者削弱。风险后果也带来一定程度的普遍性,因此又称为不可分散风险。担保机构的系统性风险主要包括:经济政治动荡风险、冰雪和地震等自然灾害导致受保护企业生产能力丧失的风险、受经济周期和国家政策影响的行业景气下行风险。

② 非系统性风险。是一种与特定公司或者行业相关的风险,它与经济、政治和其他影响金融变量的因素无关。非系统性风险发生在微观层面,可以预测并设法规避、控制、转嫁和降低。如果分散是充分有效的,这种风险还可以被消除,因此又被称为可分散风险。比较常见的非系统性风险有:企业信用风险;新生产线建设失败、延期投产、新产品不适销对路、更新产品、更新换代风险;应收账款回笼风险;短贷长投带来的现金流断裂风险;以新换旧带来的连锁反应风险;贷款到期后,企业正常经营性现金流难以支撑还款需要的风险;无法查清的企业或有负债、或有法律纠纷、其他隐患带来的风险;抵押物、反担保物贬值或无法处置的风险;其他尚不确定的可能发生的导致企业不能按时还贷的风险。

(3) 按风险的性质分类

① 静态风险。又称为纯风险,主要是指由于自然灾害和意外事故带来损失的可能性。如水灾、火灾、地震等使债务人财产遭受严重损失,无力按期清偿债务,迫使担保机构代为清偿。静态风险一般不可回避,风险承担者不得不被动防御。静态风险造成损失的机会尽管对个体来讲是不确定的,但对整体来讲可表现为相对确定值,基本符合大数定律,可以比较准确地预测其发生概率。因此可通过购买商业保险的方法向社会保险机构转嫁。

② 动态风险。又称为投机风险,主要指由于信用担保决策失误,或债务人经营管理不善和市场变化等因素引起的风险。这是担保经营活动中的主要风险,也是最难把握和控制的风险。动态风险造成的后果是难以估计的,因为对债务人的经营情况、管理水平、技术程度、供求关系的变化等活动因素是很难加以推算的,尽管在担保决策前对债务人进行了详细的信用分析,但这些因素总是不断变化的。动态风险具有强变化和不可预测性的特征,造成损失的可能性最大,使商业性保险不可能对此承担风险。动态风险是能通过认真的信用分析,科学的预测和采用有针对性的管理策略加以防范,以尽可能地避免和降低动态风险造成的损失。

(三) 担保风险管理与控制

应对担保风险的一般方法是指作为受险主体的担保公司在特定的风险环境下所采取的管理风险措施。不同类型的风险具有不同的性质和特点,担保公司可以有针对性地采取多种风险管理措施。

1. 风险预防

风险预防是指在风险尚未导致损失之前,担保公司采用一定的防范性措施,以防止损失实际发生或将损失控制在可承受的范围内的策略。预防是对付风险的一种传统方法,这种策略安全可靠,对信用风险、流动性风险、操作风险等不容易通过市场转移或对冲的风险十分重要。

2. 风险规避

风险规避是指担保公司根据一定原则,采取一定措施避开风险,以减少或避免由于风险引起的损失。规避与预防有类似之处,二者都可以使担保公司事先减少或避免风险可能引起的损失。不过,预防较为主动,在积极进取的同时争取预先控制风险,而规避则较为消极保守,在避开风险的同时,或许也就放弃了获取较多收益的可能性。风险规避是以风险识别为前提,担保公司规避风险实质上是选择性地承担风险,使有限的信用资源优化配置。

3. 风险分散

通过多样化的投资组合来分散风险,也是一个常用的风险管理策略。根据马科维茨的资产组合理论,如果各资产彼此间的相关系数小于1,资产组合的标准差就会小于单个资产标准差的加权平均数,因此,有效的资产组合就是要寻找彼此之间关系数较弱的资产加以组合,在不影响收益的前提下尽可能地降低风险。当资产组合中资产的数目趋于无穷大时,组合的非系统风险将趋于零。在证券市场中,投资者不应该将资金集中投入某一证券,而应分散地投资于多种证券,若一些证券的市场价格下跌,投资者将受损,而另一些证券市场价格可能上升,投资者又可收益,盈亏相抵,投资者面临的非系统风险总体上将缩小。

4. 风险对冲

担保公司可以通过进行一定的金融交易,来对冲其面临的某种风险。担保公司所从事的不同金融交易的收益彼此之间呈负相关,当其中一种交易亏损时,另一种交易将获得盈利,从而实现盈亏相抵。除此之外,金融衍生工具的创新为经济主体提供了对冲风险的有效手段。另外,随着信用衍生工具的发展,风险对冲不仅可以用于对冲市场风险,也可以用于对冲信用风险。

5. 风险补偿

风险补偿具有双重含义,一重含义是指担保公司在风险损失发生前,通过风险定价确定尽可能公平合理的信用价格,获得风险回报;另一重含义是指担保公司在风险损失发生后,通过抵押、质押、保证、保险以及担保资金投入等获得补偿。担保公司生存和持续经营的基本条件就是收益能够覆盖其风险。担保公司在为受保企业提供贷款担保时,通常要向受保企业收取一定的担保费用作为承担风险的补偿,另外担保公司还要求受保企业提供一定的反担保措施,以致在担保贷款发生违约时,通过反担保措施获得补偿。

(四)再担保

担保机构分散风险的重要方式是实施再担保或担保保险。再担保与担保保险也是提高担保机构信用资质、放大担保规模、分散担保风险、完善担保机制、整合担保资源的重要条件。

1. 再担保的概念

再担保人是对担保人所承担风险的担保,再担保是对担保机构进行的担保。再担保是担保机构分散和转移担保风险的重要方式。再担保是担保体系建设的重要组成因素。我国担保法及相关司法解释明确规范的只有两种担保方式,一种是担保,另一种是反担保。前者是直接向主债权人提供的担保,后者则是由债务人或第三人向主债务提供担保。但是对再担保尚未有明确的法律规范,对于再担保的法律性质在理论和实务工作的概念认识与界定存在一定的差异。

理论上的再担保是再担保人为担保人向主债权人提供的担保,如果担保人不能为主债务人清偿债务时,再担保人为担保人代为清偿,持此种观点的学者以最高人民法院担保法司法解释的起草者为代表,他们表示,所谓再担保是指为担保人设立的担保。当担保人不能独立承担担保责任时,再担保人将代替担保人向债权人继续剩余的清偿,以保障债权的实现。例如,担保机构为贷款银行提供保证担保,同时,担保机构与贷款银行约定,担保机构按借款人借款余额的一定比例提留保证金并存入贷款银行,当担保机构不履行保证义务时,贷款银行有权从该保证金账户中扣收。担保机构的股东向债权人出具书面函件,承诺当担保机构不履行或不能履行保证义务时,由该股东承担担保保证责任。

在担保实务中,再担保的概念与理论上的界定有所不同。原国家经济贸易委员会颁布的

《关于建立中小企业信用担保体系试点的指导意见》(以下简称《指导意见》)指出,担保机构与再担保机构之间的责任分担,以担保机构承担主要风险,再担保机构分担部分风险为原则,以确保担保和再担保机构稳健运营。具体责任比例由省、市中小企业信用担保机构和再担保机构商议提出,并报省经贸委审定。实际上此种意义上的"再担保"并不具备担保的一般特征,其法律关系主体并非主债权人、担保人和再担保人,目的不在于担保债权实现,而在于通过责任分担,确保担保机构的清偿能力,提升其信用放大倍数。

理论意义上的再担保法律关系的当事人依然是主债权人、担保人和再担保人,虽然再担保人所直接担保的并非主债务,而是主担保义务,但其实际上是通过担保主担保而间接担保主债务。其目的依然在于保障主债权的实现,只不过再担保人相对于担保人处于第二顺序,承担补充担保责任。

实务意义上的再担保法律关系当事人并非主债权人与再担保人,而是担保人和再担保人,当担保人已经承担担保责任后,由再担保人分担部分责任。其目的不在于担保主债权的实现,而是通过责任的分担,分散担保人的担保风险,保护担保机构的清偿能力。理论意义上的再担保,则当主担保人在债务人违约后无力按主担保合同履行担保义务时,债权人即可向处于第二顺序的再担保人主张担保权利,由其承担担保责任;而若按实务意义上的再担保,则只有在担保人向债权人承担担保责任后,担保人才能向再担保人主张由其分担担保责任,债权人与再担保人不发生直接法律关系。

目前担保行业实践所采取再担保模式实际上只是信用担保机构的一种风险分担机制。信用担保机构在承担担保责任时,将已承保的担保风险按照一定责任比例分散给再担保机构,并将已经收取的担保费用按照一定的比例(再担保费率)支付给再担保机构,如果发生代偿损失,则由再担保机构按照责任比例和约定的其他条款予以赔付。

《保险法》第二十九条对再保险作了明确规定:"保险人将其承担的保险业务,以分保形式,部分转移给其他保险人的再保险。"实际上目前实务中再担保的性质与再保险类似。从国外的实践来看,确实存在以再保险机制运作再担保的模式。日本建立的日本中小企业金库,由政府出资,为52个信用担保协会提供的信贷担保进行再担保,通过其保证系统业务向信贷担保公司支付代偿额的70%~80%。再担保的实际作用远大于概念性的定义。核心是明确再担保承保风险法律责任。在实际工作中,再担保与担保之间,应建立调节双方风险责任和风险收益的机制。这将有助于发挥再担保在担保体系的功能。

2. 再担保与担保、保险的区别

由于再担保与再保险在运作机理方面存在很大的相似性,因此实践中二者容易被混淆。例如,有人认为:"再担保是为担保人设立的担保。当担保人不能独立承担担保责任时,再担保人将代替担保人向债权人继续剩余的清偿,以保障债权的实现。"同时又说:"再担保与保险有相同的地方,均是对担保或保险的担保或保险。当风险产生,保险人无力理赔时,由再保险人承担向投保人的继续理赔。"这种观点自相矛盾,完全是由于对再保险的误解而导致的对二者的混淆,因为"再保险合同的缔约双方都是保险人,其仅在再保险人和原保险人之间产生法律上的权利义务关系,即再保险合同对于被保险人不能发生约束力"。

再担保是再担保人与担保人之间给予分散和转移担保机构风险,提高担保机构担保放大倍数和外部信用而设计的一种双方法律关系,再担保人与主债权人和主债务人之间不发生直接的法律关系。再担保虽然名为担保,但从其法律关系性质上说,并不是一种法律关系。担保是指法律为确保特定的债权人实现债权,以债务人或第三人的信用或者特定财产来督促债务人履行债务的制度。担保的基本功能在于保障债权的实现。再担保的主要功能则在于分摊担保机构风险,提升其信用放大倍数。因此,再担保是再担保人与担保人双方之间的法律关系,再担保人与债权人并不发生直接的法律关系,不向债权人直接承担代偿责任。

反担保是指:"债务人或第三人向主债务人履行主债务提供担保的担保人所提供的、保证担保人的追偿权实现的担保,因此又称为求偿担保。"再担保和反担保的主要功能在于降低担保人的风险,但两者的制度机理却存在明显差异,反担保是主债务人或第三人向担保人提供的担保。《担保法》规定,反担保可以适用担保制度的相关规定,这就说明反担保的实质依然是一种担保法律关系。反担保与再担保的最大区别在于,反担保是债务人为担保人提供的担保,是一种多方法律行为,而再担保则是再担保人给予担保人的一种回避行业风险性质的保险,是一种双方法律行为。

两个以上的保证人为债务人提供保证称为共同保证,根据责任划分的不同,担保法律意义上的共同保证共分为四种基本形式:一般连带共同保证、一般按份共同保证、连带共同保证和连带按份共同保证。无论是哪一种共同保证形式,共同保证人对外所承担的保证责任与一般的单独保证基本没有实质性差别,只是共同保证人对内部承担责任的方式和份额存在一定的区别。这就是说,共同保证的每一个保证人所承担的责任从性质上讲都是保证责任,再担保不同于共同保证,再担保人承担的责任并不具有保证责任的性质,再担保人不对主债权人承担保证责任,而只是根据其担保机构之间的约定在担保人发生代偿之后对担保人履行赔付义务。

3. 担保需要再担保

我国的信用担保机构已经形成规模,但规模效应还不够充分,集中表现在以资本金为基础的担保放大倍数效应不足,据分析平均倍数不超过 4 倍,也就是投资人投向担保机构的 1 元钱,平均担保规模是 4 元钱。从投资收益角度分析,这并不是理想的目标。可以做一个简单的计算:4 倍于资本金的担保额,按年收费 2% 计,每年收入 8%,其成本包括经营费用和风险成本,要用去 75% 以上,所余不足 2%,一般投资人的年收益 2%,显然是不足的。可能有人会建议,减少风险成本会增加收益率。但是目前,担保机构基本没有分散风险的路径,只能依靠风险自留机制,必须提足留够风险准备金。如果采取减少预提留风险准备金的办法,无疑是杀鸡取卵。

从以上简单分析,可以看到我国担保机构面临的直接问题是如何放大担保倍数效应,提高收益率,提高资本的效能,增强可持续发展的能力。透过现象看本质,是什么制约了担保机构扩大倍数效应、制约了资本收益率?根本因素还是担保机构的风险控制防范和认识能力不足。也由于使用信用担保的各方面尚不能正确判断评估担保机构的风险控制能力,经济社会就不会认同其合理放大倍数,只能保守处置;由于资本不能获得社会平均收益率,商业投资人也会降低对担保机构的投资积极性;由于担保倍数效应显现不足,体现不出社会效应,政府作为投资人也会觉得业绩质量不高。如果长期处于这种状态,无论是政策性担保机构,还是商业性担保机构的投资人都可能提出投资人担保机构价值何在的疑问。尤其是商业性担保机构,为了适应资本的盈利本能,就可能超越担保功能,违规经营。经济社会各方面都会提出现在的担保机构能不能可持续发展的疑问。

研究担保机构的倍数效应问题,其实质是可持续发展问题,核心症结是风险控制和风险损失处置机制问题。当然,担保机构的自身能力是关键因素。但是,担保机构的控制处置是一个系统。担保机构应当建立财政的专项补贴及资本金补贴的制度。财政直补机制是一种行之有效的办法,但也存在难以持续和难以公平运作的问题。建立再担保和担保保险制度,应是更好的选择。

再担保机制可以以风险分担的方式帮助信用担保机构减轻保证责任压力,以市场化的运作提升其信用担保能力,以业务支持的方式帮助其实现专业化经营。从我国信用担保行业长远发展的角度,建立和完善再担保机制具有必要性。再担保机制的构建有制度和客观需求上的必要性,也具有政策和法律环境方面的可行性。目前,虽然在狭义的法律层面对再担保制度未加以明确,但政府机构部门规章及政策性法规文件已经明确肯定了再担保制度的地位。

1999年,国家经贸委下发的《关于建立中小企业信用担保体系试点的指导意见》明确规定了再担保的责任分担划分原则。2000年财政部下发的《中小企业融资担保机构风险管理暂行办法》、建设部和中国人民银行下发的《住房置业担保管理试行办法》,都要求加快建立包括信用再担保制度在内的信用担保体系,并同意组建全国信用再担保机构。

根据"法未禁止即为允许"的原则,以及最高人民法院《关于适用中华人民共和国担保法若干问题的解释》第一条中"当事人对由民事关系产生的债权,在不违反法律、法规强制性规定的情况下,以担保法规定的方式设定担保的,可以认定为有效"的规定,再担保是一种有效的法律行为。

4. 再担保机制、制度设计

再担保制度对于担保体系建设是十分重要的组成部分。运用好再担保机制必须从设计建立良好的再担保理念和制度起步。

(1) 再担保机构治理结构

国际经验表明,政府公信力和政策性资金投入是政策性信用担保和再担保体系成功的重要条件,但是政府财政也不能对担保机构承担无限责任。如何以政府能够承受的运营成本和风险成本最大限度地发挥支持信用担保和融资的作用,是再担保机构的治理结构的重要问题。当然,再担保也可以是商业行为,商业资本介入再担保机构的建设,也具有很好的资本条件和市场条件。

① 出资人

对再担保机构公信力的要求,出资人应当有公信力。推行政策性资金,包括国家中小企业发展专项资金、国家政策性金融机构或国际开发性金融机构,以及地方中小企业发展专项资金和担保机构。《中小企业促进法》第十条规定:"中央财政预算应当设立中小企业科目,安排扶持中小企业发展专项资金。地方人民政府应当根据实际情况为中小企业提供财政支持。"第十九条规定:"县级以上人民政府和有关部门应当推进和组织建立中小企业信用担保体系,推动对中小企业的信用担保,为中小企业融资创造条件。"第十一条规定:"国家扶持中小企业发展专项资金用于促进中小企业服务体系建设,开展支持中小企业的工作,补充中小企业发展基金和扶持中小企业发展的其他事项。"目前我国许多省市正在研究加强中小企业信用担保体系建设。

地方政府关注中小企业融资和发展,基本上都安排了中小企业专项支持资金,再担保机构可以向地方担保机构提供再担保支持。再担保机构还可让符合条件的中小企业担保组合,或为符合一定要求的中小企业贷款担保组合提升信用,扩大良好的担保机构的放大倍数,这些担保机构出资参与再担保机制建设既符合各自目标,又可以实现互惠互利的效果。国际政策性金融机构,致力于通过支持信用担保体系建设,发挥缓解中小企业融资难的政策导向作用。通过软贷款方式,或由投资债券方式注入资金。2005年,世界银行、亚洲开发银行和国际金融公司获准在国内发行人民币债券,并需要将募集资金投资到中国境内,而中小企业融资是上述三家国际金融机构关注的重点之一,参资中小企业再担保机构也是可能的,而且除出资参与外,也有可能为再担保机构提供技术援助,加强再担保机构的能力建设。

商业资本投资再担保不存在经营禁止的条规限制。有两方面的因素需要重视,一是再担保运行的市场条件;二是再担保出资人的可持续力。投资担保与投资其他实业确有不同。担保的信用产品的特征,使得风险大增,尤其是风险滞后的不确定性加大了出资人的责任。因此,建立商业再担保,在持积极态度的同时,还要保持审慎性。

② 市场化运作

再担保机构以促进可持续的中小企业融资为宗旨,应该按照市场化运作,主要表现在,再担保业务的合理收费、中小企业信用担保资源整合和机构管理的激励约束机制。

政策性资金和企业化管理决定了再担保机构不是一个政府机构，也不是一个普通的工商企业法人。再担保机构需要在监管机构的指导下取得银行监管机构和商业银行的认可，更需要得到中小企业信用担保机构的认可。担保机构在申请加入再担保框架时需要衡量其收益，要计算符合再担保监管要求的成本和再担保费率的合理性。再担保费率的合理性是再担保机构可持续发展的关键，主要取决于再担保责任范围、担保机构资信水平及其风险管理完善程度等。目前日本再担保（信用保险）责任比例一般为70%，再担保费率在1%左右。再担保收费也应该按照经营成本、风险成本、适当利润和稳定的四个基本要素组价。其价格策略应当考虑在推动市场初期，实行低费率措施。

再担保机构通过为担保机构创造价值而实现自我价值，通过提供服务而收取再担保费，通过突出信用担保促进中小企业融资及其附加性，实现政策性资金的价值导向作用。

③ 合理配置资源

再担保机构通过整合中小企业信用担保资源，建立与贷款银行风险和收益匹配的协调机制，合理配置中小企业贷款的风险。再担保机构将分析各担保机构业务发展情况，通过保证再担保扶持尚处于起步阶段的担保机构，帮助这些担保机构加强风险管理能力。对于已经有一定业务规模的担保机构，再担保机构将主要通过补偿再担保或担保资产管理、担保贷款证券化等加大服务力度。

中小企业再担保业务涉及面广，需要精通或熟悉金融、经济、法律和产业等多学科的复合型人才，还必须有敬业精神的管理团队和业务人员。由于人力资源的稀缺性，再担保机构需要在吸引高素质专业人才方面建立充分的激励约束机制。

再担保机构要建立严格的内部控制机制，如担保机构和再担保业务的管理分离、业务开发和风险管理分离等，实现政策性目标、提高工作效率和防范风险的协调发展。再担保机构以促进可持续的中小企业融资为目标，通过分担中小企业信用担保风险、行业管理和服务创造价值，在可控制的风险限度下实现中小企业融资的最大效能化。

(2) 再担保业务种类和运作模式

再担保业务有广义和狭义之分，狭义再担保即再担保机构对主担保的担保，也即担保机构向贷款银行出具中小企业贷款担保，如发生贷款违约，将由担保机构首先履行代偿责任，只有当担保机构无力代偿时，再担保机构才按照约定的比例履行再担保责任。广义再担保除包括上述保证再担保之外，还有一种补偿担保机构代偿损失的再担保安排，为补偿再担保。实际上补偿再担保应用更为广泛，如日本信用保险（再担保）制度、韩国信用担保基金联盟的再担保制度等。再担保机构还可以自主选择提供资产管理和证券化支持、流动性支持。再担保机构多为政府和国际组织组建，主要发挥中小企业信用担保补偿损失和管理服务的功能，促进中小企业融资。再担保机构还被广泛应用于中小企业贷款组合的证券化中，对于中长期中小企业贷款组合，由于贷款户数多、单笔金额小，贷款组合的整体违约率较低，一些政府背景的再担保机构（或担保机构）为此提供信用服务，使得贷款组合能够在公开市场上得以发售，所得资金可以继续用于中小企业贷款，新加坡政府的中小企业担保机构和星展银行于2005年成功进行了1亿美元的中小企业贷款证券化试点。

尽管再担保机构实行法人化管理，与担保机构没有从属关系，但当担保机构因系统性风险出现流动性困难时，再担保机构可以通过商业化运作，向担保机构提供临时性救助支持，如在股权投资方承诺的前提下给予临时资金支持，解决暂时的流动性问题。这些取决于再担保机构的自主决定，并非法定义务。再担保机构的救助安排有助于信用担保业的稳定发展，提升贷款银行对担保机构的认可程度。

保证再担保面向中小企业信用担保机构,这些担保机构需要再担保机构履行代偿责任。再担保机构将建立担保机构准入制度,需要担保机构资本金达到一定规模,且足额到位,接受再担保机构业务开发和风险管理的审核验收。再担保机构与贷款银行、担保机构签署再担保合同,在借款人违约且担保机构无力履行代偿责任时,按照约定比例代为履行代偿责任。

再担保机构在审核后与担保机构签订再担保合同,规定双方的权利和义务、再担保责任比例和费用,分别经双方董事会批准后生效。担保机构应根据协议规定缴纳再担保费,再担保机构承担协议规定的再担保责任。在费率安排上,可以依据担保机构资信规模和担保贷款规模实行差别费率,以利于形成正向激励,引导担保机构为中小企业提供担保。

保证再担保的操作程序:担保机构申请加入再担保框架,再担保机构审核验收签订再担保合同;贷款银行、担保机构、再担保机构签订再担保框架协议,规定责任;再担保机构通过银行信贷登记系统进行再担保公示。

四、担保机构的持续经营水平

(一)对可持续发展的认识

具有可持续的发展能力才有可持续的信用资源,才可能有持续的市场。担保机构必须坚持可持续发展的理念和经营模式。担保机构可持续发展的能力,取决于信用担保资源稳定地、有效地、持续地得到完善、发展与建设。

担保资源的利用和配置,对社会的信用体系建设、产业结构调整、科学技术推广、中小企业发展、税源培育、就业渠道拓展以及人与社会、人与自然、公有与非公有、城镇与乡村等方面的和谐构建有着综合而现实的作用。同时,担保业务的持续发展,有利于维护规范、正常的经济秩序,整体降低中小企业和社会各方的信用交易成本,减少社会交易环节,加速经济社会发展。因此,应该保证准公共信用资源的完整性,并进一步找到出资人的恰当定位,保证信用保证人能够通过市场化运作实现准公共资源的持续有效性,也即必须建立信用担保资源的长远维持发展机制,真正起到公共财政的应有作用。

我国大多数的担保机构是政府为了实现某些社会发展目标而设立的,其经营宗旨最重要的是依照政府的政策要求去实现政府的社会发展目标。如中小企业信用担保机构的经营宗旨就是要支持中小企业的发展,增加政府税收和就业。担保机构作为一个独立经营的经济实体,不可避免地受到来自外部和内部各种因素的影响。国内外的经济环境、当前担保行业的发展状况与竞争条件、政府的监管与政策支持等都对担保机构的生存与发展产生极大的影响;与此同时,担保机构本身也面临着人才资源、经营管理、财务平衡等方面的问题。"高风险、低收益"是经营担保业务的真实写照,如果担保机构纯粹以担保作为经营业务,外部得不到政府政策和资金的支持,内部没有建立完善的风险控制和管理制度,仅以担保费收入来维持担保机构的经营和发展将是十分困难的。我们可以通过一个简单的例子来说明担保机构要持续经营所遇到的困难。

【例】某担保机构为一个贷款额为 100 万元的项目提供担保,收取担保费率为 1%,如果项目全额发生损失,试问要再做多少笔相同的担保业务才能挽回损失?担保机构需要有多高的成功率才可能保本?

$$100 \div 1 = 100 \text{ 次}$$
$$(100 - 1) \div 100 = 99\%$$

即如果按担保费率 1% 计算,每损失一笔担保,需连续成功地再做 100 次相同额度的担保才可能弥补损失;担保项目成功率需达到99%以上才可能保本,这里还未包括人员成本、管理成本以及资金成本等。可见担保业务的风险与收益相差是多么的悬殊,确保担保项目的成功率是多么的重要。

当担保机构"自身难保"时,不可能再去为别人提供担保。因此,防范风险、提高担保项目的成功率是担保机构可持续发展的前提,而担保机构实现持续经营又是政府通过担保业务实现其社会发展目标的前提。

(二) 影响可持续发展的主要因素与评价

由于我国信用担保的实践历史不长,影响担保机构的可持续经营能力的评价指标体系目前尚未建立行业标准,相应指标的制定也需要较长期的经验数据做技术支撑。

1. 资本和准备金评价

(1) 承担担保责任的资金实力。资金实力是承担风险的基础,对于信用担保机构,资金实力要求较高,担保的受益人对担保人的信用可靠性也必须审核其资本金额。一般来讲,担保实力越强,其可持续经营的基础越好。

(2) 担保资金放大倍数。担保资金的放大倍数越大,一般说明信用担保机构的担保能力被认可的程度越高。但是,在担保资金一定的情况下,担保资金放大倍数也不是越大越好,它的倒数就相当于银行的资本充足率,反映风险资产与资本的比率关系。

(3) 担保风险准备金。信用担保机构通过内提外补的方式而形成用于担保赔付的责任准备金,相当于其机构的次级资本。担保风险准备金与担保余额及担保代偿比率,可以反映该机构抵御担保代偿风险的能力。

(4) 经营现金流。担保机构能否实现财务意义上的可持续经营,最为直观和可度量的指标在于其经营现金流水平高低。如果再准确些判定,还可区分出达到基本运营、财务运营、安全运营的可持续经营水平三种类型。

2. 担保资产状况

(1) 担保资产组合。担保资产组合可以反映信用担保机构的风险管理水平,从而能够评价其可持续经营能力。合理的担保组合应当遵循"风险分散"的原则。根据通行的资信评级方法,以下一些指标能够反映担保组合水平:①行业集中度,某个行业的担保余额与担保总余额、担保资金的比率;②客户集中度,前十家最大客户的担保余额与担保总余额、担保资金的比率;③中长期担保比率,存续期超过一年的担保余额与担保总余额的比率;④单一客户比率,单一最大客户与担保资金的比率。

(2) 担保代偿率和代偿回收率。担保代偿率是指年度担保代偿赔付额占年度担保发生额的比率,相当于银行的不良贷款率,反映信用担保机构的担保业务管理水平,担保代偿率越低,担保业务的管理能力越强;代偿回收率是指在代偿赔付中,有多少代偿款项能够追收回来,反映信用担保机构坏账的处置能力。

3. 盈利能力评价

(1) 担保业务收入。它是衡量信用担保机构持续经营的客观尺度,也是提高其可持续经营能力的基础和落脚点。衡量其担保业务的指标,可以用担保平均收费率即当年担保业务的收入与当年担保业务发生总额比率、担保业务收入增长率衡量。

(2) 担保资金收益率。它是信用担保机构管理担保资金产生的当年收益与担保资金的比率,担保资金投资管理收益体现了该担保机构对资产的运作水平,也是该担保机构能够可持续经营的重要保证。

(3) 利润。作为一个独立存续的企业,盈利能力是可以持续经营能力的重要体现,可以用利润率以及利润增长率反映。政策性担保机构虽然被国家定位于"不以盈利为主要目的",也只是强调了其"创办初期不以盈利为主要目的",况且国家对不以盈利为主要目的的担保机构实行一定期间的税收减免优惠,其税收减免部分应视为其利润。

4. 流动性评价

担保机构的可持续性经营对资产流动性要求较高,它要求担保机构在对其担保资金进行管理时应当寻求流动性、安全性和效益性的平衡。可以用以下两个指标反映其流动性:一是现金类资产比率,它是信用担保机构可随时变现的流动资产,包括银行存款、可立即变现的国债、基金等与担保资金的比率,反映该机构的即时赔付能力;二是长期资产比率,它是指信用担保机构投入到固定资产、不可上市公司的投资等长期资产的资金占担保资金总额的比率。

5. 支持程度评价

(1) 担保补偿(贴补)率。它是政府或出资人针对担保损失或担保发生额给予补贴金额的比例。信用担保机构如果达不到财政意义上的可持续经营水平,也存在可持续经营的可能,可以通过补贴来弥补财务的缺口,此时的状况是管理意义上的可持续经营,即因为达到了设立担保机构的目标,政府或出资人愿意进行补贴以使担保机构存续并发挥更大作用。这种补贴通常是以对担保机构的担保赔付损失进行补偿的方式进行的。

(2) 银行风险分担率。它是指银行整体或单笔分担风险额度占信用担保机构担保总额或单笔担保额度的比率。对担保机构的可持续性经营威胁最大的是担保贷款的代偿赔付。国际实践表明,贷款银行与担保机构的风险分担比例与担保赔付密切相关。当担保机构与协作银行风险分担比率为1:1时,担保机构的担保赔付率最小;而担保机构承保比例超过50%后,担保承保的风险将迅速增大,担保机构承保比例每增加10%,担保潜在损失的风险将增加1倍。担保贷款的违约率与担保比例存在很强的正相关关系,90%担保比例的年度违约率在相同的贷款规模上是85%担保比例的2~3倍。因此,以中小企业融资担保为主业的信用担保机构能否与银行达成风险共担机制,银行风险分担率的高低是衡量和评价信用担保机构是否获得外部支持的可持续经营能力的重要方面。

(三) 担保机构的持续经营水平

担保机构虽然是一种特殊的经济实体,但最终决定其能否持续经营的因素与其他经济实体的区别不大。一般来说,当担保机构的总收入可以弥补全部成本时,担保机构就具有财务意义上的持续经营能力。

1. 担保机构的收入和成本

(1) 担保机构的收入。担保机构的收入来源一般包括两部分:一是来自担保业务的收入。主要是经营担保业务收取的担保费、评审费、手续费和其他相关费用。二是来自运作担保基金的投资收益。为保证担保基金的安全性和流动性,担保机构的投资一般只限于风险小、易于变现的短期资金,如购买国债、企业债券等。

(2) 担保机构的成本。担保机构的成本主要包括:一是现金性支出成本,主要指担保机构和业务运营的管理费用,包括员工工资、办公费用、交通费用、评审费用等支出成本;二是非现金支出成本,包括固定资产折旧、提取的风险准备金等。风险准备金的具体提取比例受到相关财务制度的限制,原则上风险准备金要足以弥补担保代偿发生的损失,但过多地提取风险准备金会导致担保机构的利润减少,这是担保机构的商业投资者所不能接受的。

2. 担保机构的持续经营的层次

在财务意义上,确定担保机构持续经营水平有三个不同的层次。

(1) 基本业务运营的持续经营

这是担保机构可持续经营的第一层次。当担保机构经营担保业务产生的收入与担保机构营业总支出(不包括担保代偿损失)之差不为负值,即说明该担保机构达到了基本业务运营的可持续性经营。

担保机构可持续经营的第一层次:

$$担保业务总收入 \geqslant 营业总支出(不包括代偿损失)$$

(2) 财务意义上的持续经营

这是担保机构可持续经营的第二个层次。如果担保机构通过经营担保业务产生的收入加上担保基金运作产生的投资收益,能够完全弥补担保业务的总成本(包括担保代偿损失)和担保基金运作的总成本,即达到了财务意义上的持续经营。此时担保机构才有可能为其投资者产生投资回报。

担保机构可持续经营的第二层次:

$$(担保业务总收入 + 担保基金运作收益) \geqslant (营业总支出 + 代偿损失)$$

(3) 完全业务运营的持续经营

这是担保机构可持续经营的第三个层次,也是最高层次。如果担保机构仅靠经营担保业务产生的收入就能够弥补担保业务的营业支出和担保业务的代偿损失,即担保业务的营业收入大于或等于担保业务总成本,担保机构就达到了完全业务运营的持续经营。达到这个层次后,担保机构就完全可以按照商业化原则来经营和管理担保业务。一般来说,由于政策性融资担保业务的风险和收益的严重不对称性,以中小企业贷款担保为主营业务的担保机构很难达到完全业务运营的持续经营这个层次。

担保机构可持续经营的第三层次:

$$担保业务总收入 \geqslant (营业总支出 + 代偿损失)$$

此外,还有两种特殊情况:一是有些担保机构从制度上得到了政府对其担保损失补偿的承诺,这种情况下,计算担保机构的持续经营水平应在收入来源中加上政府的补贴款;二是有些政府组建的担保机构,政府对其担保业务和经营人员干预较大,有些经营人员的工资和管理费用不在担保机构中开支,政府对担保损失的补偿也未形成制度,此类担保机构的持续经营水平较难予以量化的评价。

(四) 担保行业可持续发展取决于担保机构的核心能力

担保机构的可持续发展能力决定其核心能力,人才的因素至关重要,正确的业务政策、优秀的管理和高素质的人才队伍、健康的运营机制和严密的内控制度,是风险管理和有效担保业务拓展的内在动力。

1. 可持续的发展目标

担保机构可持续发展必须有明确的发展目标,否则会受到内在和外在因素的影响而在经营过程中迷失方向和产生惰性,或放松内部管理特别是淡化风险管理意识,从而走向衰败。发展目标具体地体现在长期或短期发展规划制定与实施方面,其内容应是综合性的。主要应包括目标制定的原则、具体的业务发展目标(阶段性的业务总规模、业务覆盖面和辐射率、业务新品种研发、风险控制目标等)、达到目标的具体步骤(分年度的业务工作目标、各年度的工作任务的重点)、达到目标的保证措施(组织领导机构、管理制度革新、人力资源配备、激励制约机制等)。发展目标必须结合各自的具体情况和从实际出发,如有效担保需求、担保市场竞争、可能的资金来源及放大倍数、风险概率及补偿渠道、组织机构的适应性等。

2. 可持续发展的管理创新

政策性的担保机构的可持续性的竞争需求是客观存在的。其竞争的目的,是为了在更广阔的层面体现国家的政策扶持与调控意图,并以最优惠的担保价格抑制过高的商业担保收费,维护正常的担保市场秩序,避免因过度竞争、无序发展而可能给地方和国家带来的金融与财政风险。

3. 可持续发展的业务开拓

业务开拓能力是担保机构可持续发展的重要条件。业务开拓能力,要有市场拓展的策略,研发适应不同客户群体需求的业务新品种和新方案,要针对不同的对象,建立全方位的拓展机制。要研究市场开拓方式,可以直接主动地与终端客户建立联系,可以通过宣传和培训方式培养和发现优质客户,可以发动员工并采取一定的激励措施主动开发市场。要坚持以融资担保业务为主,积极借鉴行业已有的其他较为成熟的新品种运作,并不断努力根据当地企业新需求研发新品种。要建立适应不同品种要求的风险评价技术手段,关注不同项目的不同风险特征,要配套开展相应的综合性服务,把信用担保过程作为综合"诊断"企业问题、综合提升企业管理水平、综合降低企业融资成本和综合促进企业快捷交易的过程,使担保机构与拟保受保企业充分进行物质和信息的能量交换,形成平等互利、风险共担、共存共荣、循环发展的良好局面。

4. 可持续发展的风险控制

风险控制能力是担保机构特别是政策性担保机构可持续发展的核心能力。由于信用担保风险的系统性和不可预测性,担保机构必须建立全方位、多层次、宽领域的风险管理机制,才能打造出"百年老店"。担保机构的管理层制定的风险管理的制度体系要适应中小企业的成长。当业务人员风险意识和防范能力不断增强、中小企业信用观念普遍树立之后,应对起步阶段趋紧的风险管理制度作适当调整。当业务品种不断拓展,或专项政策性业务品种不断推出,应建立相应的信用风险评价系统,有针对性地分析和解决风险管理问题。当业务发展到一定阶段、积累了一定的风险数据后,应依靠一定的技术手段建立一个数理分析模型,通过数理统计分析,客观地评价和适时地调整业务运作的方式或方向,以客户管理为核心,连锁银行"全程信用管理模式",建立客户信用管理档案及数据库。推行全面风险管理制度,完善内部各项管理制度,全面落实工作目标,促进部门间、环节间的协作配合,整体降低担保业务风险。

5. 可持续发展的外部环境

担保机构的可持续发展,相当程度上取决于环境因素。国际上担保机构及其体系的建立与完善,都有相应的法律法规予以保证,如日本的《中小企业信用保证协会法》和《中小企业信用保险公库法》,美国的《中小企业法》和《中小企业投资法》,奥地利的《担保法》《担保准则》和《开展贷款担保的一般性商务条件》等,都以法律形式明确了政策性担保机构与政府、金融机构以及中小企业的相互关系,明确了政策性担保机构的职能、担保规划的作用甚至担保对象、资金用途、担保规模和保费标准等,把政策性担保机构完全置于法治化发展的轨道之内。由于我国长期信用担保的发展历史不长,针对政策性担保机构的法律法规建设滞后,设计政策性担保机构的定位及职能、市场准入、运作模式以及获得外部支持的一系列重大问题,尚未以法规形式予以肯定。但是,国家已经颁布了《中小企业促进法》并且发布了国务院第412号令,对政策性担保机构的法律地位和规模较大的担保机构市场准入有了明确的肯定和要求。

2010年3月,国务院七部委联合颁发了《融资性担保公司暂行管理办法》,为我国担保业发展制定了明确的规范。担保机构的可持续发展,有赖于国家法治的加强、社会信用环境的完善和体系的规范建立以及机构自身社会公信力的提高。政策性担保机构责任重大,前景方兴未艾。可持续发展道路上,机遇与挑战并存,风险与发展同在。担保机构应依托政府准公共信用资源,在国家法律法规和政府政策推动下,形成可持续发展的能力。

本章讨论案例

担保机构的内容控制

某担保机构成立于1999年,注册资本2亿元人民币。截至2006年12月31日,该担保机构已累计为中小企业提供了115亿元担保,担保代偿率一直控制在万分之一以内。实践证明,较为有效、健全的内部控制体系是该担保机构取得良好风险控制效果的重要保障。

内部控制的组织架构。该担保机构的内部控制的组织架构由内部控制决策层、建设执行局、监督层组成,并形成由各部门领导负责,全体员工共同参与的内部控制格局。担保机构领导班子是内部控制的决策层,主要负责制定内部控制政策,确定可以接受的风险水平,为风险控制确定目标,对内部控制的有效性进行监督、评估,检查中心内部控制制度的执行情况。担保机构各部门的负责人是内部控制的建设执行层。风险管理部是担保机构风险管理的责任人。该担保机构实行市政府监管委员会领导下的主任负责制。

职责分离、权责制衡的流程控制。该担保机构针对担保行业的特殊性,对担保产品从受理到最后完工所经历的全部过程进行梳理,以职责分离、权责制衡为原则,以风险控制为目标,设定了项目受理、保前调查、反担保物价值评估、项目评审、法律文件的制作与审核、签约、反担保法律手续办理、放款、保后检查、项目还款、债务追偿、项目终止、抵/质押物注销登记等主要业务流程。

内部控制的信息技术支撑。该担保机构利用计算机信息技术开发了担保业务管理软件,实现了担保业务全过程的数字化、智能化、自动化和可视化。该业务系统属于动态反馈的自平衡系统,涵盖了担保机构在组织结构、岗位职责、业务角色、业务流程、业务模版、业务信息、业务工具等各个方面的流程和环节。将整个担保业务过程设计为担保业务的自动化生产线,覆盖各岗位的关键风险点,便于全体员工协作监控项目的状态,将内部控制落实到实处。

内部控制的制度建设。该担保机构自成立以来一直坚持和不断完善廉洁运作制度,实行项目经理第一责任人制,各类担保项目均需提交评审委员会评审制度,担保后对受保客户履行合同和资信情况进行跟踪和检查制度、内部项目稽核制度、项目分类风险评价制度以及外部监督制度,等等。

问题讨论 ▶▶▶▶

1. 有效、健全的内部控制体系必须要明确哪些具体的目标?
2. 内部控制建设过程中应该遵循什么原则?
3. 为什么人的管理是保证内部控制制度有效执行的关键?

复习思考题

1. 信用担保机构快速发展的核心竞争力是什么?
2. 项目评审已成为担保业发展的"瓶颈",应如何解决?
3. 担保业务的不断创新与风险的有效控制应如何协同发展?

4. 政策性担保机构与商业性担保机构的区别是什么？阐释两者的资金运作与管理模式。
5. 如何理解和计算担保机构的担保能力？
6. 担保机构可持续发展的评价指标是什么？

延展阅读

1. 中小企业融资担保机构风险管理暂行办法．
2. 关于加强地方财政部门对中小企业信用担保机构财务管理和政策支持若干问题的通知．
3. 狄娜，张利胜．信用担保机构经营管理[M]．北京：经济科学出版社，2007．
4. 中国经济技术投资担保有限公司．2001 中国担保论坛[M]．北京：经济科学出版社，2002．
5. 梅强．中小企业信用担保理论模式及政策[M]．北京：经济管理出版社，2002．

本章的主要网络链接

1. http://www.chinaguaranty.net/aspx/ 中国担保网
2. http://www.cncga.org/ 中国担保行业协会
3. http://www.guaranty.com.cn/ 中国投融资担保有限公司
4. http://www.pbc.gov.cn 中国人民银行

第三章

信用担保体系

学习目标：
➢ 了解各国信用担保体系的现状
➢ 掌握世界各国信用担保体系的特点
➢ 了解我国信用担保体系的现状及特点
➢ 理解我国信用担保体系存在的问题

第一节　世界部分国家和地区的信用担保体系

　　世界范围内的中小企业普遍面临着融资难的问题,为此,各个国家和地区为了促进中小企业的发展、改善中小企业的融资环境都建立了各自的信用担保体系。其中,最早建立信用担保体系的国家是日本,1937年成立了地方性东京中小企业信用保证协会,1958年成立了全国性的日本中小企业信用保险公库和全国中小企业信用保证协会联合会,形成了中央与地方共担风险、担保与再担保相结合的全国性中小企业信用担保体系。此后,美国(1953年)、加拿大(1954年)、德国(1961年)等国也相继建立了信用担保体系。我国的台湾地区和香港地区也分别于1974年和1998年开始实施中小企业信用担保。至今,世界上超过一半的国家和地区建立了信用担保体系,而发达国家经过半个多世纪的发展已经形成了一个完备的信用担保体系。与此同时,为了促进各国中小企业信用担保机构之间的相互交流和学习,1988年还成立了世界第一个关于中小企业信用担保方面的区域性国际组织——亚洲中小企业信用保证制度实施机构联盟。此后欧洲(1994年)、美洲(1996年)也相继成立了类似国际性组织。本节重点介绍日本、美国、韩国以及我国台湾地区的中小企业信用担保发展较好的国家和地区的信用担保体系。

一、日本信用担保体系

(一) 日本中小企业信用担保概况

　　日本是世界上第一个建立信用担保体系的国家。在素有"企业王国"之称的日本,中小企业是"企业王国"的根本,而为日本中小企业发展提供资金支持和保驾护航的正是日本信用担保体系。

　　早在20世纪30年代,由于经济大萧条,当时日本的经济和金融都遭受了沉重打击,日本中小企业更是几乎受到了灭顶之灾。而作为中小企业经营支柱的金融业,由于资金不足、成本高企以及中小企业自身信用较差的原因,导致中小企业普遍出现融资困难。为了缓解这一难题,日本政府一方面为金融机构提供资金以供其向中小企业贷款;另一方面发展专门面向中小企业的融资机构,并提出"损失补偿机制"以弥补金融机构融资损失。基于此,东京于1937年成立了东京信用保证协会,之后京都信用保证协会也于1939年设立,大阪市信用保证协会于1942年设立。截至1950年,日本各地共成立了52家信用保证协会。1951年,日本又成立了全国信用保证协会(1955年改名为全国信用保证协会联合会)。此外,1953年,日本正式颁布了《信用保证协会法》,正式确立了信用保证协会作为公立机构法人的社会地位。至此,日本中央与地方风险共担的信用保证体系基本形成。

　　由于日本99%以上的企业都是中小企业,而这些中小企业承担着日本社会七成以上的就业,产值占日本国内生产总值的50%以上。日本近一半的中小企业都利用过或正在利用日本的信用担保体系,日本的信用担保体系很大程度上缓解了中小企业融资难的问题,使其融资渠道保持顺畅,从而促进了日本中小企业乃至日本整体经济的发展。表3.1所示为2001—2010年日本中小企业利用信用担保的情况。

表3-1　2001—2010年日本中小企业利用信用担保情况表

年份	利用信用担保的企业数量/家	利用担保的中小企业比率(%)	信用担保余额/亿日元	信用担保利用比率(%)
2001	2 103 441	44.9	370 120	11.7
2002	2 000 197	42.7	331 885	11.3
2003	1 864 705	39.8	311 022	11.9
2004	1 757 754	37.5	297 433	11.7
2005	1 653 776	35.3	287 964	11.3
2006	1 612 705	37.3	292 661	11.3
2007	1 574 188	37.5	293 682	11.4
2008	1 567 967	37.4	339 192	13.4
2009	1 591 726	37.9	358 507	14.2
2010	1 573 067	37.5	350 683	—

注:数据来自日本信用保证协会2011年的报告。担保利用比率=信用保证协会担保余额/中小企业贷款余额×100%。

(二) 日本中小企业信用担保体系特点

1. 政府提供资金支持、担保机构独立运作

日本信用担保协会的财产主要由基本财产和借款两部分组成。其中,基本财产的基金部分主要由政府提供的基金补助金、金融机构与地方公共财团等的捐赠款以及金融机构的负担款组成;基金的准备金部分则主要由信用保证协会的累计收支余额构成;协会的借款部分则来源于向地方公共团体、日本政策金融公库以及全国信用保证协会联合会的借款。总体而言,日本中小企业信用担保体系的资金主要依赖于国家和地方政府,同时金融机构也出资,加上信用担保协会自身的收支差额积累,这三者共同构成了日本信用担保的全部资金。其中,中央政府占比59%,地方政府占比24%,金融机构占比17%。

虽然日本的信用保证协会的资金主要来源于政府,但信用保证协会是公共法人,不受政府控制。设立于全国47个都道府县及54个主要城市的52个地区信用保证协会与当地的政府保持密切的联系,但各自独立地向各自地区的中小企业提供信用担保保证。但是,如果信用担保出现担保损失,则各地方的信用担保协会的资金损失由全国中小企业信用保险公库的保险制度负责补偿,而全国中小企业信用担保公库的损失则由政府承担,即政府负最终责任。

2. 分层担保体系

日本的信用担保体系是分层担保体系,或者称为二级担保体系。日本在全国设立了52个地区信用保证协会,同时还设立了一个全国性中小企业信用保险公库(中小企业综合事业团)。全国性中小企业信用保险公库由日本中央政府全资拥有,对各地的信用担保实施"信用保险制度",负责各地信用保证协会的保险和再担保。各地信用保证协会出现代偿损失,可向全国中小企业信用保险公库领取70%~80%的保险赔付;而如果各地信用保证协会从中小企业追回代偿款,则需偿还给全国中小企业信用保险公库。全国中小企业信用保险公库对各地信用保证协会的每个担保项目收取保险费。

3. 贷款银行承担较少信用风险

日本最初的信用担保体系采取直接征信的方式。在这一方式中,参与信用担保体系的贷款银行的作用仅限于为中小企业提供贷款,贷款银行提供的贷款由中小企业信用保证协会提供担保,银行不承担信用风险。不过,由于这种方式容易使银行产生道德风险,降低中小企业申请贷款的标准,而最终给信用担保协会造成损失。日本在20世纪90年代经济低谷时,信用保证协会陷入了大量的坏账之中。基于此,日本在20世纪90年代开始采用部分担保方式,担保比例最高限于80%,剩余的20%则由提供贷款的金融机构分担。

4. 严格的风险内部控制机制

日本的信用担保协会实行分级负责制,对内部的管理人员规定了相应权限的担保审批决策权,实行严格的审、保、偿分离制度。同时,对担保申请的信用调查及保证审查进行严格管理,并强调项目跟踪监督。

5. 明确的担保对象

日本信用担保协会除了规定了农林水产业、金融业、宗教法人及非营利团体等不得作为担保对象,还根据行业分类分别按资本金和员工数量标准对担保对象进行了严格界定(表3-2)。

表3-2 日本担保对象行业分类界定表

行业种类	资本金	员工数量
制造业等	3亿日元以下	300人以下
批发业	1亿日元以下	100人以下
零售业	5 000万日元以下	50人以下
服务业	5 000万日元以下	10人以下

5. 完善的信用担保支持体系

作为最早建立信用担保体系的国家,日本也有完善健全的中小企业信用担保支持体系。首先,在立法方面,《中小企业信用保证协会法》和《中小企业信用保险公库法》作为日本信用担保制度的根本大法,明确规定了中小企业信用保险公库和信用保证协会的作用、职能及业务规则等,对信用担保体系的健康发展起到了重要作用。其次,在服务方面,日本有2 000多家公立试验中心,聘请有经验的工程师担任顾问,为中小企业的产品提供可行性研究和试验,同时提供具体的指导。

二、美国信用担保体系

(一) 美国中小企业信用担保概况

在美国,每10人就拥有一个小企业,52%的就业人口在小企业,51%的销售份额是由小企业提供的。正是因为美国小企业的突出作用,且小企业还是社会群体中的弱势群体,美国在1953年通过了《小企业法案》和《小企业融资法案》。依据这两项法案,美国成立了中小企业委员会和美国联邦中小企业管理局(SBA,Small Business Administration)。隶属于美国联邦政府的美国联邦中小企业管理局主要为小企业创办之初或现有小企业的发展提供规划、贷款担保、经营管理咨询服务,从而促进中小企业的发展。通过小企业管理局的担保,小企业管理局把在资金上孤立无援的小企业与庞大的金融市场联系起来。美国的中小企业信用担保职能正是由美国小企业管理局实施的。

小企业管理局的经费由美国联邦政府和州政府分担,主要为美国境内的小企业提供贷款授信担保和管理咨询服务。它对承保项目收取年承保额的2%作为担保费用,对担保项目承担85%~90%的担保责任。

美国小企业管理局在全美有2 000多个分支机构,并与950个研究中心有业务联系,拥有13 000余名退休经理、会计、法律等专业人员组成的志愿者团队为小企业提供咨询和服务工作。截至2004年,小企业管理局共为15万余家小企业提供了贷款授信担保360亿美元,并支持了85亿美元的小企业风险投资业务。此外,小企业管理局为了有效开展担保业务,还在全国设置了600个咨询中心,为小企业免费提供企业规划、账目管理、现金流量分析、贷款及制定预算等服务,进一步促进小企业的发展。

(二) 美国小企业信用担保体系特点

1. 一级担保,年度预算

美国的小企业管理局管理美国的信用担保体系,在全国设有分支机构。但全美各地的分支机构除了对中小企业提供免费的管理、咨询服务外,并不对中小企业的信用状况进行调查。中小企业首先向银行提出贷款申请,银行对中小企业进行审查。如果银行认为需要信用担保机构进行担保,就把企业的相关资料交给当地的小企业管理局分支机构,小企业管理局分支机构同意担保,银行就发放贷款。对于担保项目发生代偿损失的,由小企业管理局自己承担损失。

由于美国小企业管理局的经费由联邦政府和地方政府财政拨付,因此,每年会根据产业政策和《小企业法案》的规定,由联邦政府制订小企业贷款担保计划,对担保基金的用途、贷款条件、担保金额、担保费用及执行机构的职责做出明确详细的预算规定,并经国会批准后,方可执行。这与前述日本的担保体系是由政府和金融机构共同承担担保机构的经费不同。

2. 担保业务丰富且目的明确

美国小企业管理局针对不同项目和人群有不同的担保计划,主要有7(a)担保计划、504贷款担保计划、7(m)微量贷款计划和妇女创业优先核批贷款计划。其中,7(a)担保计划是最通用的担保计划;504贷款担保计划主要是小企业管理局与银行合作,通过注册中小企业开发公司,为中小企业提供中长期贷款、固定利率资产贷款等,帮助社区创造就业机会;7(m)微量贷款计划是通过担保向地方社区小型贷款机构提供融资贷款,从而通过这些机构向中小企业提供融资服务;妇女创业优先核批贷款计划则是为信贷记录良好的妇女申请人提供优先核批的贷款。

3. 对协作金融机构分类管理

美国小企业管理局不仅考虑小企业的资金需求多样化特点,还充分考虑到金融机构的不同经营特点,对协作金融机构采取分类管理。

美国的私营金融机构是信用担保贷款计划的主要参与者,参与担保体系的金融机构是按照自愿原则与政府选择的原则确定的。美国的大多数银行和部分非银行金融机构参与了这一计划。小企业管理局按照金融机构的小企业贷款经验和业绩,将参与担保贷款的金融机构分为三类:首选贷款机构、注册贷款机构和普通贷款机构。首选贷款机构是在全国最好的金融机构中挑选出来的,它们可以代表小企业管理局自行决定担保贷款,但担保比例较低。注册贷款机构是较多参与小企业管理局贷款担保计划,并符合一定条件的金融机构,小企业管理局对其部分授权,并保证3天内对其申请做出决策。普通贷款机构是那些没有得到小企业管理局特别授权的金融机构,其贷款担保申请需经过严格的审批程序。

4. 完善且免费的支持服务体系

在法律方面,美国在建立信用担保体系之初就颁布了相应的法律法规,《小企业法案》和《小企业融资法案》对信用担保的对象、用途、担保金额、担保标准等作了明确的规定,极大地保障了信用担保体系的健康运行。

在服务体系方面,有众多专业的退休经理、会计人员、律师等人才为小企业提供全面且免费的企业规划、账目管理、财务分析、项目分析等支持服务,促进小企业的发展,在帮助小企业发展的同时,也降低了自身贷款担保业务的风险。

三、韩国信用担保体系

(一) 韩国信用担保体系概况

韩国的信用担保体系是从20世纪70年代开始建立的,但其起源可以追溯到1961年11月的韩国信用保证储备系统(Credit Guarantee Reserve System)的建立。1961年11月,根据《韩国产业银行总统令》,韩国信用保证储备系统建立;1967年3月,《中小企业信用担保法》设立,中小企业的信用担保业务开始有法可依。1970年,韩国政府为了促进中小企业的专门化和系列化,制定了《中小企业专门化和系列化组成纲要》;此后,针对中小企业融资难的问题,为了进一步促进中小企业的发展,于1975年又颁布实施了《中小企业系列化促进法》,要求金融机构向中小企业提供更多的贷款支持;1976年,进一步颁布实施了《信用保证基金法》,并成立了韩国信用保证基金组织(KODIT,Korea Credit Guarantee Fund,起初为 KCGF,2006年改为 KODIT),为具有良好发展前景但又缺乏有效抵押、质押物直接从金融机构难以获得信贷资金的工商、服务等企业提供融资担保。此后,1989年,为了促进高新技术企业的发展,又颁布实施了《新技术企业金融支持法》,并成立了高新技术信用担保基金会(KTCGF,Korea Technology Credit Guarantee Fund)。2000年,为了进一步完善中小企业信用担保体系,又成立了韩国信用担保基金联合会(KFCGF,Korea Federation of Credit Guarantee Foundations),主要为由中小企业信用担保机构提供信用担保业务服务。至此,韩国信用担保体系基本形成。目前,韩国的中小企业信用担保体系主要由韩国信用保证基金、韩国科技信用担保基金和韩国信用担保基金联合会共同构成,前两者分别为一般中小企业和高新技术中小企业提供信用担保服务,而韩国信用担保基金联合会则主要为中小企业信用机构提供信用再担保服务。

尽管韩国信用担保业务的开展晚于欧美等经济发达国家,但是其中小企业信用担保业务发展迅速。以 KODIT 为例,截至2009年,韩国信用担保基金组织 KODIT 的资本金已经达到63 760亿韩元,累计为21万多家中小企业提供了389 640亿韩元的信用贷款,韩国已经成为世界第三大信用担保市场。表3-3所示为 KODIT 的业务发展情况表。

表 3-3　韩国信用担保基金(KODIT)的业务发展情况表　　单位:10亿韩元

年份	政府资助资金	KODIT 总资本金	对外担保额	担保比例(%)	代偿比率(%)
建立之时	0	32	102	3.1	NA
1976	0	43	158	3.7	NA
1977	0	61	265	4.4	NA
1978	0	84	408	4.9	NA
1979	0	112	701	6.3	NA
1980	0	135	1 255	9.3	NA
1981	0	138	1 544	11.2	NA
1982	0	112	1 358	12.1	NA
1983	25	162	1 310	8.1	NA
1984	15	199	1 550	7.8	NA
1985	8	255	1 896	7.4	NA
1986	10	305	2 320	7.6	NA
1987	20	388	2 780	7.2	NA
1988	15	474	3 280	6.9	NA
1989	22	578	3 857	6.7	NA
1990	8	623	5 231	8.4	NA
1991	5	681	6 595	9.7	NA
1992	87	579	7 160	12.4	NA
1993	90	504	8 544	16.9	NA
1994	240	549	7 665	13.4	NA
1995	290	528	8 191	15.5	NA
1996	350	688	9 246	13.4	NA
1997	400	705	11 329	16.1	NA
1998	2 881	2 127	21 454	10.1	14.5
1999	1 001	2 602	19 621	7.5	NA
2000	510	2 892	22 591	7.8	NA
2001	1 223	3 458	31 268	9.0	NA
2002	525	3 507	32 514	9.3	NA
2003	656	3 370	32 734	9.7	NA
2004	521	3 203	33 571	10.5	NA
2005	300	3 166	31 099	9.8	5.9
2006	300	3 720	29 634	8.0	4.5
2007	NA	3 607	28 542	8.0	3.9
2008	NA	3 721	30 387	8.5	5.0
2009	NA	6 376	39 249	7.4	4.4

注:"NA"表示数据缺失;
数据来源:KODIT 年报(2009)及韩国信用保证基金及其对韩国经济和中小企业发展的贡献。

(二)韩国信用担保体系的特点

1. KODIT 的服务对象以中小企业为主,但不仅仅限于中小企业

韩国信用担保基金起初成立的目的主要是为了缓解中小企业融资难的问题,但其在实际开展业务时,除了为中小企业提供信用担保外,也为大型企业以及初创企业提供信用担保服务。根据 KODIT 的章程,除了以下四类不是 KODIT 的服务对象外,其他的任何营利性企业或组织都可以向 KODIT 申请信用担保服务:①赌博企业;②其他的非健康娱乐企业(Other Unwholesome Entertainments);③房地产投机企业;④其他非正常经营的企业,包括没有实际经营的企业、有银行逾期未还贷款的企业、提供虚假资料的企业等。

当然,KODIT 的主要服务对象仍然是中小企业,且它为中小企业提供信用担保业务的担保费也低于大型企业。

2. 韩国信用担保机构以为中小企业提供信用担保为主要业务,同时也提供信用信息管理等其他配套服务

作为信用担保机构,KODIT 主要为中小企业提供信用担保,同时,KODIT 还为其担保对象提供信用信息管理、担保相关的股权投资服务、信用保险以及基础设施信用担保服务等服务,大大提高了其担保对象的经营、最终提高其担保对象的还款能力。表 3-4 所示为 KODIT 所提供的其他服务。

表 3-4　KODIT 的其他服务情况

服务项目	服务情况
信用信息管理 (Management of Credit Information)	开始于 1992 年,并于 2005 年单独独立。2005 年全年提供了 47 311 项信用信息服务,并掌握了 70 余万条韩国中小企业信用信息
担保股权投资 (Guarantee-aligned Equity Investment)	开始于 2005 年,在 2009 年共向 11 家企业融入超过 100 亿韩元的股权投资,其中 35 亿韩元投资于初创企业
信用保险 (Credit Insurance)	开始于 2004 年,主要为经营出现问题的中小企业提供 80% 的信用保险保障。2009 年,共提供了 51 820 亿韩元的信用保险额度
基础设施信用担保 (Infrastructure Credit Guarantee)	1999 年,KODIT 接管了之前由 KODIT、韩国发展银行(KDB,Korea Development Bank)联合经营的专门提供基础建设信用担保业务的韩国基础设施信用担保基金。2009 年,KODIT 为 28 个基础设施建设项目提供了 18 510 亿韩元的信用担保

3. KODIT 为韩国经济复苏发挥了重要的作用

自从 KODIT 1976 年成立以来,韩国遭遇了多次经济危机,包括 20 世纪 70 年代的第二次石油危机,始于 1997 年的亚洲金融风暴以及 2008 年的金融危机。KODIT 在每次危机之后的经济恢复中都发挥了重要作用。

在 20 世纪 70 年代末 80 年代初的第二次石油危机中,KODIT 致力于中小企业贷款的回收以及降低经营费用。在这一时期,KODIT 的中小企业政策不只是作为一种措施来保护处于不利地位的中小企业,更是经济的平衡增长不可或缺的工具。

而在始于 1997 年的亚洲金融风暴中,为了应对金融风暴对韩国经济的不利影响,韩国政府制定了一系列措施以恢复经济,而 KODIT 在其中发挥了重要作用。除了为中小企业提供信用担保,KODIT 还开展特别保证服务以恢复经济,如为出口企业提供贸易融资担保等。在此期间,KODIT 开展了 33 万余项特别担保服务,累计担保金额达到 450 亿韩元。

为了应对始于 2008 年的全球金融危机,KODIT 于 2009 年开展了"特别救援计划(Intensive Rescue Plan)"。并实施特别担保项目——债券市场稳定基金担保,大大缓解了金融危机对韩国经济的不利影响。

(三) 韩国信用担保体系发展的经验

1. 民间资本是韩国信用担保机构资金的主要来源

资金是信用担保机构的生存和发展的基础。一般来说,信用担保机构的资金来源主要由政府、民间资本及社会捐助。民间资本,包括银行和其他企业应该是信用担保机构资金的主要来源,特别是贷款银行,应该是信用担保机构资金的主要提供者,因为只有这样,贷款银行才能谨慎、科学地评估衡量贷款风险并监督借款人,以尽可能地降低及避免贷款风险;政府财政资金则一般主要是为信用担保机构的起初设立及在特殊时期(如 2008 年金融危机)提供资助。

韩国信用担保机构成立之初,银行是其资本金的唯一来源。后来为应对多次危机,韩国政府才提供了一些资金资助。截至 2009 年年底,银行累计为 KODIT 提供了 8 050 亿韩元的资金支持。

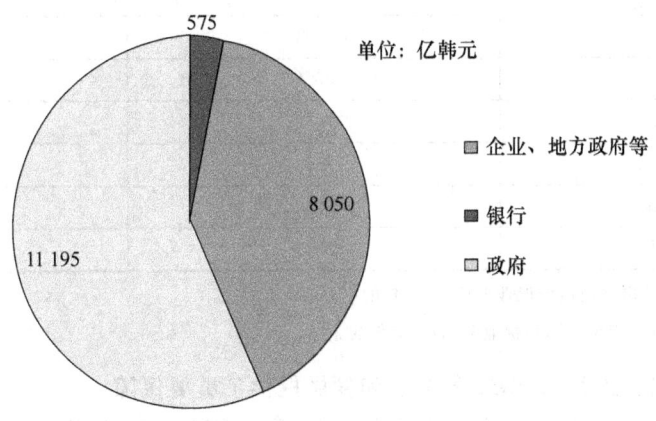

图 3-1　韩国 KODIT 的累计资金金额

2. 双重决策管理机制是信用担保体系成功的关键因素

KODIT 有两个委员会:政策委员会(Board of Policy)和指导委员会(Board of Directors)。政策委员会是 KODIT 的最高决策机构,为 KODIT 制定运营政策,包括年度业务计划和预算。政策委员会的成员来自韩国银行、韩国工业银行等银行的代表以及韩国金融服务委员会(Finance Services Commission)、战略和金融部(Ministry of Strategy and Finance)、中小企业管理局(The Small and Medium Business Administration)等政府部门的代表和其他企业联合会的代表。来自不同机构的代表能帮助 KODIT 尽可能考虑各方需求,从而制定出更加科学、合理的经营政策。指导委员会则主要为 KODIT 的具体营运进行决策,如内部管理条例等。

此外,KODIT 还受到韩国国民大会(National Assembly)的监管和评估,KODIT 的会计账务还受韩国审计和监督委员会(The Board of Audit and Inspection of Korea)的检查。每年还要接受韩国计划和预算部(Ministry of Planning and Budget)的评估。

政策委员会和执行委员会的双重决策管理机制为 KODIT 的健康稳步发展提供了科学的决策保障,多个机构的监督则进一步加强了其平稳运营。

3. 民间部门执行信用风险评估是 KODIT 降低风险的重要一环

KODIT 的信用风险评估由民间部门而非政府机构实施,不仅有利于提升其风险评估的效率和质量,更能降低其贷款风险。

4. 比例担保是 KODIT 风险控制的主要方式

担保比例是指信用担保机构在其担保贷款业务中所承担担保责任的比率,它是信用担保机构降低风险的重要工具。过高的担保比例意味着担保人承担过大的责任,从而使得贷款银行不能合理地监督借款人,而过低的担保比例又会使得担保业务没有吸引力。合理的担保比例是担保人与贷款银行之间合理分担贷款风险的关键所在。有研究表明(Thorsten,2008),46 个国家的 76 个信用担保计划中,大多数信用担保计划只提供最高 50% 的担保保障,而平均担保比例是 80%。

1998 年以前,KODIT 施行的是 100% 的信用担保。此后,担保比例逐渐下降。当然,不同信用等级的担保对象的担保比例也不相同。

表 3-5 所示为 KODIT 的担保比例情况表。

表 3-5　KODIT 的担保比例情况表

信用评级等级	担保比例	
	≤10 年*	10 年<**
KS1	50%	50%
KS2—KS3	70%	65%
KA1—KA4	75%	70%
KB1—KB3	80%	75%
KB4—KE3	85%	80%

注:* 表示在 KODIT 申请信用担保业务低于 10 年的企业。
　　** 表示在 KODIT 申请信用担保业务超过 10 年的企业。

5. 政府的适当介入为 KODIT 的成立和发展提供了重要保障

虽然民间资本是 KODIT 资金的主要提供者,但是政府在 KODIT 的成立和发展过程中也发挥了重要作用。

首先,政府制定了相应的法律法规,为韩国信用担保机构的设立和发展提供了法律基础和支持。从韩国信用担保体系 1961 年的起源开始,韩国政府颁布了多项法律法规,以保证信用担保体系的健康稳定运行,同时为适应其发展,还多次与时俱进地修改调整其法律法规。

其次,韩国政府的资金支持也是韩国信用担保体系成立和发展的重要因素。特别是在历次经济危机中,韩国政府多次为 KODIT 的生存和发展提供了资金支持。

四、中国台湾地区信用担保体系

(一) 中国台湾地区信用担保体系概况

中国台湾地区的信用担保基金成立于 1974 年,其信用担保基金是由政府及银行共同捐助成立的公益财团法人,其中,政府出资超过50%。其运作方式主要是通过信用保证模式,分担银行办理中小企业贷款的信用风险。即信用担保基金为中小企业向银行申请的贷款提供80%的信用担保保证,如果企业经营不善倒闭,信用担保基金将依程序代位清偿80%的款项于贷款金融机构。

在信用担保基金之外,1997年,中国台湾地区还成立了中小企业互助保证基金会,帮助中小企业通过互助担保的方式缓解融资难的问题。同时,还建立了民间互助保证制度,即通过中小企业之间的互助合作、分摊风险的方式,提供其信用等级,帮助中小企业在缺乏抵押品的情况下,仍可获得银行贷款。至此,中国台湾地区的信用担保体系初步形成。

自1974年成立以来,到2000年年底,累计为126 052家中小企业提供了1 823 499件担保业务,担保金额达21 818多亿元新台币,协助中小企业获得融资金额近3万亿元新台币。特别是在信用担保基金的担保下,因规模壮大成长为超过中小企业规模的企业有数千家,约占台湾地区大企业的三分之一;获得台湾磐石奖的企业中有80%的企业都是信用担保基金的担保企业。

(二) 中国台湾地区信用担保体系的特点

1. 间接担保为主,直接担保为辅

所谓间接担保,是指中小企业向往来的金融机构申请贷款时,金融机构在信用担保基金授权范围内给中小企业提供贷款融资。在这种方式下,信用担保基金授权给签约金融机构对申请信用担保的企业进行资信审查,通过资信审查的企业再转交给信用担保基金进行查询作业,获准通过的企业便可获得金融机构的贷款,并支付一定的担保手续费给信用担保基金,发放贷款后金融机构再向信用担保基金追认担保。

间接担保又分为授权担保和项目担保:授权范围内的业务经过信用担保基金的查询同意后,依据与信用担保基金签订的协议贷款给企业,即授权担保。超过授权范围或信用担保基金认为有个别项目需要审查的,则须经过信用担保基金审查通过后,银行才能发放贷款,即项目担保。目前台湾地区有数十家金融机构与信用担保基金签订委托协议,办理信用担保融资业务。而这些金融机构的分支机构有3 000多个,遍及整个台湾地区。

直接担保则是中小企业向信用担保基金直接申请信用担保,获得批准后再向往来银行申请贷款融资。这种直接担保仅限于政府指定的产业推动办公室或辅导机构等单位推荐的中小企业。

目前,间接担保是台湾地区最主要也是最常用的担保方式,而直接担保只适用于少数企业。

2. 建立了较为完善的中小企业配套服务体系

除了协助中小企业获得金融机构的贷款外,台湾地区还成立了为中小企业提供理财、技术咨询、人才培训等配套服务机构,如中小企业省属行库联合辅导中心、中华经济研究员中小企业研究中心等。它们为中小企业提供生产技术指导、市场营销辅导、经营管理辅导、融资诊断等各种服务,并可建议银行对一些企业提供融资。

台湾地区为了扶持中小企业的发展,以"经济部"为政策制定机构,"中小企业处"为专门负责辅导行政机构,分别建立了融资、生产技术、市场营销及经营管理四项辅导体系。其中,中小

企业融资辅导体系主要包括三大体系：一是为满足中小企业融资的中小企业专业银行和一般银行；二是为中小企业提供信用担保，并分担金融机构融资风险的中小企业信用担保基金；三是提供融资诊断服务的省属行库中小企业联合辅导中心。辅导政策的基本理念是辅导中小企业发挥促进市场竞争的功能；辅导中小企业扮演推动创新事业的角色；辅导中小企业创造更多的就业机会；辅导中小企业担任协助地方经济社会繁荣的动力。

五、各国或地区中小企业信用担保体系的经验与启示

目前，全世界大多数国家或地区都已建立了自己的中小企业信用担保体系。由于经济和社会环境的不同，各个国家或地区的信用担保体系也存在着一定的差别。尽管各国或地区的中小企业信用担保机构在运作模式上千差万别，在组织结构、服务功能、资金来源等方面各具特色，但各中小企业信用担保体系都是以缓解中小企业融资难、扶持中小企业发展为根本宗旨。

（一）各国或地区中小企业信用担保体系的基本类型及其经验

各国或地区的信用担保体系在资金运作、操作主体、运行模式等方面有所不同。

1. 按资金运作方式分为实收制和权责制

实收制是以实有资金作为担保的事前保证，即将担保资金存入协作银行，发生损失后由专门账户直接支付给协作银行作为补偿。其主要特点是政府仅以出资额对担保机构承担有限责任，担保机构以担保资本金为限承担担保风险。其优点是担保机构自主决策是否对某个企业或项目提供担保，政府、担保机构、协作银行以及中小企业之间的权责关系明确，有利于担保机构独立进行市场化运作和担保风险的事前控制；其不足则是协作银行的责任心不强，且中小企业申请担保的手续复杂，也较难获得批准。目前，大多数国家或地区的信用担保体系都属于此类。

权责制是以事前承诺作为担保的事后保证，即一半对协作银行采取授信管理，发生损失后由银行向担保机构申请补偿。其主要特点是政府以承诺方式对担保机构承担无限连带责任，担保机构以保证担保方式承担担保风险，担保机构隶属于政府，以政府身份运作；在这种方式下，以协作银行为主决定是否接受担保。其优点是中小企业申请担保的手续简单，协作银行的责任心较强，且政府无须事先出资，可以减轻当前财政资金的支出压力。其不足是政府承担无限连带责任，如果协作银行不能较好地控制风险，则可能造成政府较大损失。目前，只有美国、加拿大等少数国家采取此种方式。

2. 按实施主体可分为政府直接操作型和市场公开操作型

政府直接操作型是指中小企业信用担保体系由政府专门的行政机构负责操作管理。如美国的信用担保体系，由美国中小企业管理局提供信用担保，国会预算由联邦政府直接出资、州政府拨款为中小企业局提供资金。

市场公开操作型是指由市场化的企业经营中小企业信用担保业务。但是，由于中小企业信用担保业务风险大且受到各国政府政策的影响较大，一般而言，也必须有政府的政策支持和资金支持。典型的如韩国，韩国的KODIT的资金主要来源于银行及其他企业，其经营决策及

实际运营都以民间为主。当然,韩国政府的多项法律法规的政策支持以及特别时期的资金支持也是其生存和发展的重要因素。

如何确定政府在中小企业信用担保体系中的作用,一直是各国信用担保理论与实务界广为关注的问题。理论和实践经验都表明,政府在中小企业信用担保体系中的作用不可替代。但政府过多地介入也会影响信用担保计划的正常实施。马来西亚和印度尼西亚的信用担保体系中,政府过多地强调政治目的,就极大地影响了其信用担保体系的运行。

总体来说,政府在法律法规等方面给予信用担保体系以明确的法律地位,在资金上给予一定的支持和援助,而在具体的运行管理上尽可能少地干预信用担保机构的日常运行,而让其处于相对独立的环境开展自己的工作,才能保证信用担保机构有效地为中小企业融资,减少信用担保机构的风险,从而促进其健康发展。

(二) 信用担保机构与贷款银行的关系及其经验

在中小企业信用担保业务中,除了担保双方直接当事人之外,贷款银行是重要的参与主体,信用担保业务也主要是为贷款银行针对中小企业的贷款提供担保服务。如何协调信用担保机构与贷款银行之间的关系并明确各自在贷款业务中的责任显得尤为重要。韩国 KODIT 的经验表明,如果贷款银行只负责发放贷款,且信用担保机构承担 100% 的担保责任,则会使得贷款银行在信用担保过程中降低中小企业的资信审核标准,并放松对中小企业的监管,最终造成信用担保机构大量的信用担保代偿损失。因此,韩国 KODIT 从 1998 年开始,变 100% 担保为部分担保,加强了贷款银行的风险评估和贷款后的监督责任。日本在其贷款银行必须负责对在保项目的债券监督管理,并代收转保证费。如果由于贷款银行失职造成债权不能履行,担保机构依法可以免除担保责任。此外,韩国等国家的信用担保机构都有银行等金融机构的出资,并负责予以担保债务的跟踪监管,从而夯实其信用担保体系发挥积极作用的安全基础。总之,政府、银行与信用担保机构三位一体的互助关系,是非常值得借鉴的。

应该说,法制化建设是信用保证机构生存和发展的重要保障。信用担保机构都是根据特定的专项法律而设立的,这就确立了该机构作为提供公共产品属性的政策性金融服务机构的特殊法律地位。在日本,对信用保证协会的宗旨、资本的筹措、保证业务项、保证责任、免责事由、代偿和求偿权益、与金融机构的保证约定、与申请人的保证委托合同等有关保证业务当事人的相互关系、责任与义务等问题,在法律、规章、核准程序等方面都予以了明确规定,完全纳入了法制化轨道。

第二节　我国的信用担保体系

我国的中小企业信用担保实践起步于 20 世纪 90 年代,是随着我国各项改革开放政策的深入实施,国内社会、经济环境发生了极大的变化而逐步萌芽产生的。特别是中共十四大决定建立中国特色的社会主义市场经济体制之后,我国许多重要经济领域的政策制定和管理方式都发生了一系列重大变化:投融资体制改革要求国有银行逐步实现商业化,资源配置方式的改变要求企业成为市场经济活动的主体,中小企业在国民经济发展中的地位和作用更加明确。中小企业在快速发展的同时也面临着融资难这一制约其发展的重要"瓶颈"。中小企业融资难在引起政府和社会各界关注的同时,也为我国信用担保体系的产生和发展创造了重要契机。

一、我国信用担保的起步与发展

我国的中小企业信用担保实践起步于1992年,主要以重庆的私营中小企业互助担保基金会和上海的工商联企业互助担保基金会等为代表。当时,重庆、上海等地的中小企业为了缓解贷款难,并防止企业之间担保造成承担连带债务的问题,自发探索性地建立了企业互助担保基金会。此后,四川、广东等地开始出现以中小企业为主要服务对象的地方性商业担保公司。

1996年,为贯彻政府扶持中小企业的发展,国家发布了《关于建立中小企业信用担保体系试点的指导意见》,中小企业信用担保体系正式启动。当年11月,中央经济工作会议明确提出,要加快建立和完善中小企业信用担保体系。至此,我国政府积极推动中小企业信用担保体系的建设。在此背景下,河南、山东、宁夏等地政府陆续下发地方性中小企业信用担保体系试点指导意见,并组建了中小企业信用担保机构。北京和上海还在互助担保和商业担保的基础上分别成立了科技担保公司和工业经济担保公司,深圳等地出现了信用担保、商业担保、互助担保等协调发展的良好局面。2001年11月,多家担保机构发起和参加的中国担保业联盟成立。中小企业信用担保体系进入了制度建设、规范发展的阶段。

2002年7月,《中小企业促进法》颁布,并于2003年1月开始实施,它明确规定县级以上政府及有关部门应当推进和组建中小企业信用担保体系,为中小企业融资创造条件。在此背景下,民间资本开始金融担保行业,商业性担保机构也快速增加。中小企业信用担保体系进入快速发展阶段。

2010年,由中国银行业监督管理委员会、国家发展和改革委员会、工业和信息化部等多个部委联合下发的《融资性担保公司管理暂行办法》正式出台,标志着我国的信用担保体系的发展进入规范发展阶段。

截至2011年年底,全国中小企业信用担保机构数量4 439家。全年服务新增受保企业38万户,年末在保企业42万户;新增担保总额1.56万亿元,同比增长59.28%;担保余额2.6万亿元,平均单笔担保额385万元。2011年全年担保总笔数66.9万笔,其中单笔100万元以下的占57.9%;单笔800万元以下的占61.5%;单笔1 500万元以下的占81.3%。我国的信用担保业至此已初步探索出了一条具有中国特色的发展之路,中小企业信用担保机构为缓解中小企业特别是小微企业贷款难方面发挥了不可替代的作用。中国信用担保行业也正逐步走上一条财政资金和税收扶持作引导、社会资金为主源,政策性担保和商业担保并存的良性发展轨道。

二、我国担保业政策法律法规的发展

中小企业信用担保的发展离不开相关法律法规的制定与实施,这些政策法律法规的发展既反映了政府对于信用担保业的支持与保障,更体现了信用担保体系的进步与发展脉络,自我国信用担保实践起步以来,相关的政策法律法规就一直伴随其成长发展。

(1) 1995年6月,《中华人民共和国担保法》颁布,并于当年10月1日开始实施。该法的颁布与实施为我国中小企业信用担保奠定了法律基础,明确了担保各主体的责任和义务。

(2) 1999年4月,国家经济贸易委员会发布《关于建立中小企业信用担保体系试点的指导意见》;同年11月,中国人民银行下发了《关于加强和改善中小企业金融服务的指导意见》,对商业银行配合建立中小企业信用担保体系做出了明确要求,提出:"对有市场发展前景、信誉良好、有还本付息能力的小企业,可试办非全额担保贷款。"

(3) 2000年8月,国务院办公厅下发《关于鼓励和促进中小企业发展的若干政策意见》,决定加快建立信用担保体系,明确要求各级政府有关部门要加快建立以中小企业特别是科技型中小企业为主要服务对象的中央、省、地(市)信用担保体系,为中小企业融资创造条件。

(4) 2001年3月,财政部发布《中小企业融资担保机构风险管理暂行办法》,对担保机构的内部组织结构、自主经营管理、项目评估、决策与监管、财务管理办法、担保准备金的提取等作了规定,进一步规范了中小企业信用担保机构的经营管理。

(5) 2002年6月,《中华人民共和国中小企业促进法》颁布,并于2003年1月开始实施。该法的出台,对中小企业发展的资金支持、信用担保、创业扶持、技术创新等方面作了具体的规定,明确了国家中小企业发展基金支持建立中小企业信用担保体系,并鼓励各种类型的担保机构为中小企业提供信用担保。

(6) 2003年7月,财政部发布《关于加强地方财政部门对中小企业信用担保机构财务管理和政策支持若干问题的通知》,进一步加大对担保机构的政策支持。

(7) 2004年8月,建设部发布《关于在房地产开发项目中推行工程建设合同担保的若干规定(试行)》,为担保机构试行开展投标担保、业主工程款支付担保、承包商履约担保和承包商付款担保等业务提供了政策依据,有力地推动了国内工程担保业务。

(8) 2009年9月,国务院下发《关于进一步促进中小企业发展的若干意见》,强调发挥中小企业信用担保机构的作用,并要求落实财政扶持和税收减免政策。

(9) 2010年3月,银监会等七部委联合发布《融资性担保公司管理暂行办法》,进一步加强对担保机构的监管,使得担保行业进入一个规范监管、有序发展的新阶段;同年4月,财政部、工业和信息化部共同下发《中小企业信用担保资金管理暂行办法》,进一步明确了财政扶持的对象、原则、条件、方式。

三、我国信用担保体系的发展现状

1. 信用担保机构数量、信用担保业务快速增长

我国的信用担保业从20世纪90年代初的一片空白,发展到2011年6月底共计6 000余家信用担保机构,20多年的时间发展迅速。同时,信用担保业务也增长迅速:截至2010年年底,累计为100多万户中小企业提供了近3万亿元的信用担保贷款额,信用担保已经成为中小企业融资的重要渠道。

在担保机构数量快速发展的同时,担保机构的性质也呈现多样化,主要有"准政府机构"的担保机构、非营利性担保机构和商业性担保机构。其中,"准政府机构"形式的担保机构的资金

来源全部是财政拨款,其工作人员多属于机关事业性编制。非营利性担保机构则是由地方财政或政府有关主管部门牵头注入资金组建的地方性信用担保机构,它们一般具有明显的政策导向功能,社会信誉较好,贷款银行也比较乐于接受。此外,由政府注入资金并发起建立的会员制担保机构,以及由几家企业集团共同出资成立的以开展股东互助担保为目的的封闭式担保机构也可归属于非营利性担保机构。商业性担保机构则是由企业或个人以商业目的出资成立的担保机构,这类机构在经营业务和担保品种上均以盈利为首要目的。

此外,根据我国财政部 2001 年发布的《中小企业融资担保机构风险管理暂行办法》的规定:"鼓励担保机构采取公司形式。"因此,我国大部分担保机构实行的是公司制管理形式,这类机构占到全部担保机构的 70%。

2. 担保机构资金来源多元化

我国信用担保发展之初在重庆、上海等地自发建立的企业互助担保基金会的资金主要来源于民间资本,但此阶段的资金来源主要是信用担保会员。但随着经济的快速发展及信用担保业的快速发展,仅仅依靠会员资本的介入无法满足担保行业的发展需求,政府资金开始介入。特别是在 1999 年国家发布《关于建立中小企业信用担保体系试点的指导意见》后,各地政府为促进中小企业信用担保业的发展,不仅在政策上加以支持,更是在资金上加以支持。目前,政府资金已成为中小企业信用担保的重要组成部分。

而随着 2001 年《中小企业融资担保机构风险管理暂行办法》的颁布,企业及个人资金也开始进入担保行业。此外,我国的担保机构还可以接受国外专业担保机构的投资等。目前,我国的担保机构的资金来源多样化的格局已经形成,且随着社会经济的发展及担保业自身的健全和完善,越来越多的企业和个人资金必将进入到担保行业。据工业和信息化部中小企业司《2011 年度中小企业信用担保行业发展报告》,2011 年年底全国 4 439 家中小企业信用担保机构中,国有及国有控股共计 1 072 家,占比 24.15%,实收资本 1 380 亿元,占比 30%;民营担保机构 3 367 家,占比 75.85%,实收资本额占比 70%。我国担保行业正由试点初期的以财政出资为主,向以政策性担保为主导、民营担保为主体的格局转变。

四、我国中小企业信用担保体系存在的问题

1. 担保机构面临着高风险低收益的困境

中小企业信用担保机构面临高风险、低收益的困境。中小企业信用担保机构的服务对象——中小微企业自身的盈利能力普遍偏弱,再加上其信用能力和信用意识较低,因此,中小企业信用担保机构想在本身盈利能力较弱的中小企业上盈利就难上加难了,而且中小企业信用担保业务本身还面临着高风险。虽然准政府机构型的担保机构和非营利型的担保机构不以盈利为目的,但其要想可持续发展,也必须有收益。而且,我国的担保机构及其资金来源大多是以盈利为目的的民间资本,其盈利的目的就更加直接和迫切。

根据相关规定,担保机构盈利来源只有两个,一是担保费收入,二是投资收益。但明确规定,担保收入不得高于同期贷款基准利率的 50%;而另一个投资收益也规定投资额需在净资产 20% 以内,且投资方向严格受限。

收益与风险失衡甚至形成制度性亏损,是中小企业信用担保机构面临的主要的制度性障碍。

2. 担保机构业务在担保业务中与银行相比处于弱势

在中小企业信用担保业务过程中,担保机构与被担保人是担保业务双方的直接主体,但银行是担保业务的重要参与者,担保业务实质是担保机构为银行的贷款业务提供风险保障。但在实际担保业务过程中,贷款银行为了降低自己的风险,无限扩大担保机构准入门槛、收取过高的保证金等,致使担保机构自身的杠杆功能严重受限,不仅降低了担保机构的担保业务量,更是降低了担保机构的承保和代偿能力。

此外,除少数政策性担保机构外,几乎所有担保代偿损失均由担保机构独自全部承担。与此相应,银行的利率却并未因担保机构提供担保转移部分风险而降低幅度,这种制度安排既有失权责对等原则,又在一定程度上平添了中小微企业的融资成本。

3. 政府部门沟通协调不畅通

在担保实务中,担保机构为了降低担保业务风险,经常要求被担保人进行财产抵押、质押等反担保措施。但在信用担保机构办理反担保的抵押、质押的过程中,会遇到相关部门对担保机构不认可的情况。相关部门对担保业务的不了解、对担保机构的不认可,极大地影响了担保机构的反担保措施的实施,加大了担保机构的经营风险。

此外,国家为了促进中小企业及中小企业信用机构的发展,随时会出台一些相应的优惠措施,如财政税收优惠政策。但经常出现政策已经出台,但担保机构实际想享受的时候却遭遇具体的实施办法没出台,无法享受的情况。还会出现某些政府执行部门对措施的理解存在歧义,也使得担保机构无法顺利享受相应政策的情况。

复习思考题

1. 我国的中小企业信用担体系与其他国家的中小企业信用担保体系相比,有哪些优势和劣势?
2. 你如何看待信用担保机构与商业银行之间的关系?

延展阅读

1. 陈文晖. 中小企业信用担保体系国际比较. 北京:经济科学出版社,2002.
2. Yang Yi, Yang Zeyun. Experience and inspiration of Korea credit guarantee fund, innovation and development of management science in Today's World. 保险报,2011.
3. 蔡真. 韩国信用担保机构的运作及对中国的启示[J]. 银行家,2008,12.
4. 工信部中小企业司. 2011年度全国中小企业信用担保发展报告. http://www.bjdbxh.org.cn/.

本章的主要网络链接

1. http://www.bjdbxh.org.cn/　北京信用担保行业协会
2. http://www.chinaguaranty.net/aspx/　中国担保网

第四章

信用担保业务流程与操作

> 学习目标：
> ➤ 了解信用担保的一般流程
> ➤ 掌握项目受理的基本条件、信息调查的主要内容
> ➤ 掌握项目评审的方法与内容
> ➤ 熟悉反担保措施
> ➤ 掌握担保方案设计的内容及方法

业务流程是为达到特定的价值目标而由不同的人分别共同完成的一系列活动。活动之间不仅有严格的先后顺序限定,而且活动的内容、方式、责任等也都必须有明确的安排和界定,以使不同活动在不同岗位角色之间进行转手交接成为可能。业务流程对于企业的意义不仅仅在于对企业关键业务的一种描述;更在于对企业的业务运营有着指导意义,这种意义体现在对资源的优化、对企业组织机构的优化以及对管理制度的一系列改变。

这种优化的目的实际也是企业所追求的目标:降低企业的运营成本,提高对市场需求的响应速度,争取企业利润的最大化。

信用担保的功能需要通过专业信用担保机构的运营得以实现,信用担保的风险也是通过信用担保机构在业务流程中得以控制和管理。

我国自1992年开展信用担保业务以来,通过20多年的实践和发展,逐渐形成了一套系统的业务流程和操作规范。

第一节 信用担保的一般流程

担保业务流程是担保业务开展的基础,担保业务流程的设计关系到项目运作效率和项目风险控制水平的高低。一方面,由于各担保机构对于担保业务理解的不同,不同担保机构的业务流程不尽相同;另一方面,不同的担保业务品种面临不同的风险,故而控制风险的手段不同,因此,担保业务流程也各不相同。甚至在同一个担保机构内部,不同的业务品种也有不同的业务流程。

本章以贷款信用担保为例,介绍担保业务的业务流程。

贷款信用担保一般涉及担保机构、被担保人和贷款银行,其中被担保人既是担保申请人,又是借款人。贷款信用担保业务的主要过程是:第一步,被担保人申请贷款担保。被担保人在申请银行贷款时,可以直接向担保机构申请贷款担保,也可以应贷款银行的要求向担保机构申请担保;第二步,担保机构接到被担保人的担保申请后,对于符合项目受理条件的项目进行信息调查和项目评审,以决策是否承接该项担保业务;第三步,对于决策承接担保的项目落实反担保措施、收取担保费用,同时,签订担保合同等相关协议;第四步,对承担的担保项目进行跟踪和监管,对到期无代偿项目终止合同,对代偿项目实施追偿,确定损失,并进行损失处理。担保业务流程如图4-1所示。

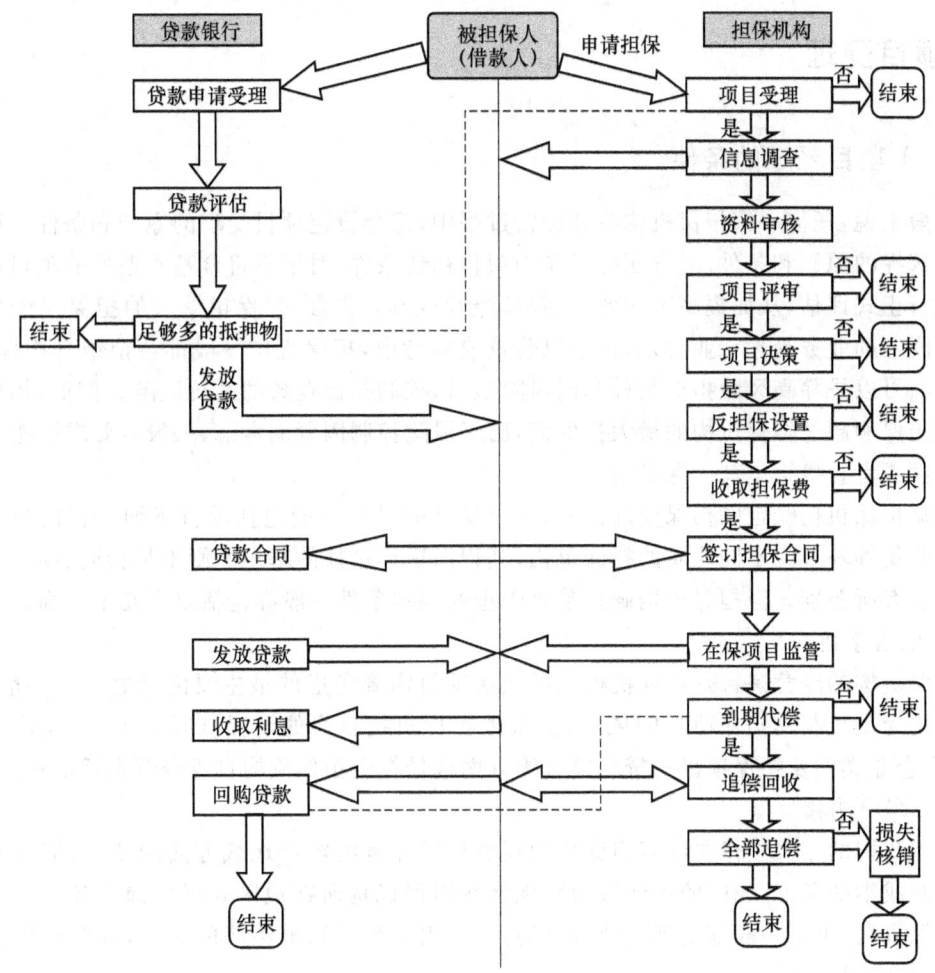

图 4-1 担保业务流程图

第二节 项目受理与信息调查

担保项目的受理是担保机构开展担保业务的第一步。所谓项目受理,就是担保机构根据自身经营情况和市场定位等情况,选择合适的担保业务。一般而言,不同的担保机构,受其经营宗旨、市场定位及风险控制条件等因素的限制,各自的担保项目的受理条件不尽相同。

担保机构在其开展担保业务过程中,首先就面临着担保项目是否符合自身经营情况的约束。对于符合自身经营情况的担保业务才能受理,而对于不符合自身经营情况的业务则需拒之门外。

一、项目受理

(一) 项目受理的条件

一般来说,任何一家担保机构在其经营过程中,都会设定项目受理的原则和条件。设定担保项目选择的原则和条件,一方面可以作为项目初选条件,对于不符合基本条件的项目不再进一步进行正式评估,从而提高工作效率、降低经营成本。例如,担保申请人的担保申请超出担保机构既定的业务受理行业类别,出于风险及成本考虑,担保机构一般都会拒绝其担保申请。另一方面可以排除高风险担保品种和高风险项目,控制担保业务的系统风险。例如,担保项目的单笔担保额超过担保机构的最大担保额,出于风险控制因素的考虑,一般会要求被担保人降低担保额或者直接拒绝其担保申请。

依据担保机构既定的担保受理条件,项目受理的过程一般包括项目咨询、项目初审、项目材料的收集等环节。不同性质的担保机构,其担保项目选择的基本原则不尽相同,项目受理的条件也会有所差别。但担保机构确定是否受理的基本条件一般都包括以下几个方面。

1. 经营宗旨

担保机构的经营宗旨是担保机构选择担保项目需要考虑的最主要因素之一。一般而言,担保机构为了控制其担保项目的风险,会根据担保机构自身的情况从客户地域、项目所在行业、客户企业类型及担保项目的贷款类型等方面选择符合担保机构自身经营宗旨的担保项目。

(1) 客户地域

虽然我国的相关法律并没有担保机构开展担保业务的客户地域方面的规定,但是基于风险控制和成本的考虑,我国的担保机构都规定在担保机构所在地区开展担保业务。特别是地方性担保机构,由于一般都受到当地政府的扶持,出于发展当地经济的考虑,都要求担保机构只在当地开展担保业务。

(2) 项目所在行业

不同的行业面临不同的经营风险,且都具有较强的专业性,而担保机构也并非熟悉和掌握所有行业的经营特点。从风险控制和经营成本考虑,各担保机构都会根据自身优势和股东的要求,选择担保项目所在的行业。我国的担保机构在开展担保业务时,首先会根据自身的社会资源和人力资源以及自身所掌握行业的综合信息、行业标准等,确定其担保业务的行业类别,对于不熟悉的行业不会轻易进入。各个行业都有各自的专业特点,需要掌握专业知识的人才。如果缺乏相关专业知识的人员,贸然进入不熟悉行业的担保业务,所承担的担保风险相对较大。即使贸然进入,也会因为项目调查和评审的成本较高而导致经营亏损。

一般而言,担保机构会根据自身人员特点定位于以下行业。

首先,符合国家、本地区的产业政策和环境保护要求的项目,尤其是一些节约能源、降低物耗,提高产品质量的名优新产品的项目。

其次,根据国家支持高新技术的政策导向,支持高新技术项目及扶持高科技型中小企业的发展。

再次,支持扩大出口创汇、引进新技术和创新替代品的项目。

此外,担保机构也会根据国家当前大力支持和发展的行业情况,选择担保项目的行业,如节能环保、农业、出口、高新技术等。

(3) 客户企业类型

一般来说,各地政府为了扶持当地经济的发展,会对某些企业给予一定的担保贷款优惠或扶持,如中小企业、微型企业、再就业者开办的企业等。担保机构在面对这些特定客户时可以适当放宽担保条件。当然,这一条件受当地政府要求的影响。

一般来说,担保机构根据自身人员特点,会特别支持以下两类企业。

一是支持本地政府确定的解决下岗职工再就业、增加就业机会的劳动密集型企业及社区型企业。

二是支持本地区民营中小企业的发展,特别是能为本地经济发展创造新的经济增长点的优势重点企业。

(4) 担保项目的贷款类型

常见的贷款类型有流动资金贷款、固定资产贷款、贸易融资等。不同类型的贷款,担保项目的风险也明显不同。我国当前的担保贷款业务中,以流动资金贷款担保为主。

2. 风险控制条件

担保机构出于风险控制和防范的要求,除了在上述经营宗旨方面进行业务限制之外,还会在选择担保项目时设定最大担保额、担保准入门槛、担保排除条件等方面进行限制。

(1) 设定最大担保额。从风险控制的角度考虑,担保机构在开展担保业务时可设定单个企业最大担保额、单笔最大担保额及某一区域最大担保额。

所谓单笔最大担保额,是指在担保业务中,对单笔担保业务的担保额度规定的最大额度。设定单笔最大担保额是分散担保业务风险的有效措施。不同的国家和地区,担保机构提供的单笔最大担保额相差较大。如世界银行多边担保机构规定,每个项目的担保金额不超过5 000万美元;美国小企业局规定,单笔担保贷款最高不超过100万美元;加拿大小企业贷款法规定,单笔担保贷款最高不超过25万加元。我国没有专门的法律法规规定单笔最大担保额,但担保机构会根据自身的资金规模和风险承受能力设定单笔最大担保额。

所谓单个企业最大担保额,是指在担保业务中,为防止风险过于集中,对单个企业设定的最大担保额。相对于单笔最大担保额,由于可能出现单个企业多次担保申请,从而使得担保机构的担保风险过于集中。因此,在设定单笔最大担保额的同时,还需设定单个企业最大担保额。一般而言,单个企业最大担保额可以设定为担保机构注册资本金的一定比例。如欧洲一些国家的小型企业担保基金一般控制在单个借款人获得的担保不超过整个担保基金的5%;日本则直接设定为最高担保限额,如一个企业的信用保证额度为2亿日元。目前,我国依据《中小企业融资担保机构风险管理暂行办法》,对单个企业最大担保额规定为最高不超过担保机构自身实收资本的10%。

某一区域最大担保额是指担保机构在开展担保业务过程中,为了防止发生区域性的集中性风险,而限制在某一区域的最大担保额。如世界银行多边担保机构规定,对每个国家的担保总额不超过1.75亿美元。

根据我国《中小企业融资担保机构风险管理暂行办法》的规定,担保机构对单个企业提供的担保责任金额最高不得超过担保机构自身实收资本的10%,担保机构担保责任余额一般不超过担保机构自身实收资本的5倍,最高不得超过10倍。一个合理的担保组合方案大体包括以下6个方面,在实际操作中,不同的担保机构会根据自身具体情况作相应调整:

① 单一行业担保余额不超过资本净额的25%;
② 单一客户担保余额不超过资本净额的5%~10%;

③ 最大十家客户担保余额不超过资本净额的 50%;
④ 最大担保余额不超过资本净额的 10 倍;
⑤ 担保客户信用等级分布 A 级以上不低于 65%,BBB 级及以下不超过 35%;
⑥ 存续期在 1 年以上的担保余额不超过全部担保余额的 70%。

(2) 设定担保准入门槛

设定担保准入门槛,是指担保机构设定申请担保企业应具备的基本条件。各个担保机构所设定的准入条件不尽相同,但一般都包含以下几个方面。

① 被担保企业的法律资格条件,即被担保企业必须是在国家有关部门依法登记注册、独立核算、自负盈亏、具有法人资格和履约能力的经济实体。

② 被担保企业的财务条件,即被担保企业的财务会计核算规范,资产状况良好,依法纳税,没有不良的信用记录。

③ 被担保企业的经营能力,即被担保企业应具备持续经营能力,具有符合法定要求的注册资本金和必要的营运资金、经营场所及设施,并持续经营一定年限。同时被担保企业应拥有良好的产品销售网络或者经营服务渠道,具有与融资规模相匹配的销售或营业规模,拥有稳定的客户群和现金流。

④ 被担保资金的用途,即被担保企业的融资用途符合国家法律规定,并能形成良好的经济效益。

⑤ 能提供一定的反担保措施,即被担保企业能提供担保机构认可的反担保措施。

3. 设定担保排除条件

担保机构为了提高经营效益、降低经营风险,除了根据自身经营宗旨以及设定风险控制条件来选择被担保企业之外,还会规定一些限制条件和指标,明确说明不能提供担保的情况,以回避条件较差、风险过高的项目。当然,各个担保机构明示的不提供担保的情况也会因担保机构自身的经营情况而各不相同,但主要涉及以下几个方面。

(1) 企业信誉状况。担保机构一般对企业信誉状况不良、有较严重的不良信誉记录和行为的企业不提供担保。如拖欠银行贷款逾期未还、偷税漏税的企业,特别是与原担保机构有逾期债务关系尚未解除的企业。

(2) 企业诚信状况。主要是担保申请人是否有弄虚作假的行为,包括企业财务报表和申请担保时提供的申请资料等方面。同时,申请企业如果涉及重大民事、经济纠纷,且没有最终认定结果的企业,以及最近几年有不良经营和违法违约记录的企业,一般也不接受其担保申请。

(3) 企业对外投资状况。企业对外投资过高可导致投资失败,从而影响担保项目的资金安全。因此,担保机构一般对于对外股权性投资总额超过其净资产 50% 的企业拒绝提供担保。此外,对于被担保的融资用于股权性投资的项目一般也不提供担保。

(4) 企业主要负责人状况。包括企业主及其经营团队等在内的企业主要负责人是企业能否持续经营且按约履行债务的重要条件。担保机构对于企业主要负责人资信差、经营管理能力低下,或者经营团队缺乏合作精神、团队素质差的企业,一般也不接受其担保申请。

(二) 项目受理所涉及的部门

由于各个担保机构的业务范围和组织设置各不相同,担保项目的受理也涉及不同的职能部门。有的是由业务部门统一受理,有的是由行政办公室、评审部门、法律部门以及担保业务部门综合受理。不同的项目受理部门涉及各担保机构的不同的业务流程，各自也都有不同的优缺点：业务部门统一受理具有反应迅速的优点，但也具有考虑不周的缺点；而多部门综合受理则刚好相反。每个担保机构可根据自身的具体情况来决定采取何种形式。

1. 担保业务部门

担保业务部门是担保机构开展担保业务的对外窗口，由其直接受理便于业务的操作，减少中间环节，有利于业务部门积极主动开发市场。对于同时设置了多个担保业务部门的担保机构，还能激发部门之间的竞争，扩大市场。但也要防止业务部门之间的恶性竞争，加大业务风险，影响担保机构的整体形象。

2. 行政办公室

在一些担保机构中，行政办公室是担保机构统一的对外窗口，由其决定是否接受担保项目受理，便于按统一的标准，统一安排具体的业务部门经办，有利于人力调配，避免业务部门之间业务不均、忙闲不等的情况。但在实行项目经理负责制以及部门考核时，容易出现业务部门对分配的项目质量产生抱怨的情况。

3. 评审部门

评审部门在担保机构内部处于一种相对公正、谨慎的立场，对受理业务的标准掌握相对较准确。然而，一般评审部门承担着担保项目一定的评审责任，往往为了减少自身的责任而主动放弃一些担保项目，容易失去一些业务机会。

4. 法律部门

法律部门受理担保业务主要是审核申报企业所报资料的真实性和合法性，也有利于申请企业了解担保项目相关的法律法规。但法律部门更多是从材料的合法合规角度去审查，而对于申请企业的经济可行性的审查不够全面。

（三）项目受理所需材料

不同的担保机构和担保项目，申请担保所需的材料也存在差异。一般来讲，担保项目申请人应向担保机构提交以下申请材料。

（1）填写完整的担保申请表。

担保申请表是担保申请人向担保机构提交的正式担保申请的书面材料。各担保机构根据自身的业务特点会制定一系列专门格式的各类担保申请表，如微型企业贷款担保申请表、中小企业贷款担保申请表等。此外，各担保机构的担保申请表具体内容也有差异，但一般都包含申请担保企业基本概况、主要财务信息、企业贷款信息、担保情况等。另外，有些担保机构还要求有政府机构对于担保的意见等信息。表 4-1 所示为某担保机构专门针对科技型中小企业申请担保贷款的贷款担保申请书。

表 4-1　担保申请书

××市科技型中小企业
贷款担保申请书

（一式四份）

　　　　　　　　申请单位：_____（签章）
　　　　　　　　法定代表人：_____（签章）
　　　　　　　　申请日期：_____

××市科技和信息化局　制
年　　月　　日

填表说明

一、申请贷款担保企业必须以诚信为基础,在整个受理、审查、推荐、放贷和资金回收过程中,企业有任何不符合诚信原则的状况发生,本单位将采取相应处理措施,由此产生的后果由申请贷款担保企业自行负责。

二、贷款担保企业必须在企业和个人诚信系统中无不良信用记录。

三、"本次申请贷款担保金额"不超过 800 万元;期限为一年;用途只限于生产经营等所需的流动资金。

四、本表中"一、企业概况,科技企业认定情况"是指企业获得"广东省民营科技企业"、"高新技术企业"、"广东省自主创新标杆企业"等认定情况。

五、本表中"二、企业主要财务指标"的数据计算说明:

应收账款周转次数＝销售净收入/平均应收账款;

存货周转率＝销货成本/平均存货;

营运资金周转率＝销售净收入/平均营运资金;

产权比率＝总负债/所有者权益;

利息保障倍数＝(利润总额＋财务费用)/财务费用;

净值报酬率＝利润总额/净资产;

六、本表填好后,附上其他申请材料一套,送××市科技和信息化局办理相关手续。

申请贷款担保材料清单

(所有资料一式四份)

申请单位(盖章)_____

资 料 名 目	份数
1. 最新经年审通过的企业法人营业执照副本(复印件)	
2. 最新经年审通过的法人代码证(复印件)	
3. 最新经年审通过的国税和地税登记证副本(复印件)	
4. 企业章程(复印件)	
5. 注册资本验资报告(复印件)	
6. 最新经年审通过的贷款卡(正反面复印件)及密码、开户许可证(复印件)	
7. 最近两年汇算清缴报告(复印件)	
8. 最近1个月财务报表	
9. 法人代表证明书、身份证(复印件)	
10. 公司董事会同意贷款的决议及股东会决议	
11. 高新技术企业或新产品证书、知识产权证明、自主创新企业、产品认证、民科企业认证等(复印件)	
12. 近五年曾经获得国家、省、市级科技计划项目立项情况(复印件)	
13. 基本开户银行、其他金融机构授予的资信证明文件(复印件)	
14. 企业组织架构图、研发团队人员清单	
15. 主要研发设备清单、主要生产设备清单、产品验收鉴定证书/第三方检测报告/产品认证证书(复印件)	
*16. 产品获得政府或行业奖项情况(复印件)	
*17. 特殊行业经营许可证(复印件)	
*18. 用于抵押的土地或房产证(复印件)	
*19. 国家对借款人的政策优惠、资金补助、支持等措施文件(复印件)	
*20. 公司获得的诚信、纳税、质量管理认证(如 ISO)等方面的荣誉证书文件(复印件)	

注:凡提交的资料均须加盖企业公章,以示其真实。

带*号项为可选报的材料。

贷款担保申请书

　　本公司拟申请科技型中小企业贷款担保,申请金额(RMB)_____万元(大写:_____),期限一年,用于生产经营,还款资金来源为_____。随同本申请一并提交的相关资料(详见《申请贷款担保材料清单》)供贵单位参考,请审核,并随时欢迎贵单位派员前来进行调查。

　　本人及本企业保证向贵单位提供的一切材料(包括但并不限于:《××市科技型中小企业贷款担保申请书》与《申请贷款担保材料清单》所提供的材料等)不存在任何重大遗漏、虚假陈述或严重误导,并对其内容的真实性、准确性和完整性负个别及连带责任。

　　本人及本企业已阅知××市融资担保中心对××市科技型中小企业担保业务的收费规定。

　　此致!

申请单位:_____(公章)

法定代表人:_____(签字)

_____年____月____日

一、企业概况

1. 基本情况

企业名称					成立时间		
注册地			办公地址				
注册资本			生产地址				
法人代表			身份证号码			手机	
联系人			职务			手机	
电话/传真			电子邮件			HTTP://	
经营范围	主营:						
	兼营:						
科技企业认定情况							
企业相关资质证书							
企业知识产权状况	申请总数	授权总数	其中发明专利		其中实用新型专利		软件版权数
			申请	授权	申请	授权	
其他知识产权状况							
相关证照	营业执照		法人代码证		税务登记证		贷款卡
编号							
年检/年月							
行业归属	□新兴电子信息 □新能源汽车		□生物产业 □节能环保		□高端装备制造 □新能源		□新材料 □其他
企业性质	□民营企业		□中外合资企业		□国有企业	□集体企业	□其他
主营产品							
兼营产品							
主要市场							
员工构成	员工总数						
	其中	技术开发人员总数			大专以上人数		
		本科学历人数			硕士及以上人数		
		管理人员人数			中级/高级技术职称人数		
★往来银行及账号				开户银行		账号	
	基本户						
	外汇户						
	纳税/退税户						
	一般户A						
	一般户B						

2. 主要股东构成   单位:万元

股东名称	出资额	占比(%)	出资方式	联系地址及电话

3. 经营班子构成

姓名	职务	年龄	学历	职称	个人持股情况

4. 企业技术开发情况

上年研发经费/万元		其中:政府资助		研发经费占销售额比例(%)	
近两年政府资助资金情况					
技术开发机构情况					
自主创新产品总数/个		其中:国家级		省/市级	
承担市级以上科技计划项目情况（近五年）					
产品获得政府或行业奖项情况					

二、企业主要财务指标

1. 总量指标

单位:万元

<table>
<tr><td rowspan="2" colspan="2">项目</td><td colspan="2">前两年度</td><td colspan="3">同期对比</td></tr>
<tr><td>2009 年</td><td>2010 年</td><td>2011 年 1 月— 月</td><td>去年同期</td><td>(＋、一)%</td></tr>
<tr><td colspan="2">1. 总资产</td><td></td><td></td><td></td><td></td><td></td></tr>
<tr><td rowspan="2">其中</td><td>流动资产</td><td></td><td></td><td></td><td></td><td></td></tr>
<tr><td>应收账款</td><td></td><td></td><td></td><td></td><td></td></tr>
<tr><td colspan="2">2. 总负债</td><td></td><td></td><td></td><td></td><td></td></tr>
<tr><td rowspan="2">其中</td><td>流动资产</td><td></td><td></td><td></td><td></td><td></td></tr>
<tr><td>应付账款</td><td></td><td></td><td></td><td></td><td></td></tr>
<tr><td colspan="2">3. 所有者权益</td><td></td><td></td><td></td><td></td><td></td></tr>
<tr><td colspan="2">其中:实收资本</td><td></td><td></td><td></td><td></td><td></td></tr>
<tr><td colspan="2">4. 银行借款</td><td></td><td></td><td></td><td></td><td></td></tr>
<tr><td colspan="2">其中:短期借款</td><td></td><td></td><td></td><td></td><td></td></tr>
<tr><td colspan="2">5. 销售收入</td><td></td><td></td><td></td><td></td><td></td></tr>
<tr><td colspan="2">其中:主营业务收入</td><td></td><td></td><td></td><td></td><td></td></tr>
<tr><td colspan="2">6. 利润总额</td><td></td><td></td><td></td><td></td><td></td></tr>
<tr><td colspan="2">7. 财务费用</td><td></td><td></td><td></td><td></td><td></td></tr>
<tr><td colspan="2">其中:利息支出</td><td></td><td></td><td></td><td></td><td></td></tr>
<tr><td colspan="2">8. 纳税总额</td><td></td><td></td><td></td><td></td><td></td></tr>
<tr><td rowspan="3">其中</td><td>营业税</td><td></td><td></td><td></td><td></td><td></td></tr>
<tr><td>所得税</td><td></td><td></td><td></td><td></td><td></td></tr>
<tr><td>增值税</td><td></td><td></td><td></td><td></td><td></td></tr>
<tr><td colspan="2">9. 出口总额/万美元</td><td></td><td></td><td></td><td></td><td></td></tr>
</table>

2. 营运指标

单位:万元

项目	前两年度	
	2009 年	2010 年
平均应收账款		
平均存货		
平均营运资金		
应收账款周转次数		
存货周转率		
营运资金周转率		

3. 偿债指标

单位:万元

项目	前两年度	
	2009 年	2010 年
资产负债率		
流动比率		
速动比率		
产权比率		
利息保障倍数		

4. 成长指标　　　　　　　单位：万元

项目	前两年度	
	2009 年	2010 年
净值报酬率		
销售利润率		
销售增长率		
利润增长率		
资本增长率		

5. 现金流量　　　　　　　单位：万元

项目	前两年度	
	2009 年	2010 年
经营活动产生的现金流入		
经营活动产生的现金流出		

6. 前五位应收账款及其他应收款明细　　　　　　　　　　　　单位：万元

应收账款单位名称	金额	账龄备注	其他应收账款单位名称	金额	账龄备注

7. 前五位应付账款及其他应付款明细　　　　　　　　　　　　单位：万元

应付账款单位名称	金额	账龄备注	其他应付账款单位名称	金额	账龄备注

三、企业主要产品

企业主要产品　　　　　　　　　　　　　　　　　　　　　　　单位：万元

主要产品	主要销售市场	技术先进性	上年销售额	占收入比例	出口额/万美元

注：技术先进性指 a 国际领先、b 国际先进、c 国内领先、d 国内先进。

四、企业贷款情况

1. 近两年贷款情况

债权银行	贷款金额	贷款方式	借款日期	到期日期	是否按期还款

近两年累计借款_____万元。

2. 对外担保情况

被担保企业	担保额度	担保方式	担保期限	备注

3. 银行授信额度

银行名称	授信额度	备注

五、本次贷款担保情况

本次申请贷款担保金额/万元	本次申请贷款担保期限/月	本次申请贷款银行

1. 申请贷款用途	
2. 市场分析	
3. 新增经济效益及社会效益预测	
4. 还款来源及计划	

（可另附纸写）

六、政府部门意见

市科信 部门审 核意见	 （公章） 经办人：　　年　月　日
市融资 担保中 心审核 意见	 （公章） 经办人：　　年　月　日

(2) 申请担保企业的相关证件材料。

包括营业执照、企业法人代码证或组织机构代码证、税务登记证、公司章程等。一般提供这些证件的复印件即可。

(3) 申请担保企业的法律文书。

主要包括验资报告书、贷款卡、法定代表人证明书、法定代表人身份证件、财务主管身份证件等。如果企业委托非法定代表人办理担保事宜，还需要有法人授权委托书及代办人员的身份证件。

(4) 申请担保企业董事会或股东会关于此次贷款担保与反担保措施的决议文件。

(5) 申请担保企业最近年度（如最近 3 年）的财务报表，包括资产负债表、损益表、现金流量表等。

(6) 申请担保企业申请担保贷款的用途、项目基本情况、项目可行性分析、还款计划、风险分析等内容的偿付能力分析报告。

(7) 反担保措施的相关文件资料。

(8) 担保机构要求的申请担保企业或项目的其他证明材料。

担保机构要求企业提供的各种资料主要是用于担保机构评审该担保贷款的风险，因此，在实际中，申请担保的企业最好把能证明担保项目的可行性的资料以及自己具备相应的还款能力的资料尽可能多地提供给担保机构，担保申请获得通过的可能性就越大。

申请担保的企业提交的资料经担保机构初步审理认为基本可行后，担保机构就会尽快将相关资料移交给项目评审人员和法律审核人员，以进行项目评审。

二、信息调查

对于担保机构而言，项目受理是担保机构开展担保业务的起点，也是信息调查、采集的起点，同时，项目受理环节所调查、采集的信息是做出受理还是不受理的判断的基础，更是担保业务运营的基础。而信息调查的主要目的是为了了解和核实担保申请企业的真实情况及其所提供的信息资料的真实性，并为项目担保评审提供信息。信息调查一般包括制定信息调查提纲和实施信息调查两个步骤。

（一）制定信息调查提纲

信息调查提纲是指项目调查人员在调查之前为达到调研的目的，针对调查的项目和内容制订的一个调查计划。担保业务所涉及的调研提纲，主要依据担保申请企业所提供的初始资料和信息，围绕调查对象的行业特点、生产经营模式和主要财务指标制定，以达到掌握和核实的目的。

具体涉及企业的经营模式、发展前景和行业状况；主营产品的技术特点、生产制造和品质保证；公司的管理架构、人力资源和企业文化；企业主要管理团队的人格特征和治理结构；重要财务核算科目等内容。

合理的调查提纲既要做到全面，又要重点突出。实际中，一般是根据担保机构事先制定的统一的调查提纲，并对申请企业的特点和担保的业务种类，调整提纲内容。各个企业所处的行业不同，经营状况也不同，担保从业人员应根据担保申请人的实际情况量身定做项目的调查提纲。通过有针对性的调查提纲,可以明确调查的工作内容,有步骤地进行后续工作,提高项目调查工作的质量和效率。

制定担保信息调查提纲应注意以下三点。

(1) 制定项目调查提纲实际上是对企业信用状况、经营管理能力、经营理念、发展趋势等定性分析的数据印证和客观检验,这也是进行项目调查的目标。

(2) 制定项目调查提纲要着重于客观、真实、完整地反映调查对象的经营情况,关注申请企业的客观还款能力和主管还款意愿。

(3) 制定项目调查提纲应根据贷款担保申请人的实际情况,秉承务实高效、抓大放小、实质重于形式的原则。

(二) 实施信息调查

1. 申请担保企业的基本情况信息

申请担保企业的基本信息包括企业的营业执照,税务登记证,组织机构代码证,银行开户许可证,公司章程,验资报告,贷款卡,主要股东和法定代表人的身份证、户口本、婚姻状况证明等信息。

实际调查中需要注意以下三点。

(1) 相关资料的复印件要与原件核对,保证资料的真实性和有效性。

(2) 企业贷款信息方面,除了对申请企业当前的信息查询收集外,还要对企业的贷款五级分类或有负债以及历史记录等情况进行全面收集,以便全面动态地分析企业的负债和信誉情况。

(3) 关于主要个人股东及法定代表人个人信息的收集与查询。由于很多中小企业股权结构比较简单,家族式企业或者股权高度集中的情况很多,企业主或者主要经营者的经营思路、管理作风直接贯穿于企业生产经营的全部,因此在信息收集与查询过程中要特别注意对企业主或主要经营者的信息收集与核实,这也是担保业务或者贷款业务能否成功还贷的关键。在信息收集过程中可通过个人信用信息查询、与经营者及其下属面对面的沟通交流等方式全方位、多角度地进行。

2. 申请担保企业的生产经营信息

企业的生产经营信息主要包括产品介绍(或者主要业务介绍)、公司资质、主要业务相关认证和证书、相关产权、产品(或服务)许可证以及近期履行的业务合同等。

由于不同的企业,其经营状况千差万别,其经营过程中的主要风险也各不相同。因此,在对申请担保企业的生产经营信息的收集过程中,要根据企业的主要业务特点有针对性地进行。

3. 申请企业的财务资料信息

财务资料的收集与分析是贷款担保业务信息调查过程中最量化、最客观的部分,但也是经常出现造假的部分。目前中小企业普遍存在交易不透明、为避税而虚假做账等现象,担保机构在进行财务资料信息收集过程中,为了全面掌握企业的财务情况,除了收集企业的对外财务报表、纳税申报表之外,还要收集企业的内部会计报表。同时,为了核查企业的现金流量,最好能收集尽可能多的银行对账单,有时甚至需要收集企业主的个人存折、信用卡的相关个人账户信息。

收集与分析企业财务信息,是为了评价一个企业的财务是否健全,财务结构是否稳健与合理,最主要的是分析企业是否具备相应的还款能力。而中小企业普遍存在大量信息失真、缺失和信息不对称的情况,因此,全面、真实、准确地掌握企业财务信息是财务分析的前提。

4. 借款用途资料

对于贷款用途信息资料的收集是为了掌握借款的真实用途,以防止贷款诈骗,保证贷款担保的安全。对于此方面信息的收集要注意两点:一是贷款项目的真实性与可行性;二是贷款资金需求的合理性。

5. 反担保措施信息

反担保措施是担保机构控制担保业务风险的重要手段,反担保措施信息是保证担保业务安全的重要信息。担保机构要求担保申请人提供的反担保方式一般有信用反担保、抵押反担保和质押反担保。不同的担保方式所要求的反担保信息也各不相同。信用反担保主要关注反担保人的主要股东或负责人的信用信息;抵押和质押反担保更关注抵押或质押资产的信息。

反担保信息的收集一般从以下几个方面开展。

(1) 担保申请企业的资产结构信息。一般来说,申请担保的企业都是中小型民营企业,相对于能直接申请银行贷款的企业来说,这些中小企业大多有流动资产占比较高、固定资产占比低且常常有厂房租赁或不动产要么产权不清晰,要么已经在银行抵押融资的特点。因此,担保机构在实际业务中可考虑将存货或者公司专利等产权信息收集,以作为反担保措施。

(2) 主要股东的资产信息。一般申请担保贷款的民营中小企业,主要股东或者是家庭成员、亲属,或者是多年的合作伙伴,普遍存在规模较小,股权结构简单,公司资产与个人资产相互交叉、占用的情况。因此,在收集股东资产信息时,要特别注意股东个人名下资产的收集,如股东个人及其配偶或直系亲属的不动产信息。同时,还要要求申请企业将其主要股东的个人名下资产作为反担保抵押或质押资产。

(3) 信用信息收集。采用信用反担保方式的担保业务,申请担保企业能否按时履约还款的关键除了项目本身的风险因素之外,就是反担保保证企业负责人或者主要股东的信用因素了。因此,在收集信息时,除了通过企业本身收集信息之外,还需要收集对借款主体的关联企业、由公司股东实际控制的其他经营实体,以及股东及其配偶、亲属的信息。

(4) 其他相关的反担保信息。担保机构在项目受理和信息调查阶段,对企业信息收集、甄别、筛选是担保机构防范风险的基础,分析企业信息的有效性、细节和时效性是担保机构人员信息调查的关键。担保机构的从业人员要有敏锐的洞察力,注重政策法规的细微变化,针对担保申请企业的不同特点,必须熟悉其不同的产业政策、行业政策及相应法规,避免因政策理解不透而造成决策错误。

第三节 项目评估与决策

通过对担保项目的项目初审和资料调查之后,担保机构下一步就是对担保项目进行全面评估。所谓担保项目评估,就是在详尽现场调查和资料调研的基础上,运用信用风险的度量方法,对企业做出客观、科学、系统、全面、稳健的综合评价。担保项目的评估工作要全面、准确、客观地反映申请担保企业的经营情况,主要由企业资信评估、建设项目评估、反担保措施评估等部分组成。担保项目评估是担保业务中的重要环节,也是保证担保机构科学决策、持续经营的重要前提。

在对担保项目进行评估之后,担保机构要对该项目做出相应的决策,即是否承接该项目的担保业务。

一、担保项目评估的基本内容及步骤

(一)担保项目评估的基本内容

担保项目评估主要由担保申请人资信评估、建设项目评估和反担保措施评估等部分构成。

1. 担保申请人资信评估

在担保项目评估中,担保申请人资信评估是最为关键的一环。资信评估包括对企业的基本情况、企业经营素质、市场与产品、资产结构与资产质量、领导能力及管理水平、信用状况等分析,还要对企业的经济实力、经营效率、盈利能力、偿债能力、企业成长性等进行评价。担保申请人资信评估的结果是对被担保人偿债意愿和偿债能力的评判,也直接影响担保项目评估的最终结果。

2. 建设项目评估

一个担保项目能否最终实现按时按量还贷,最终取决于担保资金所涉及的项目是否能实现经济效益和利润。担保贷款或者用于固定资产投资,或者用于企业流动资金周转,或者用于技术改造,担保机构进行担保项目评估时,必须对担保贷款资金的建设项目进行评估。建设项目评估内容包括对项目建设的合法性、必要性、可行性等进行分析,并对项目所属行业、产品市场、项目技术、项目投资估算及资金筹措计划、项目未来经济效益以及项目风险等方面进行综合分析。通过对建设项目的综合分析,担保机构可以掌握担保建设项目的偿债能力,从而为担保项目评估提供依据。

3. 反担保措施评估

反担保措施是担保机构控制担保项目风险的重要措施之一,也是担保机构风险防范的最后一道屏障。根据《最高人民法院关于适用〈中华人民共和国担保法〉若干问题的解释》的规定,反担保方式包括抵押、质押和第三方保证。其中,抵押和质押反担保方式的评估主要是对担保物的评估和反担保方案的评估,第三方保证的反担保方式的评估则与担保申请人资信评估相似,只是评估对象为提供反担保保证的第三方。需要注意的是,担保机构通过反担保措施控制风险只是出现风险之后的补救措施,其降低风险的能力是相对的,因此,担保项目评估应该以前两者评估为主。

(二)担保项目评估的步骤

由于各个担保机构的规模以及机构设置各不相同,因此,各担保机构的担保项目评估程序也会有所不同。典型的担保项目评估一般可以分为以下几个步骤。

1. 资料收集与审核

资料收集与审核主要是指担保机构根据机构自身对于担保项目评估要求担保申请人提交的资料进行收集,同时审核申请担保资料是否齐全、相关资料证件是否真实、复印件是否与原件一致等。对于资料不齐全者,担保机构需要求担保申请人补齐资料。

2. 项目初审

项目初审主要是审查申请担保项目是否符合本担保机构规定的项目选择标准。一般而言，受到资金、规模、技术的限制，每个担保机构都有自身的担保项目选择标准。对于不符合担保机构自身的担保项目将不再进行后续评估步骤。

3. 成立项目评估小组，制订评估计划

对于符合担保机构选择标准的担保项目，担保机构将根据项目类型、担保资金规模、担保期限、主要风险等因素制订担保项目评估计划，同时成立项目评估小组，确定项目负责人和项目经理。

4. 现场考察

现场考察是对担保申请人及反担保保证人或反担保物等相关企业进行实地考察，同时，走访相关银行、客户及其管理机构等，以核实担保申请资料的真实性。

5. 资料分析

资料分析是在结合现场考察情况的基础上，综合分析担保申请人所提供的以及担保机构收集的相关资料，对担保项目进行分析和综合评价。

6. 形成评估报告

在前述资料分析的基础上，按照评估计划要求进行分项和综合评估，得出评估结论，同时撰写评估报告。

7. 报告审批

一般来说，担保项目申请经过评估部门评估形成评估报告之后，还需要担保机构相关部门进行进一步审核并签署评估报告，此时，评估报告才具有相应的效力。

8. 项目决策

评估通过的项目最终还需要报担保机构决策部门按照规定的权限进行逐层审批，并根据机构业务实际综合考虑进行项目决策，即是否承接该担保项目申请。

二、担保项目评估的分类和基本模式

（一）担保项目评估的分类

自我国开展担保业务以来，担保项目评估就姗姗起步。经过 20 多年的发展，担保项目评估已经形成了一些特点，同时，针对不同的项目、不同的时期，又延伸出了不同的担保项目评估。具体来说，按照不同的标准，担保项目评估可以划分为不同的分类。

1. 按担保流程阶段分类

按担保流程阶段，担保项目评估可以分为承保前评估、承保中评估和承保后评估。其中，承保前评估是指在担保机构决定是否承接某担保项目前，针对项目进行风险评估，以判断是否承保该项目。即承保前评估是为担保项目决策起支持作用的。一般来说，担保项目评估主要是指承保前评估。

承保中评估，是指担保机构已经承接的担保项目，在项目进行过程中，对项目进行过程监管，以控制担保风险。承保中评估是担保机构监管担保项目的重要手段。

承保后评估，是指一个担保项目担保结束后，担保机构对该担保项目进行事后总结，以总结经验，评价担保业务效益。

2. 按担保业务种类分类

如前所述,担保业务可以分为针对金融活动的融资类担保、针对经济合同履约过程的商业履约类担保、针对各类涉诉案件的司法担保以及针对劳资双方从业尽职关系的员工忠诚担保等。相应地,担保项目评估也分为融资担保项目评估、商业履约担保项目评估、司法担保项目评估和员工忠诚担保项目评估四类。不同的担保业务,所面临的风险也各不相同,相应地,担保项目评估内容和侧重点也有所不同。目前,我国的担保机构主要以融资类担保业务为主,因此,担保项目评估一般是指融资类担保项目评估。

在担保实务中,很多担保机构又进一步将融资类担保项目评估根据所融资金的用途分为流动资金贷款担保评估、固定资产贷款担保项目评估、房地产贷款担保项目评估、贸易融资担保项目评估、消费贷款担保项目评估和其他类型贷款担保项目评估等。

3. 按评估内容分类

如前所述,担保项目评估的内容包括申请人资信评估、建设项目评估、反担保措施评估等,相应地,担保项目评估也可以分为申请人资信评估、建设项目评估、反担保措施评估。其中,申请人资信评估根据评估实施主体不同,又可以进一步分为内部评估和外部评估,即担保机构自身对担保申请人进行评估和担保机构聘请第三方机构对担保申请人进行评估。

(二) 担保项目评估的基本模式

我国担保业务开展20多年来,担保项目评估技术和经验有了一定的发展,针对不同的担保项目,担保机构采用不同的评估模式,以提高经营效率。目前,我国的担保机构采用的担保项目评估模式主要有担保项目总体评估模式、担保方案风险评估模式、债务人资信评估模式、用款项目偿债能力评估模式以及风险控制措施的控制能力评估模式。当然,担保机构对担保项目进行全面评估,能为担保决策提供更加全面、可靠的依据。

1. 担保项目总体评估模式

担保项目总体评估主要是针对担保项目风险程度进行综合评估。即考虑影响担保项目风险评估结果的因素,如担保方案、债务人资信水平、用款项目的偿债能力、担保项目风险控制措施的控制能力等,并逐项分析各个因素的风险水平,得出各因素定量和定性的风险评估值,再根据一定的模式,综合得出担保项目风险分析结果,即担保项目的总体评估结果。

2. 担保方案风险评估模式

担保方案风险评估模式是分析影响担保方案风险水平的因素,如担保项目类型、担保资金额度、担保期限、担保方案的合理性及可操作性、与银行的风险分担条件、联合担保及再担保条件等,由此得出担保项目评价结果。

3. 债务人资信评估模式

债务人资信评估模式是分析影响债务人资信评估的主要因素,包括经营环境、企业素质、产品及市场、信用记录、经济实力、经营效率、盈利能力、偿债能力以及企业成长性等,并由此得出担保项目评价结果。

当前,经济发达国家信用担保业的担保项目评估及决策对债务人的资信评级极为重视,其评估结果也越来越重要,甚至对担保项目的决策起到决定性的作用。

4. 用款项目偿债能力评估模式

在担保业务中,一般担保项目的担保贷款是用于某一特定项目的。此时,担保机构需要对该特定项目的偿债能力进行分析评估。用款项目偿债能力评估模式是分析影响用款项目偿债能力的因素,包括项目建设的必要性和真实性、产品的市场前景、建设条件和生产条件、技术条件、投资估算及筹资计划的可行性、财务效益、项目风险等,进而分析评估担保项目。

5. 风险控制措施的控制能力模式

风险控制措施控制能力模式主要是分析评价担保项目的风险控制措施,即反担保措施、账户控制措施、项目操作过程监管措施等,进而分析评价担保项目。一般来说,影响风险控制措施的控制能力的因素包括风险控制措施的种类、可实现的价值、监管的难度、措施实施的难易程度、债务人的违约成本等。

三、担保项目资信评估

在担保项目评估过程中,担保项目资信评估是至关重要的一个环节,在信用担保发达国家,担保项目资信评估评级较差将直接导致整个担保项目评估结果不通过。在担保实务中,正因为其重要性,也有担保机构借助外部第三方专业评级机构进行评估。据此,担保项目资信评估也分为担保机构自身开展资信评估的内部评估和聘请第三方专业评级机构的外部评估。从国际担保实务来看,一些风险管理水平不高的担保机构大多倾向于借助第三方的外部评估进行风险管理,也有一些担保机构将内外评估结合起来,以使得评估更加全面。而我国担保实务中,担保机构一般实施内部自行评估,也有一些担保机构参考或者直接采用贷款银行机构的评级结果。

(一) 资信与担保项目资信评估

1. 资信与担保项目资信评估的含义

所谓资信,即履约能力和可信任程度,有广义和狭义之分。广义资信是指民事主体从事民事活动的能力和社会对其所作的综合评价。它一般由民事主体的经济实力、经济效益、履约能力和商业信誉等因素决定,并具有专属性、时间性、非财产性、客观性、差异性和决定性的特征。而狭义资信主要是指金融活动中债务人的偿债能力、履约状况、守信程度及由此而形成的社会信誉。相对于广义资信涉及民事活动的各个方面,狭义资信仅存在于金融市场。本书中所涉及的资信一般是指狭义资信。

在市场经济中,各个经济主体的各种社会活动都离不开资信,借、贷、购、销等各种经济交往都与资信有直接的关联。资信较好的主体在经济活动中能以较低的成本、较便捷的方式得以完成,反之,则成本较高甚至难以达成交易。而资信等级的高低依赖于资信评估。

资信有广义和狭义之分,那么资信评估也有广义和狭义之分。广义资信评估是对各种民事主体在从事民事活动时,采用科学的分析方法,对其履行各种经济承诺的能力及可信任程度进行综合评判,并以简明的符号予以表示其资信水平,同时向社会公众公布的一种评价行为。酒店的星级评级、医院的评级等都属于这一范畴。而狭义的资信评级仅指在金融信贷等活动中,对债务人的偿债能力、履约状况、守信程度、基础素质、综合实力以及社会信誉的评估。居民贷款购房活动中银行对贷款人的评级就属于狭义资信评估。

担保项目资信评估也是属于狭义资信评估的范畴,即在担保业务中,担保机构针对担保申请人的履约能力和可信任度进行的综合评判。在担保实务中,担保项目评估主要是针对担保申请人偿债意愿和偿债能力两方面进行评估。而影响偿债意愿和偿债能力的因素具体可从企业经营环境、企业经营素质和企业财务实力等三方面进行分析。其中,企业经营环境主要包括经济周期、产业发展及国家政策支持、市场需求等;企业经营素质包括企业的竞争地位、企业领导能力及管理水平、市场与产品地位以及技术能力等;企业财务实力包括经济实力、资产结构与资产质量、经营效率、盈利能力、偿债能力以及企业成长性等。

(二)担保项目资信评估的特点

担保项目评估是一个运用大量信息和多种分析方法的系统工程,为了保证评估结果的全面、科学和准确,在评估过程中需遵循稳健性、客观性和系统性原则。其特点主要体现在以下几个方面。

1. 静态与动态相结合,兼顾过去分析和未来预测

资信是以经济主体的法律人格为存在的前提,具有较强的时间性。对特定的经济主体而言,其资信情况并非一成不变,而是随着时间的推移,其经济实力、经济效益、履约能力和社会信誉等都会发生量变甚至是质变。因此,在资信评级过程中,担保机构收集到的企业信息都仅仅是各个时点和各个时期的信息,是静态信息,仅能反映企业当时的状况。但在不断变化的经济社会中,企业的生产经营状况、经济实力等方面都在不断变化。因而,在担保项目资信评估过程中,必须在分析静态指标的同时,结合经济社会指标和行业发展趋势、国家经济政策变化、企业发展状况等信息,判断企业各类指标的变化趋势,乃至预测企业未来发展前景,动态分析企业资信状况。

2. 定性评价与定量分析相结合

在担保项目评估中,一般以定量分析为主,特别是对于财务信息的分析,主要采用定量分析方法。但在实务中,有很多不能量化的指标,对此,评估人员需要进行综合分析和比较,做出定性评价。在担保项目资信评估实践中,定量分析和定性评价是相辅相成的,既要独立进行,又要相互交叉,最终形成综合判断。

3. 资料分析与实地考察相结合

担保业务具有较高的风险性,而担保项目资信评估是担保业务风险控制至关重要的一环。为了控制风险,资信评估除了对相关资料的分析外,还需要进行现场考察和核实。现场考察可以直观了解企业规模、生产能力、主要产品、经营状况、管理能力、技术能力以及人员素质等方面,所获取的资料也是第一手直观资料。

此外,由于担保业务的特点及担保申请人与担保机构的信息不对称,有些企业为了获得担保贷款有可能出现提交虚假资料等现象。对此,通过现场考察也可以现场核实企业提交资料的真实性。实务中,可通过走访审计机构、银行机构、海关、税务及上下游合作企业等相关单位,以准确掌握企业财务状况、盈利状况及资金需求状况。

4. 宏观分析与微观分析相结合

企业资信受到企业内部因素、外部因素、宏观环境、微观环境的影响,因此,担保项目资信评估必须兼顾宏观分析和微观分析,从国内外市场等方面进行全面分析,其评估结果才具有全面性、科学性和权威性。

具体来说,宏观环境包括经济形势、经济政策以及行业情况等外部支持力度方面。其中经济形势又包括国民经济总体运行情况,以及消费、金融、信贷等方面的影响;经济政策包括财政政策、货币政策以及收入政策等方面的影响;行业情况包括产业政策、行业特征、行业周期、行业水平、行业发展前景等方面。微观环境包括企业基本情况、财务状况、重大事项。其中企业基本情况包括企业所处行业地位、经济区位、产品竞争力、成长性、领导素质、员工素质、管理水平及技术装备水平等;财务状况包括企业现金流量状况、收益状况、资产负债状况等财务状况;重大事项则包括重大关联交易、重大投资项目、重大资产重组、重大或有事项以及重大诉讼案件等。

5. 横向分析与纵向分析相结合

由于企业资信具有专属性和时间性,在担保项目资信评估过程中,必须将评估对象与相关行业、相关企业或相关项目进行横向比较,分析其所处的地位和优劣势;同时,还必须将评估对象的当前状况与其历史发展相比较,纵向分析其成长性、发展潜力和趋势。

(三) 担保项目资信评估的方法

担保项目资信评估中常用的定量分析方法,主要有比较分析法、比率分析法和趋势分析法三大类。此外,还有因素分析法和平衡分析法两类分析方法。

1. 比较分析法

比较分析法是定量分析中应用较为广泛的一种分析方法,主要是将企业各种经济指标按照固有的联系进行比较,通过指标的对比,从数量上确定差异的一种方法。这种差异能从数量上说明各种指标的变化和偏差,从而为评估结果提供依据。为保证指标的比较具有可比性和现实的统计学意义,比较分析法所分析的指标应有性质上同类、范围上一致、时间上相同的要求。担保项目评估实务中,常用的比较指标有以下几类。

(1) 实际指标与计划指标的对比

实际指标与计划指标对比是指将企业实际经营的指标结果与之前的计划指标相比较,找出实际指标与计划指标的差距,从而考察计划完成状况。实际评估中,这种差距可用绝对数额表示,也可以用相对数额表示。常用的指标有:

$$实际指标与计划指标之差 = 实际指标 - 计划指标$$
$$计划完成率 = 实际指标/计划指标 \times 100\%$$
$$实际指标比计划指标的增减率 = (实际指标 - 计划指标)/计划指标 \times 100\%$$

(2) 当前指标与历史指标对比

当前指标与历史指标对比是以历史指标数据为标准,将当前指标数据与历史指标数据进行比较,找出两者的差距,从而考察企业发展状况。在此,历史指标可以是上一期的指标数据,也可以是上一年度同期数据,还可以是历史最高水平数据等。同样,在分析中可以用绝对数额表示,也可以用相对数额表示。常用的指标有:

$$当前指标与历史指标之差 = 当前指标 - 历史指标$$
$$当前指标比历史指标的增减率 = (当前指标 - 历史指标)/历史指标 \times 100\%$$

(3) 本企业指标与其他企业指标的对比

本企业指标与其他企业指标的对比是以其他企业指标数据为标准,将本企业指标数据与其他企业指标数据进行比较分析,找出两者的差距,从而分析本企业在行业中的地位及各种经济指标的水平。实际中"其他企业"可以是国内外同行业、同类型、同规模的企业,也可以是在其他方面具有可比性的企业,甚至还可以是行业企业的平均值。常用的指标有:

$$本企业指标与其他企业指标之差 = 本企业指标 - 其他企业指标$$
$$本企业指标比其他企业指标的增减率 = (本企业指标 - 其他企业指标)/其他企业指标 \times 100\%$$

在担保项目评估实务中,对比分析方法从数量上展示和说明研究对象规模的大小、水平的高低、速度的快慢以及各种关系是否协调,是较为直观和客观的分析方法。

2. 比率分析法

比率分析法是计算指标之间的相对数,并以此来表示企业的经济状况的分析方法,其实质也是一种比较分析法。常用的比率分析法有相关比率分析法、构成比率分析法和动态比率分析法。

(1) 相关比率分析法

相关比率分析法通过计算两个不同类项目的比例,以揭示两者之间的相关关系。担保项目资信评估实务中,相关比率分析法通常用以反映会计报表各个项目之间的横向关系,如反映企业流动状况的偿债能力比率、反映企业资产管理效率的资产周转率、反映企业权益状况的资产负债比率、反映企业经营成果的盈利能力比率以及反映企业偿付财务费用的比率等。一般计算公式为:

$$财务报表项目比率=项目指标/关联项目指标\times 100\%$$

(2) 构成比率分析法

构成比率分析法通过计算某一项目在同类整体中的权重或份额以及同类项目之间的比率,以揭示它们之间的结构关系。在实务中,构成比率分析法通常反映会计报表各项目之间的纵向关系,用以评价经济指标的内在结构是否合理。常用的计算项目有各资产占总资产的比重,各负债占总负债的比重,各项业务利润、收入、成本占总利润、总收入、总成本的比重,各类存货占总存货的比重等。一般计算公式为:

$$个体指标所占比重=个体指标/总体指标\times 100\%$$

(3) 动态比率分析法

动态比率分析法将不同时期的同类经济指标进行比较,计算出动态比率,以反映该指标的发展趋势和发展速度。根据对比的标准不同,又可以分为定基速度、环比速度和平均速度。各个计算公式为:

$$定基发展速度=报告期指标/固定基期指标\times 100\%$$

$$定基增长速度=定基发展速度-1$$

$$环比发展速度=报告期指标/上期指标\times 100\%$$

$$环比增长速度=环比发展速度-1$$

$$平均发展速度=(报告期指标/基期指标)^{1/(期数-1)}\times 100\%$$

$$平均增长速度=平均发展速度-1$$

由于比率分析法实质上是一种特殊形式的比较分析法,因此在应用过程中要注意对比项目的相关性和对比口径的一致性。

3. 趋势分析法

趋势分析法是通过分析历史资料,找出事物的发展变化规律,从而预测企业发展趋势和前景的一种方法。在进行担保项目评估时,一般将要分析的指标的历史数据按时间先后顺序排序,形成时间序列,然后可以进行平均增减量趋势分析、平均发展速度趋势分析以及相关性回归分析。

(1) 平均增减量趋势分析法

平均增减量趋势分析是在前述的时间序列的逐期增减量大体一致时,用绝对数进行预测的一种趋势分析法。其计算公式为:

$$预测值=(基准期的实际值+预测期的顺序数)\times 逐年增长量的平均值$$

其中,预测期的顺序数是从基准期开始,按顺序数到预测期的期数。

(2) 平均发展速度趋势分析法

平均发展速度趋势分析法是根据逐期发展速度计算其平均数，并据此预测企业未来发展状况的一种方法。相对于平均增减量趋势分析法是在逐期增减量大体一致时采用，平均发展速度趋势分析法是在逐期发展速度大体一致时采用。其计算公式为：

$$预测值 = 基准期的实际值 \times (逐年发展速度的平均值)^{预测期的顺序数}$$

同上，预测期的顺序数是从基准期开始，按顺序数到预测期的期数。

(3) 回归分析法

回归分析法是通过确定自变量与因变量之间的相关关系，建立回归关系函数表达式，并利用函数表达式进一步外推以预测因变量的分析方法。回归分析法按照自变量的多少可分为一元回归分析和多元回归分析，按变量之间的关系可分为线性回归分析和非线性回归分析。最常用的是一元线性回归分析法，其回归方程为：

$$Y = a + bX$$

其中，Y 为因变量；X 为自变量；a 为截距常数项；b 为斜率回归系数。

4. 因素分析法

因素分析法是通过分析影响经济指标的各项因素，并计算各因素对经济指标的影响程度，用以说明本期实际与计划或基期相比经济指标发生变动或差异的主要原因的一种方法。

因素分析法根据其不同的特点，可以分为连环替代法和差额计算法。连环替代法是把经济指标分解为各个可以计量的因素，然后根据因素之间的相互关系，顺次测定这些因素对经济指标的影响方向和影响程度。差额计算法则是利用各个因素的计算期与基准期之间的数据差异，依次按顺序替换，并计算各个因素变动对经济指标的变动的影响方向和影响程度。

5. 平衡分析法

平衡分析法是对经济活动中具有某种平衡关系的经济指标进行分析，以查明这些指标间的关系是否表现为平衡关系，并按照指标间的平衡关系测定各项因素对分析对象的影响程度的一种方法。

(四) 担保项目资信评估的主要指标

对担保项目进行资信评估，最终是通过对某一系列具体指标的判断和分析。而在实际中，衡量企业发展的经济指标众多，因此，设计制定一套科学、完善的资信评价指标体系是进行担保项目资信评估的前提和基础。担保项目资信评估一般包括定量分析和定性分析，相应地，评价指标体系也分为定量指标和定性指标。

1. 定量指标体系

担保项目资信评估中的定量分析一般是以财务报表为基础进行分析，具体包括经济实力、资产结构与资产质量、经营效率、盈利能力、偿债能力以及企业成长性6个方面。各个方面的主要定量指标如下。

(1) 经济实力

企业经济实力的大小直接关系到企业的生产能力和盈利能力，对于担保机构来说，企业经济实力的大小更是其可承保的贷款规模大小的重要影响因素。企业经济实力一般用企业资产数额来衡量。①总资产，它反映企业拥有的或者可以控制的全部资产。②净资产，它反映企业全部自有资产，是企业实际拥有的、在企业清算时真正可用来抵偿债务的经济实力。其数量为总资产减去总负债。③有形净资产,它反映企业除无形资产及递延资产之外的全部净资产。其数值为净资产减去有形资产与递延资产的和。④注册资金,它反映企业在工商机关登记注册的资金总额,是企业自有资产数额的体现,反映股东对公司承担的责任。

(2) 资产结构与资产质量

资产结构是各种资产占企业总资产的比重。资产质量是特定资产在企业管理的系统中发挥作用的质量,具体表现为变现质量、被利用质量等。通过分析企业资产结构和资产质量,可以了解和掌握企业资产的内部结构,即各类资产占总资产的比重以及各类资产之间的比率。而掌握这些比重可以分析和掌握企业资产的流动性,特别是掌握企业承担风险的能力,从而为担保机构资信评估提供重要依据。

常用的衡量企业资产结构与资产质量的指标有所有者权益资产比率、流动资产比率、固定及长期资产比率。

其中,所有者权益资产比率是所有者权益与资产总额之比,它反映企业资产中由所有者权益提供的资金保证的比率,这一比率可以衡量所有者权益与总资产的对比关系。所有者权益资产比率越高,企业的财务状况就越稳定。

流动资产比率是流动资产在总资产中所占的比率。流动资产比率越高,即企业有足够的货币资产或可即时转换为货币的其他流动资产作为偿付到期债务的担保。因此,企业资产的流动性和变现能力就越强,相应地,企业承担风险的能力也越强。

固定及长期资产比率是企业长期可使用的资产,一般需经过多次周转后才能获得价值补偿。从企业资金运用、企业资本结构的安全稳定及资产风险管理的角度来说,固定及长期资产比率应该保持在较低的水平为好。但从企业生产角度来说,一般固定及长期资产才具有长期潜在的盈利能力,因而固定及长期资产比率也不能过低。保持合适的固定及长期资产比率可降低企业固定费用,并较好地适应外部经济环境的变化。

(3) 经营效率

企业经营效率是指企业利用资产的效率。企业经营效率的高低直接影响到企业经营的成败,从而影响到企业的偿债能力和盈利能力。因此,企业经营效率分析是担保机构担保项目资信评估的重要内容之一。

从财务管理的角度来说,分析企业经营效率有资产利润率分析体系和资产周转率分析体系。由于企业资产运用效率高,表明资产周转速度快,资产变现速度也快,短期偿债能力也强,因此,从担保机构角度来看,以资产周转率分析体系来分析企业经营效率更符合风险控制的要求。

资产周转率的常用表示方法有资产周转次数和资产周转天数两种。其中,资产周转次数是一定时期(一般为 1 年,下同)企业销售收入与该时期企业平均资产之比,用以反映一定时期内企业资产的运用效率和周转速度的快慢。周转次数高,说明企业经营管理水平高,相应地,企业偿债能力和盈利能力也越高。而资产周转天数则刚好是一定时期资产周转次数的倒数与该时期的天数的乘积。显然,资产周转天数越高,则企业资产周转速度越慢,相应地,企业偿债能力和盈利能力就越差。需要注意的是,不同的行业的资产周转率差别较大,在实务中应该与同行业指标进行对比分析。本书仅以资产周转次数来进行评价。

常用的衡量经营效率的指标有总资产周转率、固定资产周转率、流动资产周转率、存货周转率、应收账款周转率等。

其中,总资产周转率是企业销售收入与企业总资产之间的比值,它反映在一定时期内企业全部资产的运用效率及其周转速度的快慢。其计算公式为：

$$总资产周转率 = 销售收入 / 平均总资产$$

需要注意的是，销售收入一般是指一定时期内的流量数据，而总资产是某一时点值，为了保持一致，一般取总资产在一定时期内的平均值。

剩下的固定资产周转率、流动资产周转率、存货周转率以及应收账款周转率都是一定时期销售收入与相应资产之间的比值，用以反映不同资产在经营活动中的周转速度、变现能力及有效利用程度。各自的计算公式与总资产周转率的计算公式相似，只是把平均总资产换成对应资产的平均值即可。

（4）盈利能力

盈利能力是企业获取利润的能力。利润不仅是企业自身经营的最终目的，同时也是企业投资者和债权人关心的中心问题：利润是投资者获取投资收益的资金来源，也是债权人收回本金和利息的资金来源。因而，盈利能力分析也是担保项目资信评估的重要内容。

盈利能力分析常用的指标有销售利润率、总资产报酬率和净资产利润率等。

① 销售利润率

销售利润率是一定时期企业总利润与销售收入之比，反映企业在一定时期内总体获利水平。它能全面、综合地反映企业的获利能力。

$$销售利润率 = 总利润 / 销售收入 \times 100\%$$

② 总资产报酬率

总资产报酬率是企业息税前利润与平均总资产之比，反映企业运用全部资产的总体获利能力，是评价企业资产运用效益的重要指标。又称为总资产利润率、总资产回报率。需要注意的是，由于总资产包括自有资产和借入资产，而自有资产的报酬通过利润总额反映，借入资产的报酬通过利息支持反映，因此总资产报酬包括利润总额和利息支出。

$$总资产报酬率 = (利润总额 + 利息支出) / 平均总资产 \times 100\%$$

③ 净资产利润率

净资产利润率是一定时期企业净利润与平均净资产之比，反映企业自有资本获得净收益的能力，也是衡量企业盈利能力的重要指标。企业总资产包括两部分，一是股东投资，即所有者权益；二是企业借入和暂时占用的资金。企业适当地运用财务杠杆可以提高资金的使用效率。借入的资金虽然会增大企业的财务风险，但一般会提高企业盈利。

$$净资产利润率 = 净利润 / 平均净资产 \times 100\%$$

（5）偿债能力

偿债能力是指企业用其资产偿还到期债务的能力。静态地说，偿债能力就是用企业资产清偿企业债务的能力，企业有无支付现金的能力和偿还债务的能力，是企业能否生存和发展的关键，同时也是担保机构等债权人关心的核心问题，对偿债能力的评价也是担保项目资信评估的核心。

分析偿债能力时，需要分别分析企业长期偿债能力和短期偿债能力，以全面分析担保业务风险。其中，短期偿债能力评价常用指标有流动比率、速动比率和现金比率等；长期偿债能力评价常用指标有资产负债率、负债与有形净资产比率、利息获取倍数等。

① 流动比率

流动比率是流动资产与流动负债之比，是衡量企业短期偿债能力最常用的也是最重要的指标。流动比率越高，说明企业短期偿债能力越强。需要注意的是，流动比率过高，表明企业易变现的资产所占比重较高。这样,企业的机会成本也会较高,企业盈利能力受到影响。故而,企业流动比率也不是越高越好。一般来说,流动比率数值在 2 附近较为合理。当然,不同的行业情况也不一样,即使同一个企业在不同的时期也有不同。

$$流动比率＝流动资产/流动负债$$

② 速动比率

速动比率是速动资产与流动负债之比,它能更准确地反映企业的短期偿债能力。其中,速动资产是指现金或能很快变现的资产,包括货币资金、有价证券、应收票据以及应收账款净额。流动资产中的存货由于变现时间较长,且有出现积压的可能,流动性较差,故而不属于速动资产;此外,流动资产中的待摊费用、预付账款以及其他应收款流动性也较差,也不属于速动资产。与流动比率相似,速动比率为 1 是一个参考合理值。

$$速动比率＝速动资产/流动负债$$

③ 现金比率

现金比率是企业现金类资产与流动负债之比,它反映企业特定时点的偿债能力和变现能力。其中,现金类资产包括企业的现金和现金等价物。现金等价物是从取得日至到期日不超过三个月,且价格风险很小的资产,主要是各种有价证券。

$$现金比率＝现金类资产/流动负债$$

④ 资产负债率

资产负债率是企业总负债与总资产之比,它反映总资产中借入资产的比例,也是衡量企业在清算时保护债权人利益的程度。资产负债率低,说明企业能保证较好的长期偿债能力。但是,从企业投资者的角度来看,当总资产报酬率高于同期银行利率时,提高资产负债率有利于提高企业的盈利能力。因此,资产负债率也不是越低越好,一般认为资产负债率在 50％较为合理。

$$资产负债率＝总负债/总资产\times100\%$$

⑤ 负债与有形净资产比率

负债与有形净资产比率是总负债与有形净资产之比。企业资产中的无形资产和递延资产等一般难以作为偿还债务的保证,将这些剔除,能更合理地反映企业清算时对债权人权益的保障程度。该比率越低,说明企业长期偿债能力越强。

$$负债与有形净资产比率＝负债总额/有形净资产\times100\%$$

⑥ 利息获取倍数

利息获取倍数是指企业从自由资产和借款中获得收益与所需支付的利息之比,也称为利息保证倍数、利息保障倍数,它反映企业利润所能承担利息费用的能力。任何企业为了保证再生产的顺利进行,在取得营业收入后,首先需要补偿企业在生产经营过程中的耗费。收入虽然是利息支出的资金来源,但利息费用的真正资金来源是营业收入补偿生产经营过程中的耗费之后的余额,若余额不足以支付利息费用,企业的再生产就会受到影响。一般来说,该指标越高,说明企业的长期偿债能力越强;该指标越低,说明企业长期偿债能力越差。运用利息保障倍数分析评价企业的长期偿债能力时,从静态上看,一般认为该指标至少要大于 1,否则说明企业偿债能力很差,无力举债经营;从动态上看,如果利息保证倍数提高,则说明偿债能力增强,否则说明企业偿债能力下降。

$$利息获取倍数＝息税前利润/总利息支出$$

(6) 企业成长性

企业成长性分析主要是将企业主要经济指标的历史数据进行研究,从而分析企业的发展和增长的速度,并预测企业未来发展趋势。其主要目的在于考察企业在一定时期内的经营能力发展状况。一家企业即使目前收益很好,但其成长性欠佳,则其发展前景堪忧,最终也影响到企业的偿债能力和盈利能力。成长性比率是衡量企业发展速度的重要指标,也是比率分析法中常用到的比率。

在担保项目资信评估中,常用到的成长性指标有总资产增长率、净资产增长率、销售收入增长率、利润总额增长率、净利润增长率等。这些指标的衡量方法有增量分析法、发展速度分析法和增长速度分析法,其中发展速度分析法和增长速度分析法又可以进一步分为定基、环比和平均三种方法。本书以环比增长速度分析法为例介绍各自的计算方法。

① 总资产增长率＝(本期总资产－上期总资产)/上期总资产×100%
② 净资产增长率＝(本期净资产－上期净资产)/上期净资产×100%
③ 销售收入增长率＝(本期销售收入－上期销售收入)/上期销售收入×100%
④ 利润总额增长率＝(本期利润总额－上期利润总额)/上期利润总额×100%
⑤ 净利润增长率＝(本期净利润－上期净利润)/上期净利润×100%

2. 定性指标

担保项目资信评估定性部分指标主要包括企业基本情况分析、企业经营素质分析、市场与产品分析、领导能力与管理水平分析、产业发展、信用记录六个方面。通过对定性指标分析,基本可以掌握企业经营环境和经营素质情况,从而对企业进行基本评价。常用主要指标如下。

(1) 企业基本情况指标

企业基本情况指标主要是分析企业的注册信息、银行信息、税务信息以及其他基本信息。通过掌握和分析这些信息,可掌握企业的基本概况及其合法性情况。具体指标有担保申请人注册信息、税务登记及银行开户信息、股权结构、组织结构及人员素质、主要经营范围及主要产品、历史沿革及主要经营业绩。

(2) 企业经营素质指标

企业经营素质指标主要是分析企业在生产经营方面的素质及其实力。具体指标有企业规模、行业地位、技术装备和技术能力、研发能力、营销实力、地理位置及分布、企业发展战略及发展能力。

(3) 市场与产品指标

市场与产品指标主要是分析企业的产品竞争能力和产品市场状况。具体指标包括产品生命周期和技术水平、主要竞争对手、主要客户、产品市场占有率、产品价值链状况、企业产品组合、与上下游产品企业的合作等。

(4) 领导能力与管理水平指标

领导能力及管理水平指标主要是分析企业领导的素质和能力,以反映其对企业发展的引领推动作用。具体指标有企业领导人素质、业绩及工作经验,企业管理体制及管理制度等。

(5) 产业发展指标

产业发展指标主要是分析担保申请人企业所在行业在国内外市场中的地位以及国家对该产业的政策支持力度。具体指标有产业在国际、国内市场的地位,产业生命周期,国家法律保障和政策支持等。

(6) 信用记录指标

信用记录指标是分析企业以往在银行、法院、工商、海关、税务等部门的信用记录情况,以了解担保申请人的历史信用情况。具体指标有银行信贷征信系统的信用记录、应付账款及货款等偿付情况、其他信用记录等。

表 4-2 所示为担保项目资信评估主要指标。

表 4-2 担保项目资信评估主要指标

指标性质	指标内容	评估内容
定量指标	（1）经济实力	①总资产②净资产③有形净资产④注册资金
	（2）资产结构与资产质量	①所有者权益资产比率②流动资产比率③固定及长期资产比率
	（3）经营效率	①总资金周转率②固定资产周转率③流动资产周转率
	（4）盈利能力	①销售利润率②总资产报酬率③净资产利润率
	（5）偿债能力	①流动比率②速动比率③现金比率④资金负债率⑤负债与有形资产比率⑥利息获取倍数
	（6）企业成长性	①总资产增长率②净资产增长率③利润总额增长率④净利润增长率
定性指标	（1）企业基本情况指标	①注册信息②税务登记及银行开户信息③股权结构④组织结构及人员素质⑤主要经营范围及主要产品⑥历史沿革及主要经营业绩
	（2）企业经营素质指标	①企业规模②行业地位③技术装备和技术能力④研发能力⑤营销实力⑥地理位置及分布⑦企业发展战略及发展能力
	（3）市场与产品指标	①产品生命周期及技术水平②市场占有率③主要竞争对手④主要客户⑤产品市场占有率⑥产品价值链状况⑦企业产品组合⑧与上、下游产品企业合作
	（4）领导能力与管理水平指标	①主要领导人素质、业绩及工作经验②企业管理体制及管理制度
	（5）产业发展指标	①产业在国际、国内市场的地位②产业生命周期③法律保障和政策支持
	（6）信用记录指标	①银行信贷征信系统的信用记录②应付账款及货款等偿付情况③其他信用记录

需要注意的是，担保项目种类不同以及担保申请人所属行业不同时，其评估的内容及相应的评价指标也会不同。在评估实务中，对一个项目可能不会全部应用上述介绍的指标，甚至对一些特殊项目可能还需要增加一些指标。因此，需要根据具体项目的具体情况和特点选择评估内容并设计评估指标体系。

（五）担保项目资信评估结论

担保项目资信评估是为担保项目决策提供支持，一般是在前述定量分析和定性分析的基础上，根据各分项评估结果综合而得到担保项目资信评估综合评价。实务中，将前述6个定量指标和6个定性指标各自确定权数，并分别确定具体指标的记分分值区间，最后加权计算综合评分。在实际运用中，担保机构对不同信用等级企业的准入设定不尽相同，特别是对不同行业、不同规模的企业，其评估体系和指标权重的差异更大。

此外，评估结果也不能仅仅以评估分值确认最终结论。除了上述定量和定性分析之外，还要结合专项特别分析、重点风险提示、担保预期效益分析等做出分项及总体评估结论。

首先，企业在某一或某些方面存在突出特点，则可对其做出提示并分析论述。如在技术方面，专业性很强或填补国内外空白或国际先进；在销售方面，独家销售市场旺销或质量好、成本低、价格有竞争力；在政策方面，国家重点扶持或国家急需或社会效益贡献很大的企业等。

其次，就企业可能存在的重大风险进行深入分析。如政策风险、技术风险、对关键人员依赖风险等。

最后，担保机构还要就企业资金需求、贷款用途、偿贷及付息资金来源以及预期经济效益和社会效益进行分析。

对担保项目资信评估的最终结论以信用等级为主，有的还结合定性表述的方式。

1. 信用等级形式

对担保项目资信评估结果类似于银行对企业的信用评级结果，普遍以信用等级的形式表示，担保机构常将资信等级分为四等十级。具体如表4-3所示。

表4-3 担保申请人资信等级表

等	级	说明
一等	AAA	资信状况优。企业素质优，财务实力强，信用风险小。经营状况、盈利能力、发展状况良好，没有不良信用记录，偿债能力优
	AA	资信状况良好。企业素质良，财务实力强，信用风险小。经营状况稳定、盈利能力较强、发展状况良好，没有不良信用记录，偿债能力良好
	A	资信状况较好。企业素质较好，财务实力较强，经营状况基本稳定、有一定盈利能力、发展前景有不确定因素，没有不良信用记录，正常情况下偿债能力较好
二等	BBB	资信状况、企业素质一般。财务实力一般，经营状况正常，盈利能力、发展能力、偿债能力一般，没有不良信用记录，未来发展中存在较为明显的不确定性因素
	BB	资信状况不够好。企业素质较弱，财务实力较弱，经营状况不够稳定，盈利能力较差，偿债能力不足，有不良信用记录，发展前景不明朗，有明显的信用风险
	B	资信状况较差。企业素质较差，财务实力、经营状况、盈利能力较差，偿债能力较弱，信用风险大
三等	CCC	资信状况很差。偿债能力很差
	CC	资信状况非常差。没有偿债能力
	C	没有信用
四等	D	接近于破产

2. 信用等级和定性表述相结合的形式

如前所述，担保项目资信评估的目的在于为担保项目决策提供支持，仅仅以信用等级的方式表现评估结果可能不够全面。因此，也有采用两种方式给出担保项目资信评估结论的：一方面，以信用等级的方式给出企业信用风险程度的提示；另一方面，以文字表述补充一些特殊项目，如独有特点或优势、重大风险提示及突出社会效益等。

（六）第三方信用评级

担保项目评估中的第三方信用评级是指担保机构利用外部第三方专门从事信用评估的独立中介机构，按照一定的方法和程序，制定科学的指标体系和量化标准，对担保项目进行资信评估，以测定担保项目履行各种经济契约的能力和可信任度，并以国际通用符号标明担保项目资信等级的一种评估方式。

事实上，第三方信用评级与担保机构内部的担保项目资信评级在内容和方法上并没有太大差别，只是由于实施评估的主体不同，从而在具体操作上有一定的差别。

从社会分工和专业化的角度来说,第三方信用评级具有独立性、专业性、低成本和信息来源广泛性的优势。目前,通过专业的第三方信用评级机构开展项目资信评估的做法已在我国经济社会的各个领域受到重视和认可。穆迪(Moody)、标普(S&P)和惠誉国际(Fitch Rating)等国际著名的评级机构的评估业务已经渗透经济领域的各个方面。我国各地也已经成立了规模大小不同的信用评级机构。但在担保实务中,虽然外部第三方评级的优势较为明显,但鉴于我国金融机构仍以内部评级为主,所以实际担保业务中的担保项目资信评估仍以内部评估为主。

四、建设项目评估

当担保机构为固定资产贷款项目提供担保时,除了对担保申请人进行资信评估外,还需要对固定资产投资项目和建设单位进行评估,以确定贷款项目的可行性及担保申请人的到期还款能力,从而最终控制担保业务风险。

(一) 建设项目评估的概念及内容

担保项目中的建设项目评估是指担保机构通过对担保贷款用于的固定资产建设项目进行全面、科学、可观的分析,包括建设项目的行业背景及国家相关政策、项目建设条件、项目建设单位的能力、技术及工艺的先进性、产品市场前景、筹资能力及投资估算、抗风险能力等各个方面,从而得出建设项目的可行性,以及项目所产生的现金流对债务的保障程度的分析评价。担保机构对建设项目进行评估,主要是结合项目单位的资信状况和提供的反担保措施,做出担保申请人是否具备按期还款意愿和能力的判断,实际上是对建设项目偿债能力的评估。

建设项目评估主要包括以下几个方面的内容:①项目建设的必要性和真实性;②项目建设条件和生产条件;③项目技术评估;④项目投资估算及筹资计划;⑤项目财务效益评估;⑥项目风险分析;⑦项目整体评估结论及建议。

相对于一般的担保项目评估,担保项目建设项目投资有其自身的特点。首先,要审查建设项目的合法合规性。一般而言,项目的实施都必须经过主管部门、城市规划部门、土地管理部门等部门的审批,缺少任何一个部门的审批都可能导致项目无法最终顺利实施,或者即使能实施也会导致更高的成本和费用。因此,在建设项目的评估中首先要对项目的合法性进行审查,核实相关批准文件,确保项目的合法性。在此,主要是通过审查相关部门的批准文件。

其次,对担保项目的建设项目评估还需聘请行业专家和技术专家协助评审。与担保申请人资信评估不同,担保项目的建设项目评估需要评估人员对于被评估的项目有较好的了解和把握。这就需要评估人员熟悉项目行业背景、系统地掌握行业专业知识。而担保机构的担保项目涉及行业广泛,受到人力、物力及效益等方面的限制,担保不可能拥有各方面的行业专家和技术人才。因此,在担保业务实践中,一般是担保机构与行业专家、技术专家等进行广泛合作,聘请他们共同组成项目组,共同进行综合评估分析。

最后,担保项目建设项目评估以可行性评估报告为参考。一般来说,担保申请人申请担保时,企业自身也会进行建设项目可行性分析,并形成项目可行性报告。但申请人自身的可行性报告受到企业规模、技术实力等方面的限制,一般不够规范,且企业自身为了项目的实施,一般其可行性报告对项目指标评估过于乐观,如对市场前景预测过于乐观、对经济技术指标的预测过高、筹资计划超过实际情况等。因此,担保机构在进行建设项目评估时,可参考企业自身的可行性报告,并结合实地考察和专家意见,对项目进行更加科学、专业的评估,从而得出担保机构自身的客观评估结论。需要注意的是,可能在不同阶段,不同主体都对同一个项目进行评估,但是由于担保机构自主经营,其他主体的项目评估不能代替担保机构的建设项目评估。

(二) 建设项目评估的原则和依据

担保机构的建设项目评估是担保业务决策的重要手段,担保机构以建设项目评估的结论作为承保担保项目的重要依据,所以,要求力保项目评估的客观性、科学性。要做到客观公正地评估项目,需坚持以下原则。

1. 考察因素的系统性

决策一个担保项目的建设项目是否可行的因素包括诸多方面,市场因素、资源因素、技术因素、经济因素和社会因素等。同时,决定一个项目是否可行,不仅受到技术水平、产品质量、投入与产出因素等内部因素的影响,还受到国家的金融政策、产业政策等外部因素的影响。因此,在进行建设项目评估时,必须全面系统考虑、综合平衡,考察项目的可行性。

2. 建设项目的合理合法性

相对于企业自身项目评估更多的是从投资人的角度考虑项目的最佳投资方案,担保机构对于建设项目的评估更多的是从项目的合理合法性来考虑,以保证其担保资金的偿债能力和偿债意愿。建设项目合理合法是建设项目得以顺利实施的前提和基础,也是担保申请人保证按期还款的前提和基础。在建设项目评估过程中,必须查阅相关政府部门的法律法规,审核其项目的合理合法性。

实际评估中,可作为项目合理合法性评估的依据主要有:①国家制定和颁布的经济发展战略、产业政策及投资政策;②项目所在地的区域经济发展规划和城市建设规划;③项目所在地的区域经济性资源、地形、地质、水文、气象及基础设施等基础资料;④有关部门颁布的工程技术标准和环境保护标准;⑤有关部门制定和颁布的项目评估规范及参数;⑥国家发改委和建设部共同发布的《建设项目经济评价方法与参数》;⑦项目可行性研究报告和规划方案;⑧各有关部门的批复文件;⑨投资协议、合同和章程等;⑩其他有关信息资料。

3. 选择指标的统一性

判断项目是否可行或者项目是否合理合法需要一系列的经济技术指标,而这些指标的确定是经过多年的潜心研究和实践验证的,指标体系是科学合理的。当然,担保机构在进行项目评估时,可以根据不同角度、不同侧重点来选择不同的指标,但应尽可能做到选择指标的统一性。

4. 分析方法的科学性

在建设项目评估中,要进行大量的分析和评价,这就需要选择科学合理的分析和评价方法,既要考虑定性方法,又要考虑定量方法,更要将定性和定量方法结合起来综合考虑。

(三) 建设项目评估的程序

不同类型的项目,其投资金额不同,涉及面不同,对其进行评估的程序也不完全一致。就一般项目而言,其评估程序大致如下。

1. 准备和组织

对建设项目评估,首先要确定评估人员,成立评估小组,并确立评估负责人。在评估人员的选择上,要注意人员结构,财务人员、市场分析人员、专业技术人员及其他辅助人员等应该合理分布。组成评估小组后,组织评估人员对可行性报告进行审查和分析,并提出审查意见。最后,综合各评估人员的审查意见,编写评估报告提纲。

2. 整理数据和编写评估报告初稿

根据评估报告的内容,由评估小组负责人做明确的分工,各自分头进行资料数据调查、估算、分析以及指标的计算等。其中,资料数据调查和分析,重点在于对可行性报告的审查。在掌握所需要的资料数据后可进入评估报告的编撰阶段。实践中,分析和论证一般不是一次完成,可能需要多次反复,特别是对一些大型项目或资料数据不容易取得的项目,这一阶段是评估的重点和关键,一定要充分掌握资料数据,并力争数据的准确性和客观性。

3. 论证和修改

编写出项目评估报告的初稿后,首先要由评估小组成员进行分析和论证,根据所提意见进行修改后才可定稿。

五、反担保措施评估

反担保措施评估的含义及内容

设定反担保措施是担保机构分散担保业务风险的一项重要手段。担保机构为了维护自身利益,分散和控制风险,一般都要求担保申请人提供反担保措施。反担保措施对担保机构利益的保护程度取决于反担保措施的合法性、变现价值、变现费用、变现难易程度等因素。为了确定反担保措施对于担保机构的保障程度,在设立反担保措施时,需对其进行客观、科学的评估。反担保措施评估是对反担保措施的合法性、权利归属、价值及可变现性等进行的全面评估。其具体内容包括以下几个方面。

1. 合法性审核

合法性审核是依据《中华人民共和国担保法》及其司法解释对于反担保措施的合法性进行审核。我国担保法及其司法解释对于保证人、可抵押及不可抵押财产、可质押票据及权利进行了专门的规定。

2. 反担保物和权利的归属审核

反担保物和权利的权利归属审核是审核反担保物及权利是否归属担保申请人或其保证人。具体审核内容包括:①审核有关权属凭证,判断反担保标的是否为反担保措施提供者所有;②对于属于多方共有的标的,核实是否经过标的共有人的同意,反担保措施提供者是否有权进行相关处置;③审核反担保标的是否存在权利瑕疵。

3. 反担保措施的价值分析

反担保措施的价值分析是指担保机构应用科学的分析方法,对反担保物或权利的价值进行分析,以保证反担保措施确实能为担保项目提供足够的风险担保。常用的反担保措施价值分析方法有市场价格比较法、重置成本法、收益现值法、清算价格法等。对于不同的反担保措施、不同的评估对象、不同的评估目的要选择相应的评估方法,才能得到客观、科学、稳健的评估值。

(1) 市场价格比较法

市场价格比较法也称市场法,是指在市场上寻找近期出售的与被评估反担保标的相同或相似的参照物,通过将被评估反担保标的与参照物在主要功能、参数等因素方面进行比较,做出价格调整,最后得到被评估标的的评估值。一般应用于机械设备、房地产、土地使用权等反担保标的的评估。

应用市场价格比较法一般经过四个步骤:第一,明确评估反担保标的;第二,进行市场调查,寻找参照物,并收集市场信息;第三,分析、整理资料;第四,比较、调整差异,做出反担保标的的价值评估结论。

需要注意的是,采用市场价格比较法需满足两个前提条件:一是存在一个比较发达的资产交易市场,使得能找到相同或相似近期交易的参照物;二是影响标的价值的因素比较明确,并且可以量化。

(2) 重置成本法

重置成本法是指在评估反担保标的时,重新购置或建造一个全新的反担保标的所需的全部成本,扣减反担保标的已经发生的实体性、功能性和经济性贬值后而得到的反担保标的的评估值的一种方法。重置成本法主要应用于机械设备、在建工程及企业整体等标的的评估。

重置成本法一般经过五个步骤:第一,确定、审核反担保标的;第二,估算反担保标的的重置成本;第三,估算反担保标的的使用年限;第四,估算反担保标的的相关贬值;第五,确定反担保标的的评估价值。

重置成本法首先需要确定反担保标的的重置成本,常用的估算方法有重置核算法、物价指数法和功能价值法。其次,估算相关贬值主要从三方面考虑:一是使用和自然力的作用而形成的贬值;二是性能更好的替代物引起的贬值;三是外部经济环境的变化而造成的贬值。分别评估出反担保标的物的重置成本和相关贬值后,用重置成本扣除相关贬值即得反担保标的物的评估值,即

反担保标的物评估值＝重置成本－实体性贬值－经济性贬值－功能性贬值

(3) 收益现值法

收益现值法是通过估算反担保标的的未来预期收益,然后将其按照一定的贴现率折算成现值,并累加求和而得到反担保标的评估值的一种评估方法。常用于机械设备、房地产、土地使用权、未来收益权、无形资产、在建工程等标的的评估。

收益现值法的基本计算公式为

$$P = \sum F_t / (1+r)^n$$

其中,P 为标的评估值,F_t 为第 t 年度的预期收益值,n 为未来收益期,r 为贴现率。

收益现值法一般经过五个步骤:第一,收集反担保标的的信息;第二,分析反担保标的的未来受益状况及其变化趋势;第三,预测反担保标的未来各期的收益值;第四,根据经济状况确定贴现率;第五,将未来预期收益进行贴现,并累加确定反担保标的的评估值。

需要注意的是,应用收益现值法也有两个前提条件:首先,反担保标的的未来收益可观且稳定;其次,反担保标的的未来收益能用货币衡量。

(4) 清算价格法

清算价格法是以清算价格为基础,确定反担保标的评估值的一种方法。所谓清算价格,即企业由于破产或其他原因,要求在一定期限内将企业资产变现,在企业清算之日预期出卖资产可收回的变现价格。清算价格法适用于企业破产、抵押或停业清理等情况下资产价值的评估。

反担保措施的价值评估一般是对抵押或质押物的价值评估,对于不同担保方案、担保项目、反担保方案、标的和提供反担保物的企业信用状况,需要采用不同的评估方法。在评估实

务中要注意以下几点。

① 担保业务是高风险业务,选择评估方法时首要考虑稳健原则,避免或减少担保机构的资产损失。

② 注意评估目的和评估方法的匹配及评估参数的选择,避免出现价值虚增的情况。

③ 为得到更为可靠的评估值,可同时选用多种方法进行评估,并对不同方法得到的评估值进行分析判断,综合得出评估结论。

④ 由于收益现值法基于对未来预期收益的预测,需注意坚持稳健原则,避免收益估算过高从而出现评估值过高的情况。

⑤ 当担保项目风险较大或提供抵押、质押物的企业经营状况不良、信用水平不高时,可采用清算价格法。

4. 反担保措施的可变现性分析

反担保措施的可变现性分析是指对反担保标的物转换为现金的变现风险进行分析。变现风险是指资产无法在市场上以正常的价格将其变卖出售的可能性。在担保业务中,如果发生担保项目,担保机构代偿之后就可取得反担保物的相应权利。但担保机构一般也是将反担保物进行变现而不是自己经营管理反担保物。此时,反担保物的变现难易程度和变现风险就显得尤为重要。

变现难易程度取决于反担保物交易市场的活跃程度。变现风险取决于反担保在市场上的表现,不能在资本市场上交易的项目具有更大的变现风险;长期项目的变现风险高于短期项目;交易频繁的项目特别是有价证券的变现能力强。

六、项目决策

在对担保项目评估之后,担保机构根据评估结论做出相应的决策,即是否承保该担保项目。因担保机构管理模式和担保业务品种的不同,其项目决策也有不同的操作方式。我国担保机构常用的做法是实行"担保评审与担保决策相分离"的原则,以规避担保机构内部的道德风险,建立内部制衡机制。常用的担保项目的决策一般有两种方式。

(一) 决策委员会制度

决策委员会制度是指担保机构设立项目决策委员会作为公司常设议事决策机构对担保项目做出最终决策的模式。该制度原则上需评审的各类担保项目均要提交到决策委员会审议,以促进决策程序的科学化、民主化,强化审批人员的审批责任,提高审批环节的工作效率。

一般来说,项目决策委员会委员由担保机构董事长、总经理、副总经理以及重要业务部门负责人组成。项目决策委员会的主要职责是根据国家的相关政策法规和公司管理制度,从担保机构利益出发决策每一笔担保项目,并根据担保项目的风险程序决定是否承保该担保项目。

决策委员会实施项目决策的程序一般通过制定项目决策委员会议事规程来确定,主要包括以下几方面内容。

(1) 召集会议。决策会议一般应有 2/3 以上全体委员出席,其中主任委员或副主任委员至少一名参加。

(2) 听取项目负责人汇报担保项目情况。汇报重点包括以下四方面内容:一是需要向委员会特别强调的事项;二是评审报告中难以书面说明的情况;三是项目上报后新发生的情况;

四是担保的主要风险及防范措施。

（3）决策委员会提问,项目负责人如实简要回答。

（4）决策表决。决策表决结果分为同意、有条件同意、复议以及否决四种。对于需复议的项目,原则上只能复议一次。

（5）决策委员会对担保项目的最终意见以项目决策意见书的形式下达,并由各委员签名确认。

（二）分级授权决策制度

分级授权决策制度是担保机构不同部门和级别的负责人可分别在不同授权范围内开展担保业务,而担保机构的最高决策机构(如董事会)是项目的最终决定者。分级授权决策制度主要以担保责任金额的大小为依据划分授权范围,并规定超过授权额度的项目必须上报上一级部门审批。一般来说,分级授权决策制度是在风险控制制度比较完善、业务经验较丰富的担保机构在一些比较成熟的业务领域实行。

不论采用哪种决策制度,担保机构都应该针对不同的担保业务品种制定科学、高效、明确的担保业务审批决策程序,使得项目的决策做到有章可循,以提高工作效率和决策水平。担保机构最终同意提供担保的项目,应向担保申请人出具同意担保通知书;不同意担保的项目,则应向申请人作解释说明。

第四节　项目实施与管理

担保机构做出同意承保担保项目后,接下来就是担保项目的担保实施以及后续管理。具体流程主要包括设置反担保措施、收取担保费用、签署担保合同、实施保后管理等。

一、设置反担保措施

担保机构同意为项目提供担保后,在正式签订担保合同时,首先要为担保项目设置可行的反担保措施。在前面的担保项目评估中,担保机构已经就反担保措施进行了评估,此时一般只需按照担保申请人先前提出的反担保措施执行即可,即签署反担保协议,并取得相关权益证明证书文件。

1. 设置反担保的必要性

首先,设置反担保措施是防范担保项目风险的基本手段,是被担保人不能按合同履约的保证。被担保人如果不能按期履约,担保人代为履行义务后,依法享有追偿权,执行预先设定的反担保措施,以加大被担保人的违约成本,促使其严格保证自己的信誉,降低担保机构代偿的风险。

根据《中华人民共和国担保法》的规定,依法设定了抵押权和质押权的特定标的,在担保的债权范围内,债权人享有以该财产折价或以拍卖、变卖该财产的价款的优先受偿权,并可对抗第三人。因此,设定抵押、质押等反担保措施可以最大限度地保护担保机构的利益。

其次,反担保有助于担保关系的成立。谨慎的第三人在为债务人向债权人提供担保时,尤其是在担保人与债务并无紧密利益关系或隶属关系且对其承担担保责任后追偿权能否实现存有疑虑的情况下,往往要求债务人提供反担保。这时,有无反担保措施直接影响到担保关系的成立。若无反担保,担保人一般会因顾及自身利益而拒绝为债务人提供担保。现实生活中,不仅担保机构要求被担保人提供反担保,银行等其他金融机构为债务人提供保证甚至融资时,几乎都要求有反担保。

2. 反担保的主要方式

根据《最高人民法院关于适用〈中华人民共和国担保法〉若干问题的解释》,反担保方式有抵押、质押以及保证,而反担保人可以是被担保人本人,也可以是被担保人之外的其他人。具体来说,反担保方式包括被担保人自身提供的抵押或质押以及其他人提供的保证、抵押或质押。

而对于可以提供反担保抵押或质押的物品,可参见《中华人民共和国担保法》的相关规定。其中,可抵押担保物主要包括房屋及其附属物等不动产,机动车及机械设备等动产,土地、荒山等土地使用权和其他依法可抵押的财产。可质押担保物主要包括房屋等不动产,汇票、支票等有价证券,商标专用权、专利权等财产权以及依法可抵押的其他权利。

采用抵押或质押方式设置反担保措施时要注意以下几点。

首先,担保机构要注意我国担保法明确规定的不能作为抵押或质押物的财产不能以其作为反担保措施。其次,办理抵押或质押的财产要在相关政府部门办理登记,以保证反担保权利的实现。最后,担保机构对于不同类型的抵押或质押物应根据不同情况设置不同的抵押或质押率。

而对于采用其他人保证作为反担保措施时,提供信用反担保的第三人应在经济实力、财务状况等方面优于担保申请人,且具备相应的代偿能力;担保机构在担保业务流程中应将该信用反担保人视为项目申请人,进行详细的评审。

担保实务中,担保机构可以根据担保项目的风险程度、担保金额以及项目类型等实际情况,确定采用哪种甚至哪几种反担保措施。具体实施时,根据相应的反担保措施,签署相应的反担保抵押合同、反担保质押合同或者反担保保证合同即可。

二、收取担保费用,签署担保合同

担保项目正式批准后,担保机构发函通知担保申请人办理担保手续,签订担保合同,并收取担保费用。

(一) 担保合同的种类

担保机构履行担保手续时,一般是担保机构与担保申请人(被担保人)、贷款银行三方签订有关担保合同。一般需要签订的合同包括:担保人与担保申请人签订的委托保证合同,担保人与担保申请人及反担保人(第三方信用反担保时)签订的反担保合同,担保人与担保申请人、贷款银行签订的保证合同。

(二) 签订担保合同的程序

签订担保合同一般按以下程序进行。

(1) 担保机构的项目经理根据担保方案确定需签订的合同种类,并拟定好相关法律合同空白文本,包括借款合同、担保合同、反担保合同及其他须准备的法律文书。

(2) 担保机构由业务部门或风险管理部门与法律顾问一起审核上述合同文本,对需要调整和修改的合同条款应及时与对方当事人协商、谈判,并将修改意见填写在合同审核表中,报担保机构审定。

（3）合同审定后，项目经理通知担保申请人时间和地点进行签约。

（4）合同签订后，担保机构项目经理应及时在合同台账登记合同登记表，确定本公司出具合同的编号，填写合同内容并签字确认。

（5）办理完签约的项目资料移交担保机构档案管理部门统一管理，项目经理留存复印件。

（三）收取担保费用

1. 担保费的构成

担保机构在同意为项目提供担保并办理了反担保措施之后，即可向担保项目申请人收取担保费用，包括担保费和担保项目评审费两项。

担保机构收取的担保费一般包括管理费用、风险准备金以及合理的利润。其中，管理费用是担保机构的日常经营成本，包括工资、奖金、福利、保险、房租、水电、办公费用、差旅费等管理成本。风险准备金是担保机构为了弥补经营担保业务可能带来的损失，按照国家规定提取一定比例的风险准备金。风险准备金是担保机构财务成本的重要组成部分，担保费收入必须能够满足风险准备金的提取，否则担保机构就可能发生亏损。合理的利润是担保机构作为一个独立经营的企业法人，追求利润最大化的要求。没有利润，无法吸引资金投资担保机构，担保机构也不可能持续经营。

需要注意的是，政策性的担保机构的担保费往往由政府有关部门确定，为了促进经济的发展，很多并不以担保机构的经营成本和利润来确定担保费用。当然，我国担保业发展至今，政策性担保机构也一般要求按企业经营模式实行市场化、商业化运作。担保费的收取也普遍参照市场运行规律。

2. 担保费的收取标准及计算

担保机构在确定具体收取的担保费时，一般根据担保项目的风险程度、反担保措施落实的难易程度以及资产和财产的变现能力等因素，结合与贷款银行贷款落实的风险金承担的比例，确定担保年费率。再根据担保金额和担保期限计算最终担保费用。其计算公式为：

$$担保费用=担保金额\times担保年费率\times担保期限$$

表 4-4 所示为某担保机构根据担保责任比例确定的基准担保费率表。实务中，担保机构会根据风险状况、担保金额等在基准费率的基础上上下浮动。同时，担保机构一般还设定一个最低收费额和最高收费额，以避免担保金额过低或过高导致的担保费用的不合理。而担保评审费一般也按担保金额的一定比率收取，如 0.1%。

表 4-4 担保费率表

担保比例(%)	年费率(%)
0~10	1.62
10~20	1.71
20~30	1.80
30~40	1.98
40~50	2.16
50~60	2.34

续表

担保比例(%)	年费率(%)
60～70	2.61
70～80	2.88
80～90	3.24
90～100	3.42

此外，担保费用一般要求在签订合同之日或之后一定时间内一次性收取，超期需加收滞纳金，甚至影响担保合同的效力。但对于担保金额较大、担保时间较长的担保项目，可约定分期收取。

3. 收费流程

具体收费流程主要包括：第一，担保结构业务部门确定担保费率、计算担保费用金额；第二，担保机构向被担保人发出担保费认缴单，被担保人确认担保费用金额并签字；第三，担保机构业务部门收款、催缴；第四，担保机构财务部门收到款项后在担保费认缴单上签字确认，并送交档案管理部门存档。

三、担保项目的保后管理

自担保机构承保的项目发放贷款开始，担保机构就开始承担担保责任。在担保责任解除之前，项目经理必须对在保项目进行定期检查跟踪和管理，以便及时发现问题、有效控制风险。

担保项目保后管理是指从担保机构担保责任产生直至担保责任解除的全过程管理行为，它是对被担保人和反担保措施履约意愿和履约能力的现状及变化趋势的跟踪、调查、监控和分析，并对监控中发现的问题采取积极补救措施的工作过程。保后管理的目的是防范和缓解担保业务风险，保全担保债权，减少担保损失。

担保项目保后管理主要是采取现场检查和非现场检查的方式，定期对担保项目的按期还贷、逾期后还贷、代偿及损失等情况进行详细记录，检查结果应按规定格式形成书面报告，并作为档案资料及时留存档案管理部门。具体包括以下几方面内容。

（1）担保贷款发放后，业务经办人员及时到被担保人的经营场所进行调查，检查资金是否及时足额到位，是否按合同约定适用贷款资金。

（2）在担保期内，经办人员应对提供反担保措施的抵押或质押物进行定期和不定期检查。

（3）对项目进行跟踪调查，填写在保项目跟踪情况报告，并与被担保企业的领导定期沟通，了解其重大经营策略调整、组织管理结构变化、重要人员变动、重大负债等可能影响担保合同履行的情况。

（4）如发现被担保人经营出现问题，或者抵押、质押物发生明显变动、被担保人陷于重大民事或经济纠纷等情况，应及时向担保机构决策者汇报，担保机构也应根据具体情况采取必要和有效的措施。

（5）贷款合同到期前1个月，担保机构应提前通知被担保人做好还款准备，督促其准备资金，并确认被担保人是否具备还款能力及还款意愿。对于被担保人可能无还款能力或无还款意愿的，担保机构可及时进入风险处理程序，做好利用反担保措施保全的准备。

第五节 不良项目的处置

担保机构担保项目到期后一般出现两种情况：一是被担保人全面履行贷款主合同的义务，担保机构无须代偿，担保合同届满到期而终止，相应的担保责任也解除；二是被担保人出现信用风险，在担保贷款到期日未能按时足额偿还银行贷款，按照保证合同约定，担保机构须代替被担保人履行归还被担保人所欠银行债务的义务，即通过代偿来解除担保责任。被担保人能按时足额偿还银行贷款是最理想的结果，但担保机构经营的是信用，管理的是风险，承担的是责任，其经营运作模式决定被担保人不能按时足额还贷而导致担保机构发生代偿是难以避免的。出现代偿也不意味着担保机构立即形成损失。对于可能发生代偿的项目，担保机构应认真审查项目的法律手续，及时有效地履行相应的义务。发生代偿后，担保机构也应及时采取适当的处置策略和方法，综合利用各种手段，快速、高效地开展处置工作。

一、担保项目的终止

担保项目的终止是担保项目依约履行担保责任、担保合同权利义务的终结。

担保项目的终止一般无外乎两种情况，一是担保项目的主债务履行完毕，债权人接受，担保项目正常终止；二是担保项目主债务未能依约履行，担保机构承担保证责任、依约履行代偿义务。

第一种情况下，担保机构在被担保人按时足额还款后，向贷款银行索取解除担保通知函或者按合同约定自动终止担保合同。而对于已经办理终结手续的担保项目，经业务部门、风险管理部门、财务部门及法律部门审核无误后，担保机构还应将所抵押、质押的财产和权利凭证等资料退还给被担保人，并将业务过程中的档案资料移交档案管理部门留档保存，最终终结担保项目。

第二种情况下，担保机构须按照保证合同的约定，代替被担保人归还其所欠债权人债务，即通过代偿来解除担保责任，并最终终结担保项目。

二、担保项目的代偿

担保项目的代偿是指担保机构承保的担保项目，在被担保人未能按时足额履行债务时，按照保证合同约定的担保数额、担保责任范围等，代替被担保人向债权人履行债务的行为。

担保代偿的业务流程一般包括界定法律责任、代偿财务测算、代偿方案协商、履行代偿方案以及落实后续工作等。

1. 界定法律责任

担保业务中的保证合同是贷款主债合同的从属合同，一般涉及债权人、债务人和担保人等多方。担保机构在收到债务人或债权人的代偿请求后，应首先依据相关合同及法律条款的约定,界定各方的法律责任,确认是否代偿、代偿范围及代偿金额等。具体内容如下。

首先,确认被担保人主债合同的履行情况,即是否未能全部或部分履行还债义务。对于一些特殊情况,担保机构可与被担保人、债权人充分沟通,以延长债务人的偿还期限。

其次,审核保证合同的有效性。根据相关法律规定,如果有主债合同无效或者债务人和债务人双方串通等情况,则保证合同无效,担保机构可不予以代偿。同时,被担保人或债权人如果没有在规定的保证期内向担保机构主张权利,担保机构也可以拒绝代偿。

最后,审核代偿范围。对于一般保证方式,只有债权人已对债务人提起诉讼或申请仲裁,诉请强制执行债务人财产时,担保机构对清偿差额部分进行代偿。

2. 代偿财务测算

代偿财务测算主要是测算与代偿有关的财务数据,明确最终代偿金额。代偿金额主要包括本金、利息、违约金、罚息等。

(1) 本金。本金是被担保人尚未履行的贷款本金部分。即贷款本金总额扣除已偿还本金。

(2) 利息。根据贷款主合同规定的利息、利息计算方式和实际计息时间,计算被担保人应付的利息以及逾期利息。

(3) 违约金。如贷款主合同明确约定,债务人不能按期偿还债务本息,债务人必须支付一定数量的违约金,则担保机构代偿时也须按约定代偿。违约金一般是一个确定的数额。需要注意的是,违约金与按逾期天数计算的罚息不一样,且计算方法也不同。

(4) 罚息。如贷款主合同约定,债务人不能按期偿还贷款本息,自逾期之日起,须按照逾期天数支付约定的惩罚性逾期罚息。罚息的利率一般与债务利率不同。

3. 代偿方案协商

对于代偿项目,特别是涉及代偿金额数目较大的担保项目,担保机构应与被担保人、债权人一起协商担保方案,包括代偿范围、代偿金额、代偿方式、代偿期限等。为了取得时间上的主动及维护担保机构自身的信誉,担保机构应积极与债权人联系协商代偿方案。

4. 履行代偿方案

对于协商确定的代偿方案,担保机构应按照保证合同及协商的代偿方案及时、足额地履行担保代偿责任。代偿前,担保机构须要求债权人提供贷款合同、借款凭证、保证合同、未还款的证明文件及代偿公函等相关文件。具体履行过程如下。

(1) 项目经理受理。项目经理初审逾期担保项目,确认贷款逾期的事实及代偿金额,同时,审查被担保人资产状况和贷款使用情况,审核是否存在欺诈行为,并确认反担保措施等。

(2) 业务部门根据项目经理审查意见,进行正式审核。核实后将审核报告及相关资料移交风险管理部门,风险管理部门承办代偿及后续追偿的风险管理工作。

(3) 风险管理部门将代偿工作的实施情况上报担保机构决策委员会审批。担保机构决策委员会批准后,由项目经理负责办理具体代偿手续。

(4) 担保机构代偿结束后,书面通知被担保人,并要求其确认签收回执,同时贷款银行送达债务责任转移通知函。

5. 落实后续工作

履行代偿后,担保机构还须做好后续工作,包括办理内部财务处理手续和取得追偿权文件。

（1）办理内部财务处理手续。履行代偿后，代偿金额即成为担保机构向被担保人的应收账款。因此，在代偿解除担保责任时，担保机构在财务处理上不仅要记录减少担保责任额，还需记录增加应收账款额。

（2）取得追偿权文件。担保机构履行完代偿后，按照约定可自动取得债权人的权利。因此，担保机构在履行代偿后，要立即书面通知被担保人，告知担保机构已经履行了担保义务，代偿了相应金额的债务。同时要求被担保人对于担保机构代偿所形成的债务予以书面确认，以作为追偿的证明文件。需要特别注意的是，为了保证债权的法律时效，担保机构应在最长不超过两年的时间内取得主张债权的明确证据，以免陷入诉讼时效过期的不利局面。

三、对代偿项目的追偿

所谓追偿，是指担保项目发生代偿后，担保机构代替被担保人向债权人清偿了部分或者全部债务，同时也取得了对债务人的相应债权，进而向被担保人要求实现债权的责任。

（一）追偿方案

担保机构履行代偿后，要对拥有债权的被担保人的最新状况进行认真调查，核实债务及反担保措施情况，法律部门还要进行详细的法律审查，并以此为基础，制定最佳处置方案。担保机构一般有以下常见的债务处置方案。

（1）直接清收债务。对暂行经营困难或因资金回笼周期原因造成的代偿项目，担保机构可组织专家对被担保人尽心诊断，制订行之有效的还款计划。采取有效措施，增强其还款能力。并通过勤上门、勤督促，逐步回收代偿资金。

（2）追索反担保保证人。在被担保人遭遇困难无力履行债务的情况下，担保机构可依据事先签订的反担保保证合同追索反担保保证人，由其承担反担保责任，代替被担保人偿还债务，从而获得债务清偿。

（3）行使抵押或质押权。根据担保法规定，担保机构对于履行期届满未得到清偿的债务，可以要求抵押人或质押人以抵押质押物折价，或以拍卖、变卖所得价款清偿债务。

（4）依法起诉或申请仲裁。起诉或申请仲裁是指担保机构以债权人身份，向法院提起诉讼或向仲裁机构申请仲裁的行为。考虑到诉讼或仲裁行为的复杂性、长期性和对抗性，在实际业务中，担保机构须慎重考虑以下情形再予以实施：一是债务人主观有逃避债务的情况出现；二是债务人有多起逾期债务或潜在逾期债务，面临多个债权人争夺有限资产的；三是债务有可执行资产，特别是通过法律措施可发现其可执行财产。具体的诉讼方式有直接起诉、申请支付令以及依据附有强制执行效力的公正债权文书申请强制执行。

需要注意的是，由于不同企业差异较大，具体执行的处置方式和程序也不尽相同。担保机构应结合具体项目的实际，采取灵活的处置方法，以最大限度地降低自身损失。

（二）制定追偿方案应考虑的因素

追偿方案直接关系到追偿工作的实际效果，方案的制定应充分考虑到实际追偿工作的可能性，选择最佳解决措施。

首先,要合理确定追偿目标。担保业务发生代偿后,最理想状况是能通过追偿完全弥补代偿损失。但如果不考虑具体项目的实际情况,过高地制定追偿目标,可能导致原本可以减少损失的方案难以顺利实施,延误解决问题的最佳时机,最终无法追偿。当然,也要防止追债目标过于宽松,使得追偿人员失去必要的压力,降低工作成效。

其次,要充分评价各种追偿备选方案。在不能按期偿还债务的情形下,被担保人往往会主动提出一些解决方案,如减免债务、以资抵债等。担保机构应在充分掌握被担保人实际情况的基础上,与被担保人一起探讨、评价分析,对各种备选方案进行综合比较,从中选择最优的方案来实施。

最后,要综合考虑追偿金额与实现概率因素。担保机构在分析追偿方案时,不能仅仅以追偿金额多少来评判方案的好坏。特别是对于一些实现难度较大的方案,要结合实际情况考虑最终能否实现资产的回收。而对于追偿金额小,但实现难度较小的方案也不能不予以考虑。评价一个追偿方案的好坏要综合考虑追偿金额和可能实现概率两个因素,并结合担保机构自身对风险的承受能力来确定最佳方案。

(三) 债务追偿处置的原则

1. 争取相关关系人的协作配合

担保业务一般涉及多方关系人,既有被担保人、贷款银行等合同当事人,也有反担保保证人、反担保抵押人或者反担保质押人等合同关系人。这些相关关系人有的与被担保人有直接或间接的业务往来,有的与被担保人有较好的私人关系。在出现重大风险时,这些相关关系人有的可能帮助被担保人度过困难从而缓解风险,有的可能熟知被担保人的经营财务信息和资产状况等担保机构可能不知的信息。主动争取这些相关关系人的协作配合,极有可能制定更佳方案,甚至有可能化解被担保人的违约风险。

2. 柔性策略与刚性策略相结合

一般来说,担保申请人大多是中小企业,中小企业的特殊性决定担保机构债务处置与银行资产保全相比,更强调时间和效率。对那些现金流出现暂时困难、尚未出现特别重大经营风险、未进一步恶化的被担保人,可采取帮助企业走出困境的柔性策略,帮助企业分析问题、寻找解决方法、争取企业配合,既帮助企业走出困境,又使得担保机构减少损失。而对于不讲诚信、逃避债务动机明显、经营持续恶化的企业,则须保持高度敏感,果断采取有效措施,加大其违约成本,尽可能降低担保机构自身的损失。

3. 效率与效益的统一

从最大限度控制债务人、保证反担保人资产角度出发,触动被担保人切身利益。在采取法律手段处置之前,要多方按照债务人、反担保保证人的财产线索,迅速、果断地落实财产保全措施。同时,担保机构要根据特定财产的具体情况,选择合适时机处置特殊财产;对市场前景看好、升值潜力较好的资产,可稳妥处置,实现其合理的市场价值。

四、担保业务损失及处理

担保业务损失是指已经经多方努力确认不可追偿的代偿款,或者代偿款在法律上尚存、但已超过一定期限尚未收回,依据有关程序确认的损失。一般而言,担保业务的损失不是各类实物资产形态上的损毁,而是被担保人由于各种原因无法偿还贷款人的债务,担保机构代偿后无法采取有效的反担保措施追偿而形成的经济损失。

(一)担保业务损失的认定标准

担保机构在经营中,不可避免会遇到一些业务失败而遭受损失。由于担保业务损失不是简单的有形财产的损毁灭失,而是代偿资金无法追偿,因此,必须有认定标准。各担保机构一般根据自身的经营情况制定担保业务损失的认定标准,这些标准一般不是完全一致的。下面以某一担保机构的认定标准为例进行介绍。

(1)被担保人或反担保人虽然仍在经营,但因受到重大不利因素的影响,已经多年(如3年)不能偿还其债务,且没有其他还款保证的。

(2)担保项目发生代偿后,担保机构依法处置反担保抵押或质押财产或对债务进行重组后仍不能补偿其全部债务,且没有其他还款保证的。

(3)担保项目发生代偿后,担保机构依法通过诉讼或者仲裁等程序,并经强制执行或被担保企业依法宣告破产进行清算,被担保企业仍不能归还其债务,而反担保人经核查认定也无能力代其偿还债务的。

(二)担保业务损失的确认程序

(1)风险管理部门出具资产损失报告,并附详细报损资料,风险管理部法律人员对报损项目出具法律意见,风险管理部负责人签署意见。

(2)担保机构对报损项目进行审计。

(3)担保机构决策委员会或担保机构董事会审批。

(4)担保业务部门按规定程序办理损失资产报损的有关财务手续,并进行会计账务处理。

(三)后续处理

担保业务损失后,并不意味着追偿工作的结束。对于报损项目,可采取"账销债留"的方式,继续保留对债务人的追偿。对于此类项目担保机构可安排专人跟踪项目企业的后续发展情况,一旦出现转机,可及时采取相应的追偿措施。需要注意的是,在此过程中,担保机构一是要采取严格控制的保密措施,不能让债务人知晓其债务核销的情况;二是要注意关注债务追偿的时效性。

此外,担保机构还需根据资产损失的实际情况进行责任认定,列入相关业务部门及相关人员的绩效评价考核中。

本章讨论案例

保前调研与风险防范

2012年7月,在AAA银行的大力推荐下,BBB汽车销售公司(以下简称BBB公司)向

CCC担保公司申请一年期500万元的流动资金贷款担保,该笔贷款主要用于扩大业务规模,增加销售收入。BBB公司提供价值总额为600万元的汽车合格证作为质押反担保,同时,BBB公司的大股东和实际控制人陈某提供个人连带责任保证反担保。

1. BBB公司基本情况

BBB公司成立于2004年,注册资本200万元,2008年增资到500万元。该公司主要经营某商用货车车型的销售,另外,还开展汽车配件、汽车修理等业务,是南方某市营运车辆二级维护点之一。公司总部占地20 000多平方米,在长三角地区设有8个销售网点,建立了销售、修理、配件供应、售后服务一体化的运营体系,是该商用货车厂家设在本地区的唯一一家4S专营店。经过多年的经营,BBB公司在本地区商用货车销售领域具有一定的知名度,销售额较为稳定。

2. BBB公司财务信息

BBB公司的财务状况如表4-5、表4-6所示。

表4-5 BBB公司2009—2011年年度及当期资产负债　　　　　　单位:万元

项目	前三年数据			2012年6月末
	2009年	2010年	2011年	
公司资产负债状况				
1. 资产总额	6 582	8 690	4 408	2789
(1)流动资产合计	6 274	8 384	4 152	2 428
货币资金	3 134	3 151	998	162
应收账款	457	568	194	167
预付账款	213	1 223	—	—
其他应收款	212	71	216	150
存货	2 059	3 101	2 860	2 442
(2)固定资产合计	245	262	227	373
固定资产净值	245	262	227	223
2. 负债总额	5 797	7 577	2 979	1 640
流动负债合计	5 797	7 577	2 979	1 640
短期借款	—	200	100	—
应付账款	510	971	694	911
其他应付款	200	651	378	358
应付票据	4 342	4 785	1 224	135
3. 所有者权益	785	1 112	1 629	1 650
(1)实收资本	500	500	500	500
(2)未分配利润	285	537	698	720

表 4-6　BBB 公司 2009—2011 年年度利润　　　　　　　　　　单位：万元

项目	前三年数据			2012 年 1—6 月
	2009 年	2010 年	2011 年	
1. 主营业务收入	11 484	13 862	10 433	3 665
2. 主营业务成本	10 829	12 592	9 682	3 484
3. 主营业务利润	642	1 254	744	175
4. 营业利润	173	488	248	31
5. 利润总额	173	488	248	31
6. 净利润	116	327	166	21

公司主要经营指标

3. CCC 担保公司业务部调查分析

（1）行业状况分析。长三角地区经济活跃，物流量的增大将使大吨位、高速度、安全可靠的重型商用货车成为汽车增长的主导，未来的市场空间预期看好。

以汽车合格证作质押在各家银行对汽车销售企业的信贷中均有操作，业务较为成熟。在销售中，每辆汽车都有一个相对应的合格证，具备汽车合格证方能销售，对汽车销售的影响较大，故对公司还款具有较大的约束。

（2）BBB 公司状况分析。BBB 公司销售的车辆产品品种齐全，能覆盖客户的需求，且该汽车厂家主要的销售品牌在本地区由 BBB 公司和另外一家国有公司销售。但该国有公司以买断车辆的方式销售，占用资金较大，且没有厂家 4S 店的形象补贴金政策，利润率较低。

而 BBB 公司经营多年，运营较好，主要是货币资金和存货，容易变现，应收账款较少，资产质量较优。从公司近 3 年的利润来看，BBB 公司 2009 年有银行票据业务的授信扶持，利润较大。2010 年以后在没有银行授信支持的情况下，公司的经营仍然较好，表明该公司已经具有一定的实力和抗风险能力。

基于以上分析，CCC 担保公司的调查人员拟同意对 BBB 公司提供 1 年期 500 万元贷款额度的贷款担保。

4. CCC 担保公司的分析评审

在担保评审中，风险控制部门主要针对 BBB 公司的行业竞争态势以及 BBB 公司的市场份额大幅下滑、库存量较大等疑点进行了进一步的调查，并重点对公司的盈利能力、现金流量状况等进行了分析。

（1）行业状况分析

商用货车市场主要分为重型货车、中型货车和轻型货车，2008 年以来，重型及中型货车销量出现不同程度的下降。2010 年，国内的重型货车市场基本被 10 家公司分割，竞争异常激烈。特别是中型货车，国内需求不足，导致了生产企业生存的困难。

同时，由于油价走高、车辆运行成本增加、用户盈利能力下降、货运市场冗余加剧等因素，用户购车积极性受到打击。而且，北京、上海、广州等地不断在提高汽车排放标准，又加大了用车成本。

(2) 公司经营状况分析

BBB 公司作为某商用货车的地区销售商和 4S 店,每年需完成计划销售量的 80% 以上方能获得厂家全额的销售返利及 4S 店形象补贴金。BBB 公司 2012 年全年销售计划是 500 辆车,但由于市场状况不景气,销售状况不理想。2012 年 1—6 月,BBB 公司只销售了近 180 辆车,半年仅完成 36% 的计划销售量,后期销售压力较大。另外,商用汽车销售行业资金占用量大,利润率较低,须以提高市场占有率及销售量取胜,但该公司近年来的市场占有率不断下降,在市场上的优势逐渐趋弱。如果该公司继续维持现有的业务规模,未来将存在很大的生存危机。

在与该公司主要负责人及财务经理的交流中,风险控制部人员发现,面对日趋激烈的市场竞争,该公司在成本和费用控制、销售策略和库存管理等方面没有行之有效的应对措施。公司市场竞争力趋弱、盈利能力下滑的问题在 2012 年下半年能否扭转,不容乐观。新增贷款实质上只是暂时缓解其资金占压问题,对公司的健康发展帮助不大。

(3) BBB 公司财务分析

通过对公司汽车类存货的情况进行抽查,随机抽取的 28 份汽车合格证发现,BBB 公司当前仍有 2011 年年初购进的车辆,至今仍未售出,这说明不正常的产品积压严重占用了公司的资金,影响了公司的资金周转。该公司 2011 年的存货周转率为 3.2%,但 2012 年上半年却仅为 1.3%,这些都表明该公司的营运能力较弱。

销售方面,2011 年比 2010 年下降了 24.7%,2012 年上半年比 2011 年同期下降了 30%。由于汽车销售必须开发票,其销售收入的数据可信度较大,2010 年公司的主营业务收入为 13 862 万元,2011 年的主营业务收入为 10 433 万元,2012 年 1—6 月的主营业务收入为 3 665 万元,销售下降趋势明显。2011 年公司的销售利润为 2.3%,净利润为 166 万元。2012 年上半年的销售利润仅为 21 万元,销售利润率仅为 0.9%。无论销售利润还是销售利润率都较低,且还是急速下降的趋势。

此外,BBB 公司的资产规模急剧收缩,从 2009 年的 8 690 万元下降至 2012 年上半年的 2 789 万元,这对公司今后的发展极为不利,甚至对公司的生存构成了威胁。

BBB 公司曾在 AAA 银行有 3 000 万元、在 AAB 银行有 1 000 万元以汽车合格证为质押开出的银行承兑汇票的授信额度。2009 年,由于国家对汽车行业的扶持及银行票据的扶持,BBB 公司效益较好。但是,公司完全依赖银行授信维持业务的发展,随着 2010 年银行授信的退出,公司的利润下滑严重。根据财务指标分析表,从公司近年来的发展来看,公司的资产负债率偏高,流动比率不高,速动比率逐年下降,说明该公司的偿债能力不强。

从 BBB 公司近 3 年现金流情况(表 4-7)来看,公司的现金流主要来源于主营业务收入,随着银行授信的退出,公司的经营规模和现金流也随之减小,且经营型的现金流缺口逐年增大,而货币资金状况也呈逐渐下降趋势。

就该公司 2012 年上半年的经营情况看,虽有微弱盈利,但较之以前年份已经大幅下滑,自有流动资金缺乏,抗风险能力趋弱。考虑到公司的财务状况不健康,风险控制部建议不予以担保。

CCC 担保公司最终采纳了风险控制部的意见不予以担保。此后又对 BBB 公司的经营情况进行了跟踪了解,得知 2012 年下半年至 2013 年年初,该公司的市场份额进一步下降,资金周转十分困难，销售收入也明显下降。

表 4-7　BBB 公司 2009—2011 年年度财务指标分析

项目		前 3 年数据			2012 年 1—6 月
		2009 年	2010 年	2011 年	
偿债能力	流动负债率(%)	88	87	67.6	58.8
	流动比率(%)	1.08	1.1	1.5	21
	速动比率(%)	0.8	0.7	0.5	−0.12
盈利能力	总资产利润率(%)	3	5.5	5.6	1
	销售利润率(%)	2	3.5	2.3	0.85
	净利润率(%)	1	2	1.5	0.57
	净资产收益率(%)	22	44	15	—
营运能力	总资产周转率(%)	225	182	159	4.86
	应收账款周转率(%)	40	27	27	0.97
	存货周转率(%)	7	5	3.2	1.31
—	销售增长率(%)	—	21	−24.7	−30(上年同期)
	利润增长率(%)	—	182	−49.2	−75(上年同期)

此案例中，担保公司业务部门调查人员也发现了 BBB 公司的一些问题，但没能深入分析，而风险控制部门则对 BBB 公司的行业状况、企业经营、财务状况等进行了细致分析，从而发现了该公司的经营状况恶化的问题。风险控制部门的细致分析为担保公司的业务决策提供了更为充分的参考，使担保公司有效地规避了风险。

案例讨论 ▶▶▶▶

1. 在中小企业融资过程中，担保公司人员如何既能帮助中小企业解决融资难问题，又能控制好自身的经营风险？

2. 在对企业进行调查评审的过程中，应该从哪些方面入手，才能做到对企业行业状况、经营状况的全局把握？

3. 对于企业提供的担保申请资料，担保人员应如何进行深入分析，才能真实反映企业的现金流状况、企业盈利能力和偿债能力，并据此做出正确评判？

复习思考题

1. 信用担保业务的主要业务流程有哪些？各个流程的操作要点是什么？
2. 担保项目资信评估的方法有哪几种？各自的特点是什么？
3. 反担保措施有哪些？各自的优缺点及主要风险点有哪些？
4. 担保业务的损失认定标准是什么？如何处理担保业务损失？

延展阅读

1. 狄娜,叶小杭. 信用担保实务案例. 北京:经济科学出版社,2007.
2. 丁俊峰. 信用担保管理与实务教程. 北京:经济科学出版社,2011.

第五章

信用担保产品与创新

> **学习目标：**
> ➤ 把握信用担保产品的设计理念和开发原则
> ➤ 熟悉信用担保业务的基本品种
> ➤ 了解我国信用担保业务的创新现状

第一节　信用担保产品开发

信用经济活动对于担保的要求是持续不断的,可以认为有信用活动的地方就可能有担保的需求,对担保的需求表现在多方面,应当根据市场需求,设计拓展多品种的信用担保产品。

一、信用担保品种设计理念

担保行为的从属性,决定了担保产品为经济活动防范、分散风险的专业特征。担保品种的选择与设计应当与经济活动的风险控制过程与环节相连接。任何产品都必须以市场需求为前提条件,担保产品也不例外。

对担保产品的需求来自经济活动的风险,买卖双方的权益的不确定性、不安全性,根本原因在于买卖双方的信息不对称性。一般地说,信息对称的交易无须担保,例如,市场上的一手交钱一手交货就无须第三人担保。当然,货币也是信用工具,货币的价值必须是真实有效的,从根本上说银行也承担着保证责任。可以认为信息对称是决定是否需要信用担保的根本条件。开发、设计新的担保品种必须以市场需求为基础,缺乏市场的产品品质再好,也难以成长起来。信息不对称导致经济活动各个主体的不安全感,因此研究开发担保品种必须了解经济活动的过程、特征,不确定性产生的原因和风险的表现形式。

(一) 以企业发展过程来分析风险表现形式

(1) 企业初创期,是风险程度最高的时期,不确定性较多。出资人投资风险、产品研发试制风险、销售市场风险、资金结算风险、经营管理风险、人事管理风险等,任何一种风险的产生都有可能引起创业期的失败。

(2) 企业成长期,虽然闯过了创业期,有一定的经营发展基础,但企业仍面临着可持续经营、发展的不确定性因素。市场竞争、融资筹划、产品创新、人才竞争等风险,都可能会影响企业的成长,甚至会导致企业衰退。

(3) 企业成熟期,抗风险能力增强,但是也不可避免受到来自市场的系统风险影响和产生于自身经营管理的非系统风险的影响。产品竞争、品牌竞争、技术竞争、人才竞争等,以及财务管理、营销管理、经营理念等的失误、失策、失败都可能影响企业的生存与发展。

(二) 以企业经营环节来分析风险表现形式

(1) 产品生产阶段。原辅材料管理、技术设备管理、质量管理、生产过程管理等。尤其是工程建设,涉及的技术、质量、设备、设计、规划、资金等更为庞杂,任何一个环节的失误都可能影响到全局,许多情况可能的损失是难以预计的。

(2) 市场拓展与营销。许多产品都面临着社会化无计划生产的竞争,统一产品的生产过剩可能引发的恶性竞争,又可能导致一些企业的亏损,甚至关系到企业的生存。

(3) 新产品、新技术研发阶段。企业必须创新才能发展,但是创新会有成本,也可能失败,尤其是新产品、新技术的研发,任何企业都不可确保零风险。即使是到批量生产阶段,也难免遇到市场的挑战。

(三) 以企业的扩张发展路径来分析风险表现形式

(1) 募集股份、吸收投资。引进新的资本是企业发展的重要途径,是企业做优、做大、做强的重要条件。但是股本的扩张并非都有正面的作用,也可能产生负面的影响。可能的"资本过剩",使得产能、市场和利润未能实现预期,导致了利润的稀释;股东的利益驱动,可能给经营者带来更多压力。

(2) 联营、合资、兼并、分包。采取这些形式扩大经营规模、范围,提高效益都是值得肯定的。在这一过程中必须考虑风险,对联营、合资、兼并、分包中的"文化差异"可能导致的生产力减法效应,应当有所准备。由于经营理念的不同引发过激行为的案例并不少见。

(3) 对外投资、参股、控股。投资无疑是扩张的重要途径。同时带来的不确定性也在增加,投资风险导致企业衰退甚至破产的案例很多。

信息的不对称性存在于企业经营管理的各个环节、各个方面。从某种意义上说,经营者的风险责任就是争取信息对称最大化,控制不确定信息对决策的影响。可以认为经营可以预见但难以控制的风险,都是担保品可介入的空间。担保品种的选择与设计应当以此为出发点与着眼点。

二、信用担保产品开发原则

经济活动对担保的需求是广泛的,但是并不是所有需要担保的经济活动都适宜担保机构介入,担保机构必须认真选择好介入空间和模式,必须坚持风险可控和损失自留自补原则。

担保机构是一般的有限责任实体,不可能承担无限责任;担保机构必须是可持续经营的,不能让资本被风险造成的损失蚕食,从根本上说,担保机构亏损是影响其生存的硬伤。所以每一个担保品种的设计都必须坚持风险损失可控、损失可以自留自补的原则,应有利润的要求。所以,在设计担保品种时要考虑以下四个因素。

1. 能否把握风险的最大损失结果

了解掌握损失程度的最大化是设计担保品种的底线。例如,工程履约担保,最大的风险是不履约造成的损失,而担保人必须承担再履约责任,而担保机构又无履约能力则成为最重要的风险控制条件。

2. 能否把握保本量

任何产品的市场预期都应当有量本利的分析,才有条件保证可行的经营预算计划。担保品种的量本利分析,也是对市场的预期,达不到预期就可能亏损,而预期亏损的品种就不能推出。

3. 能否把握合理的品种结构

人人都知道不要把鸡蛋放在一个筐里的原则,担保品种也不宜高度集中。在同一机构里应当有若干品种,而品种之间也应当有一定的互补性及"风险对冲"的条件。例如,开展贷款担保的同时也进行票据担保,通过信用证和承兑汇票的往来,可以了解到企业资金的走向和经营状况,有助于掌握贷款使用状况。

4. 能否把握最大的担保规模

担保市场需求可以认为是无限的,但一个担保机构的承载是有限的。担保机构必须量力而行,拓展一个品种应当站在全局性高度分析一下对全盘工作的影响,切忌喧宾夺主,而是应不断地锦上添花、雪中送炭。

这四个原则应当是设计担保品种考虑的原则,充分考虑这四个原则将有助于担保品种推出以后稳定发展。

三、信用担保产品分类

信用经济活动的风险程度决定对信用担保的依赖程度,信用经济活动的过程和方式决定了信用担保的模式和品种。担保已经从债权保障作用,进步为兼有债权保障和金融衍生产品的综合功能。不少金融产品即以创新担保方式为核心,担保逐步发挥其独特的价值。

目前,可以将信用担保分为四类:第一类为融资类担保,它是针对金融活动过程的担保,如对银行信贷担保以及涉及企业债务、信托计划的担保,融资类担保是信用担保的主体;第二类为商业履约类担保,它是针对经济合同履约过程进行的担保,主要分为贸易担保和工程履约担保;第三类为司法类担保,它是为了维护和保证司法程序实现的担保,包括受托人担保、原告担保、被告担保、诉讼资产保全担保等;第四类为员工忠诚担保,主要是针对劳资双方从业尽职关系的担保。

由于信用担保产品众多,本章将重点介绍信用担保的基本产品和有代表性的创新产品。

第二节 信用担保的基本业务品种

一、银行贷款担保

银行贷款按照贷款期限分为短期贷款和中长期贷款,企业一般需提供一定形式的担保才可能取得,担保形式一般包括抵押、质押和信用保证三种。抵押贷款中用于抵押的财产多为房屋、机器和土地等,抵押率通常不超过70%;质押贷款则要求以当事人的动产或权利作为质押物,质押率一般不超过90%;而信用保证方式则需借款人向银行推介(或银行指定)有足够代偿能力的第三方(一般为信用担保公司)为贷款提供保证承诺,同时借款人需向保证人提供足额的对应反担保措施,即抵、质押物或第三人(一般为企业)反担保。这也是担保授信的需求和操作路径所在。

(一)担保授信的对象及条件

借款人应当是经工商行政管理机关核准登记的企(事)业法人、其他经济组织、个体工商户或具有中华人民共和国国籍的具有完全民事行为能力的自然人。企业申请担保授信必须具备以下条件:企业须经国家工商管理部门批准设立,登记注册,持有营业执照;实行独立经济核算,企业自主经营、自负盈亏,生产经营有效益;具有按各项法规、政策数量规定的自有资金;遵守政策法规和银行信贷、结算管理制度,并按规定在银行开立基本账户和一般存款账户;产品有市场,属于适销对路的短线产品或朝阳产业类产品;不挤占挪用信贷资金,并按借款合同中规定的用途使用贷款;恪守信用的要求,即按合同规定的期限、利率还本付息等。

除上述基本条件外,企业申请担保授信还应符合以下条件:有按期还本付息的能力;应当按时在工商部门办理年检;除国务院规定外,有限责任公司和股份有限公司对外股本权益性投资累计额未超过其净资产总额的50%;借款人的资产负债率符合担保授信的要求;申请中期、长期担保贷款授信的新建项目的企业法人所有者权益与项目所需总投资的比例不低于国家规定的投资项目的资本金比例。

(二)银行贷款信用担保的种类

1. 流动资金贷款与信用担保

流动资金担保贷款是为满足中小、微型企业在生产经营过程中临时性、季节性的资金需求,保证生产经营活动的正常进行而提供的一种融资方式。

流动资金担保贷款流动性强,适用于有中、短期资金需求的工商企业或个体工商户等。在一般条件下,银行和担保机构相互依据"安全性、流动性、盈利性"的信贷管理原则与经营管理方针,对企业信用状况、财务指标、担保和反担保措施等因素进行调查、审查,审批后,双向做出担保授信的品种、期限、额度、利率(费率)等决策。其中,中期流动资金担保贷款适用的企业一般为生产经营正常、成长性好、产品有市场、经营有效益、无不良信用记录且信用等级相对较高的企业。

借款人应具备的基本条件主要包括:恪守信用、有按期还本付息的能力,除自然人外应当经工商行政管理机关办理年检手续,已经在拟授信行开立基本账户或一般存款账户;有限责任公司和股份有限公司对外股本权益性投资累计额不超过净资产的50%,资产负债率符合授信人规定的要求等。

流动资金担保贷款主要包括以下四种方式。

(1)流动资金整贷整还担保贷款业务。流动资金整贷整还担保贷款是指贷款人与借款人同时与保证人一次性签订借款主合同和担保从合同,且保证人与借款人设定反担保措施并签署相关文本等,在合同规定的有效期内,借款人一次性"过账"提款,支付时可以采用贷款人受托支付方式或借款人自主支付方式,约定到期时全部归还贷款的一种担保贷款业务。

(2)流动资金循环使用(如比较典型的"厂商银"业务)担保贷款业务。流动资金循环担保贷款是指贷款人与借款人同时与保证人一次性签订借款主合同和担保从合同,且保证人与借款人设定反担保措施并签署相关文本或与借款人的供货方、购买方设定约束条件等,在合同规定的有效期内,允许借款人在额度内多次循环使用,资金每次回笼后再予以额度内支付的一种循环周转性担保贷款业务。特别需要指出的是,"厂商银"担保授信品种,是在流动资金循环使用担保贷款业务的基本操作框架内,由银行向购货方指定的销售商直接付款(银行、购货方与销售商三方需共同签订协议),销售商承诺并且按银行的要求将货物发运到银行指定的泊位或货仓,并由承运单位或仓储单位代为银行监管的特种流动资金循环担保贷款业务。其后期操作路径是:购货方以销售、预售该货物或本企业产成品的款项向银行分批偿还本金,同时对价提取该货物(即原材料或库存商品),本次采购业务实施完毕后,再进入下一个循环过程。

(3)流动资金整贷零偿担保贷款。流动资金整贷零偿担保贷款是指贷款人与借款人同时与保证人一次性签订借款主合同和担保从合同,且保证人与借款人设定反担保措施并签署相关文本后,借款人一次性"过账"提款,且分期偿还本息的一种流动资金担保贷款方式。

(4)中期流动资金担保贷款。中期流动资金担保贷款是指贷款人与借款人同时与保证人一次性签订借款主合同和担保从合同,且保证人与借款人设定反担保措施并签署相关文本等,由贷款人对借款人划账且由信用担保公司担保,期限为一至三年(不含一年含三年)。支付时可以采用贷款人受托支付方式或借款人自主支付方式,借款合同约定到期时全部归还贷款本金的一种流动资金担保贷款业务。其贷款主要用于企业正常的生产和经营周转过程。

2. 中长期项目贷款与信用担保

中长期项目担保贷款简称项目担保贷款,是指由担保公司提供担保且由商业银行划款,用于借款人新建、扩建、改造、开发、购置固定资产投资项目的担保贷款。房地产项目担保贷款也属于项目担保贷款范畴,但所执行的政策有别于一般项目担保贷款方式。

项目担保贷款的对象和流动资金担保贷款的对象相同,基本条件也与流动资金担保贷款的条件一致。但同时必须具备:申报项目符合国家产业政策、信贷政策和"绿色信贷"导向;项目应有国家规定比例的资本金注入;需要政府相关部门审批的项目,须持有有权审批部门的批准文件;借款人信用状况良好,偿债能力强,管理制度完善,对外权益性投资比例符合国家有关规定;针对保证人其借款人能够提供合法有效的其他第三人或项目本身设定抵押等反担保措施。项目担保贷款的特点主要表现在以下四个方面:第一,项目担保贷款支持的项目本身需要按照国家规定的审批程序进行审批,一般要经过立项、可行性研究、初步设计和评估报告等多重审批,需要具备"四证或五证"才能进入施工建设,项目建成后还要由政府有关部门组织竣工、决算、验收等工作;第二,项目担保贷款必须考虑其他建设资金的相互配套,国家规定建设项目必须具有资本金,即投资人的非债务资金,不同行业的项目所要求的资本金占总投资的比例有所不同,而项目担保贷款本身不能作为项目资本金,通常控制的项目资本金必须在30%以上;第三,项目担保贷款期限较长,往往是一次审批、多次转款、利率一年一定,项目担保贷款以整个项目全部资金需求为评审对象并一次审批,放款阶段是根据工程进度和年度信贷计划逐笔划转,合同期限涵盖自项目发放第一笔贷款起至最后一笔贷款还清为止的整个时期,合同利率为贷款第一年利率,以后每年要根据中国人民银行的基准利率进行调整;第四,项目担保贷款的还款来源主要是借款人的税后利润、固定资产折旧、资本化支出的摊销、内源性融资扩张的资金来源以及其他关联的资金流量。

项目担保贷款按其项目的性质、用途、内在属性等区分为以下四种类型。

(1)基本建设项目担保贷款:是指用于经国家有关部门批准的基础设施、市政工程、服务设施和以外延扩大再生产为主的新建或扩建等基本建设项目,由担保机构提供信用担保并由银行发放贷款资金的一种授信方式。

(2)技术改造项目担保贷款:是指用于现有企业以内含扩大再生产为主的技术改造项目,由担保机构提供信用担保并由银行发放贷款资金的一种授信方式。

(3)房地产建设、开发担保贷款:具体包括房地产开发项目担保贷款、房地产建设项目担保贷款和商业用房按揭担保贷款三项(个人住房按揭贷款业务不在此列)。其衍生细化为商品房开发担保贷款、楼堂馆所建设担保贷款、商业用房按揭担保贷款、建筑装修担保贷款、建安设备担保贷款、建安材料采购担保贷款等信贷品种。

(4)企业并购担保贷款:是指针对境内优势客户在改制、重组过程中,有偿兼并、收购国内其他企事业法人和已建成项目及进行资产、债务重组中产生的融资需求,由担保机构提供担保并由银行发放贷款资金的一种特殊授信方式。企业并购担保贷款是一种特殊形式的项目贷款，目前一些银行和大型担保公司正处于积极的探索或尝试阶段。

3. 个人(或称私人)贷款担保授信业务

个人贷款担保授信业务具体包括：商品房按揭/加按/转按揭担保贷款、二手房按揭担保贷款、公积金按揭担保贷款、个人房屋装修担保贷款、汽车按揭担保贷款、贵重消费品消费担保贷款、婚庆消费担保贷款、再就业与创业担保贷款、个人经营担保贷款等。在此系列担保业务中伴随着大量的资金服务项目，各担保机构可依据自身的实际情况和经营水平，对应设计出切实可行的操作流程和实施规范，以便更好地为有社会主义特色的市场经济服务。

二、贸易融资担保

贸易融资是指银行在资本项下向企业提供的资金融通，包括国际贸易融资和国内贸易融资，贸易融资一般需要提供货物所有权凭证、可转让支票、应收账款等作为抵押，因此相对一般贷款融资风险较低。贸易融资是银行储蓄、结算等延伸业务，为企业提供融资便利且资金成本较低。

国际贸易融资包括：短期国际贸易融资(指 1 年内的国际贸易融资，主要有出口信用证打包贷款、进出口押汇、票据贴现、进口信用证开证额度、提货担保等)、中长期国际贸易融资(指 1 年以上的国际贸易融资，主要有出口卖方信贷、出口买方信贷等)以及其他国际贸易融资(主要有国际保理、银行保函、结构性贸易融资等)。

目前国内银行提供的国内贸易融资主要有开立承兑汇票、承兑汇票贴现、国内贸易信用证等。

(一) 贸易融资担保的种类

贸易融资担保是指为企业向银行申请贸易融资而提供的担保。贸易融资担保的需求一般在企业授信额度不足或不能提供银行认可的抵押、质押时出现，方式有进口开证、出口信用证打包贷款、开立承兑汇票等。

1. 进口开证额度担保

企业在进口时向银行申请对外开出信用证，此信用证是对国外卖方提供的银行付款凭证。信用证一经开出，银行即承担了向国外卖方付款的责任，如果企业在货物运到时不支付货款，银行即须代为支付货款。因此银行只有在确保能够从进口企业得到资金偿付时，才会对外开出信用证。一般情况下，银行要求企业缴纳开证担保金(开征额度的 10% 以上)，提供抵押、质押，为进一步降低风险，还要求企业提供第三方信用担保。

2. 信用证打包贷款担保

企业出口时为解决生产资金短缺问题，以收到的国外买方开来的信用证作为抵押向银行申请短期贷款。企业使用贷款资金进行生产、备货、出口，并向银行交单，由银行进行议付，银行将贷款从议付货款中扣除。为控制风险，银行一般只提供信用证金额 40%～80% 比例的打包贷款，同时需要企业提供抵押、质押或担保。

3. 承兑汇票担保

企业在从事国内贸易购买货物时，向银行申请开立承兑汇票(最长为 6 个月承兑汇票)，此承兑汇票作为向卖方提供的银行付款凭证，卖方可在国内对汇票贴现或到期承兑以获得货款。

承兑汇票到期,企业须向银行支付此货款,企业不支付,则由银行代为支付。因此,类似进口开证,银行要确保企业有偿付能力,同时要求企业缴纳保证金(承兑汇票金额的10%~50%),提供抵押、质押或担保。

4. 其他贸易融资担保品种

(1) 应收账款融资担保。企业将应收账款作为质押,由担保机构担保或直接向银行申请融资以支付贸易合同货款。

(2) 仓单或库存货物质押融资担保。企业将仓单或库存货物作为质押,由担保机构担保或直接向银行申请融资以支付贸易合同货款。

(二) 贸易融资担保项目应考虑的主要因素

1. 进口开证担保

(1) 企业的进口业务状况、资信状况、人员素质。
(2) 进口合同真实性,进口商品的市场状况、价格波动情况。
(3) 货物监管条件。
(4) 销售回款情况。
(5) 进口许可证问题等。

2. 出口信用证打包贷款担保

(1) 企业的出口业务状况、资信状况、人员素质。
(2) 出口合同及信用证的真实性,国外买方业务背景及资信,国外开证银行的资信。
(3) 出口商品的市场状况、价格波动情况。
(4) 出口商品的原材料供应、生产、运输、仓储条件。
(5) 货物监管条件。
(6) 出口许可证问题等。

3. 承兑汇票担保

(1) 企业的业务背景、资信状况、人员素质。
(2) 贸易合同真实性,商品的市场状况、价格波动情况。
(3) 货物监管条件。
(4) 销售回款情况。

4. 其他贸易融资担保

(1) 应收账款融资担保
① 企业的业务背景、资信状况、人员素质。
② 应收账款期限及销售业绩。
③ 企业账目及商务记录。
(2) 仓单或库存货物质押担保
① 企业的业务背景、资信状况、人员素质。
② 仓单的真实有效性,商品的市场状况、价格波动情况。
③ 货物监管条件。
④ 销售、回款情况。

(三) 贸易融资担保项目操作流程

进口信用担保、出口信用证打包贷款担保和承兑汇票担保,应收账款融资担保、仓单或库存货物质押担保应采用具有一定特殊性和灵活性的担保流程。

(1) 受理企业担保申请。企业提供企业基本情况资料、贸易合同、信用证格式、进出口许可证等。

(2) 企业资信评估。对企业的资金实力、资信状况、经营能力、人员素质等进行评估。

(3) 项目评估。对贸易融资的资金用途、贸易合同履行的可行性、商品市场、价格变动情况、项目监管操作条件、企业偿付能力等进行评估。

(4) 设置反担保。设置资产抵押、货物或权利质押、第三方信用反担保、个人连带责任担保等。

(5) 采用监管措施。对资金、货物实施监管。

三、工程担保

工程担保实质上是通过保证责任机制,约束合同主体行为,控制和化解风险,保证工程合同履行。其作用是防范工程质量风险、规范从业者的履约行为、防止腐败与渎职、规范建筑市场行为。

(一) 工程担保的原理

1. 工程担保的关涉方

涉及工程担保的三方是履约人(承包商)、债权人(业主)和保证人(担保公司)。担保人保证承包商按合同履约。如果承包商不能履约,保证人可以采用支付业主担保金和代替承包商履约两种措施。

2. 担保人是工程履约第二责任人

工程履约担保合同是一种法律文件,它明确了合同各方的权利和义务。在合同中,保证人向权利人(业主)保证,委托人(承包商)按照合同提出的要求履行职责。如果双方对合同的约定完全满意,保证人就不涉入。如承包商不能按合同履约,签署保证合同的保证人就需承担责任。承包商是承担履约的第一责任人,保证人是第二责任人,在承包商不能履约时代其履行合同。工程保证,是指在进行公共或私人建设工程时,所有投标人必须提供投标保证,保证善意竞标,按标价签约,中标后按所签合同价格提供全额或一定比例的履约保证及相应的其他工程保证,如付款保证、维修保证等。

3. 工程履约担保以合同实现为目的

担保是一种风险转移机制。这种机制是担保公司向债权人(业主)保证债务人(承包商)履行合同。

(二) 工程担保的基本模式

工程担保主要有高保额有条件保函、低保额无条件保函和替补承包商保证担保三种模式。

1. 高保额有条件保函模式

高保额保函就是采用很高的保额来担保一个项目的承发包合同的全部责任。高保额的保函通常采用有条件形式,即只有业主提供承包商违约的证据。例如,监理工程师的报告、仲裁机构的裁决书等,保证担保人才会履行保证责任。这一模式无须对一个承发包合同不同阶段及不同部分的履约责任分别加以担保,通常采用投标担保、履约担保和付款担保。付款担保所担保的是总包商对分包商的支付工程款义务,也是公共投资项目业主对处于合同关系中劣势地位的分包商的一种法律援助。100%的履约担保和付款担保实际上覆盖了预付款担保、维修担保、保留金担保等名目繁多的各担保品种。

2. 低保额无条件保函模式

保函保额较低,通常为工程总投资的20%~30%。由于保额较低,采用无条件形式,即业主只要致函担保公司声明承包商违约,而无须提供任何证据,担保公司即履行保证责任。与高保额保函模式相比,低保额保函模式更容易由市场自发形成。所以,在保证担保制度主要受习惯所形成、而非政府强制性推行的国家和地区,低保额保函是主要的担保模式。

3. 替补承包商保证担保模式

替补承包商保证担保是在业主与中标的承包商签订合同时须事先约定好一位替补承包商作保证人,保证若中标人不能履行合同,则由该承包商代为履行。替补承包商一般由参加同一项目投标但未中标的承包商担当。

4. 工程担保模式的比较

高保额有条件保函模式是工程承包保证担保制度的主流模式。但推行这种模式需要有成熟的保证担保市场,需要有足够的保证担保容量。目前许多国家广泛采用低保额模式和替补承包商模式。低保额保函可以降低承包商投保的门槛,而替补承包商又能弥补一些承包商在施工义务履行方面的问题,若能以一定的机制纠正其弊端,也是对担保市场容量的补充,可以将这些模式作为推行工程承包保证担保制度的一种补充和过渡。有担保的替补承包商担保模式,承包商须向业主提交另一建筑企业(替补承包商)承诺在该承包商违约时代为履约的保证书的同时,还需提交由专业保证担保机构对该替补承包商承包的高保额有条件保函或低保额无条件保函。替补承包商的保证担保还必须与由专业保证担保机构承担的保证担保相结合,以担保承包商或替补承包商的清偿能力。

(三) 工程担保的典型品种

1. 工程履约担保

工程履约担保是通过工程履约保函对承包商履约担保的一种形式,通常由银行或信用担保机构应承包人的要求向发包人出具,承诺当承包人违约时向发包人支付保函中所列的违约款项,以保证发包人能得到相应救济的保证文件。履约保函的主要作用是保证承包人按合同约定的质量、标准和工期条款完全履行合同。建立履约保函制度对促使承包人履约,防止承包人违约,督促承包人履行合同义务具有重要的制约作用。

由于银行在出具履约保函时,作为一项授信业务均要求承包人提供按合同金额的10%~15%的保证金,同时要求承包人落实银行能够接受的担保措施。这个资金垫付的制约"瓶颈",就给担保公司的业务介入提供了契机。此时,担保公司(或间接通过银行)出具履约保函,可以要求承包人仅提供按合同金额5%的保证金(或免保),并由担保公司承担全责保证。与此同时,担保公司要求承包人相应提供抵押、质押或第三方保证等一项或多项反担保措施,双方签订履约保函担保合同后,向发包方出具履约保函。履约保函的格式主要包括:保证的范围及保证金额;保证的方式及保证期间;承担保证责任的形式;代偿的安排;保证责任的解除;免责条款;争议的解决;保函的生效等相关条款。具体的文本格式可以借鉴投标保函范本说明,二者之间大同小异。

2. 工程招投标保函

工程招投标保函业务的授信风险远远低于工程履约保函品种,在具体实务中仅针对工程招投标保函的保证金额度和资质能力等风险要素予以控制。担保公司(或间接通过银行)出具工程招投标保函,可以不要求投标人直接提供保证金即予以"免保"(或由担保公司提供保证金的资金"过桥"授信业务),并由担保公司承担全责保证。与此同时,担保公司对应招标方的保证金额度和资质能力等要求,相应责成投标人提供足额、充分的抵、质押物或第三方保证等反担保措施,并按招标方的限定要求对投标人进行资质能力等方面的审核,审查通过后担保公司与投标人双方签订投标保函担保合同,然后向招标方出具投标保函。具体的投标保函格式文本可参考如下。

投标保函　　　　编号:_____

××(招标人):

鉴于××(以下简称投标人)参加某项目投标,应投标人申请,根据招标文件相关规定,我公司愿就投标人履行招标文件约定的义务以保证的方式向贵方提供如下担保。

一、保证的范围及保证金额

我公司在投标人发生以下情形时承担保证责任:

1. 投标人在招标文件规定的投标有效期内,即　　年　　月　　日至　　年　　月　　日内未经贵方许可撤回投标文件;

2. 投标人中标后因自身原因未在招标文件规定的时间内与贵方签订《建设工程施工合同》;

3. 投标人中标后不能按照招标文件的规定提供履约保证;

4. 招标文件规定的投标人应支付投标保证金的其他情形(注:招标方特殊限定情况下);

我公司保证的金额为人民币____元。

二、保证的方式及保证期间

我公司保证的方式为:连带责任保证。

我公司的保证期为:自本保函生效之日起至招标文件规定的投标有效期届满后　　日,即至　　年　　月　　日止。

投标有效期延长的,经我公司书面同意后,本保函的保证期间作相应调整。

三、承担保证责任的形式

我公司按照贵方的要求以下列方式之一承担保证责任:

1. 代投标人向贵方承担投标保证金为人民币____元之保证责任;

2. 如果因投标人违约而贵方选择重新招标,我公司向贵方支付重新招标等相关费用,但支付金额不超过本保证函第一条约定的保证金额,即不超过人民币____元。

四、代偿的安排

贵方要求我公司承担保证责任的,应向我公司发出书面索赔通知。索赔通知应写明要求索赔的金额,支付款项应到达的账号,并附有说明投标人违约造成贵方损失情况的证明材料。

公司收到贵方的书面索赔通知及相应证明材料后,在____个工作日内进行核定后按照本保函的承诺承担保证责任。

五、保证责任的解除

1. 保证期届满贵方未向我公司书面主张保证责任的,自保证期届满次日起,我公司解除保证责任。

2. 按照法律法规的规定或出现应解除我公司保证责任的其他情形的，我公司在本保函项下的保证责任亦解除。

我公司解除保证责任后，贵方应按上述约定，自我公司保证责任解除之日起＿＿＿个工作日内，将本保函原件返还我公司。

六、免责条款

1. 因贵方违约致使投标人不能履行义务的，我公司不承担保证责任。

2. 依照法律规定或贵方与投标人的另行约定，免除投标人部分或全部义务的，我公司亦免除其相应的保证责任。

3. 因不可抗力造成投标人不能履行义务的，我公司不承担保证责任。

七、争议的解决

本保函发生的纠纷，由双方协商解决，协商不成的，通过诉讼程序解决，诉讼管辖地法院为——法院。

八、保函的生效

本保函自我公司法定代表人（或其授权代理人）签字或加盖公章并交付贵方之日起生效。

保证人：
法定代表人（或授权代理人）：
　　年　　月　　日

3. 付款担保

设定付款担保的目的是为分包商和材料供应商提供保障。付款担保的设定与美国法律中的"建设者的留置权"密切相关。建设者的留置权是一种法定权利，它规定承包商、分包商、材料供应商乃至普通工人，只要其对工程投入了合同要求的劳务或提供了材料设备，而未得到合同要求的付款，就可以对承建的建筑物行使留置权，通过对在建工程的拍卖，所得款项优先支付所欠工程款和材料款。这一权利使业主对物业的所有权和自由处分权受到了妨碍。

进度付款担保是一种付款担保的替代品，它保证在获得业主如约支付工程款的前提下，承包商对所完成的工程，公布向分包商和材料供应商等拖欠的工程款，其责任以承包商从业主那里得到的工程款总额为限。这种创新的担保品种可以将预付款担保所覆盖的责任也包括进去。以业主的付款额为限设定对分包商和材料供应商的担保，可以便于担保机构操作，因为担保机构可以要求承包商直接以业主的付款设定抵押，既避免了承保风险，又无须占用承包商的信用额度，是一种解决工程款层层拖欠的一种折中办法。

4. 工程质量和质量保证金担保

工程质量担保作为一项担保制度起源于美国，至今已有一百多年的历史。工程质量担保采用市场经济的手段，引入保证人作为第三方对建设工程中质量约定的履行进行监管并承担相应的责任，是促使参与工程建设各方守信履约的一种风险监管机制。

目前，许多国家都在建设法律、法规中对于工程担保制度做出了专门规定，许多国际组织和许多国家的行业组织在标准合同中也具体包含有工程质量担保的相关条款，在工程建设项目中实行工程质量担保制度已经成为建设工程风险控制的一项国际惯例。在我国，工程质量担保制度还处于启蒙、探索阶段，许多省市都在积极地进行相关的立法工作，在未来一定时期内,工程质量担保制度将会得以丰富、发展并完善。下面介绍长安信用担保公司在工程质量担保和工程质量保证金担保业务方面的一些有益探索,供其他担保机构在开展此类担保业务时予以参考或借鉴。其具体业务流程是:购房人在与开发商签订商品房买卖合同后,可以得到一份由长安信用担保公司(保证人)出具的房屋质量保修保证担保承诺书。在开发商(被保证人)将房屋交付购房人(权益人)使用时,长安信用担保公司将向购房人正式出具一份房屋质量保修保函。保证期间按照商品房买卖合同和房屋质量保修保函所规定的保修项目的保修期限划分。对应保修项目的保证期限到期时,该部分的保证责任自动解除。

发生保函项下的违约责任时,权益人可以按照房屋质量保修保函相应条款提出索赔。保证人在核实并确认被保证人违约及其造成的损失后,依照主合同和保函的约定承担其保证责任。权益人提出索赔时,由保证人对责任和损失进行核定,对核定结果没有争议的部分可先行赔付,对有争议的部分由保证人牵头与权益人和被保证人协商处理措施和结果。协商不成的,可以委托经权益人、被保证人和保证人三方协商选定的鉴定机构对质量责任和损失进行鉴定,做出质量问题和直接损失的鉴定书,并且保证人予以先行赔付,然后再追偿被保证人的代偿损失额及违约责任。

质量保证金担保业务是施工方(被保证人)在与开发商(权益人)签订建设工程施工合同后,可以得到一份由长安信用担保公司(保证人)出具的工程施工质量担保承诺书;在开发商(权益人)与施工方(被保证人)共同进行工程项目竣工验收后,长安信用担保公司将向开发商正式出具一份工程质量保证金担保函。保证期间按照建设工程施工合同和工程质量保证金担保函所规定的工程质量保证项目及保修期限划分。对应质量保证项目的保证期限到期时,该部分的保证责任自动解除,并责成开发商及时划转相应的工程质量保证金额度给施工方。如果质量维护损失超出"工程质量保证金"限额时,保证人予以先行赔付给开发商,然后再追偿被保证人的代偿损失额及违约责任。

5. 其他工程担保品种(预付款担保、保留金担保、进度款担保、维修担保等)

预付款担保和保留金担保是两种在传统的低保额模式下最为常见的担保品种。这两个担保品种的一个共同特点是,业主在合同规定的支付责任到期前提前将款项支付给承包商,以帮助承包商改善流动资金状况,增强对项目的履约能力。然而,为了确保自己的权益不因提前支付承包商而遭受损失,业主在付款时会要求承包商保证,在得到这些支付后承包商会将款项用于完成工作的各种正当开支和履行自己的义务,如购置材料、支付工人工资、支付分包商、修复已完工工程的缺陷等,否则业主有权收回这些预付款项,或自己另行代为支付后从保函中追回。这些担保义务在业主对承包商的支付责任到期后自动解除。如预付款是在进度款中逐月扣回,则预付款担保的金额就逐月减少,而保留金的支付责任则是在签发责任证书颁发以后,所以,保留金保函的担保责任就在缺陷责任期满后解除。

预付款担保和保留金担保的担保责任范围既有承包商对业主的合同履行责任,又有一定的承包商对第三方的支付责任,所担保的条件是货币性的赔付责任,所以,这两种保函通常都只能是无条件保函。这两种保函在低保额模式下非常流行,主要因为其弥补了低保额模式下履约保函赔付金额的不足,同时,也能起到一定的付款担保的功效。但保证人为了控制自己的风险,有权要求业主将预付款存入自己可监控的项目专用账户;对于提交 10% 的履约保函的情况,业主在支付预付款时应要求承包商提交预付款担保。保留金保函的应用也采用同样的原则。

维修担保是一种不常用到的基本担保品种,因为履约担保、保留金担保等已经覆盖了它的担保责任范围,除非履约担保责任期到工程竣工即告结束,或业主对工程的某部分品质的担保期限要求超出一般履约担保的责任期限,才会单独对此要求维修担保。所以对维修担保可不作强制性要求。

四、诉讼资产保全担保

诉讼财产保全在当前的司法实践中已越来越多地被采用,因财产保全不当造成公民、法人或其他组织财产损失的情况也时有发生,如何保证这一法律手段的正确适用是司法实践中的重要课题;同时潜在的市场需求也为担保机构开展诉讼保全担保业务提供了展现的机会。

(一) 财产保全诉讼的概念及种类

1. 财产保全的概念

财产保全是在诉讼中或诉讼前指遇到有关的财产可能被转移、隐匿、毁灭等情形,从而可能造成对利害关系人权益的损害或可能使法院将来的判决难以执行或不能执行时,根据利害关系人或当事人的申请或人民法院决定,而对有关财产采取的保护措施。其意义在于保护当事人的合法权益,维护人民法院判决的权威性。

2. 财产保全的种类

财产保全分为诉前保全和诉讼保全。

(1) 诉前保全。诉前保全是指在诉讼发生前,人民法院根据利害关系人的申请,而对有关的财产采取保护措施的制度。诉前保全的适用应当符合一定的条件。其实质要件是利害关系人与他人之间存在争议的法律关系所涉及的财产处于情况紧急的状态之下,不立即采取保全措施有可能使利害关系人的合法权益遭受不可弥补的损失;其程序要件是必须由利害关系人向财产所在地的人民法院提出申请;还有一个重要的条件是,诉前保全的申请人必须向人民法院提供担保,如果不提供的,人民法院可以驳回申请。人民法院在接受申请后,对诉前保全,必须在48小时内做出裁定。诉前保全措施采取后,如果利害关系人在15日内未起诉,则保全措施解除。

(2) 诉讼保全。诉讼保全是指在诉讼过程中,为了保证人民法院的判决能够顺利实施,人民法院根据当事人的申请,或在必要时依职权决定对有关的财产采取保护措施的制度。诉讼保全担保的适用,也应当符合一定的条件,其实质的要件是存在各种主客观原因可能使将来人民法院做出的判决难以执行的情况;其程序要件是在诉讼中由当事人向受诉人人民法院提出申请,或由人民法院依职权决定;人民法院可以责令申请人提供担保,申请人不提供担保的,人民法院可以驳回申请。

可以看出,诉前保全和诉讼保全的区别,主要表现在以下几个方面:

一是提出的时间不同,诉前保全在诉讼开始前提出,诉讼保全则在诉讼开始后提出;

二是产生的方式不同,诉前保全必须由申请人提出申请,诉讼保全则有些情形由法院依职权决定;

三是提供的担保方式不同,诉前保全的申请人必须提供担保,诉讼保全中人民法院可以责令当事人提供担保,有人民法院不要求提供担保的情形存在。

(二) 财产保全的范围、措施及解除

根据我国民事诉讼法的有关规定,财产保全的范围限于请求的范围和与本案有关的财务。

保全的财产的价值应与诉讼请求的数额相当;与本案有关的财物是指本案的标的物、可供法院将来执行判决的财物或利害关系人请求予以保全的财物。

根据我国民事诉讼法的有关规定,财产保全的措施有:查封、扣押、冻结或法律规定的其他方法。人民法院查封、扣押被申请人的财产,应当妥善保管。被查封、扣押的财产原则上任何人都不得使用、处分,但是如果查封、扣押的是不动产或特定财产,如果由当事人负责保管的,其仍然可以使用,但不得处分。人民法院对不动产或不易提取、封存的动产采取查封、扣押措施时,可以采取扣押有关财产权证照的措施,并通知有关产权登记机关在财产保全期间不予办理该项财产转移手续。需要指出的是,人民法院对抵押物、留置物可以采取保全措施,但抵押权人、留置权人有优先受偿的权利。所谓法律规定的其他方法,根据最高人民法院的司法解释,主要是限制被申请人的到期收益或到期债权的行使,人民法院对被申请人的到期收益可以采取限制其支取的措施,如果被申请人的财产不能满足保全请求,且对第三人有到期债权,人民法院可以依照申请人的申请,裁定该第三人不得对本案债务人清偿,该第三人要求偿付的,由人民法院提存财物和价款。

财产保全措施解除的原因有:诉前保全的申请人在人民法院采取保全措施后15日内没有起诉;被申请人向人民法院提供担保;申请人在财产保全期间撤回申请,人民法院同意其撤回的;被申请人依法履行了人民法院判决确定的义务,财产保全已经没有实际存在的意义;被申请人申请复议,人民法院做出新裁定,撤销原财产保全裁定。在司法实践中,对被申请人的银行存款予以冻结,如果超过了六个月,而当事人没有要求人民法院继续冻结的,原冻结措施自动解封。

(三) 财产保全担保的概念及方式

1. 财产保全担保的概念

财产保全担保就是申请人在申请财产保全时向人民法院提供的担保,如果因保全错误导致被申请人或案外人造成损失,申请人或担保人应予赔偿的制度。在司法实践中,相应的把财产保全担保分为诉前保全担保和诉讼保全担保。在提供担保方面,诉前保全与诉讼保全有所不同,诉前保全的申请人必须提供担保,如果申请人不提供担保的,人民法院可以驳回其申请;诉讼保全中人民法院可以责令当事人提供担保,也就是说存在人民法院不要求提供担保的情形存在,当然如果人民法院责令申请人提供担保,而申请人拒不提供的,人民法院也依法驳回其申请。

2. 财产保全担保的方式

在目前民事诉讼法立法中,对财产保全担保的规定内容很少,因此在司法实践中,各地法院对财产保全担保的要求也不一样,有的法院要求申请人提供实物资产形式的担保,比如采取扣押动产、不动产证照的方式;有的法院要求申请人提供全额或部分保证金的方式;有的法院采取第三方信用函的方式,等等。

(四) 财产保全担保责任

《民事诉讼法》第九十六条规定,财产保全"申请有错误的,申请人应当赔偿被申请人因财产保全所遭受的损失"。这对于约束当事人审慎地提出财产保全申请,防止当事人滥用诉讼权利,避免诉讼侵权有着重要的意义。但应如何正确认定因财产保全造成的损失,赔偿的标准及程序等,法律都未作进一步的规定,这不仅造成了审判实践中操作的困难,也给该法律规定的落实带来了不利。民事诉讼法同时又规定了财产保全担保制度,也就是说,如果造成申请错误,申请人又向人民法院提供担保的,担保人要承担赔偿责任。

只有被申请人或案外人遭受了实际损失,才有权要求责任人作相应的赔偿。因为这种赔偿是一种民事赔偿责任,民事赔偿责任的特征之一便是补偿性。所以,实际损失的存在不仅是认定财产保全造成损失必须具备的要件,也是追究错误申请人民事责任的要件。实际损失,应当是已经出现或必然发生的物质财富的毁损或减少,包括现有财产的损失与可得利益的损失。一般而言,申请财产保全的当事人败诉,都可能会给被申请人造成损失。

在实践中,因错误申请财产保全造成损失的情况,主要有以下几种。

(1) 申请人对被申请人的资金、实物、账户申请保全措施,影响被申请人的正常生产经营活动,使其在利润上遭受损失。

(2) 由于财产保全,扣押、查封了被申请人的某项财物或产品,使得被申请人不能履行与他人的合法合同,而致其承担违约责任遭受损失。

(3) 申请人申请对某项特定物进行财产保全,使被申请人无法从事某项特定活动而造成损失。

(4) 申请人故意或过失申请对案外人的财产进行保全,从而造成了案外人的财产损失(这种情况在诉前保全中较易出现)。

(5) 因错误地申请财产保全,致使被申请人在商业信誉、企业形象上遭受损失。

(五) 财产保全担保业务的程序

1. 项目受理

承做财产保全担保业务,必须配备专业法律人才,保证业务人员与案件当事人及人民法院在业务沟通上不存在知识障碍。业务人员受理财产保全担保业务时,须要求当事人提供下列资料:起诉书、证据材料、财产保全申请书、身份证明等材料。

2. 项目审核

业务承做人员在承做财产保全担保业务时,要对当事人提供的全部材料进行审核,注重对案件基础法律关系的分析,分析是否符合人民法院受理案件的条件,准确判断申请人胜诉的把握有多大,确定拟采取的保全措施的具体方式,查清财产保全措施标的物的权属,最后评价担保人潜在担保风险的可控程度。

3. 出具担保函

在认真分析的基础上,向人民法院出具担保函。

五、忠诚担保

忠诚担保是保证担保的一种,也称为犯罪担保或忠诚保证担保。忠诚担保,是担保机构为雇用机构提供对其雇员忠诚履行职责的担保。

(一) 忠诚担保产生的背景和适用环境

忠诚担保产生于英国。19世纪中叶,伦敦的"保证担保公司"是向雇主提供由于雇员犯罪给其造成损失担保单的第一家担保公司。最先为这一担保分支确立标准的是美国。

在自然经济条件下,雇主与雇员在多数情况下处于一个比较固定的区域,雇主对雇员本来已有了解或者信任,而且经济活动也比较简单,这样就没有由专门机构提供第三方担保的需要。但是,在这个时期也存在通过保人举荐雇工的情形,保人一般也并不承担严格意义上的法律责任,保人一般只承担道义和道德上的责任。

19世纪中叶,随着英国工业革命进入如火如荼的阶段,大批破产农民涌入城市寻找工作,而雇主对雇员缺乏了解和信任。媒体上有关违反诚信给公司造成令人震惊损失的消息引发了一个新险种的出现。于是,审计员和会计公司认为,他们不仅应当通过中介机构减少因不当行为而产生的损失,而且应当通过担保限制那些不可避免的损失。这样忠诚保证担保最早就在英国应运而生了。而在美国,随着移民的涌入,大规模的发展,新的经济领域的开启,大规模的建设施工,使得传统的雇主、雇员关系破碎并逐渐消失,寻求第三方担保成为雇主的现实需要。

起初,雇主保护他们自己免受因破坏行为导致的损失,采用雇员交纳现金担保或储存现金的方式。通过现金担保的方式是原始的概念,不能适应现代经济发展和财富集聚企业家之手的需要。忠诚担保的出现也就成为补充雇员信用,保障雇主所有权的必要的制度安排。

德国赫尔姆斯担保公司的忠诚担保从1917年成立时起就开展这方面业务。赫尔姆斯承担在险单有效期间因偷窃、挪用、诈骗、违反信用、计算机诈骗或者其他故意行为等法定侵权行为造成损失的赔偿。

1971年,该公司开办的计算机诈骗担保和其他品种的发展,标志着忠诚担保新的发展。该公司认为忠诚担保很有市场需求。德国犯罪统计显示,违反诚信的个案在1991年达到435 000件之多,总计损失达40亿德国马克。8年以后这个数字已经翻倍:833 000件案件,95亿德国马克的损失。另外,大量的案件没有公开,因为很多公司担心此类案件付诸公众讨论会带来坏的声誉。如果把没有公布的个案和已知但没有解释其缘由的个案统计起来,其总数要高很多。于是年复一年,资本不能有效地发挥作用,由于雇员的不当行为对资本造成损失,仅在公司破产之后才反映出来。为避免这种情况的发生,许多公司认为应当采用忠诚保证担保。

(二) 忠诚担保的内容

1. 可担保的行为

根据国际上忠诚担保业务的经验,忠诚担保的内容一般包括:
(1) 直接由被担保人造成的损失;
(2) 第三人造成的损失,但被担保人负有法律责任的;
(3) 外部人员直接用非法手段操作投保人的电子数据,从而获取收益,使得投保人财产受到损失的。

担保机构在担保额范围内,或直接损失的20%以内赔偿投保人经证实的确认损失的成本和追诉成本两方面的损失。

2. 可担保的雇员

被担保人是在损失事件发生时,由雇用合同或服务合同所雇用的人,包括:
(1) 雇员,包括临时雇员、学徒和受训者;
(2) 经理和董事会成员,持有不超过公司15%的股份;

(3) 根据投保人的要求,在投保人的工作场所工作,类似于雇员的人或公司(如保安人员、后勤人员、清洁人员)。按照合同,这些人在投保人的工作场所工作时,被认为是被担保人。当投保人没有其他渠道得到这类损失补偿时,担保公司给予赔偿。

任何一家公司直接或间接持有另一家公司 50% 以上的股份,它们可以共同名义投保。

3. 赔付条件

忠诚担保的赔付是有条件的,其赔付条件一般有以下几种情况。

(1) 由投保人提供了可确认的被担保人,并且犯有过失之名,在损失数额确定后才能给予赔偿。

(2) 如果担保损失不能确定,赔付也可根据担保条款假定一个数量支付,但要立即向警察当局报告损失。在调查结束时向担保人出示以确定实际赔付。

(3) 当计划存货和实际存货不符时,如果没有差异或统计数字合理的解释,不能认定为故意品行问题。

(4) 由被起诉人责任引起损失的,应由其支付赔偿,而不由担保公司履行。

4. 免责条款

忠诚担保保单应当包括一定数量免责条款,下列类型的损失不包括在内。

(1) 投保人已经知道损失是由被担保人在投保前的不法行为引起,而试图将其包含在保单之内的。

(2) 损失在保单有效存续期间,但是在事故发生与报告时间之间超过两年的。

(3) 由投保人造成的利润损失、合同违约罚款、行政罚款及突发事故造成的损失。

(4) 由人员受伤导致的罚金。

(5) 可以依据火灾、抢劫、入户盗窃保险的条款和条件得到赔偿的损失。

(6) 由合作伙伴个人负责或者掌握多于公司 15% 股份的合伙人或他们的配偶及子女引起的损失。

(7) 损失是由被担保人引起的,但如果这种损失不是为了他们自己得到非法金钱利益而加害于投保人。如果被担保人仅是为了得到更多的报酬(薪金、指导费等)则不被认为是为了牟取非法金钱利益。

5. 担保总额和担保费

忠诚担保可根据不同情况确定担保总额和适当的担保费率。被担保人的数量、计算机系统的规模和容积、公司结构和安全保障方法都在保费计算中起到关键作用。理解风险将有助于决定担保总额。尽管确定担保总额有很多困难,但它非常重要,因为忠诚担保的运作基于清晰的担保总额。

担保于保单约定的日期生效,在保单有效期间内第一次被雇用的人,当其开始为投保人工作时,自动成为被担保人,但在工作当年不用支付担保费。

对曾导致担保损失的被担保人,其将来任一行为的担保终止于担保人知道其先前非法行为之时。

当被担保人辞去在投保人单位的工作时,担保将在他们对投保人责任终止后 30 日内到期。对共同担保的公司,担保将于对多数股东停止担保之日到期。对其他情况,保单将于到期之日失效。

总而言之,忠诚担保是细致而严谨的工作。分析风险需要理解公司结构、计算机系统、安全系统和内部规章、业内状况等因素。这些都是必须考虑的因素,对于评估损失是很重要的。

第三节 信用担保机制创新

从20世纪90年代末开始,以解决中小、微型企业融资难为初衷的中小企业信用担保体系正式启动。但发展至今呈现出许多机制上的先天不足问题,诸如个体担保能力"瓶颈"制约、个别担保机构畸形放大担保倍数、代偿能力缺失即"只担不保"、担保授信中的"马太效应"等问题,直接导致对各类企业或个体工商户等的支持力度不够,担保支撑的宏观经济杠杆效能被极度弱化,担保机制的系统性制度安排比较缺位,并孕育了极大的体系内风险要素。这样,配套构建共同担保和再担保的机制与运作模式就成了目前亟待解决的课题。

一、共同担保机制与模式创新

(一)对银行业银团贷款方式的借鉴

银团贷款又称为辛迪加贷款(Syndicated Loan),是指由两家或两家以上银行基于相同贷款条件约定,依据同一或分项贷款协议,按约定时间、比例、保证措施等,通过代理行(或牵头行)或直接向借款人提供的本外币贷款或授信业务。而国际银团是由不同国家的多家银行组成的银行集团。银团贷款产品服务的对象为有巨额资金需求的大中型企业、企业集团、跨国公司和国家重点建设项目等。

银团贷款的运作包括直接式银团贷款和参与式银团贷款两种形式。直接式银团贷款是指数家银行基于相同贷款条件约定,依据各自贷款协议、约定时间、额度比例、保证措施等,直接向借款人提供本外币贷款或其他授信业务。每个授信行直接对应监管发放贷款的资金使用、利息收取和到期还款业务等。

参与式银团贷款是指数家银行基于相同贷款条件约定,依据同一贷款协议,按约定时间、额度比例、保证措施等,通过代理行或牵头行间接式向借款人提供本外币贷款或其他授信业务。代理行(或牵头行)负责监管所发放总贷款额的资金使用、利息收取和到期还款业务等;参与行要向代理行(或牵头行)支付一定额度的管理费,出现逾期、坏账时,各家银行自己承担其损失额。通过以上对银行业银团贷款方式的介绍,我们可以在信用担保实践中加以有效借鉴。

应该说,共同担保(或称联合担保)是基于对银团贷款方式的借鉴而派生出的一种担保新品种。由于目前我国的担保机构绝大多数注册资本或净资产规模较小(大多数都介于0.5亿~1亿元之间),很多业务均受到担保能力等制度性的"瓶颈"制约。例如,融资性担保公司暂行管理办法中规定,融资性担保公司对单个被担保人提供的融资性担保责任余额不得超过净资产的10%;对单个被担保人及其关联方提供的融资性担保责任余额不得超过净资产的15%;对单个被担保人债券发行提供的担保责任余额不得超过净资产的30%;同时限定了融资性担保公司的融资性担保责任余额不得超过其净资产的10倍。而许多经营效益很好的申请借款企业由于受到行业自身特点的影响,抵、质押物并不充分(如商品批发流通业、物流业、建筑安装业等),无法直接满足银行的信贷标准。这样,就为担保公司的业务介入提供了依存空间。

同时,某些申请借款的企业一次性资金需求的头寸比较大,一家担保公司提供保证,既受到上述制度性的"瓶颈"约束,又可能被拟贷款银行不认可。所以,共同担保授信方式就成为必要和可能。

(二) 共同担保的机理与运作模式

所谓共同担保,是指由两家或两家以上的信用担保公司组合直接针对同一授信项目、同一交易履行等业务而提供的共同履约保证。共同担保的各担保人在事先约定的相应担保责任限度内,承担对应的保证之责。共同担保与再担保均具有分散风险、缩减并控制担保责任余额、确保担保机构持续稳定经营的功效,但共同担保又具有扩大担保机构经营业务范围、保证担保机构的担保偿付能力以及能够放大担保倍数的特殊效能。

共同担保与再担保二者之间也存在着明显的区别。共同担保仍然属于直接担保,是直接担保的一种特殊形式,是风险的第一次分散。因此,各共同担保人仍然可以实施再担保。而再担保是在原担保基础上进一步分散风险,是风险的第二次分散,是通过转移或分解担保责任使风险分散更加具体化和外延化。

共同担保具体的运作模式,可以分为项目总额约定比例担保和项目分解对应提供担保两种形式。

1. 项目总额约定比例担保模式

所谓项目总额约定比例担保,是指在担保授信总额范围内,数家担保机构协商约定各自的担保责任额度,数家担保机构共同作为反担保措施的受益人。而担保取费、逾期代偿、坏账净损失的承担、反担保措施处置的追缴清偿受益,均按约定的担保责任比例执行。担保授信具体操作业务中,在银行与借款人贷款合同主合同项下,与银行签订共同担保从合同。同时,作为共同抵、质押权人(共同受益人)与借款人(抵、质押人)共同签订抵、质押合同或第三人反担保合同。

2. 项目分解对应提供担保模式

所谓项目分解对应提供担保,是指在担保授信总额范围内,数家担保机构协商约定分解成若干个具体分项目,各担保机构对应承担已接受的分项目担保责任额,银行也必须按分项目设置账户并对应担保额度值予以划款的支持。担保人与借款人自行设定反担保措施,独自承载担保取费、逾期代偿、坏账净损失的承担、反担保措施处置的权利和义务。担保授信具体操作业务中,在银行与借款人贷款合同主合同项下,各家担保机构分别与银行签订信用担保从合同。同时,作为抵、质押权人与借款人(抵、质押人)对应已确定的标的,各家担保机构分别与借款人签订抵、质押合同或第三人反担保合同。在实际业务中,这种方式难以操作并很难得到贷款行的配合或认可。

3. 银行风险控制与共同担保的操作路径

(1) 银行有效控制共同担保授信风险的特殊措施

首先,银行应选择并准入由监管部门颁发融资性担保经营许可证的担保机构,组成其共同担保体,项目共同担保体内各保证成员之间承担无限连带保证责任。其次,授信银行与共同担保体共同签署共同担保协议,协议明确了第一保证和第二保证等顺序责任。如果出现逾期代偿时,由第一保证责任人负责先按逾期损失额全额代偿,代偿后第一保证责任人再按逾期损失额应分摊的代偿额度,追偿第二或其他保证责任人的保证责任。梯次代偿完成后,共同担保体统一再处置借款人的反担保标的物,并予以最终追偿。这样,就避免了代偿责任界定的可能模糊性或推诿性,并确保了代偿的及时性。

需要特别指出的是,第二、第三保证责任人,必须向第一保证责任人支付其保费收入的5%~10%作为牵头主办的管理费。

由于有多家担保公司共同承担融资保证责任,担保额度清晰,风险按责任进行分摊并按顺序代偿,从而有效地降低独自承担担保的风险。银行通过这样的方式将风险和贷后管理成本有效地转嫁到共同担保体中。

(2) 共同担保时反担保措施的设定与授信品种

如上所述,许多经营效益很好的申请借款企业由于受到行业自身特点的影响,抵、质押物并不充分,无法直接满足银行的信贷标准。这样,共同担保业务的及时介入就成为久旱甘露。此时,反担保措施的捆绑设定应体现复合性和涵盖充足性,且数家担保机构应共同作为反担保措施的直接受益人。其反担保标的物设定的先后顺序一般为:企业厂房、办公楼、设备等设定抵押,企业法定代表人和高管个人房屋设定抵押并承担无限连带责任保证,提供第三人反担保,股权质押、仓单质押、应收账款质押、存货发出"定额循环监控式"质押等。而授信品种应以流动资金担保贷款、签发银行承兑汇票担保授信和开具信用证担保授信为主要特征。

[相关案例]

兴业银行作为全国首家"赤道银行",为了体现绿色、环保金融的经营理念,着力扶持"节能环保和资源再生产(利用)"项目产业集群,强化金融服务产品的创新与银行、担保业集约营销策略,为环嘉集团有限公司提供了2亿元人民币的综合授信。

环嘉集团有限公司(拥有六个全资或控股子公司)是在国家倡导循环经济、建设节约型社会的大环境下成立的,其主要从事废钢、有色金属、废塑料、废纸张、废玻璃等废旧物资的回收、分拣、调剂、集散、加工及销售业务。目前,已成为当地再生资源行业的龙头企业,其废旧物资日处理能力7 000多吨,所拥有的再生资源市场份额目前占当地市场51%以上;是目前整个东北地区最大的再生塑料回收、加工和供应中心。截止到2010年年末集团总资产达4亿元,银行债务总额为4 800万元,年销售收入达12.3亿元,净利润为7 151万元,纳税金额达1.8亿元。集团直接拥有企业式会员1 000余家(人),关联附属员工达1万余人。同时,间接拉动了本地关联行业和农民工进城就业人数达2万余人。

1. 共同担保授信综合设计方案

担保授信额度、品种与期限:额度为2亿元人民币;品种为流动资金担保贷款;期限为一年期,按分批额度实际到账日开始计算每笔期限。并按该企业集团银行债务对应的时期,完成贷新还旧的融资重组活动,最终将全部基本账户和辅助账户统一设立在兴业银行属地分行系统内。

贷款利率与年保费率:贷款年利率由5.56%上浮至15%为基准设定;担保公司年保费率为3%。

共同担保体成员与担保额度:联合创业集团有限公司,注册资本7.2亿元、净资产8亿元,可提供1.2亿元信用保证;世银联控股集团有限公司,注册资本3亿元、净资产3.5亿元,可提供0.5亿元信用保证;中青联合投资担保(大连)有限公司,注册资本1亿元、净资产1.05亿元,可提供0.15亿元信用保证;大连国投投资担保有限公司,注册资本1亿元、净资产1.14亿元,可提供0.15亿元信用保证。四家担保公司与银行共同协商并约定,由联合创业集团有限公司作为第一保证责任人,同时反担保措施的设定顺序由联合创业集团有限公司为第一受益人。出现代偿时,由联合创业集团有限公司首先负责按逾期损失额全额代偿,代偿后联合创业集团有限公司再按逾期损失额应分摊的代偿额度,分别追偿其他担保公司的保证责任。其他担保公司按分摊额度接替代偿后,四家担保公司再统一处置借款人的反担保标的物,并予以最终追偿。与此同时,其他三家担保公司应分别向联合创业集团有限公司支付总计12万元(8 000万元×3‰×5%)的管理费。

2. 风险控制措施的具体表现

(1) 由共同担保体向兴业银行属地分行提供全额保证担保,保证金20%存入银行专户(注:银行和共同担保体实际风险缺口仅为1.6亿元)。

(2) 支付结算方式采取贷款人受托支付结算方式,并由兴业银行在环嘉集团总部设立结算中心进行结算控制。即依据采购票据、入库票等总额对应额度向"中间供货人"的银行账户或银行卡(兴业银行自然人生理财卡)划款;"中间供货人"再提供收购票据对应额度分别向"一线收购人"的银行卡(兴业银行自然人生理财卡)划款;"一线收购人"通过POS机或各银行网点再提取现金,确保收购交易结算。

(3) 共同担保体设定的反担保措施:股权质押,土地经营租赁权质押,法人、关键管理者个人无限连带责任担保,存货发出定额循环监控式质押等。

(4) 由共同担保体内四家担保公司派人组成项目监控组,每月对财务报表进行审核,每周对采购单和入库单等进行汇总审核并监盘存货。做到账实相符,随时对存货进出实施动态监管。

3. 综合收益与效益分析

(1) 银行收益年(按年利率由5.56%平均上浮至15%假定计算)为128万元;担保公司年收益为600万元;2011贷款年度该集团企业可实现销售收入16亿元,净利润将达到1.5亿元。

(2) 预计2011贷款年度能够为兴业银行属地分行带来约28亿元的现金流转额。确保为兴业银行属地分行集约营销派生出约1 200家企业账户和个人结算账户进入该行系统,必定衍生出"兴业银行——自然人生理财卡"的销售业务拓展,保守估算为5 000张。

(3) 作为集产业集群融资和供应链融资特征的创新产品,待产品定型后,可以在兴业银行系统内推广并铺开,并作为金融服务的创新产品申请各类奖项。

总之,依托环嘉集团产业集群综合(担保)授信项目的平台,金融服务领域继续向其下游延伸;即通过兴业银行铺设全国的分支行系统,向环嘉集团有限公司的购货商提供"供应链"式的融资服务,如提供"厂商银"、"保兑仓"或应收账款质押担保授信等,使银行、担保公司和企业真正达到三位一体并实现共赢,为我国国民经济的可持续与协调发展做出积极贡献。

二、再担保机制与模式创新

(一) 信用再担保的理论基础与内涵

中国再担保制度的设计萌芽产生于1992年国务院经济贸易办公室企业局的一次工作会议,而具体是于1998年9月由国家经济贸易委员会改革与发展处系统提出来的。该理论的提出奠定了中国在世界担保业中的首创地位。

首先,再担保的理论设计来源于对再保险等类似金融理论与实践的具体借鉴。其次,再担保制度的模式设计源自理论与实践思考后对中国未来经济发展的客观判断和预测。再次,再担保制度的创新思路源于对美国、加拿大、日本等国家和地区担保实践的考察与借鉴。特别是加拿大专家推动两国之间的担保理论与实践的广泛交流与合作,加拿大研究信用担保问题的专家明确肯定了再担保制度的提出是一种创新。再担保制度的设想被实践证明是一种行之有效和必不可少的规范担保行为和控制担保风险的制度安排,通过再担保机构以企业法人资格和信用保证方式为担保机构提供叠加式或比例式再担保,并以经济手段间接地承载了规范担保机构行为、放大担保能力、分散经营风险和完善担保体系的多重职能。

2000年8月24日,国务院办公厅印发的《关于鼓励和促进中小企业发展的若干政策意见》中提出:"要选择若干具备条件的省、自治区、直辖市进行担保与再担保试点,探索组建国家中小企业信用再担保机构,为中小企业信用担保机构提供再担保服务。"从此,中央和地方各级政府已经开始了构建再担保体系的理论探索或尝试工作。2009年2月18日,注册资本20亿元的广东省中小企业信用再担保有限公司在广州市正式挂牌成立,标志着中国再担保运营体系的操作实务与管理实践已经开始构建并且正在逐步完善。

截止到2010年年底,全国已设立了15家省、市级再担保机构,如北京中小企业信用再担保有限公司、东北中小企业信用再担保股份有限公司、陕西省信用再担保公司等。各级政府和工信部等职能部门正着力选择一些具备条件的省、自治区、直辖市等继续推进再担保机构的推广、铺设工作,并积极探索组建国家信用再担保机构和区域性信用再担保机构。更加广泛地从模式、机制与政策条件上为各类担保机构提供再担保服务,真正实现担保与再担保的互动、互撑、互补和互进的大格局。

我们知道,信用担保是指保证人为了提升债务人的信用和分散债权人的风险,以自身的资产或信誉替债务人向债权人进行保证。当债务合同到期,债务人不愿或不能履行还债义务时,由保证人按照合同约定先进行代位清偿、清偿后再予以追偿的一种经济行为。而所谓信用再担保,是指担保机构为被担保人(借款人)提供融资保证,保证人(担保公司)再向再担保机构提出申请,并由再担保机构为担保人针对该项担保授信业务提供再担保业务的一项经济行为。再担保具有分散风险,缩减并控制担保责任余额,提高担保公司经营能力,扩大担保机构偿付能力以及放大或形成隐形巨额担保资本金等扩张杠杆效用。它与再保险的业务流程基本相似,但其内涵和作用力却不尽相同。其运作模式和机构设置可以按下面的设计思路进行。

(二) 再担保机构的设立与运作模式

1. 再担保机构的设立

(1) 在担保机构群和担保业务比较发达或成熟的省辖大城市或直辖市,直接设立再担保机构。一般可由原政府投资组建的中小企业信用担保公司、投资公司等翻牌设立或政府注资新设。直接服务于辖区内的各类信用担保公司,适当收取其一定额度的业务保证金,并按规定的操作程序提供再担保业务。资金来源可由地方政府作为支持其内生经济发展的一项杠杆举措,予以财政拨款资助。收取的再担保业务保证金可以作为附属补充资本,也可以由"担保业自然灾害风险准备金的设立"运作机制中形成并对应托管的"担保业自然灾害风险准备金"全额拨入,并代位行使其自然灾害风险损失的界定与补偿职能。

(2) 在担保机构群和担保业务欠发达或不成熟的一般县市,由省级政府责成直接组建再担保机构,或由原省级政府投资组建或控股的中小企业信用担保公司、投资公司等翻牌设立或注资新设。直接服务于对应区域内的担保机构,适当收取其一定额度的业务保证金,并按规定的操作程序提供再担保业务。资金来源可由省级政府作为支持省域内生经济发展的一项杠杆举措,予以财政拨款资助。收取的再担保业务保证金可以作为附属补充资本,也可以由"担保业自然灾害风险准备金的设立"运作机制中形成并对应托管的"担保业自然灾害风险准备金"全额拨入,并代位行使其自然灾害风险损失的界定与补偿职能。

(3) 对自治区、欠发达省域内的贫困县市,由国务院责成中国经济贸易部和财政部直接投资组建再担保机构,或由国家投资组建或控股的中投保公司、投资公司等翻牌设立。直接服务于对应区域内的担保机构,适当收取其一定额度的业务保证金,并按规定的操作程序提供再担保业务。资金来源可由财政部作为支持我国内生经济发展的一项杠杆举措,予以财政拨款资助。收取的再担保业务保证金可以作为附属补充资本,也可以由对应托管的"担保业自然灾害风险准备金"全额拨入,并代位行使其自然灾害风险损失的界定与补偿职能。

[相关案例]

2009年2月18日,注册资金20亿元的广东省中小企业信用再担保有限公司在广州市正式挂牌成立,并由广东粤财投资控股有限公司(以下简称"粤财控股")及广东省财政厅出资各一半。而粤财控股也隶属广东省财政厅,是广东省人民政府授权经营国有资产的正厅级国有企业,也为该省唯一的省属准金融服务企业。当时的广东省副省长宋海将其性质表述为"以粤财控股为依托的国有独资公司"。

与此同时,广东省中小企业信用再担保有限公司已与包括国家开发银行广东分行在内的九家银行,以及广东银达担保投资集团等八家信用担保企业,签署了战略合作协议。九家银行已分别给予广东省中小企业信用再担保有限公司200亿元的授信额度,这实质上已经使当地银行对属地各类信用担保公司的整体担保授信额度提高了近3倍。

2007年,广东省备案的担保机构担保总额为730亿元,与担保公司的注册资本相比,只放大了2.6倍。如果按照国家规定担保可放大5～10倍的要求,广东省每年尚有800亿—1 900亿元担保潜力没有发挥出来。其原因是,多数商业性担保机构由于自身担保实力不强难以得到银行认可。在此情况下,融资困难的中小、微型企业群迫切需要成立信用度较高的再担保机构,以期可以按照一定比例与担保公司约定代偿责任,借此真正得到各类金融机构的信贷支持。

广东省中小企业信用再担保有限公司从酝酿到正式成立历时超过两年。自2007年规划出设立再担保公司的蓝图后,其进展并不十分顺利,方案实施一直未能进入实质性阶段。进入2008年以后,由于宏观经济环境给珠江三角洲中小、微型企业群带来的经营压力日趋明显,同时,原由国家发展和改革委员会审批的各地中小企业再担保公司,改由工业和信息化部(简称工信部)批准,因此成立广东省中小企业信用再担保有限公司方案再次提上了议事日程。广东省财政厅上报工信部的申请也曾想将公司名称直接定为广东省担保公司,并将这一平台的主要职责锁定在提升政府基建项目融资能力之上。但是出于保留再担保这一特殊功能的考虑,工信部最终要求在方案中加入再担保职责。水到渠成,方案最终于2009年2月初获工信部批准并开始组织实施。

2. 再担保业务的运作模式

再担保机构对于已提供了担保授信业务的担保公司提出的再担保项目申请,应分别依据以下原则进行再担保,并对应承载其再担保的责任值域以及收取再担保保费。

(1) 依据中国人民银行每年度鉴审评定的资信等级,分别予以再担保的责任值域。例如,担保公司评定为 AAA 级,可按已担保项目责任额的 70% 提供再担保,收费按对应原担保收费额的 0.6 系数收取;担保公司评定为 AA 级,可按已担保项目责任额的 60% 提供再担保,收费按对应原担保收费额的 0.7 系数收取;担保公司评定为 A 级,可按已担保项目责任额的 50% 提供再担保,收费按对应原担保收费额的 0.8 系数收取;担保公司评定无级别时,可按已担保项目责任额的 20% 提供再担保,收费按对应原担保收费额的 0.9 系数收取。当出现担保授信项目逾期或坏账时,担保公司和再担保机构必须对应各自的责任比例先予代偿,然后双方共同追偿第一被担保人(借款人)的债务,追偿后的净损失额按担保责任比例承担。

(2) 按上述再担保对应基础值域,审查申请再担保业务的担保机构目前的担保放大倍数(报表日的已担保责任余额/净资产额)。担保倍数 5 倍(含)以下时,调整系数为 1;担保倍数 5~7 倍(含)时,调整系数为 0.9;担保倍数 7~9 倍(含)时,调整系数为 0.7;担保倍数 9~10 倍(含)或以上时,调整系数为 0.5。同时,审查申请再担保业务的担保机构历史上已发生的代偿率指标(即已代偿额/累计担保额)。代偿率为零时,调整系数为 1;代偿率 3% 以下时,调整系数为 0.8;代偿率 5% 以下时,调整系数为 0.6;代偿率 5%(含)或以上时,调整系数为 0.3。具体再担保责任值域、担保倍数修正系数、历史代偿率修正系数和再担保取费系数,如表 6-1 所示。

表 6-1 再担保责任值域与各项修正系数

系数 \ 资信等级	AAA 级	AA 级	A 级	无级别
再担保责任值域	70%	60%	50%	20%
担保倍数修正系数	5 倍(含)以下 1	5~7 倍(含)0.9	7~9 倍(含)0.7	9~10 倍或以上 0.5
累计代偿率与修正系数	代偿率为 0 时 1	3% 以下时 0.8	5% 以下时 0.6	5%(含)或以上 0.3
再担保取费系数(按原担保对应收费额)	0.6	0.7	0.8	0.9

[相关案例]

假设金城担保有限责任公司向东北中小企业信用再担保股份有限公司就甲企业在某商业银行的流动资金贷款提供的担保授信业务,申请再担保。担保授信额度 1 000 万元,担保期限一年,担保取费 2% 即 20 万元。金城担保有限责任公司经中国人民银行资信年审评定为 AAA 级,经再担保公司审查的担保责任余额放大倍数为 6.5 倍,且累计代偿率为 1%。东北中小企业信用再担保股份有限公司就此业务提供了 504 万元(1 000 万元×70%×0.9×0.8)额度的再担保,对此项业务的担保责任占比确认为 50.4%,其代偿或承担的损失比也以此为限。而东北中小企业信用再担保股份有限公司的再担保收益为 60 480 元(504 万元×2%×0.6)。

3. 信用担保与再担保的对应关系分析

信用担保和再担保在理论与实务上是有一定差异的,但也存在着紧密的联系。二者是相互作用、相互依存,又各司其职的。

(1) 从二者的职责方面来分析。首先是主体不同,即被担保人的主体发生了位移。借款人是第一被担保人,担保公司既是保证人又是第二被担保人;再担保公司是对应再担保责任比例的最终保证人。其次是担保责任比例不尽相同,担保的目标均是针对原申请借款企业的信贷授信项目提供信用保证,但是担保责任比例不尽相同。再次是合同性质不同,即体现在担保合同和再担保合同的属性方面。担保合同是银行借贷主合同的从合同;而再担保合同是担保从合同的次从合同,但相对具有其独立性。最后是与银行的关系不同,即担保是担保公司对银行的责任保证;而再担保是再担保公司对担保公司的责任保证。最后是再担保是保证人之间一项对等的专业经营活动。

(2) 从二者的职能方面来分析。信用担保具有放大倍数的功能,在社会资源配置过程中,可以发挥经济杠杆作用,它有利于全社会的信用建设和资金融通;而再担保机制对各级政府、银行业、担保机构、被担保人等更加起到增信、润滑经济、杠杆放大的多元积极效应。对政府而言,各级政府一般作为再担保机构的投资或控股主体,可以采用再担保的间接政策扶持手段或其他经济、行政手段,去影响并支撑担保机构的担保行为,以此活跃经济细胞并提高整个社会的资金使用效率。对银行来讲,再担保机制能够帮助担保机构分担风险,这样有助于银行扩大信用保证的借贷规模与比重,降低信用风险并增加其收益。对担保机构来讲,再担保机制可以帮助担保公司提升其信用从而能够放大担保能力,同时能够递进、传导式地增强与银行的合作领域与空间。对被担保人来讲,他们是再担保机制的直接受益者。即引入再担保机制可以进一步破解中小、微型企业的融资难题,并促进其整体的可持续发展。

(3) 从发展进程方面来分析。经过近20年的担保实践,我国担保机构正在以势不可当的趋势发展并壮大,现在已经成为中国金融服务不可或缺的重要支撑力量与制度保障。而目前中国的信用担保业基本处于分散经营、混业经营、低效经营和管理水平参差不齐的多元并存局面。通过对中国未来经济发展的客观判断与预测,再担保行业和再担保业务必将迅速发展并昌盛起来。这是因为,信用再担保制度被证明是一种行之有效和必不可少的制度安排,能够有效地规范担保行为,并从整体上分解、缓释、控制、承载信用担保的系统性风险。

(4) 从再担保与原担保授信业务的关系方面来分析。再担保的基础是原担保授信业务标的,再担保的产生正是基于原担保人分散和控制经营风险的需要。因此,原担保和再担保是相互依存、相辅相成的,它们都是对担保授信风险的承载与分散。再担保是担保授信业务的进一步延续,也是信用担保业务链的有机组成部分。

总之,信用担保与再担保是密不可分的两个主体,现阶段我们要继续强化再担保机制的构建力度,使我国再担保业务和制度安排真正领先于世界,为我国经济的协调与可持续发展注入活力。

[相关案例]

截止到2010年年底,陕西省再担保公司已与13家融资性担保机构签订了59亿元总额度的再担保合同,再担保项目累计达到666个,再担保已实施金额为38.5亿元。2011年8月,该机构又与曲江投资担保有限公司、陕西银联投资担保有限公司等15家担保机构签署了再担保业务合同,合同总额度为79.5亿元。陕西省再担保公司通过再担保方式,按一定比例分担担保机构的风险,缓解了担保机构的单一经营风险并起到信用增级作用;在促进担保机构扩大担保规模,缓解中小、微型企业融资难方面做出了实质性工作。这些项目预计年增加工业产值或销售收入156亿元,增加财政税收15亿元,有力地支持了一批发展良好的高新技术企业和省属重点项目,促进了该省高新技术产业、先进制造业、能源化工、医药行业以及现代农牧业的协调发展。

第四节 信用担保产品创新

一、担保在应收账款质押中的应用

(一)应收账款质押的相关概念

所谓质押,就是以借款人或以第三人的动产或权利的使用权予以限定,而作为履约担保措施的一种法律行为。质押有动产质押和权利质押两种:动产质押是指债务人或者第三人将其动产移交债权人占有,将该动产作为债权的担保。债务人不履行债务时,债权人有权依法对该动产予以处置,变卖或拍卖该动产所得的价款优先受偿。而权利质押是指债务人或第三人依据法律规定而取得的用于质押的各类权利作为债权担保。依据1995年颁布的《中华人民共和国担保法》规定,下列权利可以设定质押:①国债、银行票据、企业债券(含金融债券)、存款单、仓单、提单;②依法可以转让的股份、股票;③依法可以转让的商标专用权、专利权、著作权中的财产权等。实质债权作为一种财产追偿权,也是可以作为一种质押的标的。事实上,我国的法律、法规并不禁止当事人的债权转移或以一定的债权(如应收账款、其他应收款、长期应收款、应收票据即特指商业承兑汇票,以下仅讨论应收账款)来设定质押,但并不是所有应收账款都可以成为质押的标的。用于质押的应收账款必须具备以下特征。

(1)可转让性,即用于设立质押的应收账款必须是依照法律和当事人约定允许转让的。如当事人在产生应收账款的基础贸易或者服务合同中明确约定,基于该基础合同所产生的一切权利是不可以转让的,基础合同的权利义务只及于合同双方,则履行这样的合同产生的应收账款债权就不能作为质押标的。此外,基于特定的与人身性质不能分割的缘由产生的应收账款债权,也不适宜作为质押标的。

(2)特定性,即用于设立质押的应收账款的特定要素,具体包括金额、期限、支付方式、债务人的名称和地址、产生应收账款的基础合同、基础合同的履行程度等必须明确、具体和固定化。由于应收账款作为普通债权没有物化的书面记载来固定化作权利凭证,质权人对于质物主张质权的依据主要依靠上述要素来予以明确。为此,各认同应收账款质押的法规,都对质押合同关于用于质押的应收账款的描述,做出了尽可能详尽的要求,否则在面临诉讼时,就可能得不到法院的支持。

(3)时效性,即用于设定质押的应收账款债权必须尚未超过诉讼时效。诉讼时效超过,便意味着债权人的债权已从法律权利蜕变为一种自然权利。因此,从保障银行、信用担保等金融机构债权的角度出发,一是银行、信用担保等金融机构在选取用于质押的应收账款时应确保该应收账款债权尚未超过诉讼时效;二是在融资期限内也要对应收账款债权的时效予以充分关注,及时督促出资人与其债务人重新立书并延续时效。

（二）应收账款质押在经济体间资金拆借与交易往来中的运用

目前在小额贷款公司、投资公司和贸易主体间资金拆借与交易往来的经济活动中，也存在着以应收账款为质押标的的资金融通、货物调剂和商品贸易行为。但它们以应收账款为质押标的的操作过程非常不规范：一是没有以应收账款为质押标的的权属登记备案部门，只能以公证的形式出现；二是质权方必须与出质方和出质方的债务人联合签署协议，很容易出现操作中的法规瑕疵和失当；三是容易出现显失公平的行为，诱发因经济往来而导致的欺行霸市倾向。这样作为金融中介服务的担保机构为解决这一难题架设了桥梁，具体操作思路可以比照应收账款质押担保授信的业务流程予以实施。只是资金授信方不是银行，而是小额贷款公司、投资公司、贸易主体或自然人等。

（三）担保机构运用应收账款质押设定反担保措施的操作规范

进入 21 世纪，各类信用担保机构如雨后春笋般出现。作为金融中介服务机构，其必然要承担连接银行与企业的经济辅助推动与杠杆拉动作用。它们既要服务于企业，又要与银行共同控制信用风险，使经济稳健、可持续发展。借鉴国外的先进经验，我国各类信用担保机构应该在运用应收账款为质押的业务操作上进行积极而有效的探索，并作为创新而个性化的主导业务。具体操作路径，应该从以下三个方面入手。

1. 对应收账款的账龄及相关因素分析

（1）对被担保人的信用及财务状况进行分析。信用等级的评估是一项比较复杂的系统工作。对企业而言，影响其信用等级较大的因素主要包括：①资产负债结构，对其偿债能力特别是短期偿债能力将起到非常重要的作用；②运营能力，包括企业管理水平、存货周转率、应收账款周转率、现金流量等指标要素；③长期偿债能力，包括企业的市场定位、发展战略、产品竞争等多种要素；④盈利能力，包括对企业的成本、效益分析，投资收益率、销售利润率等多种分析方法。而对企业的盈利能力分析一般包括三个步骤：一是计算各种盈利指标；二是将计算出的盈利能力相对数指标与社会同类指标、行业指标以及企业历史和计划等指标进行比较分析；三是将各种盈利能力指标联系在一起进行综合分析。

（2）通过时间序列观察、测量，整理一组按时间先后顺序排列的而又相互关联的数据序列进行分析。时间序列分析不研究事物的因果关系，不考虑事物发展变化的成因，只从事物过去和现在的变化规律去推断事物的未来变化。当事物过去所受因素的作用未发生显著变化的情况时，时间序列分析是行之有效的。主要步骤是以时间作为自变量，以净资产盈利率等作为因变量做出散点图，进而分析它们之间的关系，并选择适当的模型进行预测。

（3）对被担保人的应收账款"账龄"进行审查、分析并设定担保额度折扣系数。被担保人产生的应收账款欠款时间长短不一，一般来说逾期拖欠时间越长，账款催收的难度就越大，成为坏账的可能性也就越高。因此，担保机构对被担保人的应收账款必须进行账龄审查与分析，密切关注应收账款的分布及单笔额度情况。针对不同拖欠时间的账款及不同信用品质的欠款户，担保机构应设定不同的应收账款额度质押率。如半年期内的应收账款额度可按 0.9 系数折算质押担保基准额；一年期内的应收账款额度可按 0.7 系数折算质押担保基准额；两年期内（不含两年）的应收账款额度可按 0.6 系数折算质押担保基准额，但必须是在督促出资人与其债务人重新立书延续时效内，时效应涵盖拟授信期限的前提下进行；两年期（含）以上的应收账款额度可按 0.5 系数折算质押担保基准额，但必须是在督促出质人与其债务人重新立书延续时效的前提下进行。此外还应根据不同信用品质的欠款户予以系数加减调整后再折算提供的质押担保额度。

2. 补充追加其他反担保措施防范或有风险

（1）其他反担保措施的补充设定

其目的是为了弥补担保机构单一以应收账款质押而承担的担保责任风险，即出现不良贷款时替被担保人偿还贷款之后，与此同时并存的应收账款质押求偿权缺失或差额损失。因此担保机构在设计补充或并存的反担保措施时思路应该开阔，以最终能达到弥补损失，切实维护自身合法权益为目的。

通过设计补充追加的反担保措施，能够牵制被担保人的软肋，从而加大违约成本，迫使其按期还款。通过这一思路设计补充追加的反担保措施，关键在于是否能抓住其弱点，也就是被担保人最怕什么，以达到对被担保人的有效制约。例如，个体、民营企业的业主最怕失去对企业的控制，在这种情况下，可以考虑用该企业的股权作为质押反担保，这样担保机构可以通过控制质押的股权以剥夺原业主对企业的控制权或转让权对其制约。而正常经营的企业最怕停产或经营中断，在这种情况下，可以考虑用企业的设备作抵押或用企业特种经营权、租赁权、专利权等作限定质押。这样一旦担保机构承担了担保责任就可以上述资产采取相应措施，使被担保人失去正常持续经营的基础条件，让企业感觉到如果不倾力还款，将得不偿失。与此同时，在设计补充反担保措施时还应注意以下三个方面问题。

① 充分体现流通性，即尽量采用应用范围广、社会认可程度高的资产或权利设定反担保措施。如果是第三人反担保，则应选择知名企业或具有较多流动性资产的企业。

② 价值的稳定性。有些资产本身价值波动较大，如股票、存货等，因此在使用这类资产设定反担保措施时，应该对应其担保额度进行科学度量，真正体现谨慎性原则。

③ 评估价值与实际变现价值存在的差距，实践过程中由于评估市场不规范以及没有合适的处置反担保资产的渠道等原因，反担保资产变现时往往很难以一个相对合理的价格成交。例如，知识产权、二手设备等往往评估值与变现值差异很大，同时受到交易条件和市场的多重制约，变现或处置较为困难。

（2）风险防范应对措施

① 担保方为有效控制担保授信风险，针对不同承保项目，将与申请人签订监管协议，协议内容主要涉及信贷资金的监管使用、保中经营监管等条款。

② 为控制信贷资金的合理使用，担保方要求申请人在授信行开具的信贷账户，同时作为本担保机构的可监管账户。信贷资金划入监管账户后，申请人使用该笔资金，必须按照事先约定的资金使用计划和用途使用划拨资金，每笔资金划拨须经担保方依据资金使用计划审核批准后，贷款行方能划款。

③ 担保方在为申请人承保期间，将严格按照应收账款质押贷款担保协议、监管协议、抵、质押合同等约定的内容，对申请人提供的抵、质押资产以及经营状况等实施监控，随时发现风险并及时采取风控应对措施，而申请人必须按照上述合同内容履行义务并积极配合。

3. 担保期内的跟踪、项目解除与例外处置

（1）应当建立动态的监管体系。所谓动态监管体系也就是一个连续性的信息对比分析判断体系。应该说任何一个企业，都处在一个动态的变化过程中，只有建立与之相适应的动态的监管体系，才能及时、全面、深入地掌握企业不断发展变化的趋势。

（2）应当关注被监管企业的关联企业。一些关联公司往往利用法律赋予的独立的主体地位,通过一些不规范的企业行为抽逃、转移、隐匿资产,以达到逃避监管,甚至逃避债务的目的。此外,由于担保机构作为普通的民事主体,对上述行为没有强有力的举证能力,因此实施上述行为的关联公司往往得不到法律追究。这一领域的法律保障应该说是相对薄弱的。鉴于这种状况,在监管工作中就应对此更加重视,对于企业与其关联企业之间的每一笔资金往来、业务合同都应认真核实,注意收集相关证据,对一些不实的情况,及时要求企业进行说明,防范上述行为的发生。

(3) 当被担保人履行义务归还借款后,应收账款质押授信担保协议效力终止。如果被担保人未按期履行义务归还借款时,应按合同及法律的相关规定在替被担保人代偿后,应及时对其质押标的或补充追加的反担保措施标的物进行催账、财务重组、处置、变现或追偿,避免并努力减少其担保损失。

二、担保在保理融资中的应用

(一) 保理融资的概述

1. 保理的概念

保理一词源于欧洲的"factoring"业务,也被称为保付代理。它是指在赊销贸易背景下,保理商(传统为商业银行)为卖方提供集贸易融资、商业资信调查、应收账款管理及信用风险担保于一体的综合性金融服务。保理不仅能够有效消除赊销贸易带来的商业风险,克服原有一些结算方式(如信用证)中的资金占用、机制僵化等弊端,还具有账务管理、资信调查、资金融通等功能。随着经济全球化的到来以及经济社会由卖方市场向买方市场的急速转变,保理作为灵活、安全、高效的交易结算方式得到了广泛运用并迅速发展。

2. 保理融资与应收账款质押融资的区别

一般而言,以应收账款设定"质押"可以得到资金融通,而银行的保理业务则是通过将供应商合法拥有的应收账款"债权转让"给银行,并获得银行的信贷支持。两者都是基于应收账款的债权质押或转让而获得金融机构的信贷支持,但在财务意义上有所不同。以应收账款质押直接贷款授信或以应收账款质押担保授信,银行(或通过担保公司提供保证)一般会为企业提供应收账款额度50%左右的信贷资金。由于是供应商以企业名义向银行申请贷款,反映在财务报表上,应收账款额并未减少,却使资产负债率发生了不同速率的变化等。

在银行保理融资活动中,由于银行购买了供应商的应收账款,并提前支付票据额的50%~80%给供应商。表现在财务报表上,这部分应收账款从企业资产负债表上消失,转换为企业的现金流并使企业的货币资金增加。致使企业的流动资产和流动负债对应发生变化,流动比率更趋向合理,优化了企业的财务报表。

可以说,保理融资的优势主要体现在以下四个方面。

(1) 加快了企业的资金周转。当供应商将代表应收账款的票据转给银行(或担保公司)后,企业一般就可以获得应收项50%~80%的银行信贷资金。加快了企业资金的周转,避免资金被大量占用在应收账款上,有利于企业的生产和经营。

(2) 极大地改善了企业的财务状况。如果中小企业长期或大量地存有应收账款,极有可能导致呆账和坏账的发生,恶化企业的财务状况,直至影响企业的可持续发展。通过保理融资供货企业销售产品后就能够及时得到货币资金,这样就增加了企业经营活动的净现金流,并促使企业财务结构得到有效改善,企业形象得以提升。同时,更加有利于企业未来的债务融资、股权融资和内延式、外延式的规模扩张活动。

(3) 开拓了企业获得低成本融资的一个主渠道。保理业务作为中小、微型企业的一个融资工具,可以让企业得到短期融资,从而获得发展的机会。保理融资的成本一般低于短期银行贷款的利息成本,银行要收取相应的手续费用,费率一般为应收账款净额的 0.5%～2%(依据付款期限长短、信用等级评定标准等,各商业银行制定的具体标准也不同)。而且如果企业使用得当,可以循环使用银行对企业的保理业务授信额度,从而最大限度地发挥保理业务的融资功能。另外,保理融资不需要企业提供其他抵、质押物,对于缺乏抵、质押物的中小、微型企业来说是最佳的选择。可以说,保理业务为各类企业提供了一条全新的融资渠道。

(4) 保理融资业务可以增加买卖双方的交易量,扩大其营业额度。保理业务不仅将供应商的应收账款及时转化为现金流,改善了公司财务结构和状况,而且对购货方提供更有竞争力的远期付款条件,能够加速资金周转,使其创造出更大的效益。因此,保理业务可以扩大买卖双方交易量,是一个彼此双赢、二者与银行三赢、二者与银行和担保公司四赢的金融服务创新形式。

3. 针对中小、微型企业有效开展保理业务的客观必然性

一般而言,保理融资方式非常适合于结算周期较短、贸易条件和基础合同简单且买卖双方对质量易达成共识的商品和服务交易活动中,如生产材料、零配件、消费品及短期服务等。特别是金额小、批量多的产品,更适合保理融资业务的开展。因为这类交易合同签订后,生产商可以分期分批交货,收款期一般不超过 120 天,处在保理商通常所能提供的融资期限内。而资本性商品如机器设备、房地产等的销售,往往由于附有大量附加条件和需要大量的售后服务,使保理商无法根据自己的经验确定债务人对商品的接受程度而难以确认债务能否届时清偿,因而不适合保理业务的有效实施。

4. 国内交易活动中的"保理融资/担保授信"模式

所谓保理融资担保授信业务,是指销售企业(供应商)通过其交易活动而合法拥有的应收账款转让给担保公司,同时担保公司为其从银行融资提供信用担保,从而商业银行为供应商提供贷款授信的一种"准保理"式融资方式。在这项准保理业务中,担保公司专项司职应收账款的催收、信用风险的外在控制、逾期代偿与代偿后的追清缴工作。

保理担保融资的实质就是在赊销贸易中,担保公司以购货方的信用为基础为供应商的融资行为提供担保并使其从银行取得贷款授信。同时也是供应商的一种债权(应收账款)转让,或称一种特殊或隐形的反担保措施设定行为,是以供销两方的债权让渡与信用基础为双重保险(类似双重反担保),更是担保实践中的一项创新。

保理融资担保授信业务程序与内容。

(1) 供应商向购货方以赊销的方式销售自己的产品或提供劳务,供需双方签订赊销合同、供货并形成应收账款。

(2) 供应商分别向担保公司申请保理担保并向银行申请保理融资,提供发票、赊销合同、运单、产品接收单以及企业财务报表、基本信息、法律文本等相关材料,同时提供购货方的相关信息和各种资料。

(3) 担保公司作为准保理商分别对供应商和购货方进行信用调查和财务审查,若审查通过后,担保公司首先与供应商签订保理担保授信协议。

(4) 供应商出函并予以公证,将本次交易产生的应收账款额转让给担保公司。同时,依据信用风险大小,必要时附加其他抵押、质押、第三人反担保等保证措施。

（5）担保公司向银行出具担保意向书，提供保理授信担保、签订担保合同。如果逾期由担保公司予以代偿。

（6）银行与供应商签订保理授信合同，同时与担保公司签订保理授信保证合同后，向供应商提供保理式贷款授信，划转款项或签发银行承兑汇票等。

（7）担保公司作为准保理商行使向购货方催收应收账款、销售分户账管理等职责。应收款项收回后首先归还银行本息，然后扣除担保费和手续费，剩余款项支付给供应商。

（8）担保公司在银行保理式贷款授信到期且逾期时，予以逾期代偿。代偿后再追偿并处置供应商的应收账款或其他反担保标的物，形成第二还款来源。

可以说，保理融资担保授信模式是将担保公司的履约保证融入了针对中小、微型企业的保理业务中。它不仅使购货方得到了履约外在保证，增强其信用等级，更让供应商及时得到现款并解除了交易款项结算的后顾之忧。同时，银行更是从烦琐的"催收应收账款、销售分户账管理等"纯保理业务中脱离出来，其经营风险也得以有效控制，银行介入保理业务的积极性必将空前高涨。担保公司在操作此类业务时，所面临的风险一般也低于常规的担保授信业务，而且又有效地拓展了担保业务种类。

5. 对外贸易活动中的"保理融资/保险授信"模式

对外贸出口企业，可采用银行和出口信用保险公司合作的模式。一方面，出口信用保险公司对出口型企业以及国际贸易惯例比较熟悉；另一方面，出口信用保险公司和商业银行在企业出口业务合作的方面已经有历史渊源，不存在准入障碍和操作上的"瓶颈"。

此模式就是利用保险公司现已开办的出口信用保险，构筑起企业、银行、出口信用保险三位一体的保理融资保险授信方式。其业务程序是：由出口企业投保信用保险，受益人为开办保理业务的商业银行；保险公司对进口商进行资信调查，确定对进口商的信用额度；商业银行在此额度内对出口商进行保理。

该模式下，出口商虽需承担保险费用，但能从商业银行（保理商）获得较低的贴现率和较高比例的贴现额。保险公司借此扩大了业务量，同时商业银行与保险公司联手合作，保理风险也得到了有效控制。

纵观世界，在西方发达国家从事保理业务的机构主要有两类：一类是附属于银行的保理公司；另一类则是专业从事保理的金融机构。其中大部分是将中小、微型企业作为主要的目标客户群。相信在不久的将来，随着我国保理业务的蓬勃发展，将会出现许多专业的保理公司。可以预见的是，我国的一些村镇银行、小额贷款公司、典当行、投资公司、财务公司或金融服务公司，随着经验的积累、资本金的充实，在未来可能就会以保理商的面貌出现在中小、微型企业面前。

综上所述，在我国现阶段，商业银行通过与出口信用保险公司和信用担保机构的积极合作，开展面向各类企业尤其是中小、微型企业的保理业务，不仅满足了企业的融资需求，还有效地化解了银行业经营风险。同时为保险公司或信用担保机构增加了新的业务品种，扩大了业务量并带来了可观的收益，最终全面推动了社会经济的和谐与可持续发展。

三、担保在供应链金融中的应用

（一）供应链金融的概念与内涵

供应链（SC,Supply Chain）被定义为相互间通过提供原材料、零部件、中间产品与服务的供应商、制造商、销售商、最终客户等组成的交易供求网络。供应链涵盖了从供应商到制造商到销售商到最终客户集结群之间有关原材料、中间产品、最终产品或服务的形成和交付的一切相互业务活动。在一个链条框架范围内,供应链涵盖了实现客户需求的所有职能,包括新产品开发、采购、生产、分销、结算和售后服务等,而供应链融资即指贯穿在这个业务经营的网状链条中的融通资金行为。

供应链融资的提法是基于企业的视角而言,目前国内的研究主要从银行和担保机构的角度展开,可以称作供应链金融或者供应链融资服务。简单地说,供应链金融就是银行包括担保公司将核心企业和上下游企业联系在一起提供灵活便捷的金融产品与服务的一种融资模式,深圳发展银行把它描述为"1＋N金融"。供应链融资除了银行和担保机构共同提供的供应链式担保授信服务外,还包括企业从其供应链上下游企业获得的商业信用支撑以及供应链集群间由于担保公司介入的外在信用增级、信用放大与相互信用支持。

如果将企业的供应链分成四个阶段:原材料、零配件、中间产品或商品采购阶段,生产加工、组装阶段,直销、分销、外销即销售阶段,资金及信贷回收阶段;那么,中小、微型企业就可以依托其供应链的经营过程或阶段,对应其特点从交易对方或银行、担保公司等金融机构获得信贷支持。供应链融资的基本框架与内容具体如表6-2所示。

表6-2 供应链融资的基本框架与内容

供应链过程或阶段	资金融通方式
原材料、零配件、中间产品、商品采购阶段	厂商银授信、仓单质押融资、保兑仓融资、担保贷款授信、融资租赁、签发商业承兑汇票、供应商赊销、预收货款等
生产加工、组装阶段	担保贷款授信、仓单质押融资、加工品抵押贷款等
直销、分销、外销即销售阶段	存货仓单融资、保兑仓融资、出口押汇、保理融资、应收账款质押授信、担保贷款授信等
资金及信贷回收阶段	票据贴现、票据背书转让、"福费廷"融资、还旧贷新、过桥、展期等

供应链融资不完全等同于传统意义上的贸易融资。依据《巴塞尔协议》第244条对"贸易融资"的诠释,即在商品交易中银行运用结构性短期融资工具,是基于并对应于商品交易中的存货、预付款、应收账款等资产予以资金融通。可以说,贸易融资是基于并仅局限于商品交易本身。但银行和担保机构提供担保贷款授信后,对其前后链条环节并不十分了解,不能够对贷款授信是否能够及时收回从总体上加以把握,信贷也不能够显性地促进上下游企业的互动共赢。而供应链金融却贯穿于整个业务经营的网状链条中,是基于商品交易的同时,又融合了从供应商到制造商到销售商到最终客户集结群之间的相互支撑与体内循环因素。从而更加有效地规避了信贷风险和经营风险,同理扩大了银行、担保公司等金融机构的营销客户群。

(二)供应链金融与担保授信业务

如上所述,供应链涵盖了从供应商到制造商到销售商到最终客户集结群之间有关原材料、中间产品、最终产品或服务的形成和交付的一切相互业务活动。而供应链中的担保授信行为可以贯穿于这个业务经营的网状链条中的各个环节或领域。在供应链的四个阶段中,可以对应派生出不同的担保授信服务产品,具体分述如下。

(1)在原材料、零配件、中间产品或商品采购阶段。可以提供的担保授信业务是:流动资金担保贷款、固定资金担保贷款、设备融资租赁担保授信、银行承兑汇票担保授信、信用证担保授信、仓单质押担保授信、保兑仓担保融资、厂商银担保融资、履约保函、保证金担保等。

（2）在生产加工、组装阶段。可以提供的担保授信业务是：加工品抵押担保贷款、半成品仓单质押担保授信、履约保函、产品质量担保、加工进度担保授信等。

（3）在直销、分销、外销即销售阶段。可以提供的担保授信业务是：存货仓单质押担保授信、保兑仓担保融资、出口押汇担保授信、应收账款质押担保授信、保理担保融资、定金/保证金担保、打包放款担保授信。

（4）在资金及信贷回收阶段。可以提供的担保授信业务是：商业承兑汇票贴现担保授信、商业承兑汇票背书转让担保授信，"福费延"担保融资以及展期、过桥、还旧贷新金融服务业务等。

上述阶段的具体业务操作规范和流程可按对应的设计程序实施，这里不再赘述。

四、担保在项目链金融中的应用

（一）项目链金融的概念与内涵

项目链金融也称"1+N项目金融"，是以项目开发建设单位为主体，以上游建材供应、建筑承包商、设备供应商、配套工程承建商等应收该项目建设开发单位的账款为质押，以项目（属于经营性的）再建工程或收益权（如经营性跨海大桥收益权、经营性区间公路等）以及项目存货、器具、设备等设定抵、质押，或追加其他外在保证措施为条件，对项目集结群内的单位分别予以贷款授信的一种全新的融资方式。

在项目链金融模式下，项目链中的主导企业通过项目链融资加强了以项目连接的各供应商、承建商和配套性企业的紧密联系，强化了项目的协作和统一关系。而非主导企业可借助主导企业的信用增级而获得必要的信贷支持，同时避免了对项目主导企业单一授信的风险。信贷资金布局呈多元化、多层化和使用最优化结构，最终实现了项目链整体社会效益和经济效益的极大值。

从项目链的视角考虑其融资问题，银行和担保公司等金融机构提供项目链融资服务；是以项目主导企业为龙头，从建材、设备供应到开发承建、配套完善直至竣工销售，实行"封闭式"服务和资金支持。这样做有以下四个优点。

（1）消除了以往信贷只知某一个环节，而不知道其他环节的状况，对信贷风险控制有着不确定因素。

（2）保证了该项目的开发建设不会出现某一个环节的资金链断裂情况，有效地保证了物质供应、承建如期、配套完善、按期竣工、适时销售各环节的顺利实施，从而能够避免项目经营风险和银行信贷风险的发生。

（3）依据项目规划的总投资概算，项目主导企业和项目从属（非主导）企业集群可以很充裕地提供其项目自有资金法定份额。缺口部分通过信贷支持，即完全布局于项目链中的各个承建、供货与配套等单位，变单一授信为多元授信，化解了信贷集中风险。

（4）围绕项目的实施，由于各从属（非主导）企业集群的介入，能够追加并有效地派生出项目以外的许多抵质押、保证等担保（或反担保）措施；使项目整体的担保措施倍数放大，有效地增加了第二还款来源的外源保证。

（二）项目链金融与担保授信业务

如上所述，项目链金融，是以项目开发建设单位为主体，以项目所连接的建材供应商、建筑承包商、设备供应商、配套工程承建商等集约群具体从事某一项生产、建设和经营活动，而形成的信贷需求与提供金融服务的动态依存体系或协作组织，在这个体系或临时组织内可以形成不同的融资需求与担保授信服务产品。具体包括：项目贷款担保授信、设备融资租赁担保授信、流动资金担保贷款、银行承兑汇票担保授信、商业承兑汇票贴现担保授信、商业承兑汇票背书转让担保授信、应收账款质押担保授信、股权质押担保授信、工程招投标担保、工程履约担保、保证金担保、工程质量担保等。

五、担保在产业经营集群融资中的应用

（一）产业经营集群的概念及融资优势

产业集群是指在某一特定领域中（通常以一个主导产业为核心），大量产业或协作经营联系密切的企业（包括业户）以及相关支撑机构在空间上集聚，通过协同作用而形成专业强势区域融合的集结状态或特征。如美国加利福尼亚州的硅谷、印度的班加罗尔、意大利的中北部地区、中国温州的鞋业制造群、广东珠江三角洲的专业镇、长江三角洲的专业加工经济板块、辽宁大连软件产业园、各省市高新技术产业园区等。

[相关案例]

大连在《大连市人民政府关于加快产业集群发展打造现代产业集聚区的指导意见》中提出规划目标，从2010年起争取用6~8年的时间，打造8个产值规模在1000亿元以上的重点产业集群，培养和壮大8个产值规模在200亿~500亿元的产业集群。到2012年，15个产业集群（不含软件与服务外包）总产值规模达到8800亿元，占当期全市规模以上工业总产值的80%以上；到2015年，总产值达到13000亿元，占当期全市规模以上工业总产值的85%以上。

规划的产业集群的重点领域分别是：石化、现代装备制造、电子信息、船舶与海洋工程、软件和服务外包、汽车及零配件、农产品深加工、新能源及装备、服装纺织、精品钢材、节能环保和资源再生产、电力设备器材、生物和医药、新型建材、新材料和轴承十六项产业集群。地方政府将加大财政资金的支持力度，积极利用资本市场进行融资，对产业集群上市企业给予奖励。同时，产业集群内天然的优质生态环境，也为担保公司、商业银行等金融服务机构开展信贷业务提供了更广阔的市场和空间，并提出了金融服务产品创新的迫切要求。

经营集约群是融合了纯消费市场组织和纯商品经销组织（包括业户）的一种有效的商品供销、集散、消费集约的空间组织形式，它积聚了一定区域的经济同质性和斥外竞争力。如辽宁沈阳的五爱批发市场、山东寿光的蔬菜专业批发市场、浙江义乌小商品批发城、辽宁海城西柳的服装批发市场、辽宁大连的兴业商品批发市场等。这些以中小、微型企业（包括业户）为主体的经营集约群都表现出巨大的经济活力和强大的地域内竞争优势。同时，经营集约群内部的企业（包括业户）还具有单个游离企业或业户所没有的融资上的便利和优势。

总之，产业集群或经营集约群内部企业在融资方面所具有的通畅性和便捷性，一方面，可以作为集群经济优越性的又一佐证；另一方面，也为解决中小、微型企业融资难这一制约其发

展的普遍难题提供了一种全新的思路。其优势可以归纳为以下三个方面。

（1）从产业集群或经营集约群的竞争优势角度分析，集群本身为中小、微型企业提供了良好的发展环境和机制。集群内中小、微型企业关联度的紧密使得融资成为可能，而且产业价值链的形成有助于减少企业的资金链需求额度。此外，集群化有助于群内中小、微型企业获得政府的财税支持以及吸引外延投资。

（2）集群内特有的信任机制对商业信用具有促进增级作用。在我国目前的金融环境下，商业信用的扩张运用作为对银行等金融服务的有效补充，可以优化集群内中小、微型企业的资金效率，使之商业信用与资金效率呈正相关。

（3）从银行、担保公司等金融机构的角度分析，集群的存在增加了借贷者以及保证人三者之间的信息对称性，具有减少审查监管成本、优化信贷交易结构或费率、提高社会整体效益的多重效用。

国外学者在实证分析的基础上比较了集群内外企业在融资绩效方面的差异，认为企业集群的地区根植性在解决信用问题上的优势使得集群内企业的融资条件要优于外部企业。实证还表明，同行业的集群企业比非集群企业的融资条件要好，融资成本较低；集群企业的债务成本平均约7.84%，而非集群企业则为8.03%；集群内企业支付利息总额占其经营利润的比重为29.52%，而非集群企业的同类指标为31.78%。

（二）集群内担保授信模式的选择与应用

我国目前银行业的融资制度安排仍无法充分满足集群内中小、微型企业（包括业户）快速增长的资金需求，更无法充分地体现集群融资的潜在优势。那么如何有效地构建起对产业集群、经营集约群内的企业组织，尤其是中小、微型企业（包括业户）的金融服务模式，这是金融理论和实务工作者所面临且亟待解决的课题。对担保机构而言，有以下三种担保融资模式可供选择。

1. 连坐互保式担保授信模式

连坐互保式担保授信是指集群内的各类企业（主要是中小、微型企业群，也包括业户）以联合互保作为反担保措施，由担保公司核定额度后提供信用保证，并由银行在担保额度内分别予以贷款授信的一种融资方式。

其可行性在于集群内各类企业或业主早已自发形成了密切的生产、经营协作和商业信用关系，为联合互助的反担保行为奠定了客观经济基础。同时，由于集群内各类企业或业主之间存在着利益上的关联性且彼此相互了解，有助于形成严格的监督机制和信用维护机制，并从整体上增强了集群企业的信用等级和经济地位。

关于其具体操作方法或运作模式，可以依托行业协会组织实施，也可以借鉴意大利互助担保模式，即通过建立"互助担保基金"方式予以实拖，或者以自愿组合的连坐互保方式进行。对于担保公司而言，这一切都属于第三人反担保措施的应用范畴，只是以集约互保的形式出现，是担保实践中的一种创新。

2. 集群内常规担保授信综合应用模式

如上所述，集群内中小、微型企业（包括业户）是通过专业化的分工和协作紧密地结合在一起，并由特殊的社会网络相维系，依赖于集群专业化市场、协作配套商和熟悉的客户群，使集群内企业面临较高的退出壁垒。同时，企业作为产业或经营链上的一个环节，如果有违约行为，其信息会在其上、下游及同行间迅速传播，信誉不好的企业交易成本高，在集群内很难生存。

这样,就为在集群内开展常规担保授信业务提供了更广阔的空间,其反担保措施的设定选择就更加游刃有余,风险控制的外在环境和内因支撑力就更加有效。

担保公司与银行合作可以单项地开展常规式担保授信业务,诸如流动资金担保贷款、项目(设备)投资担保贷款、个人(业户)经营担保贷款、票据业务担保授信、商业承兑汇票贴现担保授信、信用证担保授信、交易履约担保、保证金/预付款担保、佣金担保、融资租赁担保授信、经营租赁担保、汽车按揭担保贷款等担保授信业务。

3. 以小额贷款公司为平台的担保授信模式

产业集群或经营集约群内的各类企业或业主可以发起组建集群内融资机构,即小额贷款公司。小额贷款公司在实行法人治理结构的同时,可以并行采取会员制。各会员单位(或业户)按经营规模或注册资本的一定比例、一定期限交纳会费形成风险补偿基金,会员自身已交的会费在借贷时可以作为应付利息的抵减额,并且会员单位(或业户)可优先和优惠取得各项担保贷款授信服务。

由大中型企业牵头和参股的小额贷款公司,可以承载并辅助金融机构的融资功能,依据集群内资金需求的规模,小额贷款公司可以及时增加注册资本。同时按照现行制度的规定,可以通过从银行再融资的手段,放大净资产50%的信贷规模。例如,某小额贷款公司的注册资本为1亿元人民币,那么它就有可能从银行取得批发贷款5 000万元,最终达到投放贷款或票据贴现等信贷余额为1.5亿元人民币,即具有1.5倍的资金放大效应。

以小额贷款公司为平台的担保授信模式在实际经营运作中应该体现"三性":便捷性、短期性和流动性。便捷性要求速批、速贷,不要拖泥带水,使企业丧失稍纵即逝的商业机遇;短期性就是对集群内的中小、微型企业(或业户)贷款一般以1~6个月为贷款期限,一年期流动资金或项目(设备)投资贷款应严格加以控制;流动性就是以流动资金担保贷款、商业承兑汇票贴现担保授信、个人(业户)经营担保贷款和交易履约担保等担保授信业务为主流特征。

以上"三性"的根本要求是商业银行难以践行的,由于商业银行的管理体制和"抓大放小"的思维惯性,对中小、微型企业(或业户)的信贷经营与管理,一直是其持久探索并尝试的荆棘领域,但最终可能被小额贷款公司与担保公司的有效合作所取代。

(三)集群内担保授信的机制完善与风险规避

1. 集群信任环境的培育与信贷机制完善

一般而言,集群内自然生成信任机制。集群内各类企业(或业户)相互合作并相互信任,这也是集群融资优势的根本源泉。那么,如何持续培育信任文化并有效地在集群内对中小、微型企业(包括业主)开展担保授信业务呢?应该从以下三个方面进行。

(1) 结合"供应链金融"的思路,设计出一套切合实际而又行之有效的"1+N,即大企业+中小、微型企业(业户)群"的担保贷款授信模式。以集群融资思想为"点",以供应链金融的框架为"线",点线结合、融为一体。既体现了集群融资的信任文化特征,又体现了供应链金融的有效链接功能,使信任+链接+保证措施三者一体化,附之必要的反担保应对措施,达到金融服务的最优化设计状态。

(2) 集群社会关系网络为隐性经济资源提供了传播的渠道,给密切联系的空间或地域带来了信息互播的优势。因此,各级地方政府或产业集群、经营集约群的管理机构应当更多地鼓励、扶持集群内企业与金融机构、企业与业户、企业与其他组织以及企业(业户)间建立广泛的联系。通过各种形式的交流、互动、宣传等提高其合作和依存度,为经济信息的传播扩散、信任培养提供支撑,并提高集群的外在竞争力。使集群"内在信增、外在增信、金融通畅、交易繁荣、经济发展"。

(3) 担保机构应该在产业集群、经营集约群的金融服务方面有所作为。由于集群内企业（或业户）共同存在着一个特点,即普遍存在着抵、质押物不充分或不规范的"瓶颈"问题（相对于银行而言）。而仓单质押,专属设备抵押,经营租赁权质押,中小、微型企业（业户）互保等担保措施银行又难以插手,这就为担保公司的直接介入提供了生存舞台与发展空间。

总之,依托产业集群、经营集约群内的信任文化基础,结合仓单质押,专属设备抵押,经营租赁权质押,应收账款质押,股权质押,中小、微型企业（业户）互保等反担保措施,有效地开展担保授信业务,并与商业银行、村镇银行、小额贷款公司、融资租赁公司、财务公司和投资公司等金融机构紧密合作,才能迎来担保业美好而灿烂的明天。

2. 对集群内企业（或业主）担保授信的整体风险规避

对产业集群、经营集约群的担保授信活动也同时伴随着天然风险,如对产业或行业风险敏感性与传递性的凸显,我们可以从石家庄三鹿奶粉事件导致中国乳品市场的整体灾难就可窥见一斑。集群内的中小、微型企业（包括业主）分布在产业链条和经营链条的各个环节上,供给链和价值链将它们有机地关联起来,企业个体的发展与集群整体的发展之间就形成了较强的相关性或依附性。这样,企业（或业户）个体的风险就部分地转化为集群的整体风险,而集群的风险又在很大程度上体现为集群所处行业领域的外在风险。因此,对于担保公司等金融服务机构来说,对集群产业、行业风险的预测和监控将是一大挑战。商业银行、担保公司、小额贷款公司等金融机构应加强行业风险预警分析,并建立起切实可行的信贷授信监控和退出机制。

对集群内各类企业（或业主）控制和规避担保授信的整体风险需从以下三个方面入手。

(1) 要从集群内在竞争力变化的动态角度来把握集群的整体授信风险。

(2) 需要注意的是,集群内部建立在共同文化基础上的信任和承诺关系将使企业的资信状况具有隐蔽性或美化性,可能增大集群内部的间接融资风险。这就需要强化担保公司的保中管理与实施严格的信贷资金监管政策。

(3) 积极牵引、游说并敦促属地管理机关配套完善集群内的各类中介服务机构,如会计师事务所、律师事务所、资产评估事务所、代理记账公司、税务代理公司、信息咨询公司、拍卖行等,为集群内的担保授信活动提供良好的外在金融生态环境。

六、担保在融资租赁中的应用

融资租赁资产是金融资产中安全度相对较高的资产之一,采取融资租赁方式会使承租人提高资金使用效率、出租人获得安全性较高的投资途径,同时也会使生产商扩大销售渠道。应该说,融资租赁是解决中小、微型企业融资困难,促进其技术改造和设备升级换代最有效的途径之一。

(一) 融资租赁内涵

融资租赁是指出租人根据承租人对租赁物件的特定要求和对供货人的选择,出资向供货人购买租赁物件,并租赁给承租人使用,承租人则分期向出租人支付租金的融资形式。在租赁期内租赁物件的所有权属于出租人,而承租人拥有租赁物件的使用权。租期届满且租金支付完毕后,租赁物件的所有权归属承租人所有。可以说,融资租赁是集融资与融物、贸易与技更新于一体的新型金融产业链条。由于其融资与融物相结合的特点,出现违约时租赁公司可以回收并处理租赁物。因而在办理融资租赁业务时,对承租企业资信和其他担保的限制条件不高,所以非常适合中小、微型企业融资的特殊需求。

租赁是一种历史悠久的特种交易形式,是伴随着商品经济和社会化大生产而逐步发展起来的一种隐性融资方式。租赁业从原始租赁阶段起始,历经传统租赁、近代租赁、现代租赁三个发展阶段。现代租赁业的重要标志就是1952年出现在美国的融资租赁,它是集资金融通、经营贸易和技术更新三位一体的复合金融产品。据《世界租赁年鉴》统计,全世界融资租赁成交额1978年为410亿美元,1987年是1 038亿美元,而2000年则达到了5 000亿美元,平均每年以30%的速率递增,成为仅次于银行信贷的第二大融资方式。从融资租赁对经济增长的贡献来看,在美国融资租赁对GDP的贡献已超过了30%。从国际范围而言,现代融资租赁在数十年的历史演进过程中取得了突飞猛进的发展,它对调节宏观经济、拉动有效需求和促进社会生产都起到了积极作用。

我国现代融资租赁业务萌芽于20世纪80年代,在当时资金严重短缺、急需先进设备的情况下,依照日本租赁业模式出现了一些融资租赁公司。它在引进先进设备、核心技术、关键生产线和对加速我国工业化进程都发挥了重要作用。但由于初期监管不力以及对该新生事物的模糊了解,许多租赁公司都陷于不良资产比重过大、持续经营面临困难的情况,整体制约了该行业的外延与内涵式发展。目前,我国的融资租赁公司依据类型主要分为三类:由中国人民银行(现为银监会)审批并监管的金融租赁公司;由原对外贸易经济合作部(现为商务部)审批并监管的中外合资融资租赁公司;由原国内贸易部(现为商务部)审批并监管的数百家内资融资租赁公司。但是能够有效开展融资租赁业务的主要是前两种类型。随着我国市场经济体制的不断完善,中小、微型企业群的不断发展壮大,特别是融资租赁的相关法律、规章的陆续出台,国内外各类银行、金融机构及各类企业均看好了我国融资租赁市场潜在的发展前景和巨大空间。

(二)以信用保证为载体的融资租赁业务

中小企业的信用资源主要来自三个方面:一是企业自身的建设与发展;二是来自信用生态与监管环境的不断完善;三是依靠信用担保机构的间接增信支撑。由于我国目前中小、微型企业群数量众多,经营管理水平参差不齐,财务制度不规范,从而导致了严重的信息不对称。一般融资租赁公司都希望通过担保公司提供保证来开展融资租赁业务,这就为担保公司进入融资租赁市场提供了客观基础和应用条件。

目前,各级地方政府都全资或控股组建了一批政策性或经营性担保机构,其职责就是为本地的中小、微型企业和高科技企业服务,对其开展融资租赁业务予以担保支持。所以这些担保机构更应当将融资租赁担保业务纳入其主导业务范围,并给予足够的重视。

1. 担保融资租赁

所谓担保融资租赁,就是以由担保公司提供保证,出租人以租让的租赁标的物设定抵押并予以财产保险且受益人为保证人,同时承租人追加其他反担保措施为手段而开展的租赁业务。它是集资金融通、信用担保、经营贸易和技术更新四位一体的复合金融服务产品,也是一种新型的融资方式。融资租赁与信用担保的有效结合表现为:在常规承租人与出租人融资租赁业务程序的基础之上,由担保公司为承租人的融资租赁交易提供保证,逾期或违约时由担保公司代偿给出租人,代偿后担保公司再向承租人追缴清偿或处置租赁标的物。而承租人必须向担保公司外在追加提供必要的股权质押、产成品仓单质押或其他抵、质押以及第三人反担保等反担保措施,借此控制其经营风险。

2. 担保融资租赁业务的操作路径与方法

(1) 承租方分别向融资租赁公司(出租方)和信用担保机构(保证人)申请融资租赁授信和融资租赁担保业务。

(2) 信用担保机构对申请融资租赁业务的企业(承租方)进行信用审核,审核通过后且三方共同确认租赁标的物设定抵押给保证人(一般第一受益人为出租方),同时承租人追加设定其他反担保措施给保证人,涵盖其所有担保风险敞口。

(3) 信用担保机构(保证人)首先出具担保意向函给融资租赁公司(出租方),待具体实施融资租赁业务时再与出租方签订担保合同,同时与承租方签订抵、质押等反担保协议。

(4) 融资租赁公司(出租方)对申请融资租赁业务的企业(承租方)进行信用审核,审核通过后双方签订融资租赁合同。对出租的标的物与保证人共同设定抵押(一般第一受益人为出租方),并具体实施融资租赁业务。

(5) 融资租赁业务到期后承租方未能履约时,信用担保机构(保证人)必须代位清偿其违约额度。

(6) 信用担保机构(保证人)代位清偿后,再向承租人追缴清偿或处置租赁标的物等,形成其第二还款来源。

值得注意的是,追加反担保措施设定的额度,可以随着租赁期的实际过渡而逐步递减,即承租人追加的其他反担保措施可随担保责任逐步减缩的额度而同额范围内予以解押或解除。同时,对于融资租赁的标的物必须强制承租人参加财产保险,保险额可随着租赁期的实际过渡而逐步缩减。

七、担保在集合融资中的应用

集合性的融资担保,是将若干企业组织在一起共同通过同一的渠道融资的融资担保模式。例如,集合企业债券担保、集合信托计划担保等。这是有代表性的担保创新品种。

(一) 中小企业集合债券担保

发行债券历来是大型企业的融资工具,而中小企业尤其是小企业不具备独立发行的条件。其实原则上任何企业均有直接融资的权利,影响权利运用的重要制约因素在于企业规模的大小、融资规模的大小和商业运行的价值。突破融资规模的制约最简单、最直接的办法,是将企业集合在一个平台,融资规模相加,自然会形成适当的规模。但是如何将多家企业集合在一个平台,如何集合同步向社会发行债券,又如何获得投资人的认同等都需要在实践过程中破解。

1. 将多个发债主体集合在同一冠名的发债平台

首先,需要确定多家企业都有明确的通过发行企业债融资的要求,都有在同一冠名的平台共同发债的意愿。集合发债是企业自愿自主的融资方式。其次,应当确定一个组织单位,而组织者必须自觉自愿、尽职尽责,承担发债券过程的进度、程序、归集、整理以及与各方面的协调、协商、协作工作。最后,必须明确一个为平台内发债全额进行担保的机构,以向投资人昭示风险的最终责任人,提高投资人的信心。

2. 集合平台内的企业各自独立承担发行债券责任

集合发行企业债券,并没有改变作为发行债券企业主体的法人地位和债务责任,仍然享有独立运用所筹集的债务性融资资金的权利,独立偿还到期债务的经济责任,独立承担到期不能履约的法律责任。集合发行企业债实质上是解决单一企业发行债券规模过小的问题,更有助于投资人通过平台较为集中地认识了解发行债券的企业,做出较全面的判断。

担保机构的作用是为集合平台的企业债券进行金额担保。但是担保方式仍然是向每一个发债主体企业提供担保。

3. 担保机构在集合发债过程的作用

参与发债的主体是中小企业,而担保机构有更贴近中小企业的优势,并且要承担担保责任。因而,担保机构在企业集合发债过程中具有其他方面不可替代的作用:首先,担保机构可以作为集合债券的组织者,在一定区域内经过筛选,将有条件的企业组织在一起,通过协商协调的方法,统一各相关企业的步调和工作过程,以一个共同的冠名申请发行企业债券;其次,担保机构具体承担集合债券的信用风险判断分析评审责任,对参与集合债券的企业,分别进行负责任的尽职调查、信息采集、分析评价,提出切实可行的实施目标,担保机构可以承担集合债券的保证人,对符合发债的企业承担具体的保证责任,既可以一家担保机构担保多家企业,也可以多家担保机构联保;最后,通过担保机构担保的集合债券,风险可控性大大增强。

从已经发放中小企业集合债券的案例分析,取得的绩效都十分明显,具有良好的预期。例如,深圳第一期中小企业集合债券,由 3 家担保公司联合为 20 家中小企业、发行 10 亿元、3 年期企业债券担保。20 家企业既获得发展的融资需求,也在发行债券过程中增强了市场知名度和信用度。北京中关村科技企业集合债,由 1 家担保公司为 13 家科技企业发行 3.83 亿元 3 年期企业债券担保,为中小企业直接融资拓展了新的方式。

(二) 中小企业集合信托计划融资担保

中小企业独立以信托计划方式融资缺乏先例。而将若干中小企业集合在一起通过信托方式融资应是中小企业融资方式的创新。

1. 信托与信托融资

信托即信用委托之意。《中华人民共和国信托法》明确:"信托是指委托人基于对受托人的信任,将其财产委托给受托人,由受托人按委托人的意愿以自己的名义,为受益人的利益或者特定目的进行管理或者处分的行为。"

信托融资,是对融资有需求的自然人或法人,通过信托机构向委托人融资的行为。信托机构作为受托人必须得到委托人的充分信任。信托机构为受益人理财,必须确保委托人的权益、利益。因而,企业法人通过信托机构融资必须具备良好的信用条件。信用担保应是保证一项信托计划实现的重要机制。

信托方式融资一般适用于大中型企业,而小企业操作起来难度很大。一是规模过小,相对成本就会较高,对企业融资成本压力过大;二是信托融资的企业具有良好的知名度,更有利于实施,小企业一般社会认知度尚不够充分,直接发行信托难以实现。但是,增加担保机构的作用,组织小企业集合发行信托,将促进小企业迈进信托计划融资的平台。

2. 集合信托担保计划的实施

与中小企业集合债券融资担保的方法有很多相似之处。首先在于担保机构或有关方面承担组织者的责任,征求有需求的企业的意向,通过担保机构的筛选,将有需求又有一定资质的企业集合在一起,启动由信托机构或银行机构发行的计划信托。全部信托方案均由信托机构审核、确认,并向社会组织筹集资金。

集合信托计划逐步成为中小企业融资的重要渠道。成功的案例创新了信托融资模式。浙江中新力合担保公司与杭州西湖区有关方面组织了一个由39家规模较小的文化创意企业参加的集合信托计划。信托融资方向一是银行机构理财产品,占65%;二是西湖区有关机构的跟进资金,占30%;三是3家创投机构资金,占5%。由中新力合为银行理财产品和西湖区跟进资金提供全额担保。发行取得良好效果。

3. 集合信托计划的流程

集合信托计划融资涉及信托公司、银行、借款人和担保机构,过程和周期性很强,应当充分考虑到各方面责任、利益和权利。

(1) 信托公司、银行、借款人、担保机构四方商议信托计划的具体内容,包括融资金额、期限、融资利率、担保方式与责任。

(2) 项目借款人与信托机构签订委托融资协议,信托机构与银行签订代理销售信托计划协议,签订信托计划资金监管协议。银行一般负责信托计划的销售和信托资金的监管。

(3) 担保机构与借款人、信托机构签订担保协议。

(4) 信托机构与商业银行合作发行集合资金信托计划,向投资人(资金委托人)募集资金。

(5) 资金归集到信托机构,由会计师事务所核实,出具书面报告,信托机构扣除必要的手续费,银行将资金划给借款人,在银行监管下使用。

(6) 信托计划到期前,借款人筹措资金划入信托机构,银行协助信托兑付投资者的本金和收益。担保机构解除担保责任。

完整的信托计划流程是信托计划控制风险的保证。

(三) 集合短期融资券担保

短期融资券是企业依照中国人民银行《短期融资券管理办法》规定的条件程序在银行间债券市场发行和交易,并约定在一定期限(360天之内)还本付息的有价证券。短期融资券实际为企业发行的短期融资票据,在国外称为商业票据。短期融资券的出现改进了我国融资体系,企业从间接融资为主大踏步迈向直接融资渠道。

短期融资券利率较低、只在银行间市场流通,采取的是备案发行方式的特征,使得其进入市场就迅速扩大发展,成为大型优秀企业的融资渠道。

中小企业缺乏进入短期融资券市场的条件。但是担保机构参与其中,承担保证责任,使得中小企业通过短期融资券融资成为可能。其可操作性仍然在于企业的集合能力和担保风险的能力。

(1) 担保机构应当主动承担筛选与组织企业的责任,确保企业符合《短期融资券管理办法》规定的八项条件,即依法设立的企业法人、具有稳定的偿债能力、流动性良好、资金用于生产经营、没有违法违规行为、没有延期支付本息行为、具有健全的管理制度、属于国家鼓励和重点发展的产业。

(2) 担保机构应当与主承销机构全面配合,按规定履行发行融资券备案材料的审核,出具核查意见。向人民银行报送申请发行融资券备案材料。合理确定发行规模、期限、利率方式,偿还时间、方式。

(3) 中国人民银行批准后,发行人应在发行前3个工作日通过中国货币网披露相关信息。

短期融资券受政策影响较大,有可能难以连续发行,因而担保机构必须做好被担保企业资金运作能力不强时出现问题的准备,具备充分的代偿能力。

八、担保在股权质押中的应用

(一) 股权质押的内涵和法规基础

所谓股权质押担保授信是指借款人(被担保人)以其自身或第三人持有依法可以转让和出质的上市公司、非上市股份有限公司、有限责任公司的股权或股票,作为质押标的提供给担保机构设定反担保措施,并由担保机构提供信用保证,从商业银行取得贷款授信的一种新型融资方式。

依据1995年颁布的《中华人民共和国担保法》规定,下列权利可以设定质押:①国债、银行票据、企业债券(含金融债券)、存款单、仓单、提单;②依法可以转让的股份、股票;③依法可以转让的商标专用权、专利权、著作权中的财产权等。需要特别指出的是,股权质押作为一种权利质押,是指出质人与质权人协议约定,以其所持有的股份(或股票)作为质押物。当债务人到期不能履行债务时,债权人(或保证人代偿后)可以依照约定就股份折价受偿,或将该股份出售而就其所得价款优先受偿的一种担保方式。其中债务人或者第三人为出质人,债权人(或保证人)为质权人,股权或股份为质物标的。但《担保法》对股权质押部分阐述得过于笼统,如没有具体制定非上市公司股权出质的登记机关。

2007年3月第十届全国人民代表大会第五次会议通过的《中华人民共和国物权法》,在有关物权制度的规定上有了突破性的进展。如"以基金份额、证券登记结算机构登记的股权出质的,质权自证券登记结算机构办理出质登记时设立;以其他股权出质的,质权自工商行政管理部门办理出质登记时设立。"这些登记制度的确立,使得相应的担保融资业务有了明确的登记机关,避免了相关部门间推诿的现象,提升了股权质押担保措施的公信力与法规制约性。

2008年10月1日起施行的《工商行政管理机关股权出质登记办法》中又明确规定:"负责出质股权所在公司登记的工商行政管理机关是股权出质的登记机关;各级工商行政管理机关的企业登记机构是股权出质登记机构。"由于工商行政管理部门是国家行政机关,股权出质在工商行政管理部门登记的公示效应、公信力和法律效果都远远高于在企业股东名册上登记。同时,由于工商行政管理部门也是股权变更的登记机关,出质和变更在同一登记机关办理,使担保公司或银行在实现质权时更为顺畅,清除了可能遇到的清偿阻力和司法瑕疵。可以说,登记办法主要是针对非上市的股份公司和有限责任公司的股权出质登记而进行的制度规范。

对于上市公司而言,我国对上市公司中公众流通股的质押问题,在政策、法规上并没有具体明确的规定。但对上市公司的法人股,担保公司或银行一般会在调整每股净资产的基础上,再综合考虑公司的负债总额、应收账款状态、现金流等情况核定一个质押值,这个质押值一般为每股净资产的六至八成。上市公司股权质押的登记手续依照规定在证券登记结算机构,即在中国证券登记结算有限责任公司及其上海和深圳分公司进行股份质押登记,确保了质押合同规范生效,质权依法能够受到保护。可以说,该类型股权质押登记规定明确,操作性强且运作规范,对于呈现股权的融资效能起到了确保与导引作用。一般而言,随着我国资本市场进一步的完善和发展,上市公司的股权质押担保授信方式会得到更加广泛的推广与应用。

(二) 股权质押担保授信的业务程序(非上市公司)

(1) 股权出质的企业(出质人)召开董事会或者股东会并做出股权质押决议。股份公司股权出质的,需提交董事会或者股东会同意质押的决议;有限责任公司股权出质的,需提交董事会或者股东会同意质押决议的同时,还出具股权出质记载股东名册的复印件。

(2) 企业(借款人或出质人,借款人和出质人一般为同一主体)向授信银行和担保公司申请股权质押担保授信或要约时,需提供下列资料:

① 股权质押担保授信和贷款申请书;
② 借款人上一季度末的财务报表(包括资产负债表、利润表、现金流量表等);
③ 股权出质公司(出质人)上一个会计年度的资产评估报告;
④ 股权出质公司(出质人)同意股权质押担保(贷款)授信的决议证明;
⑤ 授信银行和担保公司要求提供的其他材料。

(3) 股权质押担保授信的基本流程为,首先,股权质押担保授信的借款人与授信银行双方应以书面形式签订借款合同。其次,担保公司与授信银行双方应以书面形式签订保证合同。与此同时,担保公司与出质人双方应以书面形式签订股权质押合同。股权质押合同一般应单独订立,并作为保证合同中的反担保措施特别约定条款。

(4) 股权质押合同自签订之日起15日内,股权质押担保授信的质权人须凭股权质押合同到工商管理机关登记办理股权出质登记,取得股权质押登记证明书。并在合同约定的期限内将股权交由工商管理机关登记保管。股权出质登记事项包括:出质人和质权人的姓名或名称、出质股权所在公司的名称,出质股权的数额。

(5) 企业(出质人,出质人和借款人一般为同一主体)应向工商管理机关申办股权出质设立登记。设立登记时应当提交下列材料:

① 申请人签字或者盖章的股权出质设立登记申请书;
② 记载有出资人姓名(名称)及出资额的有限责任公司股东名册复印件或者出质人持有的股份公司股份(股票)复印件(均需加盖公司印章);
③ 股权质押合同文本;
④ 出质人、质权人的主体资格证明或者自然人身份证明复印件(出质人、质权人属于自然人的由本人签名,属于法人的加盖法人印章);
⑤ 工商管理登记机关要求提交的其他材料。

(6) 授信银行与借款人和担保公司分别签署借款合同和保证合同后,按其信贷业务流程和担保业务流程,开始具体办理贷款授信事宜。

(三) 股权质押融资的社会实践

《工商行政管理机关股权出质登记办法》的出台,使权质押借贷真正成为一种新兴而又有巨大市场潜力的创新融资方式,得到了各类金融机构和各类企业的积极响应。如2008年6月,浙江省出台《公司股权出资登记试行办法》和《股权出资登记暂行办法》。办法出台仅10天,浙江全省有22家企业融资就办理了股权出质登记,股权出质数为16亿元股份额,融资金额近10亿元人民币。时隔半月后,浙江省工商局再次统计,这组数据已刷新为40家企业、股权出质数为20亿元股份额、融资总额达到15亿元人民币。

截至2009年年底,大连市工商局已为54户大中型企业办理了股权出质登记,融资过程中被担保(或反担保措施设定)金额已达36亿元。最为典型的案例是,大连川连商贸连锁有限公司作为辽东半岛地区最大的茅台和五粮液酒类代理商,工商管理部门为该企业提供了股权质押这一新的融资担保渠道,目前已累计融资900万元。在参与的企业中,生产制造业和商品流通业表现尤为突出。而从担保公司或银行的角度来看,二者都对绩优且具有发展潜力的企业股权(或股份)更为青睐。沉闷的资金融通市场被有效地激活了。

注册成立于2009年2月的大连溢佰中小企业担保有限公司,是服务于全国中小企业股权质押担保授信的一家创新型担保机构。该公司拥有独立开发并运营的大型股权质押交易信息平台——中国股权质押担保联盟网,该联盟秉承"公开、公平、公正"的原则,并运用覆盖全国的信息平台和功能齐备的交易网站,服务于中国蓬勃发展的中小、微型企业群。其股权质押业务联盟运作的方式是:由大连溢佰牵头成立风险控制委员会,由会员单位担任理事成员,并组成贷款评审小组,保证金指定存在股权质押合作银行,银行确定对申请企业的贷款授信额度。股权质押受让方为溢佰担保及指定理事单位成员,股权托管方为天津等产权交易所。企业每月向交易所申报财务报表,担保机构每季对企业的账目进行审查,并强化保中管理,落实各项监管措施等。该股权质押担保授信的重点首先立足于东北三省,并着手在北京、上海、深圳等地新设立多家子机构,拓展当地的"股权质押担保授信"及其他相关业务。同时,正在积极筹备联合各地的担保公司、典当行、投资公司及私募基金等金融服务机构,使之成为理事成员单位,筹集股权质押担保资金。通过银行10倍的放大授信,可以对整个覆盖地区的股权质押担保授信市场起到极大的杠杆拉动或乘数效应。

可以预计,随着《工商行政管理机关股权出质登记办法》的实施,不仅对商业银行或担保机构、申请受信企业、工商管理部门三方参与股权出质、融资和管理提出了更加明确的要求,更使整个流程规范化、制度化和便捷化,有助于提升企业股权出质登记效率,提高企业的融资能力,为中小、微型企业的融资打开一条新的通道,也为担保公司和商业银行信贷业务的拓展开辟了新的领域与空间。

九、担保在特种权利质押中的应用

(一) 特种权利质押的内涵

特种权利就是不具有具体的实物形态而仅依存于未来及现存的可以计量的特种收益流和价值源,予以抽象地固化和具象折现。特种权利包括:专利权,专有技术,矿业权,音像版权著作收益权,捕捞权,开采权,林业权,排污权,经营租赁权(如专业市场的柜台租赁使用权、土地租赁经营权、海域江河湖面租赁经营权等),特种经营专属权(如品牌代理商、汽车销售4S店等),商誉商标使用专营权(如麦当劳、北京东来顺、肯德基等),交通、桥梁、有线电视等收费权以及其他特种权益。1995年颁布的《中华人民共和国担保法》明确列举了可以设定的权利质押种类,但并未限制、禁止或排除以特种权利设定质押的经济行为,所以特种权利符合权利质押的基本条件。《担保法》第七十五条规定的依法可以质押的"其他权利"条款,也体现了法无禁止即许可的司法自治理念。可以说,特种权利与担保法所规定的权利质押基本原则和理念是相一致的。

所谓特种权利质押担保授信,就是指借款人(或被担保人)以其自身或第三人拥有的可以依法转让、处置和出质的各项特种权利,作为质押标的提供给银行设定担保措施(或由担保机构提供信用保证、并将其设定反担保措施),从商业银行取得贷款授信的一种新型融资方式。

(二) 特种权利质押担保授信的客观需求

特种权利质押贷款授信对各国银行界来说都是一道难题。首先,最迫切需要解决的难题是特种权利的评估问题和变现有效性问题。企业一旦无力还款,银行等金融机构将通过处置特种权利的收益来确保第二还款来源。其风险将完全集中在特种权利的实际有效价值上和变现可能性方面,而这正是银行等金融机构自身所难以把握的。因此,银行业处于管理成本、风险控制、绩效考核等原因,一般很少愿意插手此类型的授信业务。即使开展了此类业务,也是形式意义大于实质效果。其次,在以往的实际业务中,设定特种权利质押并通过银行直接授信的方式,企业需要负担评估、公证登记等各项中介费用,而利息也依据基准利率上浮30%,其年利率与综合费率一般也处于授信金额的18%左右,这对中小、微型企业也是一笔难以承载的融资负担,这些"瓶颈"直接堵塞了此类业务在银行界的有效拓展途径与广泛发展空间。

鉴于上述两种原因,特种权利质押担保授信融资方式就成为必要和可能。银行作为金融机构有其自身的特殊性要求:首先,特种权利质押作为一种担保措施,一旦面临逾期处置情况时,银行只能通过附着于企业股份的股权转让方式来得以变现,这是银行业最为头痛的事情。其次,银行受到专业经营条件的约束与限制,即使特种权利类型很好,也无法介入经营。只能期待其他有关联业务的企业染指,银行的能动性受到了一定的抑制。最后,特种权利尽管具有市场价值,但这种价值具有一定的依附性和约束性,并非像房地产那样具有广泛的流通性和可变现性,其市场价值有时难以准确度量和实现。

需要特别指出的是,大多数商业性担保公司作为产业资本和金融资本结合或过渡的产物,其股东多数都是企业法人;这些股东均依托于企业集团或经营实体,他们对特种权利有着敏锐的嗅觉和天然的价值取向。这样,担保公司的介入即特种权利质押担保授信融资方式就成为物竞天择的自然配置与需求。

(三) 特种权利质押担保授信的业务流程与应用

特种权利质押担保授信的具体业务流程如下。

(1) 借款人分别向担保公司和商业银行申请授信担保和银行授信。

(2) 担保公司和商业银行同时对借款人进行尽职调查、尽职审查和尽职审批。

(3) 担保公司对出质人(借款人和出质人一般为同一主体)的出质标的进行评估、公证登记,并签订远期拍卖合同、处置协议等。

(4) 银行和担保公司通过审查后,担保公司出具担保意向函。同时,设定特种权利质押反担保措施,必要时补充其他有效反担保措施,并与出质人双方签订特种权利质押合同和其他抵、质押合同等。特种权利质押合同一般应单独订立,并作为保证合同中的反担保措施特别约定条款。

(5) 授信银行与借款人和担保公司分别签署借款合同和保证合同后,按其信贷业务流程结合担保业务流程开始具体办理贷款授信事宜。

(6) 贷款授信如果逾期由担保公司代偿后,担保公司对特种权利等反担保措施进行有效处置,通过拍卖变现、转让变现、权属变更和债转股持续经营等实现资产保全或足额清偿,确保担保公司的持续发展与综合经营收益。

[相关案例]

(1) 项目概况

某市区域内肯德基甲店和乙店系自然人张刚与美方合作经营西式连锁餐饮企业,2009年10月欲扩大投资开设一个新的分店(丙店)。丙店房产是租赁,协议租期10年,年租金200万元。当年欲投资设备、装修费、其他周转金等总预算1200万元,筹建、装修工期8个月。中方投资者已向美方一次性支付了专属经营权使用费300万元,且自有经营资金400万元也全部到位。该连锁餐饮店提出贷款申请,欲通过提供信用保证取得银行贷款授信800万元。担保机构和银行分别开始实施授信审查程序并进行额度和期限设计。

(2) 财务审核与分析

第一步,两店汇总的财务报表其累计营业收入三年平均为5150万元,而税务报表其累计营业收入三年平均为3240万元。通过随机间隔抽查本年度内部的经营单据和经营流水台账,依据每天推断全月,再匡算出本年度的累计经营收入额为5860万元。这时,我们基本确认两个餐饮店每年的营业收入为5300万元左右。

第二步,分析考察两个餐饮店的累计营业成本和管理费用三年平均为3480万元,而税务报表其累计营业成本和管理费用三年平均为3170万元。这时,我们基本确认其每年的营业成本和管理费用为3300万元左右。因为所有企业的营业成本和管理费用等支出一般都能按实列支或反映,这是企业的通行做法,并在信贷实际工作中得到了佐证。

第三步,分析考察两个餐饮店的税收、利息、摊销折旧额。税收:该企业提供了税务机关的核定征收凭据,综合税收全年核定为192万元;利息:该餐饮店没有任何贷款;摊销折旧额:通过计算复核全年为125万元。

第四步,核定增量资金额＝营业收入－营业成本－管理费用－利息额－税金＋折旧、摊销费,得出增量资金为5300－3300－0－192＋125＝1933万元。因此,第一还款来源保证充分。但由于三个餐饮店的经营场所均为租赁,没有抵、质押物,所以银行严格依据内控信贷标准,并要求担保公司提供信用保证后才予以贷款授信。此时,由于第一还款来源充分,担保公司决定提供其信用保证并出具了担保意向函。

(3) 反担保措施设定

由该连锁餐饮的甲、乙、丙店商标、商誉及专属经营权设定质押,该特种权利经华夏资产评估事务所结合已支付的专属经营权使用费、经营期限、经营面积和实际收益等综合因素进行了评估,时点评估值为1480万元。担保公司与三个餐饮店分别就其专属经营权质押签订了特种权利质押合同、远期拍卖合同和处置协议,担保公司出函予以确认,并进行了必要的司法公证。为了弥补可能的追偿瑕疵,餐饮店的实际控制人又提供了一套个人房产,评估价值180万元附加设定抵押,同时签署了无限连带责任保证合同。

(4) 额度、期限设计与授信

授信银行与借款人和担保公司分别签署借款合同和保证合同后,按其信贷业务流程结合担保业务流程开始具体办理授信事宜。最终的授信额度为800万元,授信期限为一年。截至目前该担保授信业务已顺利结项。

本章讨论案例

浙江永康创新"互助担保基金池"破解小微企业融资难问题

2012年3月25日,永康市工业经济联合会联合民生银行杭州分行、永康市合丰担保有限公司等创新推出"互助担保基金池"(以下简称"基金池"),通过将有融资需求的小微企业组成风险共同体,较好地解决了小微企业融资担保难题,降低了小微企业的贷款成本。截至2012年4月25日,报名企业达97户,累计向36家小微企业发放贷款9100万元,预计首期贷款投放量达18亿元,直接受益企业800家。

一、主要做法

1. 成团互助

永康市工业经济联合会牵头民生银行杭州分行、永康市合丰担保有限公司,将永康市有融资需求的小微企业组成风险共同体。在民生银行杭州分行开立"共同风险基金"保证金账户,共同管理企业缴存在"基金池"的保证金运作。企业与民生银行杭州分行、永康市合丰担保有限公司签订贷款协议,承诺获得贷款后第一年将贷款总额的15%作为互助保证金放入"基金池",其中80%作为定期存款、20%为活期存款,和其利息收益共同作为风险保证金。若企业出现经营或偿贷风险,优先用该账户资金偿还,若3年后未发生风险,将保证金返还企业。担保公司为"基金池"企业申请贷款提供授信担保,承担贷款总额10%的担保义务。

2. 约定费率

民生银行贷款执行约9%的利率,担保公司收取贷款总额1%的担保费,企业承担的总年费率约12%。下一步,该行计划向其总行申请降低保证金比例和贷款利率。预计首期贷款投放量18亿元,其中中小企业8亿元、小微企业10亿元。中小企业单户贷款金额最高1200万元,小微企业单户贷款金额最高500万元,单笔贷款期限不超过1年。

3. 灵活进出

"基金池"成员企业在结清银行贷款本息后可提出退出申请,在"基金池"成员企业数量不低于40户的前提下,经民生银行同意可退出"基金池"。该行负责管理从筛选企业、日常监管到退出的整个运作流程,并委托永康市合丰担保有限公司协助履行客户审核、贷后管理等职责。

二、取得的成效

1. 有效缓解了小微企业融资难的问题

"基金池"融资模式专为该市小微企业量身打造,有效缓解了小微企业融资难的问题。项目可操作性强,手续简单,受到小微企业欢迎。截至2012年4月25日,报名企业达97家,已累计向36家小微企业发放贷款9100万元,预计直接受益企业800家。

2. 降低了小微企业融资成本

该融资模式下,"基金池"成员企业只需缴纳一定比例的风险保证金,无须自行寻找担保公司提供贷款担保,有效破解了小微企业融资担保难题。同时,企业享受到较传统的融资模式如联保贷款等更优惠的贷款利率,有效降低了小微企业融资成本。

3. 有利于维护地方经济、金融稳定

2011年以来,担保链已成为影响浙江部分地区经济、金融稳定的重要因素和隐患。"基金池"的创新推出,有利于小微企业斩断或减少担保链风险。永康市工业经济联合会与民生银行的政企合作也降低了银行放贷风险,维护了地方经济、金融稳定。

问题讨论

1. 永康市"互助担保基金池"的做法,是否具有借鉴价值?你还知道哪些中小企业担保的产品和模式?
2. 这种"互助担保基金池"是否存在风险?

复习思考题

1. 信用担保产品设计的理念和开发原则是什么?
2. 信用担保产品的基本业务品种有哪些?
3. 现有的信用担保创新业务是什么,请举例说明。

延展阅读

1. 顾海峰. 制度性金融创新与我国中小企业融资担保体系发展研究[J]. 南方金融,2012(3).
2. 黄东坡. "企业联盟+互助担保+主办银行"的中小企业融资模式创新[J]. 财会月刊,2012(35).
3. 徐晓华. 中小企业集合票据及其担保方式创新[J]. 浙江金融,2012(8).
4. 龙永俊,杨君. "保理融资+担保授信"的金融创新与应用[J]. 经济参考研究,2012(23).

本章的主要网络链接

1. http://www.cbrc.gov.cn/chinese/home/jsp/index.jsp   中国银行业监督管理委员会
2. http://www.pbc.gov.cn   中国人民银行
3. http://www.cncga.org/   中国担保协会
4. http://www.bjdbxh.org.cn/   北京信用担保协会

第六章

担保物权法律制度

> **学习目标：**
> ➢ 了解担保法律关系的构成
> ➢ 掌握担保法律关系的基本特征
> ➢ 熟悉担保的分类和几种常见的担保方式
> ➢ 理解担保物权的概念和特征
> ➢ 了解我国担保物权的法律规范体系
> ➢ 熟悉担保法律中应注意的几个问题
> ➢ 了解常见的担保业务中存在的法律风险

第一节 担保法律关系及其效力

一、法律关系的基本概念

（一）法律关系的概念和特征

法律关系是法律在调整人们行为过程中所形成的以权利与义务为内容的社会关系。它是人们在相互之间结成的诸社会关系中的一种特殊的社会关系。与其他社会关系相比，法律关系具有如下特征。

1. 法律关系是根据法律规范建立的一种社会关系

由于法律关系是基于国家法律调整社会关系时所形成的，而每一法律关系的形成也总要通过它的参加者的意思表示，所以，法律关系是思想的社会关系。

2. 法律关系是由国家强制力保障的社会关系

在法律规范中，关于一个人可以做什么，不得做什么和必须做什么的规定，是国家意志的体现，它体现了国家对各种行为的态度。一旦一种社会关系被纳入法律调整范围之内，就表明国家意志不会听任它被随意破坏，并且会利用国家强制力来加以保障。

3. 法律关系是主体间的法律上的权利义务关系

法律关系与不具有法律意义的社会关系的重要区别，就是在法律化的社会关系中，当事人之间按照法律规范而分别享有一定的权利或负有一定的义务，当事人双方或数方被一条法律上的纽带——权利和义务的纽带联系在一起。

（二）法律关系的主体、内容和客体

法律关系是由法律关系的主体、客体、内容三个要素构成的。

1. 法律关系的主体

法律关系的主体，是指法律关系的参加者，即在法律关系中依法享有权利和承担义务的人和组织。其中，享有权利的一方称为权利人，承担义务的一方称为义务人。在我国，法律关系的主体主要有以下几类。

（1）自然人。凡具有中华人民共和国国籍的人都是我国公民，我国公民是法律关系的主体。居住在我国的外国人和无国籍人，也可以成为我国某些法律关系的主体，他们能够参与哪些法律关系以及权利能力范围的大小，由我国有关法律及我国同其他国家签订的国际条约或国际法公认准则加以规定。

（2）法人。以是否以盈利为目的为标准，法人可分为企业法人和非企业法人。其中非企业法人又包括机关法人、事业单位法人和社会团体法人等。

（3）其他组织。其他组织是指不具有法人资格的社会组织，如个体工商户、个人合伙组织等。

(4) 国家。中华人民共和国作为一个主权国家，对内是许多法律关系的主体，对外是一系列国际法律关系的主体。

2. 法律关系的内容

法律关系的内容就是法律关系主体之间的法律权利和法律义务。

（1）法律权利

法律权利是法律所允许的权利人为了满足自己的利益而采取的、由其他人的法律义务所保证的法律手段。它具有三方面的含义：①享有权利的人有权做出一定的行为；②享有权利的人有权要求他人做出或不做出一定的行为；③当权利被侵害或与他人发生争议，享有权利的人有权要求国家出面干涉，通过国家强制力帮助他来实现其权利。

（2）法律义务

法律义务是法律规定的义务人应当按照权利人的要求从事一定行为或不行为，以满足权利人的利益的法律手段。义务是指法律所规定的法律关系主体所承担的某种必须履行的责任。它具有两个特征：①义务人必须按照权利人的要求做出一定行为；②义务人必须按照权利人的要求，抑制某种行为。

3. 法律关系的客体

法律关系的客体是指法律关系主体之间权利和义务所指向的对象。它是构成法律关系的要素之一，包括以下几类。

（1）物。指法律关系支配的、在生产上和生活上所需要的客观实体。

（2）人身。人身不仅是人作为法律关系主体的承载者，而且在一定范围成为法律关系的客体。

（3）精神产品。精神产品是人通过某种载体（如纸张、砖石、胶片、光盘等）或者大脑记载下来并加以流传的思维成果。精神产品属于非物质财富。

（4）行为结果。作为法律关系客体的行为结果是特定的，即义务人完成其行为所产生的能够满足权利人利益要求的结果。这种结果一般分为两种：一种是物化结果，另一种是非物化结果，即义务人的行为没有转化为物化实体，而仅表现为一定的行为过程。

二、担保法律关系的特征

担保法律关系是为了保障债权的实现，债权人与担保人依照法律规定而设定的权利义务关系。其主体即担保法律关系的当事人为担保权利人和担保义务人，内容为担保权利与担保义务组成，客体为担保标的。担保法律关系具有以下特征。

（一）担保法律关系的从属性

担保法律关系的从属性是指担保法律关系的成立和存在必须以一定主债法律关系的存在为前提，它是从属于一定债权法律关系的法律关系，不能脱离主债法律关系而单独存在。我国《担保法》第五条规定："担保合同是主合同的从合同，主合同无效，担保合同无效。担保合同另有约定的，按照约定。"这就是说，担保法律关系是主债法律关系的从债法律关系。从担保法律关系的产生上看，它的产生必须以一定的债权的发生和存在为前提，而不能脱离主债法律关系而存在。担保合同的设定是因为主合同的债权人需要以担保方式来保障其债权的实现，没有主债法律关系，债权人与担保人成立从债法律关系、订立担保合同就没有任何意义和必要。从担保法律关系的变更来看,主债法律关系发生变更,担保法律关系也必须相应地发生变更。主合同发生变更,作为从合同的担保合同如果不随着变更,它就失去存在的基础,也就失去从属的根据。从担保法律关系的终止来看,担保法律关系会随着主债法律关系的终止而终止,除了主合同债权人与担保人达成放弃债权的协议终止担保合同外,主债法律关系因清偿、提存、抵销、混同、免除等民事行为而消灭,担保法律关系自然随着主债权利义务关系效力的消灭而归于消灭。从担保法律关系的处分上看,担保法律关系不能脱离主债法律关系而单独发生转移,而且,担保法律关系的义务人在处分其财产或有关债权时,也必然受担保义务和主债法律关系的约束。从担保法律关系的效力上看,它的效力也从属于主债法律关系,主债法律关系效力情况直接决定着担保法律关系的效力情况。

(二)担保法律关系的补充性

担保法律关系对主债法律关系是一种从属性的法律关系,同时又是一种补充性的法律关系。我国《担保法》第六条规定:"物权法所称保证,是指保证人和债权人约定,当债务人不履行债务时,保证人按照约定履行债务或者承担责任的行为。"第三十三条规定:"物权法所称抵押,是指债务人或者第三人不转移对物权法第三十四条规定所列财产的占有,将该财产作为债权的担保。债务人不履行债务时,债权人有权依照物权法规定以该财产折价或者以拍卖、变卖该财产的价款优先受偿。"第六十三条规定:"物权法所称动产质押,是指债务人或者第三人将其动产移交债权人占有,将该动产作为债权的担保,债务人不履行债务时,债权人有权依照物权法规定以该动产折价或者以拍卖、变卖该动产的价款优先受偿。"这几个相关法律条文说明担保法律关系的成立,是在主债法律关系的基础上又补充设定了一定的权利义务关系,主要有抵押法律关系、保证法律关系、质押法律关系、定金法律关系,等等。补充的这些法律关系直接扩大了主债法律关系中债权实现的责任财产。

在抵押法律关系和质押法律关系中,债权人除可享有主债法律关系中双方约定的权利外,还取得了就抵押物和质物享有的优先受偿权。在保证法律关系中,增加了保证人的财产为责任财产。在定金法律关系中,无论给付定金的一方还是收受定金的一方,能够取得或丧失定金完全取决于其能否履行主债法律关系中的义务。上述这些后果无疑都增加了主债法律关系中的债务人适当履行债务的压力。

当然,在主债法律关系因适当履行而终止时,担保法律关系中的补充义务并不实际履行,只有当主债法律中债权人的权利未能实现时,担保法律关系中的补充义务才能实际履行。从而充分体现了担保法律关系对主债法律关系的补充作用。

(三)担保法律关系的保障债权实现性

在担保法律关系中,债权人实现其债权很少受担保债务人的财产状况的限制,即使债务人的财产不足以清偿数个同时并存的债权时,也能优先实现其债权。在保证担保中,债权人保障其债权的实现是通过扩大责任财产的数量来实现的,通过保证担保,在把主债务人的全部财产作为责任财产的基础上,又把保证人的全部财产列为责任财产,从而增加了实现其债权的可能性。在抵押担保中,债权人是通过对债务人或第三人的特定财产享有优先受偿权的方式来实现其权利的。在定金的担保中,通过明确债务人金钱的取得或丧失与能否适当履行其义务密切相关的规定,从而使债务人为避免其金钱丧失而积极履行债务,以保障债权的实现。因此,从担保法律关系设定的目的和功能来看,担保法律关系具有保障债权实现的特征。

（四）担保法律关系的移转性

担保法律关系还有在担保债权实现后对主债法律关系的权利义务产生法律上的转移性后果。我国《担保法》第三十一条规定："保证人承担保证责任后，有权向债务人追偿。"第五十七条又规定："为债务人抵押担保的第三人，在抵押权人实现抵押权后，有权向债务人追偿。"第七十二条还规定："为债务人质押担保的第三人，在质权人实现质权后，有权向债务人追偿。"《担保法》规定对保证、抵押、质押的担保人在其履行了担保义务和债权人实现担保债权后，有权向债务人追偿。这里所说的债务人是指主债法律关系的债务人。这就使担保法律关系和主债法律关系的债权债务发生了移转，担保人从担保法律关系中的从债务人地位转移成为主债法律关系中的债务人的债权人，主债法律关系中的债务人转移成为担保法律关系中的从债的债务人。主债法律关系和担保法律关系发生消灭，但又形成新债法律关系。债权债务发生了法律上的转移性后果。担保法对留置、定金两种方式未规定担保人的追偿权，因为这两种担保方式，担保人与债务人主体竞合，无第三人作为保证人，因此没有规定追偿权的必要。

三、担保合同的效力与责任承担

（一）担保法律关系的主体效力

担保法律关系的主体是指依照担保合同约定或者法律规定，享有担保权利、承担担保义务的法人、其他组织、自然人。在担保法律关系中，享有担保权利的一方当事人是主债法律关系中的债权人，承担担保义务的一方当事人既可以是主债法律关系中的债务人，也可以是主债法律关系当事人以外的第三人，统称为担保人。

1. 担保主体无效的情形

根据有关法律和司法解释规定，担保人通常是对财产具有所有权、使用权、经营管理权和处分权的法人、其他组织和自然人，在担保法律关系中具有主体资格效力。担保人应该具有代为清偿债务的能力，代为清偿债务的能力可以是现实的，也可以是不现实的，因为代为清偿债务的能力可能会随着时间的推移而发生变化，所以不能以担保主体不具有代为清偿能力就认定担保无效。无民事行为能力人，限制民事行为能力人，学校、幼儿园、医院等以公益为目的的事业单位、社会团体、国家机关、企业法人的分支机构、职能部门，不能成为担保主体。以他们作为担保主体应当认定为无效。但是，我国在吸引外国政府和国际经济组织贷款后，为了维护国家偿还外债的信誉，在实践中形成了中央政府将筹措到的外国政府或国际经济组织贷款转贷给某一特定项目使用时，要求该项目所在的省、自治区、直辖市或者计划单列市的计委向中央政府提供还款担保的转贷担保方式。只有在这种担保方式中，国家机关才可以成为保证人。企业法律分支机构有企业法人书面授权的或企业法人分支机构、职能部门的担保为法人追认的，都应当认定担保主体资格有效。国家机关和以公益为目的的事业单位、社会团体违法提供担保的，担保合同无效。

2. 上市公司对外担保的相关规定

在《公司法》、《证券法》修订之后，证监会、银监会发布《关于规范上市公司对外担保行为的通知》（证监发〔2005〕120号），自2006年1月1日起施行。该通知规定，上市公司对外担保必须经董事会或股东大会审议。上市公司的《公司章程》应当明确股东大会、董事会审批对外担保的权限及违反审批权限、审议程序的责任追究制度。须经股东大会审批的对外担保,包括但不限于下列情形:①上市公司及其控股子公司的对外担保总额,超过最近一期经审计净资产50%以后提供的任何担保;②为资产负债率超过70%的担保对象提供的担保;③单笔担保额超过最近一期经审计净资产10%的担保;④对股东、实际控制人及其关联方提供的担保。股东大会在审议为股东、实际控制人及其关联方提供的担保议案时,该股东或受该实际控制人支配的股东,不得参与该项表决,该项表决由出席股东大会的其他股东所持表决权的半数以上通过。应由董事会审批的对外担保,必须经出席董事会的 2/3 以上董事审议同意并做出决议。上市公司控股子公司的对外担保,比照上述规定执行。

(二) 担保法律关系的内容效力

担保法律关系的内容是指在担保法律关系中担保权利人与担保义务人具体享有的担保权利和承担的担保义务。通常,在主债法律关系有效的前提下,只要双方约定的担保权利和担保义务自愿、合法,不违反法律的强制性的规定,就应当认定其有效。根据《担保法》和《合同法》的规定,在主债权人和主债务人以欺诈、胁迫的手段与担保义务人订立合同,损害国家利益;主债权人、主债务人、担保义务人之间恶意串通损害国家、集体或者第三人利益;当事人以合法担保的形式掩盖非法目的;当事人约定的担保权利和担保义务损害了社会公共利益或违反了法律、行政法规的强制性规定的情况下,担保法律关系的内容无效。除此之外,即使是双方的约定有瑕疵,依据鼓励交易的原则,只要双方当事人能够经协商就变更的有关条款达成一致,就应认定其有效。

(三) 担保法律关系的客体效力

担保法律关系的客体是指担保权利义务共同指向的对象,它包括担保行为和担保物权。对于担保行为,只要担保人的担保行为符合民事法律行为的生效要件即为有效,而担保物权作为一种物权,在其主体符合法律规定的情况下,只要其标的不是《担保法》所禁止设定担保的,都应认定为有效。

(四) 担保法律关系的形式效力

担保法律关系的设立形式应当是书面的。除留置担保外,担保法律关系的主体之间应订立书面合同。因为担保合同是要式合同,无书面担保合同,就无法证实担保是否设定。《担保法》规定对担保物权以办理登记为担保生效要件的,应当依法登记。未依法登记的,应当认定担保合同未生效或无效。对于以城市房地产或者乡(镇)村企业的厂房等建筑物抵押的,以土地使用权抵押的,以林木、航空器、船舶、车辆、企业的设备和其他动产抵押的,以依法可以转让的股票出质的,以依法可以转让的商标专用权、专利权、著作权中的财产权出质的,未经其管理部门办理登记的,应当认定担保未生效或无效。对于以有限责任公司的股份出质的,应当将出质情况记载于股东名册,否则应当认定担保未生效或者无效。

(五) 担保法律关系与主债法律关系相互之间的效力

担保法律关系与主债法律关系之间是从属关系,担保债权对主债权具有从属性。主债法律关系无效,从属于其上的担保法律关系也归于无效;主债法律关系有效,从属于其上的担保法律关系是否有效,应根据担保法律关系的主体、客体、内容和形式等方面来认定。担保法律关系对于主债法律关系的从属性还表现在担保法律关系不能先于主债法律关系成立，在主债法律关系成立之前出现的担保书，只能认定为担保意向书，不能作为担保合同而存在，因为主债法律关系未成立，担保法律关系不具有存在的基础和前提，因此，应认定担保未设立。

担保法律关系对于主债法律关系具有补充性。当主债法律关系的债务人在债务履行期限届满时未能恰当履行债务的，担保人应当按照担保合同约定或者法律规定履行担保义务，担保合同即发生法律效力。主债法律关系的债权人未经主债法律关系的债务人履行期限届满，不得向担保法律关系中的担保人主张担保债权。

担保法律关系对于主债法律关系具有保障债权实现性。通过主债务人或第三人为主债权法律关系设定担保，扩大责任财产的数量、范围，当主债务人到义务履行期限届满未履行义务或不能完全履行债务时，由担保人代为履行义务，从而增加了实现主债权的可能性。担保法律关系中担保债权对于主债法律关系的主债权具有移转性，这种移转性产生于担保人履行了担保义务。担保人履行担保义务后，有权向主债务人追偿。担保人没有履行担保义务而向主债务人行使追偿权的，由于主债权人的担保债权未能实现，担保人的主张不能成立。在担保期间，主债法律关系的债权人依法将其主债权转让的，无须经担保人的同意，担保继续发生效力。担保期间，主债法律关系的债务人经债权人许可转让债务的，未经担保人书面同意的，转让对担保不发生法律效力。

（六）担保合同无效的法律责任

担保合同被确认无效时，债务人、担保人、债权人有过错的，应当根据其过错各自承担相应的民事责任，即承担《合同法》规定的缔约过失责任。根据《担保法司法解释》规定："①主合同有效而担保合同无效，债权人无过错的，担保人与债务人对主合同债权人的经济损失，承担连带赔偿责任；债权人、担保人有过错的，担保人承担民事责任的部分，不应超过债务人不能清偿部分的二分之一。②主合同无效而导致担保合同无效，担保人无过错则不承担民事责任；担保人有过错的，应承担的民事责任不超过债务人不能清偿部分的三分之一。③担保人因无效担保合同向债权人承担赔偿责任后，可以向债务人追偿，或者在承担赔偿责任的范围内，要求有过错的反担保人承担赔偿责任。"

但为了保证债权人的利益，主合同解除后，担保人对债务人应当承担的民事责任仍应承担担保责任。但是，担保合同另有约定的除外。另外，如果法人或者其他组织的法定代表人、负责人超越权限订立的担保合同，除相对人知道或者应当知道其超越权限的以外，该代表行为有效。

在主债权债务合同无效导致担保合同无效的情形下，虽然不存在履行担保义务的问题，但债务人、担保人或者债权人并非不承担任何法律后果。根据《民法通则》第六十一、《合同法》第五十八条的规定，合同无效后，因该合同取得的财产，应当予以返还；不能返还或者没有必要返还的，应当折价补偿。有过错的一方应当赔偿对方因此受到的损失，双方都有过错的，应当各自承担相应的责任。同样的道理，在主债权债务合同无效，担保合同被确认无效的情况下，如果债务人、担保人或者债权人对合同的无效有过错的，应当根据其过错各自承担相应的民事责任。这里的"相应的民事责任"指当事人只承担与其过错程度相当的民事责任。例如，担保合同无效完全是由债务人的欺诈行为导致主债权债务合同无效造成的，则过错完全在债务人，责任应完全由债务人自己承担。

需要特别强调的是，导致担保合同无效的原因很多，主债权债务合同无效导致担保合同无效只是原因之一。在主债权债务合同有效的情况下,担保合同也有可能无效。例如,担保合同因违反社会公共利益或者国家利益无效,担保合同因债权人与债务人的恶意串通而无效,等等。也就是说,判断担保合同是否有效,不能仅以主债权债务合同是否有效为标准,还要看担保合同本身是否有《合同法》第五十二条规定的情形。在主债权债务合同有效,担保合同无效的情形下,债务人、担保人或者债权人对担保合同无效有过错的,也应当各自承担相应的民事责任。在这种情况下,如果是债务人为担保人的情况下,不发生问题,只是主债权失去担保,其对担保合同无效有过错的,应当对债权人承担过错责任;如果第三人为担保人的,担保人不再承担责任,但担保人对担保合同无效有过错的,其对债务未能履行的部分,承担相应的过错责任。最高人民法院在关于担保法的司法解释中就规定,主合同有效而担保合同无效,债权人无过错的,担保人与债务人对主合同债权人的经济损失,承担连带赔偿责任;债权人、担保人有过错的,担保人承担民事责任的部分,不应超过债务人不能清偿部分的二分之一。

第二节 担保的分类和方式

一、担保的分类

根据不同的标准,可对担保进行不同的划分。

(一) 法定担保与约定担保

1. 法定担保

法定担保是为特别保护某种债权而基于法律直接规定所设定的担保。民法上的留置权、法定抵押权、法定债权质权、海商法上的优先权、破产法上的优先权等均属于法定担保性质。

2. 约定担保

约定担保是指法律没有直接规定,当事人可以协商自愿设立的担保。大多数情况下,担保都是当事人自行约定的。民法上的保证担保、定金担保、约定抵押权、约定质权和各类物上担保等均属约定担保范畴。我国《担保法》规定的五种担保方式(保证、抵押、质押、留置和定金)中,除了留置权这种法定担保方式外,其他担保方式均为约定担保,当事人在经济活动中需要使用担保时,可以协商采用一种或几种。

3. 区分的意义

区分法定担保和约定担保的意义在于以下几方面。

(1) 设定条件不同。法定担保的设定是基于法律的直接规定。只要具备法定条件,担保即存在于特定财产之上,无须当事人事先约定。而约定担保则是基于当事人的意思,以当事人之间订立担保合同为成立条件。没有担保合同,约定担保无从产生。

(2) 功能不完全相同。法定担保以维护交易上的公平为目的,带有社会政策的浓厚色彩,其作用仅在于保全主债权。而约定担保大多带有媒介融资的作用(定金担保和各类物上担保除外),因而又称为融资性担保。

(二) 民法典上的担保、特别法上的担保与判例法上的担保

1. 民法典上的担保

民法典上的担保是指大陆法系国家由民法典加以规定的担保形式。在大陆法系,民法典是担保最主要的法律渊源,担保的主要类别是由民法典明确规定下来的。

2. 特别法上的担保

特别法上的担保是指专门的单行法规中规定的担保物权,主要是各种具体的抵押权。如林木法中的林木抵押权,证券法上的证券抵押,汽车抵押法上的动产抵押以及商法上的商事留置权、商事质权等。

3. 判例法上的担保

判例法上的担保是指在判例实践中逐步确立和认可的一些担保。如让与担保、所有权保留等权利转移型担保。

这种划分的意义在于,有助于认识担保的立法调整特点以及现代担保制度的变化发展。

(三) 人的担保、物的担保与金钱担保

1. 人的担保

人的担保是指以债务人以外的第三人的信用为标的而设定的担保。其形式主要有保证、连带债务、并存债务承担。保证是指第三人和债权人约定,当债务人不履行其债务时,该第三人按照约定履行债务或承担责任的担保方式。在我国现行法上分为一般保证和连带保证。连带债务是指两个或两个以上的债务人,各负全部给付义务,且各债务都是为满足债权人的同一给付利益,全部债务因一次给付而归于消灭的债务。并存的债务承担,也叫附加的债务承担或重叠的债务承担,是指第二人加入债的关系,与原债务人共同承担同一债务的现象。新加入的债务人不是从债务人,其债务没有补充性,因而无先诉抗辩权。债权人可直接主张债权,从而增加了债权实现的可能性。

2. 物的担保

物的担保是以债务人或第三人的特定财产作为抵偿债权的标的,在债务人不履行债务时,债权人即可从该财产的变卖价款中优先受偿以保障债权实现的担保形式。包括抵押权、质权、留置权和优先权等。广义的物的担保,还包括所有权保留等。《合同法》第三十四条已经规定了这种担保方式。

3. 金钱担保

金钱担保是以金钱为标的物的担保,即债的当事人一方依其约定于债的履行前交付一定金钱给对方作为债权担保的担保方式。

由于金钱也是物,所以从本质上说,金钱担保也可归入物的担保。但金钱毕竟是一般等价物,以金钱为标的的担保与以其他物为标的的担保有着重要区别。所以,在法律上定金作为一种不同于物的担保的独立的担保方式。

金钱担保之所以能成为一种担保的形式,是因为作为担保的金钱的得失与债务履行与否联系在一起,使当事人双方产生心理压力,从而促使其积极履行债务,保障债权实现的制度。

金钱担保的主要方式有定金和押金。我国担保法只将定金作为一种金钱的担保形式加以规定。

4. 区分的法律意义

区分人的担保、物的担保、金钱担保的意义在于以下几方面。

（1）性质不同。人的担保是以保证人的清偿能力和信誉提供的担保，其担保权表现为依担保合同产生的一种请求权，属于债权范畴。而物的担保则表现为债权人对债务人或第三人提供担保之物的一种支配、控制权，属于物权，学理上称为担保物权。

（2）提供担保的主体不同。人的担保只能由主债务关系以外的第三人来提供。而物的担保既可以由主债务人提供，也可以由第三人提供，但留置除外。留置是一种法定的担保，留置义务人只能是债务人。

（3）担保的标的不同。人的担保的标的是担保人的信用，而信用的基础是担保人的一般责任财产。而物的担保的标的必须是担保人的特定财产。

（4）权利设定的公示方法不同。人的担保性质上属债权，无对抗第三人的效力，因而为主债权提供保证，无须登记或进行其他公示。而物的担保性质上属物权，依照物权公示原则，物权的设定、变动或消灭必须进行必要的公示，否则无对抗第三人的效力。因此各类物的担保均要求以登记或交付占有为成立或生效要件。

（5）效力不同。人的担保性质上属债权，而物的担保性质上属物权。在担保的效力上，由于物权优于债权，因而人的担保效力不及物的担保。即在人的担保中，主债权人对担保人的财产并无优先受偿权；而在物的担保中，主债权人对担保物享有优先受偿权。

（四）典型担保和非典型担保

根据法律上规定的适用和类型化的程度，可将担保分为典型担保和非典型担保。

1. 典型担保

典型担保是指为法律明确规定的担保。我国《担保法》第二条第三款规定："本法规定的担保方式为保证、抵押、质押、留置和定金。"可见，保证、抵押、质押、留置和定金都为典型的方式。除此之外，其他法律上规定的一些担保方式也应属于典型担保。如我国《海商法》等法律中规定的优先权，其适用范围尽管有限，但因法律明定为担保方式，所以也属于典型担保。

2. 非典型担保

非典型担保则是指在社会交易实践中自发产生，而为判例、学说所承认的担保制度。它在法律上尚未予以类型化、在实务上还不具有典型意义（如让与担保等）或者虽具有担保作用、但法律未明确规定为担保方式或者其主要功能并不在于担保（如违约金、抵销等）。就其功能而言，违约金确有保障合同履行的担保作用，有的著作中也确将违约金作为一种合同担保方式来论述。然而，设定违约金的根本目的不在于担保债权，法律并未明确规定违约金为担保方式而是明定为承担民事责任的方式。所以，违约金不属于典型担保。又如，抵销也有担保作用，但抵销的主要功能是债的一种履行方式，而不是担保，因其并不是当事人为确保债权的实现而特别设定的，因而抵销也不属于典型的担保方式。

3. 区分的法律意义

区分典型担保和非典型担保的法律意义在于以下几方面。

（1）性质不同。典型担保的性质非常确定，要么为物权（如抵押、质权等），要么为债权（如保证、定金等）。而非典型担保的性质则往往介于物权和债权之间，因而兼具物权和债权的效力。

（2）设定条件不同。典型担保的设定条件往往由立法加以明确规定。而非典型担保的设定条件往往由当事人以契约的方式加以约定。

(五)本担保和反担保

这是以担保设定的目的不同为标准所作的分类。

1. 本担保

本担保是指以保障主债权的实现为目的而设定的担保。各国民商事立法一般均是从本担保的角度来规范担保制度的。

2. 反担保

反担保,是指为了换取担保人提供保证、抵押或质押等担保方式,而由债务人或第三人向该担保人提供的担保,该担保相对于原担保而言被称为反担保。《担保法》第四条规定:"第三人为债务人向债权人提供担保时,可以要求债务人提供反担保。"这条规定强调反担保只能由债务人提供,忽视了债务人委托第三人向原担保人提供反担保的情形。《担保法司法解释》对此进行了详尽解释,规定反担保人可以是债务人,也可以是债务人之外的其他人。当然并非《担保法》规定的五种担保方式均可作为反担保方式。根据《担保法司法解释》的规定,反担保方式可以是债务人提供的抵押或者质押,也可以是其他人提供的保证、抵押或者质押。因此留置和定金不能作为反担保方式。在债务人自己向原担保人提供反担保的场合,保证就不得作为反担保方式。在商品贸易、工程承包和资金借贷等经济往来中,为了换取担保人提供保证、抵押或质押等担保方式,由债务人或第三人向该担保人新设的担保。我国《担保法》第四条规定:"第三人为债务人向债权人提供担保时,可以要求债务人提供反担保。"

严格说来,反担保与本担保并不存在质的差异,且在担保的成立条件、担保的形式、担保的效力等方面基本适用关于本担保的规定。因此,各国立法对反担保问题均明文规定。我国立法考虑到在外贸实践中,反担保的运用较为普遍,而国内出现揽保难的局面。为了使担保方式在国内经济活动中得到更广泛的运用,消除担保人的后顾之忧,因而在立法上首次明文规定了反担保制度。

二、担保的方式

(一)保证

保证,是指保证人和债权人约定,当债务人不履行债务时,保证人按照约定履行债务或者承担责任的行为。保证的方式有两种:一般保证(又称补充责任保证)和连带责任保证。一般保证是当事人在保证合同中约定,债务人不能履行债务时,由保证人承担保证责任。一般保证的保证人在主合同纠纷未经审判或者仲裁,或依法强制执行债务人财产仍不能履行债务前,对债权人可以拒绝承担保证责任。连带责任保证是当事人在保证合同中约定保证人与债务人对债务承担连带责任。连带责任保证的债务人在主合同规定的债务履行期届满没有履行债务的,债权人可以要求债务人履行债务,也可以要求保证人在其保证范围内承担保证责任。当事人对保证方式没有约定或者约定不明确的,按照连带责任保证承担保证责任。

由于保证在债务人不能承担责任后,仍可要求保证人代为履行债务,从债权人的角度看,债权有双重的保障,可以分散债权人的信用风险。除非债务人和保证人同时丧失清偿能力,否则,对债权人而言,信用风险将从债务人转移到保证人或者债务人与保证人同时承担清偿债务的责任,提供了更多的债权担保。

(二) 抵押

抵押,是指债务人或者第三人不转移对财产的占有,将该财产作为债权的担保。债务人不履行债务时,债权人有权依法以该财产折价出售或者拍卖、变卖该财产获得的价款优先受偿。抵押实质上是不改变动产或不动产的现状,把代表动产或不动产的产权作为债权担保的一种方式,也即在不影响债务人正常生产经营活动的情况下实现了债权人的信用风险转移。

(三) 质押

质押,是指债务人或第三方将其财产移交给债权人占用,以该财产作为债权的担保。债务人不履行债务时,债权人有权依照《担保法》的规定以该财产折价出售或者拍卖、变卖该财产获得的价款优先受偿。质押分为动产质押和权利质押。所谓动产质押是指债务人或者第三人将其动产移交债权人占有,将该动产作为债权的担保;而权利质押是指以汇票、支票、本票、债券、存款单、仓单、提单,依法可以转让的股份、股票、商标专用权,专利权、著作权中的财产权以及依法可以质押的其他权利作为质权标的的担保。无论是动产质押还是权利质押对于债权人来说都可起到债权保障的作用,有利于信用风险的转移。

抵押与质押的区别体现为以下几个方面。

1. 抵押与质押的标的不同

抵押的标的传统上是不动产(现代立法,也包括部分动产),而质押的标的是动产与权利。

2. 对于抵押与质押中,标的是否转移占有不同

在抵押法律关系中,抵押的标的是不转移占有的,仍由抵押人占有、使用、收益。抵押权人的权利在于有权干预未经其同意的债务人对抵押物的处分,并有权追索该标的,以及优先受偿权。

而质押中,作为标的的动产与权利是要进行转移占有的。在质押合同设立后,债务人要将标的交付债权人占有。动产要交付占有,而权利也要交付权利证书,如专利权证、商标权证等代表权利,并能使占有人根据此证享有利益的权利证书,才能起到担保的效果。

(四) 留置

留置,是指债权人按照合同约定占有债务人的动产,债务人不按照合同约定的期限履行债务的,债权人有权依照法律规定留置该财产,以该财产折价出售或者拍卖、变卖该财产获得的价款优先受偿。留置担保权仅适用于保管合同、运输合同、加工承揽合同发生的债权,在这些合同中债务人不履行债务的,债权人有留置权,因而留置这种担保权在信用销售中使用较少。

(五) 定金

定金,是由合同一方当事人预先向对方当事人交付一定数额的货币,以保证债权实现的担保方式。《担保法》规定,当事人可以约定一方向对方给付定金作为债权的担保。债务人履行债务以后,定金应当抵作价款或者收回。给付定金的一方不履行约定的债务的,无权要求返还定金;收受定金的一方不提供约定的债权的,应当双倍返还定金。定金应当以书面形式约定,定金的数额由当事人约定,但不得超过主合同标的额的20%。可见,定金作为一种担保形式只能部分地转移信用风险。

第三节 担保物权的法律规范体系

一、担保物权的含义和特征

（一）担保物权的含义

担保物权是以直接支配特定财产的交换价值为内容，以确保债权实现为目的而设定的物权。担保物权制度是现代民法的一项重要制度，现代各国的民法典多规定了此制度，有的国家甚至进行单独立法。联合国国际贸易法委员会、欧盟委员会、美洲国家经济组织等国际性组织还在酝酿将担保立法国际化、区域化。担保物权之所以受到各国及国际社会的普遍重视，是因为其在社会经济生活中发挥着以下重要作用。

1. 确保债权的实现

债权是债权人请求债务人履行一定给付行为的请求权，而债务人是否履行给付行为，完全取决于债务人的信用。如果债务人的信用较差，债权人实现债权就会面临较大的风险；如果债权人没有足够的手段规避这种风险，债权人就只有放弃某种民事活动，放弃民事活动的后果是整个社会经济生活的萧条和停滞。因此，如何规避交易风险，强化债权效力，确保债权实现是现代民商事立法的重要任务。现代立法为此设计了两种制度：一种是债的担保方式（如保证），另一种是物的担保方式（即担保物权）。这两种担保方式各有优点。担保物权制度的出现极大地强化了债权效力，减少了交易风险，可以有效确保债权实现。

2. 有利于促进社会的融资活动

在现代商业社会中，由于信息不对称的存在，往往使贷款者由于担心贷款不能得到偿还而拒绝贷款或者少贷款，这有可能导致融资活动的减少，反过来也会降低经营者发展生产的能力。对贷款者来说，担保物权制度可以减少其担心，放心贷款；对借款者来说，在其信用建立之前，通过提供担保物权可以补充其信用状况，增强融资的能力。所以，担保物权制度有利于社会融资活动的进行。《中华人民共和国商业银行法》第三十六条规定，商业银行贷款，借款人应当提供担保。商业银行应当对保证人的偿还能力，抵押物、质物的权属和价值以及实现抵押权、质权的可行性进行严格审查。这里的抵押权和质权就属于担保物权。

（二）担保物权的特征

我国于1995年颁布实施的《担保法》对抵押权、质权和留置权三种担保物权作了较为全面的规定。2007年颁布实施的《物权法》是规范财产关系的基本民事法律制度，担保物权是物权的重要组成部分。《物权法》在《担保法》的基础上，根据实践中出现的一些新情况、新问题，充分吸收国外担保物权立法的先进经验，对担保物权制度作了补充、修改和完善。根据《物权法》的规定，担保物权具有以下特征：

1. 担保物权是以确保债权人的债权得到完全清偿为目的

这是担保物权与其他物权的最大区别。《物权法》所规定的物权包括所有权、用益物权和担保物权。在法理上，所有权又叫自物权，强调的是权利人对特定财产的全面支配，即对该特定财产享有占有、使用、收益和处分的权利。但是担保物权的权利人对特定财产一般没有直接的使用、收益和处分的权利，而是对特定财产交换价值的支配权。担保物权与用益物权都为他物权，但用益物权和担保物权在内容、功能上不完全相同，用益物权强调的是对特定财产的直接使用和收益，权利人所享有的是对特定财产使用价值的支配权；而担保物权不强调对特定财产的使用和收益，而是强调对特定财产交换价值的支配权。之所以有这些不同，最根本原因是担保物权旨在确保债务的清偿，是为确保债务的清偿而设立的，因此在担保物权设立时，要有被担保债权事先存在，这是担保物权的一个重要属性——从属性，从属于所担保的债权。担保物权的从属性不但体现在担保物权的设立上，还体现在担保物权的转让、消灭等方面，《物权法》的多个条文体现担保物权的从属性，如《物权法》第一百七十二条第一款规定："设立担保物权，应当依照《物权法》和其他法律的规定订立担保合同。担保合同是主债权债务合同的从合同。主债权债务合同无效，担保合同无效，但法律另有规定的除外。"第一百九十二条规定："抵押权不得与债权分离而单独转让或者作为其他债权的担保。债权转让的，担保该债权的抵押权一并转让，但法律另有规定或者当事人另有约定的除外。"第一百七十七条第一项规定："主债权消灭的，担保物权消灭。"

2. 担保物权具有优先受偿的效力

优先受偿性是担保物权的最主要效力。优先受偿是指在债务人到期不清偿债务或者出现当事人约定的实现担保物权的情形时，债权人可以对担保财产进行折价或者拍卖、变卖担保财产，以所得的价款优先实现自己的债权。担保物权的优先受偿性主要体现在两个方面：一是优先于其他不享有担保物权的普通债权；二是有可能优先于其他物权。但需要注意的是，担保物权的优先受偿性并不是绝对的，如果《物权法》或者其他法律有特别的规定，担保物权的优先受偿效力会受到影响，如我国《海商法》规定，船舶优先权人优先于担保物权人受偿；我国新修订的《破产法》规定，一定比例的职工工资优先于担保物权受偿。基于此，《物权法》规定，担保物权人在债务人不履行到期债务或者发生当事人约定的实现担保物权的情形，依法享有就担保财产优先受偿的权利，但法律另有规定的除外。这里的"但法律另有规定的除外"就是指这些特殊情形。

3. 担保物权是以债务人或者第三人的财产设立的权利

债务人既可以以自己的财产，也可以以第三人的财产为债权设立担保物权。根据《物权法》的规定，可以用于担保的财产范围比较广，既包括现在的财产，也包括将来的财产；既包括不动产，也包括动产，在特定情形下还可用权利进行担保，如《物权法》规定的权利质权。

4. 担保物权具有物上代位性

债权人设立担保物权并不以使用担保财产为目的，而是以取得该财产的交换价值为目的，因此，担保财产即使灭失、毁损，但代替该财产的交换价值还存在的，担保物权的效力仍存在，但此时担保物权的效力转移到了该代替物上。这就是担保物权的物上代位性。对此，《物权法》第一百七十四条明确规定："担保期间，担保财产毁损、灭失或者被征收等，担保物权人可以就获得的保险金、赔偿金或者补偿金等优先受偿。被担保债权的履行期未届满的，也可以提存该保险金、赔偿金或者补偿金等。"

二、担保物权的法律规范体系

（一）我国担保物权法律规范的发展

我国民法关于债的担保制度的规定，起始于1981年颁布的《中华人民共和国经济合同法》。1986年4月12日，第六届全国人民代表大会第四次会议通过了《中华人民共和国民法通则》，在第五章第二节"债权"中以第八十九条对担保制度做出明确规定，该法条对保证、抵押、定金和留置四种担保方式作了简要规定。之后，1988年1月26日，最高人民法院审判委员会讨论通过的《关于贯彻执行〈中华人民共和国民法通则〉若干问题的意见（试行）的通知》，专门用12个条文对担保制度做出进一步规定。

随着《民法通则》以及相关司法解释的颁布，我国债的担保制度开始逐步发展起来。在《民法通则》确立担保物权制度之后，随着我国的市场经济的进一步发展，担保物权得到适用的空间有了进一步的增长。在银行信贷、企业交易中包括担保物权在内的各种担保方式得到了越来越多的利用。在这种情况下，《民法通则》对包括担保物权在内的各种担保方式的规定显然已经不能满足现实的需求。为一应这种现实生活对完善担保制度的要求，1995年6月3日第八届全国人民代表大会常务委员会第十四次会议制定了《中华人民共和国担保法》（简称《担保法》）。《担保法》共九十六个条文，分总则、保证、抵押、质押、留置、定金、附则七章。毫无疑问，《担保法》的通过有助于"进一步完善担保制度，促进资金融通和商品流通，维护银行贷款和商品交易的安全，保护当事人的合法权益，维护经济秩序，促进社会主义市场经济的健康发展"。

《担保法》对担保物权的规定，最值得注意的是关于抵押权的规定。《担保法》关于抵押权的规定，没有将抵押权的客体局限于不动产（房屋和其他地上定着物），不动产权利（土地使用权）和动产（机器、交通运输工具和其他财产）都可以用来设定抵押权。

不过，正如《民法通则》对担保物权的规定逐渐不适应担保交易的需求一样，《担保法》关于担保物权的规定也在我国经济的持续深入发展面前显露出各种不足和缺陷。为弥补不足和克服缺陷，最高人民法院在2000年出台了《关于适用〈中华人民共和国担保法〉若干问题的解释》（2000年9月29日最高人民法院审判委员会第1133次会议通过 法释〔2000〕44号）。该司法解释对《担保法》七章的内容，分七个部分做出详尽解释，被称为是"一个内容丰富翔实，论证充分到位，研究透彻明晰，指导科学全面，充满务实精神，非常振奋人心的重要司法文件"。

至此，我国的金融担保制度已经形成了以《民法通则》《合同法》的相关规定和《担保法》为核心，包括《企业动产抵押物登记管理办法》（2002年12月1日国家工商行政管理局修订发布）、《单位定期存单质押贷款管理规定》（1999年9月3日中国人民银行发布）、《证券公司股票质押贷款管理办法》（2004年11月4日中国人民银行、中国银监会、中国证监会发布）等在内的一个体系。

进入21世纪，我国对担保物权法制化迈出的最重要一步是《中华人民共和国物权法》（简称《物权法》，2007年3月16日第十届全国人民代表大会第五次会议通过）的通过。《物权法》

第四篇担保物权,共分四章:一般规定、抵押权、质权和留置权。抵押权、质权和留置权是物权法承认的三种担保物权形态,而一般规定是适用于抵押权、质权和留置权的共通规定。《物权法》所认可这三种担保物权都属于权利限制型担保物权,都以对担保物交换价值的支配为主要内容。

(二) 中小企业信用担保的规范体系

自1999年6月全国中小企业信用担保体系建设试点至今,中国中小企业信用担保业已经历了十余年的发展历程。

1. 中小企业信用担保及其属性的法律界定

在国家经济贸易委员会1996年6月发布的《关于建立中小企业信用担保体系试点的指导意见》中,就针对信用担保指导原则、担保机构性质、责任分担、资金来源等一系列问题做出了明确的规定,揭开了我国信用担保制度规范化发展的序幕。

2. 中小企业金融服务体系的政策探索

在20世纪90年代末中国人民银行公布的《关于加强和改进对小企业金融服务的指导意见》中,就详细地阐述了各商业银行对中小企业的金融服务工作精神。不仅仅从强化和完善对小企业的金融服务体系下手,还着重于小企业信贷工作方法的改进和信贷管理体制的完善。另外,支持小企业为大中型企业提供配套服务也是不可忽视重点之一。这当中也不乏如何加强对金融机构改进小企业服务的引导和督促、参与政府采购合同生产以及支持建立小企业社会化中介服务体系等几个需要不断完善的方面。首次正式的国家立法是2003年1月1日正式实施并发布的《中小企业促进法》,这次立法的优点是扶持中小企业发展的财政、税收和金融支持体系,还将中小企业的资金扶持带上了法治的轨道。

3. 中小企业信用担保体系的鼓励与试点

2000年国家经济贸易委员会发布了《中小企业信用担保体系试点通知》和《关于鼓励和促进中小企业发展若干政策意见》(以下简称《意见》)的通知,阐明了有关加快建立中小企业信用担保体系的决定精神,以及选择若干具备条件的省、自治区、直辖市进行担保与再担保试点的要求。根据《意见》,全国信用担保体系的试点范围和担保机构的监督与管理都有立法的规定,对于设立担保机构的物权法也不例外。

上述一系列的规范性、政策性文件,构成了我国中小企业担保业发展的指导性原则和规范性制度。

(三) 我国融资性担保行业的专门性规范体系

近年来,国务院先后出台了几项行政法规,目的就是为了能更进一步使融资性担保成为健康发展的业务,并且减低和化解在融资中的担保风险以及规范构建融资性担保的专门性体系。

1. 部际联席会议制度

为了传递国办发〔2009〕7号的文件精神,加快融资性担保业务发展的政策措施的任务就交给了融资性担保业务监管部际联席会议(以下简称联席会议),由他们负责研究拟定融资性担保业务监督管理的相关制度,与其他相关部门协调解决融资性担保业务监管中的重大问题。以银监会为首的联席会议,承担起了联席会议日常工作的办公室责任。而且连同发展改革委员会、财政部、中国人民银行、法制办等有关部门相互配合,认真履行职责,加强与地方人民政府的沟通，共同完成工作。

2. 专门性管理办法

2010年3月8日，为了使融资性担保公司的监督管理强度化，融资性担保行为规范化，并促进融资性担保的健康发展，依据《中华人民共和国公司法》《中华人民共和国担保法》《中华人民共和国合同法》等法律规定，中国银监会、国家发改委、工信部、商务部、中国人民银行、财政部、国家工商行政管理总局共同公布了《融资性担保公司管理暂行办法》。

3. 进一步规范发展

国务院办公厅转发银监会，国家发展和改革委员会等部门关于促进融资性担保行业规范发展意见的通知（国办发〔2011〕30号）指出，国办发〔2009〕7号文件印发以来，各地人民政府和国务院有关部门高度重视，制定完善政策法规，明确监管责任，推进规范整顿工作，取得了明显成效。

三、担保物权的担保范围

担保物权的担保范围是指担保人所承担的担保责任范围。我国《担保法》分别在第四十六、第六十七、第八十三条中对抵押权、质权和留置权的担保范围作了规定。第四十六条规定："抵押担保的范围包括主债权及利息、违约金、损害赔偿金和实现抵押权的费用。抵押合同另有约定的，按照约定。"第六十七规定："质押担保的范围包括主债权及利息、违约金、损害赔偿金、质物保管费用和实现质权的费用。质押合同另有约定的，按照约定。"第八十三条规定，留置担保的范围包括主债权及利息、违约金、损害赔偿金、留置物保管费用和实现留置权的费用。《物权法》在这三条规定基础上对担保物权的担保范围作了统一规定，使条文的内容更全面，文字更简洁，概括性更强。担保物权的担保范围包括以下几个方面。

（一）主债权

主债权是指债权人与债务人之间因债的法律关系所发生的原本债权，如金钱债权、交付货物的债权或者提供劳务的债权。主债权是相对于利息和其他附随债权而言，不包括利息以及其他因主债权而产生的附随债权。

（二）利息

利息是指实现担保物权时主债权所应产生的一切收益。一般来说，金钱债权都有利息，因此其当然也在担保范围内。利息可以按照法律规定确定，也可以由当事人自己约定，但当事人不能违反法律规定约定过高的利息，否则超过部分的利息无效。

（三）违约金

违约金是指按照当事人的约定，一方当事人违约时，应向另一方支付的资金。在担保行为中，只有因债务人的违约行为导致不能履行债务时，违约金才可纳入担保物权的担保范围。此外，当事人约定了违约金，一方违约时，应当按照该约定支付违约金。如果约定的违约金低于造成的损失时，当事人可以请求人民法院或者仲裁机构予以增加；约定的违约金过分高于造成的损失的，当事人可以请求人民法院或者仲裁机构予以适当减少。所以在计算担保范围时，违约金应当以人民法院或者仲裁机构最终确定的数额为准。

(四) 损害赔偿金

损害赔偿金是指一方当事人因违反合同或者因其他行为给债权人造成的财产、人身损失而给付的赔偿额。损害赔偿金的范围可以由法律直接规定,或由双方约定,在法律没有特别规定或者当事人另有约定的情况下,应按照完全赔偿原则确定具体赔偿数额。赔偿全部损失,既包括赔偿现实损失,也包括赔偿可得利益损失。现实损失指财产上的直接减少;可得利益损失指失去的可以预期取得的利益。可得利益范围的确定需要坚持客观的原则,根据《合同法》第一百一十三条的规定,当事人一方不履行合同义务或者履行合同义务不符合约定,给对方造成损失的,损失赔偿额应当相当于因违约所造成的损失,包括合同履行后可以获得的利益,但不得超过违反合同一方订立合同时预见到或者应当预见到的因违反合同可能造成的损失。在确定担保范围中"损害赔偿金"的数额时,也应当遵守这个原则。违约金与损害赔偿金都具有代替给付的性质。如果不将它们纳入担保物权的担保范围,就有可能纵容债务人不履行债务,对债权人的保护是不够的。

(五) 保管担保财产的费用

保管担保财产的费用指债权人在占有担保财产期间因履行善良保管义务而支付的各种费用。根据《物权法》第二百一十五条、第二百三十四条的规定,在担保期间,质权人和留置权人有妥善保管担保财产的义务。但这并不意味着保管的费用由质权人或者留置权人负担,相反,债务人或者第三人将担保财产交由债权人占有的目的是为了向债权人担保自己履行债务,保管费用应当由债务人或者提供担保的第三人承担,否则不利于担保活动的进行,也不利于确保债权的实现。需要特别指出的是,只有在质押和留置中,保管担保财产的费用才被纳入担保物权的担保范围;在抵押中,抵押财产由抵押人自己保管,所以保管抵押财产的费用已由抵押人自己承担,自然也就不应纳入担保范围。

(六) 实现担保物权的费用

实现担保物权的费用指担保物权人在实现担保物权过程中所花费的各种实际费用,如对担保财产的评估费用、拍卖或者变卖担保财产的费用、向人民法院申请强制变卖或者拍卖的费用等。之所以将实现担保物权的费用纳入法定担保债权的范围,主要基于以下考虑:实现担保物权的费用是由于债务人不及时履行债务导致的,这些费用理应由债务人承担,否则不利于保护担保物权人的利益。当然,担保物权人应本着诚实信用的原则实现担保物权,所花的费用也应当合理,对不合理的费用不应当纳入担保的范围。

对担保物权所担保的债权范围,当事人可以依照自己的意思进行约定。《物权法》规定的"担保物权的担保范围包括主债权及其利息、违约金、损害赔偿金、保管担保财产和实现担保物权的费用"属于法定担保债权范围,当事人约定的效力优先于《物权法》关于法定担保债权范围的规定,也就是说,当事人约定的担保物权的担保范围可以与第一款规定的范围不同,例如,当事人可以约定抵押权的担保范围只限于主债权、损害赔偿金、实现担保物权的费用,不包括利息。这是合同法的自治原则在担保物权中的一定体现。所以,《物权法》还规定"当事人另有约定的,按照约定"。

四、担保物权的实现和消灭

(一) 担保物权的实现

为保护担保物权人的利益,同时也充分尊重当事人对实现担保物权的条件的安排,物权法增加了担保物权的实现条件。《物权法》规定,在两种情况下可以实现担保物权:一是债务履行期届满时,债务人不履行债务的;二是发生当事人约定的可以实现担保物权的情形的。后者是新增加的情形,这与担保法的规定有所不同。

(二) 担保物权的消灭

担保法对抵押权、质权和留置权的消灭原因分别作了规定。《担保法》第五十二条规定,抵押权与其担保的债权同时存在,债权消灭的,抵押权也消灭。第五十八条规定,抵押权因抵押物灭失而消灭。因灭失所得的赔偿金,应当作为抵押财产。第七十三条规定,质权因质物灭失而消灭。因灭失所得的赔偿金,应当作为出质财产。第七十四条规定,质权与其担保的债权同时存在,债权消灭的,质权消灭。第八十八条规定,留置权因下列原因消灭:①债权消灭的;②债务人另行提供担保并被债权人接受的。《物权法》在《担保法》的基础上,对担保物权消灭的共同原因作了归纳。

根据《物权法》规定,担保物权因下列原因消灭。

1. 因主债权的消灭而消灭

担保物权是从属于主债权的权利,主债权消灭的,担保物权也随之消灭。这里的"主债权消灭"是指主债权的全部消灭,根据担保物权的不可分性,主债权的部分消灭,担保物权仍然存在,担保财产仍然担保剩余的债权,直到债务人履行全部债务时为止。此外,这里的"主债权消灭"指客观效果,与因谁的清偿而导致"主债权消灭"无关。也就是说,债务人自己清偿债务的,担保物权消灭;第三人代债务人清偿债务导致主债权消灭的,担保物权也消灭。

2. 担保物权实现导致担保物权消灭

担保物权实现是指债务人到期不履行债务时,债权人与担保人约定折价实现自己的债权或者拍卖、变卖担保财产,以拍卖、变卖担保财产所得的价款优先受偿。担保物权是为担保债权而设定的,担保物权实现就意味着担保物权人权利的实现,担保物权自然就归于消灭。但是需要强调的是,担保物权一旦实现,无论其所担保的债权是否全部清偿,担保物权都消灭。根据《物权法》第一百九十八条、第二百二十一条、第二百三十八条的规定,担保物权实现后,未受清偿的债权部分可以要求债务人清偿,但这部分债权已无担保物权。

3. 债权人放弃担保物权导致担保物权消灭

这里的"放弃"是指债权人的明示放弃,明示放弃主要包括两种情形:一是债权人用书面的形式明确表示放弃担保物权,例如,债权人与债务人或者提供担保的第三人以签订协议的方式同意放弃担保物权;二是债权人以行为放弃,例如,因债权人自己的行为导致担保财产毁损、灭失的,视为债权人放弃了担保物权。在立法中,对是否规定债权人放弃担保物权导致担保物权消灭曾有不同意见。从国外的立法来看,对这一问题的处理确实有两种不同的做法,有的国家承认所有人抵押,如德国规定,放弃抵押权的,抵押权不消灭,抵押权归所有人享有;也有的国家规定,放弃担保物权导致担保物权消灭。我们认为,承认所有人抵押实际承认了抵押权的独立性,这与《物权法》规定的担保物权的从属性相违背,所以《物权法》采纳了后一种做法。

4. 法律规定的其他导致担保物权消灭的情形

这是一个兜底性条款,主要是指《物权法》的其他条款或者其他法律规定的担保物权消灭的特殊情形或者专属于某一类担保物权的消灭原因,例如,《物权法》第二百四十条规定,留置权人对留置财产丧失占有或者留置权人接受债务人另行提供担保的,留置权消灭。这就是留置权消灭的特殊原因。

附录:我国关于担保物权的相关法律规范

一、法律

1.《民法通则》

2.《担保法》

3.《物权法》

二、司法解释

1. 最高人民法院关于审理经济合同纠纷案件有关保证的若干问题的规定 法发〔1994〕8号

2. 最高人民法院关于诈骗犯罪的被害人起诉要求诈骗过程中的收取担保费用的保证人代偿"借款"应如何处理的请示的函(1994年9月6日)

3. 最高人民法院关于吉林省高级人民法院请示的经济合同纠纷案有关保证人保证责任问题的复函(1995年4月17日 法函〔1995〕39号)

4. 最高人民法院关于湖南省高级人民法院请示的株洲钢厂与湘潭亨发工贸公司等购销合同纠纷一案有关保证人保证责任问题的复函(1995年5月4日 法函〔1995〕54号)

5. 最高人民法院关于认真学习、贯彻票据法、担保法的通知(法发〔1995〕19号)

6. 最高法院对安徽省高级人民法院关于借款担保合同纠纷请示问题的答复(法函〔1995〕142号)

7. 最高人民法院关于四川省汽车运输成都公司与四川省农村信托投资公司担保借款纠纷一案中四川省汽车运输成都公司应否承担保证责任的复函(1996年10月30日)

8. 最高人民法院关于正确确认企业借款合同纠纷案件中有关保证合同效力问题的通知

9. 最高法院研究室关于县级以上供销合作社联合社能否作为保证人问题的复函(法研〔1999〕10号)

10. 最高人民法院关于因法院错判导致债权利息损失扩大保证人应否承担责任问题的批复(法释〔2000〕24号 自2000年8月12日起施行)

11. 最高人民法院对湖南省高级人民法院关于《中国工商银行郴州市苏仙区支行与中保财产保险有限公司湖南省郴州市苏仙区支公司保证保险合同纠纷一案的请示报告》的复函(〔1999〕经监字第266号)

12. 最高人民法院关于适用《中华人民共和国担保法》若干问题的解释(颁布日期为2000年12月8日)

13. 最高人民法院关于沈阳市信托投资公司是否应当承担保证责任问题的答复(法民二〔2001〕50号)

14. 最高人民法院关于处理担保法生效前发生保证行为的保证期间问题的通知(法〔2002〕144号)

15. 最高人民法院关于广西开发投资有限公司与中国信达资产公司南宁办事处借款合同担保纠纷一案请示的复函（2002年10月11日〔2002〕民立他字第44号）

16. 最高人民法院对《关于担保期间债权人向保证人主张权利的方式及程序问题的请示》的答复（2002年11月22日〔2002〕民二他字第32号）

17. 最高法院关于已承担保证责任的保证人向其他保证人行使追偿权问题的批复（法释〔2002〕37号）

18. 最高人民法院关于涉及担保纠纷案件的司法解释的适用和保证责任方式认定问题的批复（法释〔2003〕38号 2002年12月6日起施行）

19. 最高人民法院关于中国信达资产管理公司济南办事处上诉莱阳电业公司借款担保纠纷请示案的答复（2003年4月1日〔2003〕民二他字第2号）

20. 最高人民法院关于南昌市商业银行象南支行与南昌市东湖华亭商场、蔡亮借款合同担保纠纷案请示的复函（2003年4月30日〔2003〕民监他字第6号）

21. 最高人民法院关于债权人在保证期间以特快专递向保证人发出逾期贷款催收通知书但缺乏保证人对邮件签收或拒收的证据能否认定债权人向保证人主张权利的请示的复函

22. 最高人民法院关于在保证期间内保证人在债权转让协议上签字并承诺履行原保证义务能否视为债权人向担保人主张过债权及认定保证合同的诉讼时效如何起算等问题请示的答复（〔2003〕民二他字第25号）

23. 最高人民法院关于在诉讼时效期间债权人依法将主债权转让给第三人保证人是否继续承担保证责任等问题请示的答复（〔2003〕民二他字第39号）

24. 最高人民法院关于对云南省高级人民法院就如何适用《关于适用〈中华人民共和国担保法〉若干问题的解释》第四十四条请示的答复（2003年12月24日〔2003〕民二他字第49号）

25. 最高人民法院关于人民法院应当如何认定保证人在保证期间届满后又在催款通知书上签字问题的批复（法释〔2004〕4号 自2004年4月19日起施行）

26. 最高人民法院关于审理民事案件适用诉讼时效制度若干问题的规定（摘要）

第四节　担保法律中应注意的几个问题

一、抵押和抵押权的相关法律问题

抵押是一项重要的财产担保行为。抵押担保对债权人比较安全可靠，同时财产抵押之后，并不转移占有，不影响抵押人对抵押物的使用，因此以财产抵押作为担保的越来越多，也是银行多数采用贷款的方式。抵押权是指对于债务人或第三人不转移占有而供担保的不动产或其他财产，优先清偿其债权的权利。

1. 与最高额抵押有关的规定

《担保法》所称最高额抵押，是指抵押人与抵押权人协议，在最高额限度内，以抵押物对一定期间内连续发生的债权作担保。

借款合同可以是最高额抵押合同。它是指债权人与债务人就某项商品在一定期间内连续发生交易而签订的合同。

最高额抵押合同的主债权不得转让。

2. 关于抵押权受偿的规定

债务履行期届满抵押权人未受清偿的，可以与抵押人协议以抵押物折价或者拍卖、变卖该抵押物所得的价款受偿；协议不成的，抵押权人可以向人民法院提起诉讼。

抵押物折价或者拍卖、变卖后，其价款超过债权数额的部分归抵押人所有，不足部分由债务人清偿。

设定抵押的目的，就是为了担保债权的实现，债务履行期届满后，如果抵押权人仍未得到清偿，就要采取措施实现抵押权，受到清偿。其主要方式为：以抵押物折价受偿；拍卖抵押物以拍卖所得价款受偿；变卖抵押物以变卖所得价款受偿。

3. 抵押期间抵押人行使处分权的限制

抵押期间，抵押人转让已办理登记的抵押物的，应当通知抵押权人并告知受让人转让物已经抵押的情况；抵押人未通知抵押人或者告知受让人的，转让行为无效。转让抵押物的价款明显低于其价值的，抵押权人可以要求抵押人提供相应的担保；抵押人不提供的，不得转让抵押物。

抵押关系设定之后，抵押人要转让已经办理登记的抵押物时，应当通知抵押权人，因为这种转让可能与抵押权人未来的利益有关。再者，也应当如实告知受让人该转让物已经抵押他人的情况，以使受让人据此决定自己是否还受让该物。

转让抵押物的价款是多少，与将来抵押权人行使抵押权和实现抵押权有直接的利害关系。因此，转让的价格应当公平合理，如果明显低于其价值的，抵押权人可以要求抵押人在低于其价值的范围内提供担保，以确保抵押权人未来实现抵押权时不受损害。如果抵押人拒绝提供担保的，则不得转让抵押物。

抵押人转让抵押物所得价款，应当向抵押人提前清偿所担保的债权或者向抵押权人约定的第三人提存。超过债权数额的部分，归抵押人所有，不足部分由债务人清偿。

4. 抵押权优先受偿顺序的规定

所谓优先受偿顺序，是指同一财产向两个以上抵押人抵押的，拍卖、变卖抵押物所得的价款应当优先清偿谁的债权。

《担保法》规定了以下的清偿顺序：

（1）抵押合同已登记生效的，按照抵押物登记的先后顺序清偿；顺序相同的，按照债权比例清偿；先登记的抵押合同的效力优于后登记的抵押合同的效力，先登记的抵押合同的抵押权人优先受偿。受偿后抵押物处理有剩余的，由次登记的抵押合同的抵押权人受偿。如果几个办理抵押物登记的抵押合同的先后顺序相同，也按照各债权人的债权比例清偿。

（2）抵押合同自签订之日起生效的，该抵押物已登记的，按照上述规定清偿；未登记的，按照合同生效时间的先后顺序清偿，顺序相同的，按照债权比例清偿。抵押物已登记的先于未登记的受偿。

（3）几个抵押合同的当事人均未办理登记手续，按合同生效的时间的先后顺序清偿，第一个生效的抵押合同的债权人首先受偿，清偿之后有剩余的，第二个抵押合同的债权人受偿，依次类推。

5. 不能抵押的财产

《担保法》规定,下列财产不得抵押:

(1) 土地所有权;

(2) 耕地、宅基地、自留地、自留山等集体所有的土地使用权,但《担保法》第三十四条第五项、第三十六条第三款规定的除外;

(3) 学校、幼儿园、医院等以公益事业为目的的事业单位、社会团体的教育设施、医疗卫生设施和其他社会公益的设施;

(4) 所有权、使用权不明或者有争议的财产;

(5) 依法被查封、扣押、监管的财产;

(6) 依法取得抵押的其他财产。

抵押物是担保债务履行的财产。债务人如果在债务履行期限届满后不履行债务,就要以抵押物折价或变价来清偿债务,因此,法律规定某些财产不能设定抵押,设定抵押的,无效。

6. 必须办理登记的抵押与抵押登记部门

以下列财产抵押的应当办理登记,抵押合同自登记之日起生效。

(1) 以无地上定着物的土地使用权抵押的;

(2) 以城市房地产或者乡(镇)、村企业的产房为建筑物抵押的;

(3) 以林木抵押的;

(4) 以航空器、船舶、车辆抵押的;

(5) 以企业的设备和其他动产抵押的。

同一价值只能设立一个抵押权,当事人就同一价值重复抵押的无效。抵押登记制度就是为了防止重复抵押的出现,保护债权人的利益。如果抵押人以同一财产设立多个抵押权,先设立的未对抵押物登记,后设立的对抵押物进行登记,后签订的抵押合同经登记生效,先签订的抵押合同因未经登记不生效。

办理抵押物登记的部门如下:

(1) 以无地上定着物的土地使用权抵押的,为核发土地使用权证书的土地管理部门;

(2) 以城市房地产或者乡(镇)、村企业的产房为建筑物抵押的,为县级以上地方人民政府规定的部门;

(3) 以林木抵押的,为县级以上林木主管部门;

(4) 以航空器、船舶、车辆抵押的,为交通工具的登记部门;

(5) 以企业的设备和其他动产抵押的,为财产所在地的工商行政管理部门。

办理抵押物登记,应当向登记机关提供下列文件或者复印件:

(1) 主合同和抵押合同;

(2) 抵押物的所有权或者使用权证书。

7. 已出租财产的抵押问题

抵押的特点之一是抵押人与抵押权人之间不转移对抵押物的占有,这就使自己将已出租的财产作为抵押物成为可能。但是,由于该财产已先行出租,实际使用权已归承租人。债权人对该财产享有抵押权后,将来对承租人的利益有可能构成影响。所以,抵押人若将已出租财产进行抵押,应当书面告知承租人。要注意以下几个方面。

(1) 这里的告知方式是"要式"的,即需以书面形式。口头告知或以默示的方式视为告知均不符合法律的要求。

(2) 抵押人只需告知承租人即可,无须征得承租人的同意。因为该财产的所有权或经营管理权属于抵押人,其处分权自然也属抵押人。因此,承租人是否同意抵押人的抵押行为,不影响抵押合同的签订。

(3) 抵押合同成立后,原租赁合同继续有效,出租人与承租人之间订立租赁合同,形成租赁权利义务关系,只要是合法的,就应受法律保护。现在世界上大多数国家的立法都确认租赁关系可以对抗第三人。根据买卖不破租赁原则,将租赁合同的标的物转让与第三人,原已形成的租赁关系对第三人继续有效。故此,抵押人将租赁的标的物予以抵押后,抵押人与租赁人可以按原租赁合同的规定继续履行。即使抵押担保的债务履行期先于租赁合同的履行期届满,当债务人不履行债务,债权人要实现抵押权而对抵押的财产进行折价、变卖、拍卖时,也不影响原已成立的租赁合同的效力。只不过这种租赁关系的租赁方因折价、变卖、拍卖行为的成立而变成折价、变卖、拍卖的受让人。

二、质押和质押权的相关法律问题

质权,也称质押,是指为了担保债权的履行,债务人或第三人将其动产或权利移交债权人占有,当债务人不履行债务时,债权人有权就其占有的财产优先受偿的权利。

1. 有关动产质押问题

《担保法》所称动产质押,是指债务人或第三人将其动产移交债权人占有,将该动产作为债权的担保。债务人不履行债务时,债权人有权依照法律规定以该动产折价或者以拍卖、变卖该动产所得的价款优先受偿。债务人或第三人为出质人,债权人为质权人,移交的动产为质物。动产质押关系以质权人的动产质权为其内容,以出质人与质权人为其主题,以质物为其客体。动产质权有以下特征:

(1) 动产质权是一种担保物权;
(2) 动产质权的客体仅以动产为限;
(3) 动产质权人必须占有质物;
(4) 动产质权的内容在于留置质物,并在债务人不履行债务时以质物的价值优先受偿。

2. 有关流质的限制

订立抵押合同时,抵押权人和抵押人在合同中不得约定在债务人履行期限届满抵押权人未受清偿时,抵押物所有权转移为债权人所有。这是流质的限制。

抵押权是一种物的优先受偿权。当债务履行期届满,债务人不履行债务时,债权人只能通过以抵押物折价或从抵押物变价款中优先受偿,而不能未经折价即将抵押物的所有权转移给债权人。当事人签订合同时不能做出这样的规定。流质的约定,不仅与设立抵押的目的相悖,而且容易出现价值较高的物品与较低的价格转移给抵押权人,造成价值转移失衡,损害债务人的利益。

如果抵押合同的当事人违反规定,约定抵押物不经折价或拍卖、变卖而将抵押物所有权转移给抵押权人的,该约定无效。

3. 质押合同及其内容

出质人和质权人应当以书面形式订立质押合同,质押合同自质物移交质权人占有时生效。动产质权既牵涉到被担保的债权,又牵涉到质物的占有移转,还牵涉到动产质权的行使,《担保法》规定,动产质权合同须为书面合同。

合同的成立和生效是两回事。合同成立并不一定生效,成立与生效的时间并不一致。有些合同成立之后尚应具备法律规定或合同约定的条件,方能生效,质押合同即为此类合同。质押合同自质物移交与质权人占有时生效。动产的特征在于其具有可转移性,以动产作为债权担保的标的物时,只有使债权人占有作为担保物的财产,才能充分有效地保全其债权的效力。

质押合同应当包括以下内容:被担保的主债权种类、数额;债务人履行债务的期限;质物的名称、数量、质量、状况;质押担保的范围;质物移交的时间;当事人认为需要约定的其他事项。质押合同不具备上述规定的内容的,可以补正。

4. 质权人的质物保管义务

所谓质权人的妥善保管义务,是指质权人应以善良管理人的注意保护和管理质物。质权人负有妥善保管质物的义务。因保管不善致使质物灭失或毁损的,质权人应当承担民事责任。质权人不能妥善保管质物可能致使其灭失或毁损的,出质人可以要求质权人将质物提存,或者要求提前清偿债务而返还原物。

衡量质权人是否已尽到了善良管理人的注意,应以市场交易中一般社会观念所确认的具有相当知识、经验和诚意的人所尽到的注意程度为标准。妥善保管质物是质权人所负的一种民事义务,而违反民事义务的行为一般都要导致一定的法律后果及法律责任。

当质权人不能尽到善良管理人的注意程度对质物予以保管,以致有可能使质物灭失或受损,出质人可以要求提存或提前清偿债务。出质人究竟要求质权人提存,还是提前清偿债务而返还债务,均应由出质人自由选择,质权人不得干预。

5. 质权人的孳息收取权

质权人有权收取质物所生的孳息。孳息应当先充抵收取孳息的费用。由于质权人对质物的实际占有权,由质权人收取质物所产生的孳息较为方便,并且还可以充分发挥动产质押在债权担保方面的应有功能。质权人收取孳息时应当尽到与收取自己财产的孳息时应有的同等注意程度。

但由质权人收取质物的孳息并不是绝对的。此权利质权人既可行使,又可抛弃,从而由出质人依照其与质权人约定的方式、时间和地点收取孳息。而质权人抛弃此权利的形式则表现为在质押合同中做出质权人不享有收取质物孳息的权利的约定。

6. 动产质权的物上代位性

质权因质物灭失而消失。因灭失所得的赔偿金,应当作为出质财产。质权的客体是质物,质物灭失后,质权也就丧失了其所指向的对象。如果质物全部灭失,则就该质物产生的质权全部消灭;如果质物部分灭失,则就该质物灭失部分而发生的质权归于消灭,而动产质权仍然存续于质物的剩余部分。若质物由于质权人怠于妥善保管而灭失,质权人应向出质人承担民事责任;若质物的灭失不能归咎于质权人,而是由于质物本身的内在缺陷,且依质权人作为善良保管人的注意仍不能发现并有效地预防,则出质人应向质权人给付一定数额的赔偿金;若质物的灭失归咎于第三人的侵权行为,则侵权人应向质权人给付赔偿金。

质权人因质物的灭失所得的赔偿金应当作为出质财产。既然质权人因质物的灭失所得的赔偿金也作为质物的一种形态,故质权人对此等赔偿金依旧享有动产质权。此即为动产质权的物上代位性。

7. 股份、股票质押合同的生效时间

以依法可以转让的股票出质的,出质人与质权人应当订立书面合同,并向证券登记机构办理出质登记。质押合同自登记之日起生效。

股票出质后,不得转让,但经出质人与质权人协商同意的可以转让。出质人转让股票所得价款应当向质权人提前清偿所担保的债权或者质权人约定的第三人提存。

以有限责任公司的股份出质的,适用公司法股份转让的有关规定。质押合同自股份出质记载于股东名册之日起生效。

股票与票据、债券、存款单、仓单和提单不同,股票的价格随着股票市场的不断变化而变化,股票的担保价值也有可能发生大起大落,而且也有可能出现利用股票的设置的形式回避《公司法》的一些强行性法律规范。为维护股份公司和众股东的合法权益,充分有效地发挥股票质押的积极作用,做出了法律上的规定。

禁止出质人在股票出质后将其股票转让给他人,但并不绝对。若出质人与质权人一致协商同意将作为质押客体的股票予以转让时,即不在此限。但出质人转让股票所有的价款应当向质权人提前清偿所担保的债权或者向与质权人约定的第三人提存。

8. 出质知识产权转让和许可他人使用的禁止

依法可以转让的商标专用权、专利权、著作权中的财产权出质后,出质人不得转让或许可他人使用,但经出质人与质权人协商同意的,可以转让或许可他人使用。出质人所得的转让费、许可费应当向质权人提前清偿所担保的债权或者向与质权人约定的第三人提存。

上述规定主要是基于保护质权人的质权担保效力受他人实施或使用的冲击。如果允许出质人随意将其已出质的知识产权转让他人或许可他人之用,则受让人或被许可人势必利用知识产权的垄断性,最大限度地占领市场份额;一旦债务人不能履行债务,则质权人只能靠实施知识产权清偿其债务,而若此时知识产权已被他人广泛实施,则作为质押客体的知识产权也就不会给质权人带来其取得质权时预期的利益。但是,若质权人同意,出质人也可将其出质的知识产权转让或许可他人使用。在这种情况下,为了保护质权人的利益,出质人所得的转让费、许可费应当向质权人提前清偿所担保的债权或者向质权人约定的第三人提存。若采取前者,则意味着出质人抛弃了期限利益,这对质权人来说是有利无害的;若采取后者,则无论对出质人还是对质权人都较为公允。

9. 有价证券质押合同的生效

以汇票、本票、支票、债券、存款单、仓单、提单出质的,应当在合同约定的期限内将权利凭证交付质权人。质押合同自权利凭证交付之日起生效。在权利凭证没有交给质权人之前,质押合同虽已成立,但尚未生效。在实践中应注意无记名有价证券与记名有价证券的区分。以无记名有价证券设质时,只要权利凭证交付给质权人,质押合同即随之生效;而以记名有价证券设质时,则应以背书方式为之,即把将该证券设定质押的情形注明在该证券上,然后再将证券交付给质权人。出质人在权利凭证交付期日拒不交付权利凭证的,则质押合同不能生效。债权人只能要求债务人提供其他形式的担保。

三、一般保证与连带保证的相关法律问题

保证是担保的一种方式,即由第三人作为保证人,当债务人不履行债务时,按照约定由保证人履行债务。采取这种保证方式的比较多,关键问题是保证人的资格。我国《担保法》规定保证的责任方式分为一般保证和连带保证。

1. 一般保证与连带保证的区别

一般保证的保证人在主合同纠纷未经审判或者仲裁,并就债务人财产依法强制执行仍不

能履行债务前,对债权人可以拒绝承担保证责任。而连带保证是只要债务人不履行债务,保证人就有承担履行的义务。因此连带保证人的风险要大于一般保证人的风险。是否承担连带保证责任,必须在保证合同中明确写明,如果不明确的话,则保证人承担连带保证责任。

2. 保证人保证责任的免除

在主合同无效的情况之下,保证合同自然无效,保证人不应承担无效保证合同的保证责任。无效保证合同的保证人不承担保证责任分为两种情况:一是主合同双方当事人串通,骗取保证人提供保证;二是主合同的债权人采取欺诈、胁迫等手段,保证人在违背真实意思的情况下提供保证。

两种情况都是有主债权人参与的情况下发生的,保证合同是在保证人与债权人之间订立的,在债权人采取不正当手段同保证人订立保证合同的情况下,保证人不承担民事责任,包括无效合同的赔偿责任。

3. 保证人的清偿能力

具有代为清偿能力的法人,其他组织或者公民,可以作为保证人。作为保证人应当具有一定的清偿能力。但是,保证人的清偿能力并不是保证人主体资格的要件。保证人即使不具备完全代偿能力,仍应以自己的财产承担保证责任。

因此,作为保证人一般应当具备代为清偿的能力,债权人也应当找具备这种能力的人担任保证人,以保证自己债权的实现。

4. 一般保证的概念及相关规定

一般保证是指与主债务并无连带关系的保证债务。一般保证具有补充性,当债权人未就主债务人的财产先为执行并且无效果之前,便要求保证人履行保证义务时,保证人有权拒绝,这种权利称为先诉抗辩权。

先诉抗辩权在以下情况下不得行使:一是债务人住所变更,致使债权人要求其履行债务发生重大困难;二是人民法院受理债务人破产案件,中止执行程序;三是保证人以书面形式放弃上述权利。

当事人在保证合同中约定,债务人不能履行债务时,由保证人承担保证责任,为一般保证。

5. 连带责任保证及相关规定

连带责任保证是指保证人与债务人对主债务承担连带责任的保证。连带保证仍具有一般保证的从属性。连带保证仍以主债务的成立和存续为其存在的必要条件。连带保证不具有补充性。连带保证人与债务人负连带责任,债权人可先向保证人要求其履行保证义务,而无论主债务人的财产是否能够清偿。

当事人对保证方式没有约定或者约定不明确的,按照连带责任保证承担保证责任。我国法律规定没有约定或约定不明确的,则为连带保证,成立一般保证则要特殊约定,这事实上加重了保证人的责任。

6. 共同保证及责任承担

同一债务人有两个以上保证人,保证人按照合同的约定或法律的规定承担保证责任,这样的保证是共同保证。

保证的份额是共同保证的关键问题。《担保法》规定,共同保证人按照保证合同约定的份额,承担责任。没有约定保证份额的,承担连带责任。债权人可以要求任何一个保证人承担全部保证责任,保证人负有担保全部债权实现的义务。已经承担保证责任的保证人,有权向债务人追偿,或者要求承担连带责任的其他保证人清偿其应当承担的份额。

7. 保证责任及其范围

保证责任是指保证人依据保证合同或法律规定所承担的责任。我国法律规定，保证责任的范围包括主债权及利息、违约金、损害赔偿金和实现债权的费用。保证合同另有约定的按照约定。双方当事人对保证担保的范围没有约定或约定不明确的，保证人应当对全部债务承担责任。

当事人约定对于保证债务范围加以限制可以是多样的，当事人可以约定只保证主债务，不保证利息、违约金、赔偿损失及其他债务；也可以约定只保证主债务的一部分，或采取规定最高数额的方式，等等。当事人排除对某一项债务承担保证责任，并不一定必须以明确表示不承担该项债务的保证责任为要件，保证人只要提出，就说明要排除对其他债务的保证，因而保证人对其他债务不应负保证责任。

8. 保证合同的形式和内容

保证人与债权人应当以书面形式订立保证合同。保证合同主要包括以下几种情况：一是保证人与债权人订约，作为保证合同成立的典型形式；二是保证人与债权人、主债务人共同订立合同；三是保证人单独出具保证书。

保证合同应当包括以下内容：①被保证人的主债权种类、数额；②债务人的履行的期限；③保证的方式；④保证担保的范围；⑤保证的期间；⑥双方认定的其他事项。保证合同不完全具备前款规定内容的，可以补正。

9. 保证期间及其适用

一般保证的保证人与债权人未约定保证期间的，保证期间为主债务履行期届满之日起六个月。在合同约定的期间或者法律规定的上述保证期间，债权人未对债务人提起诉讼或者申请仲裁的，保证人免除保证责任；债权人已提起诉讼或申请仲裁的，保证期间适用诉讼时效中断的规定。

连带保证的保证人与债权人未约定保证期间的，债权人有权自主债务履行届满之日起六个月内要求保证人承担保证责任。在合同约定的保证期间或者法律规定的上述保证期间，债权人未要求保证人承担保证责任的，保证人免除保证责任。

最高额保证的保证人未约定保证期间的，保证人可以随时书面通知债权人终止保证合同，但保证人对于通知到债权人前所发生的债权，承担保证责任。

10. 国家机关作为保证人的限制

国家机关不得作为保证人，但经国务院批准的外国政府或者经济组织贷款进行转贷的除外。无论是各级党政机关、各级权力机关、行政机关、军事机关、检察机关，还是属于行政编制序列的共青团、妇联机关、工会组织等，均不得作为保证人，以防止影响这些机关的正常运转。

但是，也有例外规定，即对于外国政府和国际经济组织贷款进行转贷的除外，但必须经过国务院的批准。这一例外规定，主要考虑到外国政府和国际经济组织贷款能否如期归还的问题，涉及我国对外开放政策的实施。

11. 企业法人的分支机构、职能部门能否作为保证人

企业法人的分支机构、职能部门不得作为保证人。企业法人的分支机构有书面授权的，可以在授权范围内提供保证。

保证活动是一种特殊的民事活动，一般并不包括在企业法人分支机构的经营范围中。因而企业法人的分支机构从事保证活动，应当具备两个条件：一是该分支机构领取了《营业执照》，具有合法经营权；二是经设立企业法人的特殊授权。法人的职能部门一般不具有以自己

的名义独立地对外从事民事活动的资格。

12. 公证与保证的区别

保证是担保的意思,在民事法律关系中,保证是债的担保的一种合同形式。按照这一合同,保证人向债权人担保债务人履行债务承担的责任。当债务人不履行债务时,债权人有权向保证人请求履行或赔偿损失。

公证是证明当事人所需办理公证的文书、事实是否真实合法,不存在对当事人的任何保证的意思。有的当事人错误地认为办理了合同公证后,公证机构就必须保证该合同的履行,如不能履行就是公证机构的责任。如果是这样的话,公证实际上就变成了保证,而国家公证机构就变成了担保机构,这完全偏离了公证机构的职能,混淆了两个不同的概念。

公证与保证的不同之处在于:①法律制度不同;②法律关系不同;③责任不同;④法律地位不同。

第五节 担保操作实务及风险防范

一、房地产抵押

(一)房地产抵押权的产生和消灭

1. 房地产抵押权的产生

抵押权因抵押当事人的设定而产生,设定抵押权应以主债权的存在为前提,并应当以书面形式订立抵押合同,房地产抵押合同在进行权属登记后生效。与房地产抵押有关的时间或期限包括:抵押合同的签订时间、登记机关受理登记的时间和核准登记的时间;主债权的履行期限、当事人约定的抵押期限、登记机关登记的期限。

(1)抵押合同的签订时间

抵押合同是抵押当事人为设定抵押权而签订的,房地产抵押合同应在登记之日起生效。换言之,在登记以前既不具有物权的效力,也不具有债权的效力。如抵押人违背诚实信用原则,在签订抵押合同后拒绝办理登记手续,致使债权人受到损失的,虽然也应承担相应的民事责任,但这是无效合同的过错方应承担的责任,并不是抵押合同生效所致。《最高人民法院关于适用〈中华人民共和国担保法〉若干问题的解释》(以下简称《最高院解释》)对未办理抵押物登记手续的,规定为不登记不得对抗第三人。但对于抵押权来说,无论是优先受偿还是追及的效力,都要及于第三人,因而实际上仍然不具物权的效力。因此,抵押合同的签订时间对抵押权无实质性的影响。

(2)登记机关受理登记的时间和核准登记的时间

登记机关受理登记的时间是抵押当事人提出抵押登记申请的时间,对当事人提出的申请,登记机关并不一定都能准予登记,在实行产权登记制(相对于契据登记制)的国家,物权的成立应当以登记的完成即核准登记作为标准来界定。按我国现行的房地产抵押登记操作规程,如无特殊情况,登记机关对先受理的登记会先予核准登记。在同一房地产上设定多个抵押时,涉及优先受偿的位次时,就应当以登记机关核准登记的时间先后来确定。

(3) 当事人约定的抵押期限和登记机关登记的期限

抵押期限是在实际工作中最易引起争议的问题。以往,权属证书上使用的是"权利存续期限",很容易被理解为抵押权存在的期限,即超过这一期限抵押权归于消灭。在1997年建设部统一监制房屋权属证书时,已将此栏目改为"约定期限",但还是会有人对抵押期限产生歧义。

抵押权作为一种物权,只能因法律的原因而消灭(我国台湾地区的房地产他项权利证明书至今仍使用"权利存续期限"一词)。《最高院解释》对此已明确:"当事人约定的或者登记部门要求登记的担保期间,对担保物权的存续不具有法律约束力。"至此,对抵押期限的理解所引起的问题应是彻底解决了。

2. 房地产抵押权的消灭

抵押权除了因债的履行、抵押权的行使外,还因抵押物的灭失而消灭。设定抵押权的目的就是确保债务的履行。由于抵押权的从属性,主债权一旦消灭,抵押权也随之消灭。抵押权一经行使,该抵押权及在同一抵押物上存在的其他抵押权均告消灭。房屋灭失,物权因标的物灭失而消灭。但因房屋灭失而得到的补偿、赔偿等费用,仍应作为抵押财产处理。

关于抵押权是否因除斥期间届满而消灭的问题,我国立法尚无除斥期间的直接规定。德国等国的立法规定:抵押权经过一定的时间,经公示催告程序以后,可宣布为无效。抵押权作为物权,并不因主债权的消灭时效完成而消灭。但由于抵押人并不占有抵押物,如使抵押权长期悬而未决,显然对抵押当事人各方均有损害。《最高院解释》规定:担保物权所担保的债权的诉讼时效结束后,担保权人在诉讼时效结束后的两年内行使担保物权的,人民法院应当予以支持。最高法院做出这一司法解释显然也是出于这一原因。但从目前来看,房地产登记机关并不能依据该司法解释来认定抵押权的消灭。

(二) 房地产抵押的种类

房地产抵押以抵押的标的物来区分,可分为房地产、在建工程和房屋期权抵押;按担保的债权是否特定来区分,还可以分出最高额抵押。

1. 房地产抵押

房地产是一个财产的概念,是房屋及该房屋占用范围内的土地使用权的经济形态。房屋所有权抵押时,该房屋占用范围内的国有土地使用权必须同时抵押,这是《房地产管理法》和《担保法》的一致规定。这一规定有利于实行房屋的所有权和该房屋占用范围内的土地使用权权利主体一致的原则。

2. 在建工程抵押

在建工程是尚在建造中的房屋,是一个在变化过程中的物产,因此,在建工程抵押与房地产抵押有较大的区别。

《城市房地产抵押管理办法》规定:在建工程抵押是指抵押人为取得在建工程继续建造资金的贷款,而为偿还贷款进行的担保。由此可见,将在建工程作为抵押物时,一是抵押人不能作为第三人为他人进行担保,二是不能为其他性质的债权进行担保,而只能为取得在建工程继续建造资金的贷款担保。当在建工程竣工时,如抵押权尚未消灭,抵押当事人应当在已竣工的房地产上重新设定抵押权。

3. 房屋期权抵押

我国原来是实行广义抵押权的国家，按《民法通则》规定："债务人或者第三人可以提供一定的财产作为抵押物。"即抵押物除了不动产以外，还可以是动产或某些权利。《担保法》公布以后，已将动产抵押和权利抵押称为质押。《担保法》规定了一些可以质押的权利，对房屋期权虽未作明确规定，但在可以抵押的财产中列入了"依法可以抵押的其他财产"。

房屋期权是一种债权，在一些地方性的立法中，这种期权既可以进行预告登记，也可以进行抵押。预告登记是为保全一项以将来发生不动产物权变动目的的请求权而设立的权属登记。在《物权法》的拟议中，也倾向将预告登记列为登记的种类，使这种期权具有类似物权的效力。

《城市房地产抵押管理办法》将房屋期权抵押规定为预购商品房贷款抵押，这种抵押显然还不是房地产抵押，否则就无须另作规定。按这一规定，预购商品房贷款抵押在登记时，由登记机关在抵押合同上作记载，待房屋竣工以后，再由当事人重新办理房地产抵押登记。这种"记载"还不是严格意义上的权属登记。

在实际工作中，房屋期权的抵押十分普遍，且关系到许多购房者的切身利益，建设部在立法时，可能是考虑了此因素而采取了这一办法。

房屋期权抵押究竟属于权利质押还是抵押，尚可商榷，但作为合法的债的担保则是毫无异议的。

4. 最高额抵押

最高额抵押是指抵押人与抵押权人协议，在最高债权额限度内，对一定期间内连续发生的债权作担保。最高额抵押与普通抵押的最大差别，在于最高额抵押所担保的债权是不特定的，且不因担保的主债权数额为零时消灭。这从现象上看似乎抵押权不从属于债权，与抵押权的基本理论相悖。但这种抵押权是从属于另一种债的关系，即抵押人与抵押权人协议并由此而产生的一系列连续的债的关系（我国台湾地区的学者将其称为"基础关系"）。基于这一原因，担保法规定：最高额抵押的主合同债权不得转让。因为主合同债权如果转让，就越出了这一关系。

此外，对于最高额抵押，《最高院解释》还规定：当事人对最高额抵押合同的最高限额、抵押期间进行变更的，不能以其变更对抗顺序在后的抵押权人；最高额抵押权所担保的债权的范围，不包括抵押物被查封或债务人、抵押人破产后发生的债权。做出这些规定都是基于最高额抵押从属于这种关系的特殊性。

二、股权质押

1. 股权质押的概念

股权质押又称股权质权，是指出质人以其所拥有的股权作为质押标的物而设立的质押。按照目前世界上大多数国家有关担保的法律制度的规定，质押以其标的物为标准，可分为动产质押和权利质押。股权质押就属于权利质押的一种。因设立股权质押而使债权人取得对质押股权的担保物权，称为股权质押。

对在股权上设立担保物权，许多国家的法律都有规定。如法国《商事公司法》、德国《有限责任公司法》第三十三条均涉及对股份抵押的规定。比较典型的是日本法律的有关规定。日本《有限公司法》第三十二条规定"得以份额为质权的标的"。日本《商法》第二百零七条又规定

"以股份作为质权标的的,须交付股票可见",日本的公司法对以有限责任公司股东所拥有的股权和股份有限责任公司股东所拥有的股权为质权标的而设立股权质押分别作了比较明确的规定。

我国《公司法》对股权质押缺乏规定,但《公司法》颁布之前施行的《股份有限公司规范意见》允许设立股份抵押。《公司法》之后出台的《担保法》,才真正确立了我国的质押担保制度,其中包括关于股权质押的内容。如《担保法》第七十五条第二项规定"依法可以转让的股份、股票"可以质押,第七十八条又作了进一步补充。另外,1997年5月28日国家对外贸易经济合作部、国家工商行政管理局联合发布了《关于外商投资企业投资者股份变更的若干规定》,对外商投资企业投资者"经其他各方投资者同意将其股权质押给债权人"予以特别确认。

2. 股权质押的标的物

股权质押的标的物,就是股权。

股权是股东因出资而取得的,依法定或公司章程规定的规则和程序参与公司事务并在公司中享受财产利益的,具有转让性的权利。

一种权利要成为质押的标的物,必须满足两个最基本的要件:一是具有财产性,二是具有可转让性。

股权兼具该两种属性,因而,在质押关系中,是一种适格的质。

(1)作为质押标的物的股权的内涵

关于股权的内容,传统公司理论一般将股权区分为自益权和共益权。

自益权均为财产性权利,如分红权、新股优先认购权、剩余财产分配权、股份(出资)转让权;共益权不外乎公司事务参与权,如表决权、召开临时股东会的请求权、对公司文件的查阅权等。

而在一人公司中,共益权已无存身之地,股东权利均变成一体的自益权。因此,有些学者主张,与其继续沿用共益权和自益权的传统分类方法,不如将股权区分为财产性权利与公司事务参与权。还有学者认为股权包括财产权的内容和人身非财产权的内容。据以上对股权内容的划分,有人断言,股权质押,仅以股权中的财产权内容为质权的标的。

首先,股权从其本质来讲,是股东转让出资财产所有权于公司,即股东的投资行为,而获取的对价的民事权利不论股东投资的直接动机如何,其最后的目的在于谋求最大的经济利益,换言之,股东获取股权以谋得最大的经济利益为终极关怀。既然股东因其出资所有权的转移而不能行使所有权的方式直接实现其在公司中的经济利益,那么就必须在公司团体内设置一些作为保障其实现终极目的的手段的权利,股东财产性权利与公司事务参与权遂应运而生,即两者分别担当目的权利和手段权利的角色。

而且,两种权利终极目的的相同性决定了两者必然能够融合成一种内在统一的权利,目的权利就成为缺乏有效保障的权利,目的权利与手段权利有机结合而形成股权。可以说,股权中的自益权与共益权或财产性权利与公司事务参与权或目的权与手段权利,只是对股权具体内容的表述。实质上这些权利均非指独立的权利,而属于股权的具体权能,正如所有权之对占有、使用、收益和处分诸权能一样。正是由于这些所谓的权利和权能性,方使股权成为一种单一的权利而非权利的集合或总和。

因而,作为质权标的的股权,决不可强行分割而只承认一部分是质权的标的,而无端剔除另一部分。其次,股权作为质权的标的,是以其全部权能作为债权的担保。在债权届期不能受到清偿时,按照法律的规定,需要处分作为质押物的股权以使债权人优先受偿。对股权的处分,自然是对股权的全部权能的一体处分,其结果是发生股权转让的效力。如果认为股权质押的标的物仅为股权中的财产性权利,而股权质押权的实现也仅能处分股权中的财产性权利,而不可能处分未作为质押标的物的公司事务参与权。这显然是极其荒谬的。

(2) 作为质押标的物的股权的表现形式

如前所述,股权是股东以其向公司出资而对价取得的权利。

在有限责任公司中,股东拥有股权是以其对公司的出资为表现,出资比例的多寡决定并且反映股权范围的大小。股权的证明是股票,股东持有的股票所载明的份额数证明股东拥有的股权的大小。股东的出资证明书是其拥有股权和股权大小的证明,但出资证明与股票不同,它不是流通证券。

股票是股权的载体,即股票本身不过是一张纸,只是由于这张纸上附载了股权方成为有价证券,具有经济价值,股权才是股票的实质内容。股票是流通证券,股票的转让引起股权的转让。所以,对有限责任公司,股权转让又常常用出资转让或出资份额转让的称谓来代替,而对股份有限公司,股权转让则多以股份转让或股票转让的称谓来代替。因此,股权质押,对有限责任公司,又常被称为出资质押或出资份额质押,对股份有限公司则称股份质押或股票质押。

3. 股权质押担保功能

股权质权作为一种担保物权是为担保债权的实现而设立的,股权质押担保力的大小直接关系到债权的安全,与质权人的切身利益相关。因而,对股权质权担保功能的分析,对于质权人来说,显得至关重要。

(1) 对出质权价值的分析

股权质权的担保功能源于股权的价值,股权的价值是股权质权担保功能的基础,股权担保功能的大小最终决定于股权价值的大小。股权价值的内涵包括两项:一是红利,二是分配的公司剩余财产。因此,出质股权价值的大小取决于以下三个方面。第一,可获得红利的多寡。这又由公司的盈利能力、公司的发展前景等决定。以股票出质的,股票的种类,如是优先股还是普通股,也是主要的影响因素之一;第二,可分得的公司剩余财产的多寡。这又由公司的资产及负债状况决定;以股票出质的,股票的种类是关键的影响因素。在此,有一个很重要的问题需要澄清,即股东以其拥有的股权出质,绝不是指股东以其出资于公司的财产为质。如前所述,股东向公司的出资行为,使股东获得股权,而使公司获得出资财产的所有权,股东无权直接支配已出资的财产,股权也不是已经出资财产的代表权。第三,出质股权的比例。股权比例即股东的出资比例或股份份额。股权比例越高,则股东可获得的红利和可分得的公司的剩余财产也越多,反之亦然,因而,出质权的大小与出质权的比例成正比。

(2) 出质股权交换价值的分析

股权的交换价值是股权价值的表现形式,是股权在让渡时的货币反映,即股权的价格。出质股权的交换价值是衡量股权质权担保功能的直接依据,也是债权的价格。出质股权的交换价值是以其价值为基础,但也受其他因素的影响。第一,市场的供求。特别是对以股票出质的股权质权,股票市场的供求状况极大地影响着股票的价格。第二,市场利率。市场利率的高低往往与股票的价格成反比。第三,股权质权的期限,即股权合同的期限。股权的交换价值非一个恒值,是随着时间的推移而变化的。因而,股权质权的期限对出质股权的交换价值也至关重要的影响。

4. 股权质押的特殊性

据以上分析,可知股权质权与其他种质权相比,其担保功能有如下特点。

（1）质物价值的不稳定性。股权的价值极易受公司状况和市场变化的影响，特别在以股票出质的情形下，股票的价值经常处在变化之中。因而使得股权质权的担保功能较难把握，对质权人而言，风险比较大。

（2）质物价值是一个预期值。因股权价值的不稳定性，从而在设立股权质权时，当事人协商确定出资额或股份额的多少，即确定以多大的出资额或股份额为出质标的物才可对债权人以充足的担保时，事实上是以当事人或第三人（如资产评估机构）的预期价值为基础。而该预期值常会与实际状况相背离，使得质权人承担着其债权得不到充足担保的风险。

（3）出质股权的种类不同，其担保功能也有差异。以股票出质的，因股票是有价证券，其流通性、变现性强，因而其担保功能较强。以出资出质的，其股权的流通性、变现性较差，因而其担保功能相对较弱。

5. 股权质押的设立

股权质押以当事人合意并签订质押合同而设立。

（1）股权质押合同是要式合同

我国《担保法》第六十四条规定，"出质人与质权人应当以书面形式订立质押合同。"第七十八条第一款规定，"以依法可以转让的股票出质的，出质人与质权人应当订立书面合同。"可见，在我国，股权质押只能以书面合同的形式设立。

（2）股权质押合同是要物合同

即质权的成立，不仅需要当事人订立契约，而且以交付标的物为必备条件。如日本《商法》第二百零七条规定，"以股权为质权标的的，须交付股票"。我国《担保法》未规定以股票交付质权人占有为必备要件，主要是因为目前股票已无纸化，股票的储存及转让都通过电脑控制运行。因而《担保法》以股票质押的登记为股票质押成立的必备要件以代替股票的转移占有。

（3）股权质权成立的公示

关于质权成立的公示效力，在立法上有两种主张：其一，成立要件主义或有效要件主义，即将公示方法作为质权的成立、发生对抗第三人效力的必须具备条件。其二，对抗要件主义，即质权只需当事人合意即发生效力，但只有公示，才可以发生对抗第三人的效力。日本民法采用这一主张。股权质权的公示形式，以股份出质的，多采用以股票交付的方式；以出资额出质的，则以在股东名簿上进行登记为之。

我国《担保法》对股权成立的公示，采用有效要件主义，即以公示作为质押合同生效的必备要件，并以此对抗第三人。对公示的形式，无论是以股份出质还是以出资额出质，均采取登记的方式，只是登记的机关不同。如《担保法》第七十八条规定，以股票出质的，应向证券登记机构办理出质登记，质押合同自登记之日起生效。以有限责任公司股份出质的，质押合同自股份出质记载于股东名册之日起生效。关于登记内容，参照《公司法》的有关规定，无论是向证券登记机构办理登记，还是在公司股东名册上进行记载，至少必须具备：质权人的姓名或名称、住所、出质的出资额或股份数（股票数或股票的编号）以及出质期限等。

对外商投资企业投资者设立股权质押，按照《关于外商投资企业投资者股权变更的若干规定》，质押合同除满足《担保法》的有关规定外，尚须经审批机关批准，并向原登记机关办理备案。未按规定办理审批和备案的，质押合同不能成立。可见，以外商投资企业投资者的股权设立的质权，因其标的物的特殊性，其设立不仅需当事人合意，尚得受行政机关的监管。审批机关的批准及在登记机关的备案，是该种质押合同的生效要件和对抗要件。

6. 股权质押的效力

股权质押的效力，是股权质押制度的核心内容。股权质权的效力是指质权人就质押股权在担保债范围内优先受偿的效力及质权对质押股权上存在的其他权利的限制和影响力。

（1）股权质押对所担保债权范围的效力

因权利质押，法律未作特别规定的，准用动产质权的有关规定，所以与动产质权相同，股权质权所担保的债权范围，一般由当事人在质押合同中约定。但各国的立法大都有关于质押担保范围的规定。主要包括：主债权、利息、迟延利息、实行质权的费用及违约金。至于违约金，德国《民法典》第一千二百一十条，日本《民法典》第三百四十六条均规定为质权担保范围。

法律对质押担保范围的规定，有两方面的作用：一是为当事人约定担保范围提供参考，或者说提供范本；二是在当事人对质押担保范围未作约定或约定不明时，援以适用。但法律对质押担保范围的规定，属于任意性规范，当事人在约定时，可予以增删。当事人在合同中对担保范围所作的约定与法律规定不一致时，应从其约定。

（2）股权质权对质物的效力

股权质权对质物的效力范围，一般应包括以下几个方面。

（1）质物。即出质股权。质物是质权的行使对象，当然属于质权的效力范围。

（2）孳息。即出质股权所生的利益。主要指股息、红利、公司的盈余公配等。如日本《商法》第二百零九条第一项规定，"以股份为质权标的时，公司可依质权设定人的请求，将质权人的姓名及住所记载于股东名簿。且在该质权人的姓名记载于股票上时，质权人于公司的利益或利息分配、剩余财产的分配或接受前条的金钱上，可以其他债权人之前得到自己债权的清偿。"对以份额出质，日本《有限公司法》第二十四条规定准用《商法》第二百零九条第一项的规定。该项内容，在日本法上又称"登录质"，即出质股权只要作该条所要求的记载，则股权质权可及于该出质股权所生的利益。我国《担保法》第六十八条规定，"质权人有权收取质物所生的孳息。"但该条规定，仍是一种任意性规范，"质押合同另有约定的，按照约定"。

7. 股权质权的实现

股权质权的实现是指股权质权人于其债权已届清偿期而受清偿时，处分出质权而使其债权优先得到清偿。股权质权的实现是质权人所享有的优先受偿权的落实，是设立股权质权的最终归结。

股权质权的实现，与动产质权相同，一般需具备如下两个要件：其一，须质权有效存在。如前所述，国外的立法里，一般规定以股票出质的，须转移占有，"质权人若非继续占有股票，不得以其质权对抗第三者"。其二，须债权清偿期满而未受清偿。所谓未受清偿，不仅指债权全部未受清偿，也包括债权未全部受清偿。

股权质权的实现，须与出质股权进行全部处分，这包含两层含义：一是指对作为出质标的物的全部股权的处分。即使受担保清偿尚有部分甚至少部分届期未受清偿，也须将全部出质股权进行处分，不允许只处分一部分而搁置其余部分，此为质物的不可分性。二是指对出质标的物的股权的全部权能的一体处分，而不允许分割或只处分一部分权能。这是由股权的不可分性所决定。

禁止在质押合同中订立流质条款，或即使在合同中订立了流质条款也视为无效，这已是各国立法的通例。所谓流质条款是指当事人在质押合同中约定，债权已届清偿期而未清偿时，质物的所有权归质权人所有。我国《担保法》第六十六条即是对禁止流质的规定。以权利出质的，法律无特别规定的，准用关于动产质押的规定，因而对股权质押，也是禁止流质。即非通过法律规定的对质物的处分方式,出质股权不得自然归质权人所有。

质权实现的方式,即对质物处分的方法。依照我国《担保法》第七十一条第二款的规定,质权实现的方式有三种,即折价、变卖、拍卖。但由于股权质权的物的特殊性,因而股权质权的实现方式有其自身的特点。

(1) 股权质权的实现,其结果是发生股权的转让。所以出质股权的处分必须符合公司法关于股权转让的规定。对以出资为质权标的物的,可以折价归质权人所有,也可以变卖或拍卖的方式转让给其他人。但对以股份出质的,必须在依法设立的证券交易场所进行转让;对记名股票,应以背书交付的方式进行转让;对无记名股票应在证券交易场所以交付的方式进行转让。因而不宜采用折价或拍卖的方式。

(2) 以出资出质的,在折价、变卖、拍卖时,应通知公司,由公司通知其他股东,其他股东可在同等条件下行使优先购买权。

首先,应注意股东的优先购买权与质权人的优先受偿权的区别。股东的优先购买权是指有限责任公司股东的出资在发生转让时,在同等条件下,公司其他股东有优先于非股东购买该欲转让出资的权利。而质权人的优先受偿权是指质权人就质物的价值有优先受偿的权利。但质权人对出质的出资于处分时无优先购买权。

其次,股东在出质时未行使购买权,并不剥夺股东在质权实现时再行使购买权。因为股权出质,仅是在股权上设立担保物权,并不必然导致股权的转让。所以,对以出资为质标的的,股权质权于实现时,其他股东仍可行使优先购买权。

(3) 因股权质权的实现而使股权发生转让后,应进行股东名册的变更登记,否则该转让不发生对抗公司的效力。

(4) 对以外商投资企业中方投资者的股权出质的,其股权质权实现时,必须经国有资产评估机构进行价值评估,并经国有资产管理部门确认。

(5) 受出质权担保的债权期满前,公司破产的,质权人可对该出质股权分得的公司剩余财产以折价、变卖、拍卖的方式实现其质权。

三、应收账款质押

(一) 应收账款质押概述

应收账款质押是指债权人将其对债务人的应收账款债权向银行等信贷机构提供质押担保并获得贷款的行为。会计学中的应收账款是指企业因销售商品、产品或提供劳务等,应向购货客户或接受劳务客户收取的款项。《物权法》中的应收账款概念与会计学中的应收账款不同,《物权法》中的应收账款含义更广,不但包括会计学意义上的债权人应收取的金钱债权,还应当包括尚未发生的将来的债权。《应收账款质押登记办法》中将"应收账款"定义为"权利人因提供一定的货物、服务或设施而获得的要求义务人付款的权利,包括现有的和未来的金钱债权及其产生的收益"。

《物权法》明确将应收账款列入权利质权的标的,《登记办法》又对应收账款作了进一步界定,涵盖如下权利:销售产生的债权,包括销售货物,供应水、电、气、暖,知识产权的许可使用等;出租产生的债权,包括出租动产或不动产;提供服务产生的债权;公路、桥梁、隧道、渡口等不动产收费权;提供贷款或其他信用产生的债权。

就此有学者认为《物权法》中的应收账款的内涵要比会计学中的大,可用于质押的应收账款至少有以下四个特点。

(1) 可用于质押的应收账款,可以是既已存在的金钱债权,也可以是有稳定预期的未来金钱债权。既已存在的债权无论到期或未到期,将来的债权无论成立的条件是否完全具备,均无妨作为质押标的。实践中运用较多、从融资角度看价值更大的恰恰是未来债权的质押。至于当事人之间是否能就这些应收账款订立质押合同,质押合同中如何表述应收账款的名称、数量、质量、状况,留给当事人意思自治,由当事人对质押的风险进行评估。另外,应收账款质权人大多为银行,该类质权人有足够的能力也有足够的经验评估质押的风险,法律无干涉的必要。

(2) 可用于质押的应收账款应具有可转让性,即用于设立质押的应收账款必须是依照法律和当事人约定允许转让的。如当事人在产生应收账款的基础贸易或者服务合同中明确约定,基于该基础合同所产生的一切权利是不可以转让的,基础合同的权利义务只及于合同双方。则履行这样的合同产生的应收账款债权就不能作为质押标的,否则,在质权实现时由于应收账款的不可转让使变卖等处分应收账款的途径被切断,导致质权无法实现。此外,基于特定的与人身性质不能分割的缘由产生的应收账款债权,也不适宜作为质押标的。

(3) 可用于质押的应收账款应具有特定性,即用于设立质押的应收账款的有关要素,包括金额、期限、支付方式、债务人的名称和地址、产生应收账款的基础合同、基础合同的履行程度等必须明确、具体或可预期。由于应收账款作为普通债权没有物化的书面记载来固定化作为权利凭证,质权人对于质物主张质权的依据主要依靠上述要素来予以明确。为此,关于应收账款质押国家的立法,都是对质押合同关于用于质押的应收账款的描述,做出尽可能详尽的要求,否则在面临诉讼时,就可能得不到法院的支持。

(4) 可用于质押的应收账款不应超过诉讼时效。诉讼时效超过,便意味着应收账款债权人的债权从法律权利已蜕变为一种自然权利。因此,从保障银行等质权人债权的角度出发,一方面,银行等质权人在选取用于质押的应收账款时应确保该应收账款债权尚未超过诉讼时效;另一方面,在融资期限内也要对应收账款债权的时效予以充分关注,及时督促出质人中断诉讼时效。

(二) 应收账款质押的风险

在我国,由于应收账款质押尚处于摸索阶段,如何实际操作应收账款质押尚存在诸多问题,目前就我国应收账款质押问题因法律等诸多因素的影响,尚存在许多风险,主要表现在以下几个方面。

1. 应收账款基础合同的风险

(1) 应收账款基础合同效力的风险

如果产生应收账款的基础合同本身存在交易违反法律禁止性规定、违背社会公德、合同自成立之初就根本不可能履行等情形,该基础合同很可能被认定为无效,而基础合同的无效必定导致应收账款质押无法实现。

(2) 诉讼时效风险

合同债权受诉讼时效的约束,超过诉讼时效的债便成为自然之债,其债权的实现便丧失胜诉权,得不到法院的支持。如果质押的应收账款债权已过诉讼时效,除非债务人自愿履行,否则质权人无法从债务人处获得清偿,质押担保失去意义。

（3）合同解除的风险

《物权法》等相关法律未对合同债权出质后，当事人能否解除合同做出规定。根据《合同法》有关条款，存在法定或约定的条件，债权人可以单方解除合同。单方解除通知到达对方时，合同即解除。而且由于缺乏相关法律规定，法院可能不会支持质权人限制出质人或债务人行使解除权的主张。

2. 因出质人原因产生的风险

（1）出质人虚构应收账款风险

分为两种情况：一是应收账款原本就不存在，而出质人虚构应收账款；二是应收账款原来存在，但出质前债务人已经清偿，只是出质人未下账的情形。以不存在的应收账款质押，质押合同自始无效，质押标的嗣后不存在，质押合同可能会被认定无效。无论何种情形，贷款银行都不能从债务人那里获得清偿。当然，如果债务人、出质人存有过错，质权人可以要求其承担相应的民事责任。

（2）出质人转让债权的风险

出质人可能将已出质应收账款再次转让，包括叙做保理，质权人要实现其质权必定会受影响。尽管《物权法》第二百二十八条规定了应收账款出质后不得转让，但经出质人与质权人协商同意的除外。但对转让后的后果没有相应规定。这同时也涉及出质登记对包括债务人在内的第三人的效力问题，应收账款质押合同的签订及登记能否对抗应收账款债务人，另外，如应收账款受让人主观上善意，是否应该保护其合法权益，也值得思考。这些给了法官自由裁量的空间，给质权的实现带来潜在的风险。

（3）出质人对应收账款管理不善的风险

出质人的管理不善，可能会使应收账款的实现在法律上已不可能，或者实现质权的价格要高于实际应付价格。例如，出质人不行使或怠于行使中止、中断合同债权诉讼时效的权利，致使合同债权超过诉讼时效，成为自然之债。

3. 因应收账款债务人原因产生的风险

（1）应收账款债务人的偿付能力和信誉风险

尽管基础合同有效，且出质人已经充分履行完基础合同项下的义务，质权人能否就出质的应收账款最终实现顺利受偿，仍有赖于债务人的资信状况和偿付能力。

（2）应收账款债务人的抗辩权风险

应收账款债务人可能对债务存在一定的抗辩事由，质权人不能限制债务人行使同时履行抗辩权、诉讼时效抗辩权等。在债务人合法行使其抗辩权的同时，必然影响质权人实现其质权。

（3）应收账款债务人行使抵销权风险

如果应收账款债务人对出质人享有符合法定抵销条件的债权，那么债务人和出质人之间是否能就该债权与出质的应收账款进行抵销，或者虽然不符合法定抵销条件，当事人是否可以协商抵销，现在没有明确的法律规定。这样属于法官自由裁量的地方，也给质权人实现质权带来潜在风险。

4. 应收账款登记的风险

（1）应收账款范围风险

《登记办法》将"公路、桥梁、隧道、渡口等不动产收费权"包括在应收账款的范围之内，与《担保法》司法解释和其他部门规章规定不一致，《最高人民法院关于适用〈中华人民共和国担保法》若干问题的解释》规定将"以公路桥梁、公路隧道或者公路渡口等不动产收益权出质的"归入《担保法》"依法可以质押的其他权利"。公路等不动产收费权是否应列入应收账款范围,有待于《物权法》司法解释加以确认。

(2) 出质登记部门的风险

《登记办法》规定中国人民银行征信中心是应收账款质押的登记机构,而《国务院关于收费公路项目贷款担保问题的批复》中明确规定公路建设项目法人用收费公路的收费权质押方式向国内银行申请抵押贷款,以地市级以上交通主管部门作为公路收费权质押的登记部门。《国家计委、人民银行关于印发农村电网建设与改造工程电费收益权质押贷款管理办法的通知》则将各省(自治区、直辖市)计委(计经委)作为电费收益权质押登记部门。尽管《物权法》明确规定应收账款质权自信贷征信机构办理出质登记时设立。但此处的信贷征信机构是否为中国人民银行征信中心并不确定,在上位法《物权法》没有做出明确的界定之前,下位法《登记办法》规定的登记机关与国务院、国家计委、人民银行的相关规定不一致,容易使相关当事人面临难以确定登记机关的困扰,即如果其他规定未明确出质收费权的登记部门,若在征信中心进行出质登记,能否获得司法支持并不确定;如果其他规定明确了出质收费权的登记部门,质权人将面临登记部门选择风险。如果法院否定质权人的选择,那么就会影响到质权的实现。

(3) 出质登记内容不明确的风险

《登记办法》对应收账款的种类、支付期限、相关主体及主债权的内容、金额和债务人等有关质押登记内容的重要信息均没有具体规定,仅简单概括为"应收账款的描述",不利于登记内容的规范统一。另外,将主债权金额作为当事人协商选择的登记事项,在同一应收账款上设立多个质权的情形下,作为每个质权人受偿比例的重要依据的主债权金额缺失,对有的质权人明显会产生潜在的不公平风险。

(4) 登记失效风险

《登记办法》中规定,应收账款质押的登记期限最长不得超过 5 年,期限届满,质押登记失效;质权人办理登记时所填写的出质人法定注册名称或有效身份证件号码变更的,质权人应在变更之日起 4 个月内办理变更登记,未办理变更登记的,质押登记失效。两种登记失效情形的硬性规定,给质权人的贷后管理增加了难度,容易出现因查询不及时或管理不到位而导致登记失效的风险。在出质人因改制、重组或合并等事项而改变名称,但变更名称后的单位仍承担原债权债务,按照《登记办法》规定,如质权人在 4 个月内不进行变更登记,则该质押登记就失效,那么如此明显不利于交易的安全和稳定。

(三) 应收账款质押风险防范措施

上述种种问题更多的是涉及我国法律问题,只有不断地完善法律,我国的应收账款质押担保业务才能得以更好地开展,但是在当前情况下,如何最小地缩减风险,在实际操作中应该注意的地方,总结如下。

1. 在设立质押担保前应先对应收账款进行必要审查

应收账款是指企业因销售商品、产品或提供服务而形成的债权。应收账款建立在债务人商业信用的基础之上,因此从其本质上说,应收账款是一种信用债权。可见,应收账款质押虽是一种权利质押,但应收账款这种担保的可靠性取决于应收账款本身的质量好坏,即很大程度上依赖于应收账款的债务人的资信状况;如果应收账款本身就有保障其清偿的抵押、质押或保证,应收账款的保障性就强。这就有必要在设立应收账款质押担保前,对应收账款的状况进行相应调查和评估。在设立质押担保前对应收账款审查的内容一般应当包括：
（1）对产生应收账款的相应合同的真实性进行调查和核实；
（2）调查、评估产生应收账款的合同条款中是否存在影响追索权的条款或风险；
（3）对应收账款的账龄及是否存在超过诉讼时效的情形或风险进行分析和判断；
（4）核实应收账款是否存在保障其清偿的担保权及其对应收账款的影响；
（5）要对应收账款的债务人的资信及其负债等情况进行调查和评估。

2. 应收账款质押登记手续的办理

我国《物权法》第二百二十八条第一款规定，以应收账款质押，当事人应当订立书面合同，质权自信贷征信机构办理出质登记时设立。

据此，应收账款质押以在法定机构办理登记为生效要件，否则，即使当事人签署了应收账款质押的书面合同，也不能产生质押担保的法律效力，不能产生对抗第三人的法律效力。根据《登记办法》及《操作规则》的规定，进行应收账款质押设立登记和注销登记申请的主体均为质权人一方，并且质权人须对登记内容的真实性、合法性负责。这不同于《物权法》和《担保法》所规定的其他担保方式的登记申请，主要表现在以下几个方面。

（1）房地产抵押和以企业动产等进行抵押担保，其抵押登记的申请主体等均为抵押人，以上市公司股份出质的登记申请主体也为出质人，抵押人或出质人在办理完抵押或质押登记手续后，向抵押权人、质押权人提供登记机构出具的能证明担保物权的凭证或相应法律文书，担保关系的双方当事人均参与抵押或质押登记的环节，属于"双方登记"。在应收账款质押登记后，登记申请主体即质权人可自行根据情况随时申请注销质押登记，属于"单方登记"，也就是说，应收账款质押登记的效力和是否终止始终由质权人"控制"。

（2）房地产抵押或上市公司股份质押的登记过程中，主管登记的房地产管理部门或上市公司的股份登记机构，进行抵押或质押登记的前提是所抵押的房地产或出质股份的真实、合法，并应对此进行审查后方可进行登记，属于"积极担保登记"。而应收账款的质押登记，登记机构中国人民银行征信中心只对登记文件进行形式审查，其既不向出质人进行核实或确认，也不对出质人所出质的应收账款进行调查或向出质人的债务人核实或确认。登记文件及所质押应收账款的真实性、合法性，均由登记申请主体即质权人自行审查和负责，属于"消极担保登记"。因而，在应收账款质押担保方式中，加重了质权人的审查责任和注意义务。

（3）账款质押登记的内容具有一定"随意性"。根据《登记办法》和《操作规则》的规定，质权人既可以对应收账款进行概括性描述，也可对其进行具体描述。但在房地产管理部门或上市公司的股份登记机构所登记的内容具有相对统一性，即一般须载明抵押或质押的财产范围、抵押权人或质押权人的名称等。但保证应收账款质押有效性和避免引起争议起见，质权人应当在应收账款质押协议中和应收账款质押登记中明确列明所质押的应收账款具体情况，即：除列明质权人和质押人的情况外，还须列明款项金额、款项的债务人、款项支付期限、与款项对应的交易背景、产生应收账款的合同编号等。

3. 对应收账款在设定质押后的处置

应收账款实质上是出质人对其债务人享有的已到期或未到期的未清偿债权。

以应收账款出质属于权利质押范畴中债权质押，但应收账款这种质押标的既不同于动产质押中的动产，也不同于权利质押中的股权、基金份额、知识产权等标的，这种差异的原因在于：无论质押的动产还是质押的股权、知识产权等均属于具有绝对性的物权或类物权，而应收账款具有相对性，不属于绝对权。正因如此，应收账款的实现，既要受到其债权人（即出质人）

对应收账款的不同处置的影响,而且应收账款还要受到诉讼时效制度的制约,甚至可能受到应收账款的债务人抗辩权、追索权的制约。因而,需要在应收账款质押的操作中关注以下几方面。

(1) 应收账款的转让问题。应收账款属于债权的一种表现形式,本身具有可转让性。《物权法》第二百二十八条第二款规定,"应收账款出质后,不得转让,但经出质人与质权人协商同意的除外。出质人转让应收账款所得的价款,应当向质权人提前清偿债务或提存。"因而,应收账款在出质后,出质人即不得再转让所质押的债权,除非经质权人同意,并须将转让所得支付给质权人以清偿债务或在公证机关等机构进行提存。但是,应收账款虽然在质押时进行了登记,但应收账款的转让具有隐蔽性,出质人可能在应收账款出质后再将应收账款转让,这不但需要在签署质押协议时约定相应保障措施,在签约后进行相应监督,并在必要时由应收账款的债务人出具相应法律文件予以保障。

(2) 应收账款的清收与使用问题。应收账款是出质人对其债务人享有的已到期或未到期的债权,那么应收账款的相应债务人会在到期时清偿或未到期时提前予以清偿,对于债务因清偿应收账款而向出质人支付的款项应当如何处理,《物权法》和《登记办法》及《操作规则》均未予明确规定。但从应收账款质押担保的本质来看,应收账款因债务支付清偿款而消灭时,质押的标的灭失,此时作为质押标的的替代物——所收取的款项应当用于清偿应收账款所担保的债权或充当担保物。如果放任出质人支取和使用应收账款的相应债务人所支付的款项,那么质权人的利益就会受到损害、应收账款的质押担保就会失去保障功能。在法律法规未明确的情形下,就需要在设立应收账款质押时对此予以约定,即出质人应在应收账款的债务人支付清偿款项时,支付给质权人用于清偿所担保的债权或者提存。

(3) 应收账款在质押后的管理问题。质权人虽在应收账款质押后对其享有质押权,但应收账款仍处于出质人的管理之下,并且出质人是否有效管理应收账款会影响应收账款的有效性。这包括出质人应在应收账款诉讼时效届满前,积极采取措施催要应收账款使诉讼时效得以重新计算,从而使应收账款得到法院司法强制力的保护;出质人应履行其与应收账款债务人的相应协议的约定,如按约定供应货物、提供服务或者履行退换货等售后服务,避免因重大违约导致应收账款债务人解除合同或依法、依约拒绝付款。对于这些管理义务,质权人应当在与出质人的应收账款质押协议中予以明确约定,以免因其未适当履行管理义务或采取法律措施导致应收账款丧失诉讼时效或丧失追索性。

本章讨论案例

抵押权到底有无期限

我们在办理不动产抵押登记时除最高额抵押外都有明确的抵押期限,大多数是主合同的期限,但是主合同的履行时间往往与登记的抵押时间相差较大,这样就存在一个期限不相符是否影响抵押效力的问题,特举以下案例与大家分享。

这是一个广州的真实案例,本案争议的焦点在于,抵押权究竟有无期限?在抵押期限已过的情况下，抵押权是否还存在？抵押权人是否还享有优先受偿权，对今后的担保业务操作有一定的指导意义。

原告某厂于2012年9月19日向广州市天河区法院提供担保，要求对被告赵某在广州市某处的房产进行诉前财产保全，法院遂采取措施在广州市国土房管局对被告在广州市某处的房产依法进行了查封。2013年1月8日，原告得悉某银行向广州市天河区人民法院提出要将该房产予以拍卖，于是强烈要求天河区法院停止对该房产的拍卖。该银行据以执法的依据是2012年5月的一份判决书。

经查证，被告用此房产向某银行申请贷款，在广州市国土资源和房屋管理局登记的抵押期限是2008年12月10日至2011年12月10日。在原告起诉前，银行对该房产的抵押期为期限抵押，抵押期限已过，故银行对该房产不能享有优先受偿权，而应由对该房产申请诉前财产保全的申请人享有优先受偿权。

本案争议的焦点在于，抵押权究竟有无期限？在抵押期限已过的情况下，抵押权是否还存在？抵押权人是否还享有优先受偿权？

我们知道《担保法》对保证有无期限作了明确规定，但是《担保法》对抵押权有无期限却没有明文规定。《担保法》第五十二条规定："抵押权与其担保的债权同时存在，债权消灭的，抵押权也消灭。"从该条的分析我们只能理解为：如果抵押权所担保的债权消灭了，那么抵押权也消灭了。如果抵押权所担保的债权已过了诉讼时效，那么抵押权是否还存在呢？

由于抵押权是担保债权的，因而在抵押权所担保的债权因诉讼时效而丧失胜诉权时，对担保该债权的抵押权会产生什么样的效果呢？《日本民法典》第三百九十六条规定："抵押权，除非与其担保的债权同时，不因时效而对债务人及抵押人消灭。"但是，抵押权不受消灭时效的限制，也就意味着债权人在债权消灭时效过后的任何时候都可以行使抵押权。这对于抵押人来说未免过于苛刻。而且，抵押权人长期怠于行使其权利，法律对之似乎也无特别加以保护的必要。因而许多国家的立法都对主债权的消灭时效过后的抵押权的行使给予一定的限制。

《民法通则》中规定有诉讼时效，该时效只适用于权利受到侵害时的请求权，因而抵押权不因诉讼时效届满而消灭。但是，对于抵押权所担保的主债权已过诉讼时效时，从法理上讲我们的法律应当借鉴上述国家的立法对抵押权的效力期限作一定的限制。可能正是从这一考虑出发，最高人民法院在2000年12月8日公布的《关于适用〈中华人民共和国担保法〉若干问题的解释》第十二条规定："当事人约定的或者登记部门要求登记的担保期间，对担保物权的存续不具有法律约束力。担保物权所担保的债权的诉讼时效结束后，担保权人在诉讼时效结束后的二年内行使担保物权的，人民法院应予以支持。"

由此可见，该条款一方面肯定了当事人约定的或者登记部门要求登记的抵押期间，对抵押的存续不具有法律约束力，另一方面也对主债权在消灭时效过后抵押权的行使给予了一定的限制——即要在主债权的诉讼时效结束后的二年内行使抵押权，人民法院才会予以支持。因此就本案来说，即使银行对该房产在房管部门登记的抵押期限已过，由于尚未超过二年除斥期，因此原告申诉的理由不能成立，银行对该房产依然享有优先受偿权。

问题讨论

1. 抵押和抵押权的含义有什么不同？
2. 在抵押期限已过的情况下，抵押权是否还存在？

 **复习思考题**

1. 担保法律关系的构成要素是什么？它有什么特征？
2. 用一张表格说明担保的分类。
3. 试比较抵押与质押、留置的异同。
4. 担保物权的含义是什么？它有哪些特征？
5. 画一张图说明我国担保物权的法律规范体系。
6. 一般保证和连带保证的区别是什么？保证担保中经常出现的法律问题有哪些？
7. 简述应收账款质押存在的主要风险及其防范措施。

 **延展阅读**

1. 《中华人民共和国担保法》.
2. 《中华人民共和国物权法》.
3. 徐同远.担保物权论:体系构成与范畴变迁[D].中国政法大学博士论文,2011.
4. 张举国.担保法律关系的特征及效力认定[J].甘肃政法大学学报,2004(3):12-14.
5. 王斌.我国中小企业信用担保法律风险的防范[D].天津财经大学硕士论文,2012.

 本章的主要网络链接

1. http://www.findlaw.cn 找法网
2. http://wenku.baidu.com 百度文库
3. http:/www.cnki.net 中国知网

参 考 文 献

[1] 曹和平.信用.北京:清华大学出版社,2004.
[2] 姚明龙.信用成长环境研究.杭州:浙江大学出版社,2005.
[3] 于研.信用风险的测定与管理.上海:上海财经大学出版社,2003.
[4] 赵晓菊.信用风险管理.上海:上海财经大学出版社,2008.
[5] 吴晶妹.信用管理学.北京:中国人民大学出版社,2005.
[6] 田天,刘长海,李海涛.信用担保理论、实践与创新.北京:北京师范大学出版社,2012.
[7] 杨晖,王梅,马忆.信用担保管理与实务.北京:经济科学出版社,2011.
[8] 张利胜.信用担保管理概论.北京:经济科学出版社,2010.
[9] 狄娜,叶小杭.信用担保实务案例.北京:经济科学出版社,2007.
[10] 刘新来.信用担保概论与实务.北京:经济科学出版社,2006.
[11] 孙启.信用担保与担保机构的风险管理.北京:北京理工大学出版社,2008.
[12] 陈梦涵.担保工作管理百科全书.北京:中国科技文化出版社,2005.
[13] 杨春光.信用担保业务的理解与操作.MBA智库文档,2010.
[14] 林均跃.社会信用体系原理.北京:中国方正出版社,2003.
[15] 刘晓纯.我国金融监管的法律历史沿革与展望.天津市法学经济法分会论文,2008.
[16] 巴曙松.2006年度中国担保业监管研究."2006年度中国担保论坛"研究报告,2006.
[17] 戴根有.征信理论与实务.北京:中国金融出版社,2009.
[18] 刘铭,刘征.我国再担保体系建设初探."2006中国担保论坛"会议论文集.中国投资担保公司,2006.
[19] 姜启波.担保纠纷新型典型案例与专题指导.北京:中国法制出版社,2009.
[20] 孔祥俊.民商法新问题与判解研究.北京:人民法院出版社,1996.
[21] 孙鹏,王勤劳,范雪飞.担保物权法原理.北京:中国人民大学出版社,2009.
[22] 张域.担保法律制度与习俗的文化解读.长春:吉林大学博士学位论文,2007.
[23] 李嘉玲.担保行业社会资本、关系风险和担保能力的研究.天津:天津大学博士学位论文,2012.
[24] 徐同远.担保物权论:体系构成与范畴变迁.北京:中国政法大学博士学位论文,2011.
[25] 蒋平.中国中小企业融资担保制度问题研究.成都:西南财经大学博士学位论文,2011.
[26] 秦默.我国中小企业信用再担保体系研究.镇江:江苏大学博士学位论文,2008.
[27] 刘殿辉.中小企业信用担保公司的全面风险管理(ERM)研究.沈阳:辽宁大学博士学位论文,2010.

[28] Baltensperger, Ernst. Credit Rationing: Issues and Questions. Journal of Money, Credit and Banking, 1978, 10(2):170-183.

[29] Chase, sam B. Jr.. Credit Risk and Credit Rationing: A Comment. The Quarterly Journal of Economics, 1961, 75(2):319-327.

[30] Cressy, Robert. Founding Gaps: A Symposium. The Economic Journal, 2002, 112(477):1-16

[31] Cukierman, Alex. The Horizontal Integration of the Banking Firm, Credit Rationing and Monetary Policy. The Review of Economic Studies, 1978, 45(1): 165-178.

[32] Coase, R.. The Nature of the Firm. Economica, 1937, 4: 386-405.